THRACE

●Dráma ●Komotiní

Kavála●

Alexandroúpoli

LE NORD DE LA GRÈCE
Pages 232-257

D1211377

LES
VIRONS
ATHÈNES
●ATHÈNES
ATTIQUE
Lávrio ●

ATHÈNES
Pages 62-135

**LES ENVIRONS
D'ATHÈNES**
Pages 140-157

GUIDES ● VOIR

GRÈCE
ATHÈNES ET LE CONTINENT

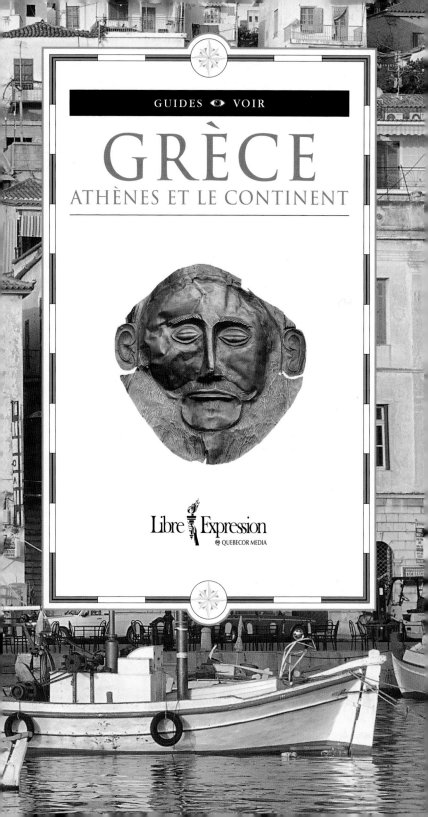

GUIDES ● VOIR

GRÈCE
ATHÈNES ET LE CONTINENT

Libre Expression
● QUEBECOR MEDIA

Libre Expression
QUEBECOR MEDIA

HACHETTE TOURISME
43, quai de Grenelle 75905 Paris Cedex 15

DIRECTION
Nathalie Pujo

RESPONSABLE DE COLLECTION
Catherine Laussucq

ÉDITION
Jennifer Joly

TRADUIT ET ADAPTÉ DE L'ANGLAIS PAR
Philippe Faverjon, Frédéric Perroud,
Thomas Schmutz et Anthony Moinet,
avec la collaboration de Michèle Fernandez

MISE EN PAGES (P.A.O.)
Maogani

CE GUIDE VOIR A ÉTÉ ÉTABLI PAR
Marc Dubin

Publié pour la première fois en Grande-Bretagne en 1997,
sous le titre *Eyewitness Travel Guides :
Greece, Athens & the Mainland*
© Dorling Kindersley Limited, Londres, 2007
© Hachette Livre (Hachette Tourisme) 2007
pour la traduction et l'édition française.
Cartographie © Dorling Kindersley Limited, Londres, 2007

IMPRIMÉ ET RELIÉ EN CHINE PAR
L. REX PRINTING COMPANY LIMITED

Aussi soigneusement qu'il ait été établi, ce guide
n'est pas à l'abri des changements de dernière heure.
Faites-nous part de vos remarques, informez-nous
de vos découvertes personnelles : nous accordons
la plus grande attention au courrier de nos lecteurs.

Éditions Libre Expression
7, chemin Bates
Outremont (Québec) H2V 4V7

DÉPÔT LÉGAL :
BIBLIOTHÈQUE ET ARCHIVES NATIONALES DU QUÉBEC, 2007
ISBN 978-2-7648-0333-2

SOMMAIRE

COMMENT UTILISER
CE GUIDE *6*

**Coupe à figures noires
représentant le dieu Dionysos**

PRÉSENTATION
D'ATHÈNES ET
DE LA GRÈCE

◁ **Un matin au port de Gýtheio, dans le Péloponnèse**

Maisons-fortes à Vátheia, dans le
Magne intérieur (Péloponnèse)

Salade grecque

Fresque du monastère de Varlaám,
dans les Metéores, Grèce centrale

Vue de
l'Acropole,
à Athènes

Reconstitution de l'ancienne Olympie

COMMENT UTILISER CE GUIDE

Ce guide vous aidera à profiter au mieux de votre séjour en Grèce. L'introduction, *Présentation d'Athènes et de la Grèce,* propose une carte du pays et présente un rapide tableau historique et culturel du pays. Le chapitre *Grèce antique* traite de la période à laquelle

on doit tant de monuments et d'objets prestigieux. Les deux chapitres suivants présentent en détail les principaux sites et monuments. Les *Bonnes adresses* recensent les hôtels, les restaurants et les cafés. Enfin, les *Renseignements pratiques* vous apportent tous les conseils utiles.

ATHÈNES
Athènes est divisée en deux quartiers. Chacun fait l'objet d'un chapitre séparé, avec une liste de tous les endroits présentés. Tous les sites sont numérotés sur un plan et décrits en détail dans les pages suivantes.

Un repère rouge signale toutes les pages concernant Athènes.

La carte de situation indique où se trouve le quartier dans la ville.

1 Plan général du quartier
*Un numéro permet de retrouver les monuments de chaque quartier sur une carte. Les monuments du centre-ville figurent également dans l'*Atlas des rues, p. 122-135.

Le quartier d'un coup d'œil classe les centres d'intérêt par catégories : monuments historiques, églises, musées, parcs et jardins.

2 Plan du quartier pas à pas
Il donne une vue aérienne des principaux quartiers. Les numéros renvoient au plan du quartier ainsi qu'à la description des divers endroits.

Des encadrés éclairent un aspect historique d'un site.

Des étoiles indiquent les sites à ne pas manquer.

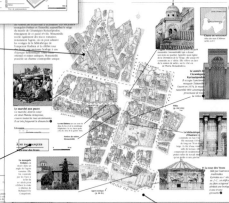

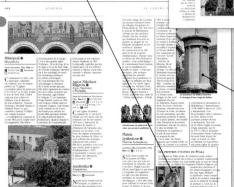

Un itinéraire conseillé est indiqué en rouge.

3 Renseignements détaillés
*Les monuments d'Athènes sont décrits un à un, avec toutes les informations pratiques : adresses, numéros de téléphone, heures d'ouverture, visites guidées, tarifs et accessibilité aux handicapés. Les repères des monuments renvoient aussi à l'*Atlas des rues d'Athènes.

1 Introduction
La présentation des paysages, de l'histoire et de la spécificité des régions montre leur évolution au cours des siècles et ce qu'elles proposent aujourd'hui au visiteur.

LA GRÈCE RÉGION PAR RÉGION

La Grèce continentale a été divisée en quatre régions, traitée chacune dans un chapitre séparé. On trouvera une carte de ces régions sur le premier rabat de couverture.

Les régions peuvent être identifiées rapidement grâce à un code couleur.

La carte de situation indique où se trouve la région dans le pays.

2 La carte touristique
Elle présente la région du chapitre. Les principaux sites y sont repérés par des numéros. Les voies d'accès de la région ainsi que les moyens de transports disponibles sont indiqués.

3 Information détaillée
Les localités et les sites les plus importants sont décrits un par un dans l'ordre de la numérotation de la Carte touristique. Les textes décrivent en détail tous les sites et les monuments à voir.

Le mode d'emploi vous aide à organiser la visite des sites les plus importants.

4 Les principaux monuments
Une ou plusieurs pages leur sont réservées. Des dessins dévoilent l'intérieur des édifices historiques. De nombreux sites actuels sont reconstitués selon leur apparence originale.

PRÉSENTATION
D'ATHÈNES
ET DE LA GRÈCE

La Grèce dans son environnement

La Grèce occupe le sud de la péninsule balkanique. Elle se partage entre une partie continentale et un chapelet de plus de 2000 îles, réparties dans les mers Ionienne et Égée. Peuplé de 10,9 millions d'habitants, le pays est bordé au nord par l'Albanie, la Bulgarie et la Macédoine, à l'est par la Turquie. Sa capitale est Athènes.

LÉGENDE

⚓	Liaison maritime régulière
✈	Aéroport international
═	Autoroute
═	Route principale
—	Liaison ferroviaire
--	Frontière

◁ **L'îlot fortifié de Bourtzi, au large de Méthone**

UNE IMAGE
DE LA GRÈCE

L a Grèce est l'un des pays le plus visités d'Europe, mais aussi l'un des moins connus. Indépendante seulement depuis 1830, la Grèce moderne n'a qu'un lointain rapport avec la Grèce antique. Elle constitue un carrefour d'influences diverses provenant des Balkans, du Moyen-Orient et du Bassin méditerranéen.

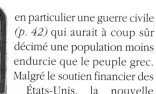

Fresque de Moni Frankavilla, Amaliáda

En dépit de ses dimensions modestes (131 990 km²), la Grèce offre un paysage très fragmenté. Les trois quarts de sa superficie sont dépeuplés, recouverts de montagnes ou laissés en friche. L'agriculture repose sur la culture de tabac au nord-est, sur celle de légumes et d'arbres fruitiers plus au sud. Le tiers de la population est concentré à Athènes, capitale culturelle financière et politique du pays, où se côtoient édifices anciens et modernes.

Les villes et les campagnes grecques ont profondément évolué au cours d'un XXᵉ siècle marqué par l'occupation étrangère et de nombreux conflits, en particulier une guerre civile (*p. 42*) qui aurait à coup sûr décimé une population moins endurcie que le peuple grec. Malgré le soutien financier des États-Unis, la nouvelle société s'est maintenue, jusque dans les années 1960, dans un véritable état de sous-développement économique. Le sous-équipement des campagnes et les conditions de vie précaires des paysans ont entraîné exode rural et émigration vers l'étranger. On prétend, qu'il n'y a pas d'architectes en Grèce, mais seulement des ingénieurs.

Pendant des siècles, de nombreux Grecs ont vécu à l'étranger : aujourd'hui encore, c'est le cas de plus de la

Joueurs de backgammon au marché aux puces de Plateía Monastirakiou, à Athènes

◁ Un paysan guidant sa mule dans les rues de Monemvasia

Le massif du Pinde domine le village de Vrysochóri

moitié d'entre eux. Nourrie par plusieurs vagues d'émigration, cette diaspora a été accélérée en raison des changements advenus dans l'empire ottoman à la fin du XVIIᵉ siècle. De nos jours, les Grecs continuent de s'expatrier hors d'Europe, vers l'Afrique, l'Amérique et l'Australie.

RELIGION, LANGAGE ET CULTURE

Pendant les siècles de domination vénitienne ou ottomane *(p. 38-39)*, l'Église orthodoxe a su préserver la langue et l'identité grecques grâce à la liturgie et à son enseignement. Elle demeure aujourd'hui un acteur central de la société grecque, malgré les réformes à caractère laïque effectuées par le gouvernement socialiste (PASOK) entre 1981 et 1985. La question *Eísai orthódoxos* (Êtes-vous orthodoxe?) est, pour ainsi dire, synonyme d'*Éllinas eísai* (Êtes-vous grec?). Même si la plupart des ménages se plient encore aux cérémonies religieuses traditionnelles (baptême, mariage, extrême-onction), le mariage civil est désormais aussi pratiqué que le mariage religieux. La messe dominicale demeure

Ex-voto du couvent de Pantanass:

très suivie, en particulier par les femmes qui en font un lieu d'échanges et de rencontres équivalent à ce que sont les *kafeneía* (cafés) pour les hommes. Les popes se reconnaissent à leur haut chapeau noir et à leur longue barbe. La plupart sont mariés et exercent une activité annexe (une cou-

Prêtre grec conduisant une procession à Athènes

tume qui facilite les vocations). Ces dernières années, on assiste à un renouveau de la vie monastique, probablement en réaction contre la société de consommation. La langue, autre pilier de l'identité grecque,

Terrasse de taverne à Nauplie

fut longtemps déchirée entre le *katharévousa*, la langue écrite, artificiellement élaborée au temps de l'indépendance, et le *dimotikí* (ou démotique), la langue populaire au vocabulaire nourri de mots étrangers. La querelle sur la langue a pris un cours politique, la droite soutenant le *katharévousa* et la gauche le *dimotikí* : elle provoqua parfois des conflits sanglants.

Aujourd'hui, le *dimotikí* semble l'emporter, issue naturelle dans une société aussi profondément pétrie de culture orale. Les conteurs sont aussi appréciés qu'à l'époque d'Homère et, en Grèce les conversations interminables constituent l'âme des *kafeneía* et des repas entre amis. La musique populaire demeure très vivace, riche en artistes de talent : par

Vente à la criée sur le quai du port de Vólos

exemple, le parolier Mános Eleftheríou, Apstólos Kaldarás et Níkos Gátsos. Cette tradition artistique populaire ne s'est jamais démentie au cours de l'histoire. Elle a notamment contribué à maintenir l'usage du *dimotikí* depuis le XIXe siècle jusqu'à nos jours. Ainsi, chansonniers et écrivains ont été et restent les vecteurs naturels du *dimotikí*. Dans un passé récent, lors de l'occupation du pays par les nazis ou sous la dictature des colonels, les artistes ont rempli un rôle fondamental d'intermédiaires, en recourant à une langue très imagée afin de contourner la censure et de remonter le moral.

DIPLOMATIE ET DÉVELOPPEMENT

Un archéologue restaurant le Parthénon

Comparée aux États balkaniques voisins, la Grèce est stable et relativement prospère, même si elle est le membre le plus pauvre de l'UE. La balance commerciale connaît un déficit chronique, illustration de la *xenomanía :* cette croyance typiquement grecque en la supériorité des produits et des modes étrangères est particulièrement sensible dans le secteur automobile, puisque la Grèce est un des rares pays européens à ne pas posséder d'industrie automobile nationale.

Ainsi, la Grèce présente encore nombre de caractéristiques d'un pays en voie de développement, l'agriculture et les services entrant pour les deux tiers dans la composition du

La cave Achaïa Klauss à Patras

produit national brut. Plus étonnante est la fréquente similitude entre le domicile et le lieu de travail, les plaques professionnelles en cuivre jouxtant souvent celles du nom du propriétaire sous la sonnette des entrées d'immeubles. D'autre part, malgré de nombreuses campagnes gouvernementales, la sieste après le déjeuner demeure une pratique encore largement suivie, obligeant un grand nombre de salariés à effectuer deux allers-retours entre leur domicile et leur lieu de travail. Toutefois, depuis son entrée dans la CEE en 1981, l'économie grecque a pris un virage nettement libéral, et perd progressivement l'image de « démocratie populaire » qui la caractérisait avant son entrée dans l'Europe communautaire. L'État a renoncé à financer une bureaucratie pléthorique qui aurait assuré un maximum d'emploi à la population. Au demeurant, les privatisations se sont succédé dans la

dernière décennie et l'inflation a été maîtrisée : elle est tombée en dessous de 10 % en 1996 ; la drachme a souffert de son entrée dans le mécanisme du taux de change, mais néanmoins les taux d'intérêt baissent. Le chômage atteint un niveau très élevé. Le tourisme est la principale source de devises, en particulier depuis l'effondrement de la part de la marine marchande grecque dans le commerce maritime mondial, et en raison de la faible productivité traditionnelle de l'agriculture nationale. Sur un autre plan, la Grèce est aujourd'hui confrontée à un problème critique : l'afflux de réfugiés économiques, en partie à cause d'une tradition ancienne d'accueil des étrangers, mais aussi en raison de sa position régionale dominante dans les Balkans, qui attire en particulier les populations de l'ancien bloc de l'Est. Le gouvernement grec a récemment adopté une politique d'immigration plus répressive…

Statue d'Athéna près de l'Académie d'Athènes

Indépendante depuis moins de 200 ans, la Grèce connaît une vie politique instable. Depuis les années 1930, l'antagonisme est très vif entre la droite et la gauche. Par ailleurs, la popula-

Les toits de Nauplie vus depuis la forteresse Palamidi, bâtie par les croisés

Maison du village de Psarádes, près des lacs de Préspa

tion n'a qu'une confiance assez faible en ses institutions. Depuis 1947, la vie politique grecque est dominée par deux hommes : Andhréas Papandhréou, le leader du parti socialiste (PASOK) trois fois Premier ministre de la Grèce, et Constantin Caramanlis, conservateur, également ancien Premier ministre. Sur le plan de la politique extérieure, la Grèce cherche depuis la fin de la guerre froide à s'affirmer comme la principale puissance économique des Balkans. Le pays est ainsi le premier investisseur étranger en Bulgarie, et le port de Salonique, le deuxième de Méditerranée, est sans doute appelé à devenir le débouché économique naturel de la région.

Berger traditionnel avec son bâton au village de Métsovo

LA VIE QUOTIDIENNE

Comme dans tous les pays méditerranéens, la famille est la cellule de base de la vie sociale, dont le dynamisme est indéniable : aucun peuple d'Europe ne semble en effet goûter autant au plaisir de manger quotidiennement en famille à l'extérieur du foyer. Traditionnellement, les familles de paysans pratiquaient l'autosuffisance alimentaire et ne faisaient pas appel aux autres corporations de la communauté rurale pour les travaux agri-

coles. Aujourd'hui, les entreprises à caractère familial demeurent les plus nombreuses. D'autre part, la pratique des mariages arrangés, officiellement interdite, demeure très vivace. Hors d'Athènes ou de Salonique, la plupart des jeunes gens vivent encore chez leurs parents jusqu'à leur mariage, et peu de couples osent vivre en union libre. Le taux de fécondité de la Grèce est aujourd'hui le plus faible d'Europe derrière celui de l'Italie, bien que les Grecs aient montré de tous temps un grand intérêt aux enfants en général. Le statut de la femme tend à évoluer très vite et la société grecque, encore très machiste, voit maintenant les femmes s'imposer sur le marché du travail. Après avoir redécouvert les vertus de la démocratie depuis 20 ans et désormais intégrée à l'Europe depuis 1981, la société grecque est en pleine évolution et se rapproche à grand pas des standards en vigueur dans le reste de l'UE.

Le marché du mercredi à Argos

L'architecture byzantine

D e la civilisation byzantine millénaire, il ne subsiste plus aujourd'hui en Grèce que des églises médiévales. L'architecture byzantine se caractérise essentiellement par le soin particulier consacré à la décoration intérieure des églises. Il s'agissait de définir un espace sacré où les fidèles seraient détournés des vaines distractions du monde et pénétrés de la nature divine du cosmos. Mosaïques et fresques recouvrent entièrement les murs des églises, l'image du Christ représentant à la fois une ouverture sur le monde spirituel et un interlocuteur privilégié de la prière des fidèles. Urbaines ou rurales, les églises byzantines présentent une remarquable unité architecturale.

ÉDIFICES BYZANTINS REMARQUABLES

1. Thessalonique *p. 248*
2. Mont Athos *p. 252-254*
3. Arta *p. 213*
4. Monastère d'Osios Loúkas *p. 222-223*
5. Pátra *p. 169*
6. Moní Kaïsarianís *p. 150-151*
7. Monastère de Dafní *p. 152-153*
8. Athènes *p. 80, p. 105, p. 108*
9. Mystrás *p. 192-193*
10. Geráki *p. 189*

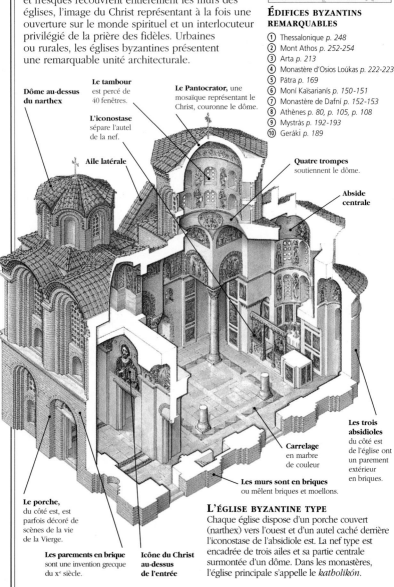

Dôme au-dessus du narthex

Le tambour est percé de 40 fenêtres.

L'iconostase sépare l'autel de la nef.

Le Pantocrator, une mosaïque représentant le Christ, couronne le dôme.

Aile latérale

Quatre trompes soutiennent le dôme.

Abside centrale

Les trois absidioles du côté est de l'église ont un parement extérieur en briques.

Carrelage en marbre de couleur

Les murs sont en briques ou mêlent briques et moellons.

Le porche, du côté est, est parfois décoré de scènes de la vie de la Vierge.

Les parements en brique sont une invention grecque du x⁰ siècle.

Icône du Christ au-dessus de l'entrée

L'ÉGLISE BYZANTINE TYPE

Chaque église dispose d'un porche couvert (narthex) vers l'ouest et d'un autel caché derrière l'iconostase de l'absidiole est. La nef type est encadrée de trois ailes et sa partie centrale surmontée d'un dôme. Dans les monastères, l'église principale s'appelle le *katholikón*.

COMPRENDRE L'AGENCEMENT DES FRESQUES BYZANTINES

Les fresques et les mosaïques intérieures des églises byzantines étaient organisées selon un agencement type : symboliquement, le Christ Pantocrator est toujours au sommet du dôme, au ciel, et surmonte les saints, qui sont sur terre. La Vierge était représentée sur le dôme de l'abside, au-dessus des pères de l'Église.

Chœur des Anges

Fenêtres du tambour

Christ Pantocrator

Le dôme présente en son centre la figure du Christ Pantocrator, flanqué d'un chœur d'anges, eux-mêmes entourés des Prophètes de l'Ancien Testament. Ci-contre, le dôme du Perivléptou, à Mystrás (p. 192).

Les Prophètes

La Vierge et l'Enfant sont placés symboliquement à la jonction du dôme avec la nef, soit entre le ciel (le dôme) et la terre (la nef).

Les anges Michel et Gabriel, habillés en personnages de la Cour, honorent la Vierge.

Les Pères de l'orthodoxie, représentés ici dans leur robe épiscopale, définirent l'orthodoxie.

Registre supérieur de saints

L'abside est souvent cachée au public par un « mur d'icônes », l'iconostase, au-delà duquel seul le clergé est admis. Voici celle d'Agios Stratigós, dans le Máni (le Magne) (p. 194-199).

Registre inférieur de saints

Porte-candélabres remplis de sable

Les murs latéraux sont décorés de registres. Au niveau inférieur se trouvent des portraits de saints grandeur nature, la tête surmontée d'un halo de lumière. Les parties supérieures présentent des scènes religieuses plus complexes tirées des Évangiles. Ici, l'église de Miliès dans le Pélion (p. 218-220).

LA VIERGE MARIE

Les icônes de la Vierge (*Panagía*, la Très-Sainte) sont très nombreux dans les églises byzantines. C'est en 431, que la Vierge Marie reçut officiellement le titre de *Theotókos*, « Mère de Dieu », qui remplaçait le titre précédent, « Mère du Christ ».

Eleousa, « *Notre Mère de Tendresse* », est une icône représentant la Vierge en train d'embrasser le Christ enfant.

La Vierge sur un trône, *flanquée de deux archanges, est un motif traditionnel réservé au mur est de l'église.*

Odigitria, la « *Conductrice* », *est une icône représentant la Vierge montrant l'Enfant de son bras droit.*

L'architecture traditionnelle en Grèce

L es principaux exemples d'architecture traditionnelle datent du XVIIIe siècle, période au cours de laquelle la prospérité économique de l'Empire ottoman assura l'émergence d'une riche bourgeoisie d'affaires non musulmane. Nombre de Grecs orthodoxes d'Italie, des Balkans et de Constantinople construisirent de somptueuses demeures, les *archontiká*, qui mêlent styles byzantin et ottoman. Curieusement, la plupart des maçons et des charpentiers employés à les édifier venaient d'Épire, ce qui assura une certaine unité à la construction de ces demeures.

Le pittoresque village de Zagória avec ses toits à tuiles de schiste rouge

Plâtre peint

Le *sachnísi*, en surplomb, est soutenu par des poutres en bois.

Grille protectrice en fer sur les fenêtres inférieures

La maison Kanatsoúlis
à Siátista est, avec celles de Kastoriá, caractéristique de ce style architectural (p. 240). La richesse de l'ornementation des étages supérieurs (bois peint et vitraux) traduit la prospérité des négociants en fourrures locaux au XVIIe et au XVIIIe siècle.

Les **chatília**, ou colombages ornementaux, divisaient les murs en bandeaux.

La porte principale, émaillée de gros clous

Fenêtres cintrées à linteaux de maçonnerie

Toits inclinés en tuiles

Des tourelles rondes *(klouviá)* placées aux extrémités du toit servaient à faire le guet.

Balconnets en bois ou en fer forgé.

Support conique des tourelles

Les étages supérieurs étaient réservés à la vie domestique.

Porte cintrée, souvent basse

Petites fenêtres servant de meurtrières

Le rez-de-chaussée servait de grange et d'étable.

Ferme en pierres

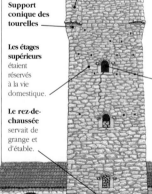

Les manoirs d'Arcadie,
dans le centre du Péloponnèse, étaient construits en pierres. Les petites fenêtres, les planchers et les caves, en bois, permettaient de conserver la chaleur. Bâti à flanc de colline, un édifice pouvait avoir 3 étages d'un côté et 5 de l'autre !

L'accès à la tour se faisait directement à partir de la ferme.

Les maisons-tours du Máni *(Magne)*
se trouvent dans le sud du Péloponnèse central (p. 194-199). Dans cette région s'était développée une société familiale de type clanique. Les tours avaient une fonction à la fois défensive et offensive. Les fermes attenantes n'étaient habitées qu'en temps de paix.

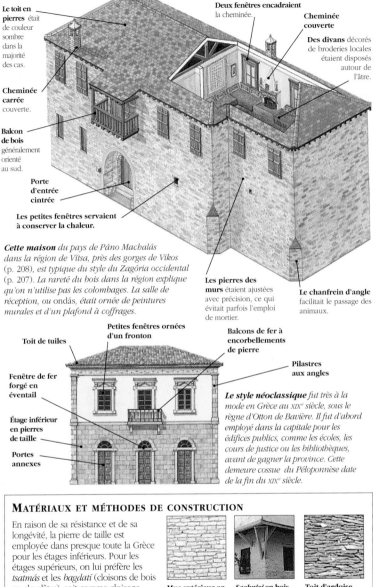

Le toit en pierres était de couleur sombre dans la majorité des cas.

Deux fenêtres encadraient la cheminée.

Cheminée couverte

Des divans décorés de broderies locales étaient disposés autour de l'âtre.

Cheminée carrée couverte.

Balcon de bois généralement orienté au sud.

Porte d'entrée cintrée

Les petites fenêtres servaient à conserver la chaleur.

Cette maison du pays de Páno Machalás dans la région de Vítsa, près des gorges de Vikos (p. 208), est typique du style du Zagória occidental (p. 207). *La rareté du bois dans la région explique qu'on n'utilise pas les colombages. La salle de réception, ou* ondás, *était ornée de peintures murales et d'un plafond à coffrages.*

Les pierres des murs étaient ajustées avec précision, ce qui évitait parfois l'emploi de mortier.

Le chanfrein d'angle facilitait le passage des animaux.

Petites fenêtres ornées d'un fronton

Toit de tuiles

Balcons de fer à encorbellements de pierre

Pilastres aux angles

Fenêtre de fer forgé en éventail

Étage inférieur en pierres de taille

Portes annexes

Le style néoclassique fut très à la mode en Grèce au XIXᵉ siècle, sous le règne d'Otton de Bavière. Il fut d'abord employé dans la capitale pour les édifices publics, comme les écoles, les cours de justice ou les bibliothèques, avant de gagner la province. Cette demeure cossue du Péloponnèse date de la fin du XIXᵉ siècle.

MATÉRIAUX ET MÉTHODES DE CONSTRUCTION

En raison de sa résistance et de sa longévité, la pierre de taille est employée dans presque toute la Grèce pour les étages inférieurs. Pour les étages supérieurs, on lui préfère les *tsatmás* et les *bagdatí* (cloisons de bois ou de plâtre), soit comme cloisons intérieures, soit pour les *sachnisiá* (surplombs du toit) qui augmentent la superficie de l'espace utilisable sans contrainte de poids. Lorsqu'il était disponible en abondance, le bois était très employé en Macédoine, en Thrace et en Thessalie, pour les balustrades, les treillis des *chagiáti* couvrant les fenêtres des étages ou pour les murs. Il a été ensuite remplacé par le métal.

Mur extérieur en pierres de taille

Sachnisi en bois (surplomb)

Toit d'ardoise

Mur en *tsatmás* (bois et moellons)

Grille de fenêtre en fer forgé

Toits en carreaux d'argile

La campagne grecque

L a Grèce est un pays au relief tourmenté. Par endroits, l'étroite bande côtière est bordée de falaises, tandis que l'intérieur du pays est modelé par des massifs montagneux, des gorges et des pics, repaires des aigles et des vautours. La végétation, variée et très fleurie au printemps, subit l'influence du climat méditerranéen : l'été est sec et chaud ; l'hiver, doux et pluvieux. Les besoins en herbages et en bois ont entraîné la déforestation et la multiplication des champs de fleurs et des arbustes. Deux types de formations végétales prédominent en Grèce : le maquis, dense et couvert de plantes buissonneuses et odorantes ; et la *phrygana*, constituée de plantes compactes et éparses. Les moutons – bien qu'ils dévastent la végétation – qui paissent, comme à Sparte, dans les oliveraies au milieu des vestiges archéologiques forment un spectacle pittoresque.

Coquelicots

De nombreuses zones de culture sont livrées à la friche. Elles font le bonheur des alouettes et des pipits et, au printemps, des fleurs et des papillons.

La phrygana pousse sur les versants dénudés et les sols rocailleux.

Les collines aux pentes escarpées plantées de cyprès, sombres et droits, sont un paysage familier des sites archéologiques. C'est le cas de celui de la cité byzantine de Mystra, que l'on peut aussi visiter uniquement pour sa faune et sa flore, particulièrement riche en fleurs printanières : de la rare orchidée aux marguerites, aux coquelicots et aux soucis.

Les oliviers abritent de nombreux oiseaux dans leur feuillage.

La saison des fleurs de printemps – coquelicots et autres soucis – est brève.

MAQUIS ET *PHRYGANA*
Un maquis couvert d'arbustes domine Mycènes. On y trouve des cistes et des plantes aromatiques. Au loin, la *phrygana*, plus dénudée, est parsemée de bosquets de vesces épineuses.

Les oliviers poussent à basse altitude dans toute la Grèce, comme ici à Argalasti dans le Pélion. Au printemps, les fleurs éclosent à foison à l'ombre des arbres, attirant des nuées de papillons et d'abeilles. Des lézards cherchent des insectes dans les arbres noueux, refuges des nids d'oiseaux, telle la pie-grièche masquée.

Les marécages, *tels ceux qui bordent le lac Stymphale, dans le Péloponnèse, sont propices à la culture. Relativement accessibles à pied, ils regorgent d'oiseaux, d'amphibiens et de plantes.*

LES FLEURS SAUVAGES DE GRÈCE

La Grèce continentale abrite une étonnante variété de plantes à fleurs, plus de 6 000 espèces au total, dont certaines sont rarissimes. Cette variété exceptionnelle est due à la diversité de l'habitat naturel – marécages, plaines littorales, maquis, montagnes enneigées, etc. La végétation croît pendant l'hiver, saison humide et froide, et la floraison s'étale du mois de mars au début du mois de juin. Les régions côtières du Péloponnèse sont probablement celles qui possèdent la végétation florale la plus diversifiée.

Les nombreuses variétés de glaïeul sauvage produisent des fleurs printanières aux couleurs éclatantes.

Le maquis offre un habitat idéal pour les oiseaux nicheurs – fauvettes, serins et huppes.

Au printemps, des orchidées et des tulipes poussent entre les buissons qui composent le maquis.

La jacinthe croît en pleine terre et fleurit au printemps, plus particulièrement en mai.

Cytinus hypocistus est une plante parasite qui pousse au pied des buissons de ciste colorés *(voir ci-dessous).*

Le ciste à feuilles de sauge habite les maquis. Ses fleurs colorées attirent les insectes pollinisateurs.

L'asphodèle blanc apprécie les bas-côtés des routes, partout en Grèce. Du mois d'avril au mois de juin, il fleurit en grandes grappes de fleurs blanches.

LES ORCHIDÉES

L'un des principaux attraits de la Grèce réside dans la diversité des espèces d'orchidées sauvages qui fleurissent entre février et mai. Elles ont des fleurs aux formes complexes, et parfois des couleurs éclatantes qui attirent les insectes pollinisateurs.

L'orchidée à quatre taches présente des taches sur ses labelles. Plante des collines, elle fleurit en avril.

L'orchidée homme nu possède une tête portant des fleurs de couleur rose pâle. Elle apprécie les bois.

L'orchidée araignée grecque ressemble plutôt à un bourdon. Elle pousse dans le maquis au printemps.

HISTOIRE
DE LA GRÈCE

Alexandre le Grand, vu
par Théofilos (1866-1934)

L'histoire de la Grèce a longtemps été celle d'un peuple, non d'un État. Dès l'Antiquité, les Grecs ont pourtant une conception claire de leur identité nationale, fondée plus sur une communauté de langue, de religion et de traditions que sur la volonté de partager un même État centralisé (celui-ci n'a été réalisé qu'au siècle dernier). L'histoire de la Grèce antique est celle de la lutte perpétuelle opposant diverses cités pour la suprématie sur le « monde grec » lorsqu'elles apparaissent au cours du Iᵉʳ millénaire av. J.-C. Bien que divisés, les Grecs réussissent à repousser les Perses au Vᵉ siècle, mais ils perdent leur indépendance après avoir été battus par l'armée de Philippe II de Macédoine à Chéronée en 338 av. J.-C. La Grèce est ensuite intégrée à l'empire d'Alexandre le Grand (fils de Philippe). Quand les Macédoniens sont défaits par Rome en 168 av. J.-C., la Grèce devient une province de l'Empire romain, puis de l'Empire d'Orient, dirigée depuis Constantinople . À partir du XIᵉ siècle, elle constitue le cœur de l'Empire byzantin, qui lui emprunte sa langue et adopte la religion chrétienne orthodoxe. En 1453, quand Constantinople est prise par les Ottomans, la Grèce disparaît en tant qu'entité politique, pour ne réapparaître qu'en 1821, avec l'insurrection contre les Turcs et la déclaration d'indépendance du pays. En 1830, la France, la Russie et la Grande-Bretagne, qui ont soutenu le soulèvement, reconnaissent le royaume de Grèce. En 1922, la Grèce perd la guerre qu'elle a entreprise contre l'Empire ottoman. Les Grecs d'Asie mineure sont chassés et s'installent en masse en Europe. Très éprouvé lors de la Seconde Guerre mondiale par l'occupation allemande puis par la guerre civile de 1940-1948, le pays connaît la « dictature des colonels » (1967-1974) avant de retourner à la démocratie et d'adhérer à la CEE en 1981.

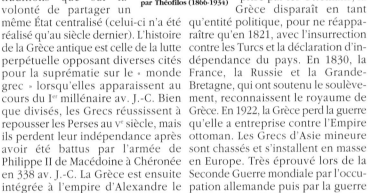

Carte de la Grèce tirée de l'atlas d'Abraham Ortelius, *Theatrum Orbis Terrarum* (1595)

◁ Le déclenchement de l'insurrection nationale, en 1821, vue par le peintre français L. Dupré (1825)

La préhistoire

**Broche
mycénienne
en or**

À l'âge du bronze, trois foyers de civilisation distincts s'épanouissent : d'abord dans les Cyclades, au cours du IIIe millénaire, puis respectivement en Crète avec la civilisation minoenne, dont l'influence s'étend dans toutes les îles de la mer Égée, et sur le continent, avec la civilisation mycénienne. Cette dernière finit par l'emporter vers 1450 av. J.-C., et s'impose en Crète. Ces deux civilisations atteignent leur apogée au IIe millénaire, lors de la période des palais marquée par une bureaucratie centralisée et une hiérarchie religieuse puissante. D'importants vestiges subsistent en Crète.

LA GRÈCE À L'ÂGE DU BRONZE
◻ *Aires de peuplement*

Sculpture du néolithique
*(3000 av. J.-C.)
Cette tête sculptée fut
retrouvée à Alónissos, dans
l'archipel des Sporades.
Elle représente
probablement
l'une des déesses
de la fertilité
adorée par les
paysans à cette
époque.*

Cette ville dépourvue d'enceinte
témoigne d'une période pacifique.

Art des Cyclades
*Des statues en marbre comme
celles-ci furent produites entre
2800 et 2300 av. J.-C.
Beaucoup d'entre elles ont été
retrouvées dans des tombes.*

Maisons à étages

**Sarcophages
minoens**
*Ce type de tombe date
de 1400 av. J.-C., et
n'existe que dans les sites
minoens. Elles servaient sans
doute à accueillir des puissants.*

CHRONOLOGIE

	7000 Au néolithique, installation de fermiers dans le nord de la Grèce	**3200** Âge du bronze. Début des civilisations cycladique et minoenne (en Crète)	**2000** Arrivée des premiers hellénophones en Grèce
200 000 av. J.-C.	**5000**	**4000**	**3000**	2
200 000 Vestiges d'une civilisation paléolithique dans le nord de la Grèce et en Thessalie	« Poêle à frire » de *Syros (2500 - 2000 av. J.-C.)*	**2700-2300** Apogée des cultures de Syros et de Kéros dans les Cyclades **2000** Construction de palais en Crète (civilisation minoenne protopalatiale)	

Masque mortuaire mycénien

Un grand nombre d'objets d'art et de parures en or furent retrouvés à Mycènes, une ville très prospère à partir du XVIᵉ siècle avant J.-C.

Collines boisées

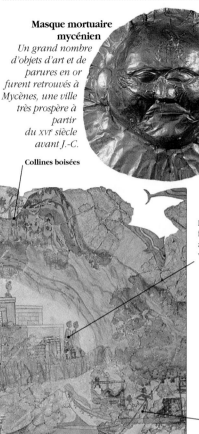

OÙ VOIR LA GRÈCE PRÉHISTORIQUE

Le musée d'art cycladique d'Athènes *(p. 74-75)* possède une impressionnante collection de statuettes d'époque préhistorique. On peut également visiter les ruines de Mycènes *(p. 178-180)*, dont certains vestiges sont rassemblés au musée de Nauplie *(p. 182)* et au musée national d'archéologie d'Athènes *(p. 68-71)*. On peut admirer l'art minoen au « Palais de Nestor » *(p. 201)*, en Crète, et au musée de Chora où sont exposées des tablettes écrites en « linéaire B », une écriture antérieure au grec, et de nombreux autres vestiges.

Les habitants fraternisent avec les visiteurs.

Les murs « cyclopéens »

Comme à Tiryns (Thirynthe), les citadelles mycéniennes étaient entourées de murs élevés avec des blocs de pierre si imposants que les civilisations ultérieures attribuèrent leur construction à des géants.

Navires à voiles et à rames

SCÈNE PORTUAIRE MINOENNE

Cette fresque murale retrouvée dans l'île de Santorin a été préservée des outrages du temps par une éruption volcanique du XVIᵉ siècle av. J.-C. Elle représente sans doute le départ ou l'accostage d'un bateau de commerce. Alors que les Mycéniens étaient animés d'un esprit de conquête, les Minoens s'imposèrent par le négoce.

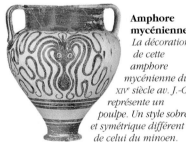

Amphore mycénienne

La décoration de cette amphore mycénienne du XIVᵉ siècle av. J.-C. représente un poulpe. Un style sobre et symétrique différent de celui du minoen.

1750-1700 Période néopalatiale et âge d'or de la civilisation minoenne	**1630** Terrible éruption volcanique à Santorin qui dévaste l'île	**1194-1184** Destruction probable de la ville de Troie *(p. 54)*	
		1450 Les Mycéniens prennent Cnossos ; écriture en « linéaire B »	Hélène de Troie
1800	**1600**	**1400**	**1200**
1700 Destruction des palais minoens ; fin de la période protopalatiale		*Statuette minoenne d'une déesse-serpent (1500 av. J.-C.)*	**1200** Fin de la civilisation mycénienne
1600 Début de la suprématie économique et militaire des Mycéniens			**1450-1370** Le palais de Cnossos est détruit pour la seconde fois

La Grèce archaïque

Pièce d'argent athénienne

Koûros *(530 av. J.-C.)*
Les Koûroi sont des statues monumentales représentant des hommes nus (p. 70). Il s'agit de représentations idéalisées. L'influence égyptienne est très visible dans la pose des personnages.

Vers 1200 av. J.-C., la Grèce entre dans le « Moyen Âge hellénique ». Cette période encore peu connue est caractérisée par des invasions, et précède le regroupement des populations dans des cités *(polis)*.

Au VIIIe siècle, l'apparition de nouveaux régimes politiques et l'essor des échanges jettent les bases de la civilisation grecque antique. Un vaste mouvement de colonisation essaime alors tout autour de la Méditerranée et de la mer Noire.

Armure de bronze

LA MÉDITERRANÉE EN 479 AV. J.-C.
Extension de l'influence grecque

Le joueur de flûte assurait la cadence de la marche.

Jambières de bronze

Solon *(640-558 av. J.-C.)*
Il occupa la plus haute fonction de la magistrature athénienne. Ses réformes juridiques et politiques ont permis l'avènement de la démocratie.

LES HOPLITES

Ce vase corinthien, daté d'environ 750 av. J.-C., illustre le changement qui s'opère dans l'art de la guerre à l'époque archaïque. À cette période apparaissent les hoplites. Ces soldats citoyens, lourdement armés, sont organisés en unités très soudées, les phalanges. Ils témoignent de l'apparition du sentiment d'égalité régnant parmi les hommes libres des jeunes cités-États.

CHRONOLOGIE

Fragment de vase sur lequel on distingue les motifs géométriques caractéristiques

900 Débuts de la poterie à décoration géométrique

1100 av. J.-C.	1000	900
1100 Invasions et migrations de populations à travers le monde grec	**1000-850** Formation des « royaumes homériques »	

Vase du VIᵉ siècle
Ces vases (krater) aux formes élégantes servaient à mélanger le vin et l'eau. Ils étaient décorés des scènes mythologiques ou héroïques de style archaïque.

Casques de bronze

Piques employées pour enfoncer l'ennemi.

Où voir la Grèce archaïque

On peut admirer des *koûroi* au musée national d'Archéologie *(p. 68 à 71)* et au musée de l'Acropole *(p. 97)*, à Athènes. Le premier abrite également la collection nationale de vases à décoration géométrique, à figure rouge et à figure noire. La victoire remportée en 490 sur les Perses à Marathon fut célébrée par l'érection d'un monument aux morts sur la plaine du même nom *(p. 145)*. Le musée de Sparte *(p. 189)* abrite un buste de Léonidas, héroïque roi de Sparte qui fut massacré par les Perses avec 300 hoplites à la bataille des Thermopyles (près du golfe de Lamia) en 480 av. J.-C.

Les phalanges
adoptèrent une tactique originale : elles attaquaient l'ennemi en restant en ligne, formant un mur de piques et de boucliers.

Décoration en tête de Gorgone

Boucliers ronds traditionnels

Chasseur retournant chez lui *(500 av. J.-C.)*
La chasse au lièvre, au sanglier ou à la biche étaient des activités très prisées par l'aristocratie grecque.

Darius Iᵉʳ *(roi de Perse de 521 à 486 av. J.-C.), représenté sur ce bas-relief de Persépolis, essaya de soumettre la Grèce à son autorité, mais fut battu par les Grecs à Marathon en 490.*

776 Date traditionnelle des premiers jeux Olympiques

675 Lycurgue entreprend de profondes réformes à Sparte

750-700 Homère compose l'*Iliade* et l'*Odyssée*.

756 Début de la colonisation grecque en Italie et en Égypte

Statuette votive spartiate

600 Érection des premières colonnes doriques au temple d'Héra à Olympie

546 Les Perses occupent l'Ionie. Athènes connaît une période de gloire sous le tyran Pisistrate et ses fils.

630 La poètesse Sappho écrit à Lesbos.

Chapiteau dorique

490 Les Athéniens battent les Perses à Marathon.

480 Les Perses ravagent Athènes après leur victoire aux Thermopyles, mais sont battus à Salamine.

479 Les Perses sont anéantis à Platées par Athènes, Sparte et leurs alliés.

800	700	600	500 av. J.-C.

La Grèce classique

La période classique marque l'apogée de la civilisation grecque antique. Pendant un siècle et demi (500-350 av. J.-C.), le monde grec, en particulier Athènes, connaît une période florissante d'épanouissement intellectuel dans les domaines philosophique, avec Socrate, Platon et Aristote,

Amphore et théâtral, grâce à Eschyle, Sophocle et Euripide. Sur le plan politique, cette période est celle de l'apogée de la démocratie athénienne. Mais elle est également marquée par la guerre du Péloponnèse (431-404 av. J.-C.) qui oppose Athènes à Sparte soutenus par leurs alliés respectifs. Au IVᵉ siècle, après la domination de Thèbes, les Grecs sont vaincus en 338 av. J.-C. à Chéronée par Philippe II de Macédoine.

LA GRÈCE EN 440 AV. J.-C.

☐ *Athènes et ses alliés*
☐ *Sparte et ses alliés*

La poissonnerie
Ce vase du IVᵉ siècle av. J.-C., trouvé près de Cefalu, en Sicile, témoigne de la présence héllène dans cette île. La plus puissante des colonies grecques en Sicile était Syracuse.

Périclès
Le plus prestigieux dirigeant de la démocratie athénienne créa une marine puissante et commandita d'importants travaux de génie civil dont l'Acropole.

Théâtre utilisé lors des jeux pythiques

Temple d'Apollon

Trésor de Sifnos

LA SANCTUAIRE DE DELPHES
Véritable centre religieux du monde grec *(p. 228-229)*, Delphes est le siège de la pythie, l'oracle d'Apollon dont les prophéties déterminent les décisions des dirigeants de Sparte ou d'Athènes. Son influence atteint son apogée aux Vᵉ et IVᵉ siècles av. J.-C. Toutes les cités assurent son entretien. Ci-contre, une reconstitution établie en 1894 par les archéologues.

CHRONOLOGIE

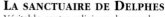

Détail de la frise du Parthénon

461 Les réformes d'Éphialtès annoncent la démocratie athénienne.

431-404 La guerre du Péloponnèse se termine par la chute d'Athènes, qui marque le début d'une période de 33 ans de domination spartiate.

v. 424 Mort d'Hérodote, historien des guerres médiques

475 av. J.-C.	450 av. J.-C.	425

478 Athènes assure son hégémonie sur la Grèce en formant la Ligue de Délos.

451-429 Périclès lance un programme de grands travaux monumentaux.

447 Début de la construction du Parthénon

Buste d'Hérodote, sans doute d'origine hellénistique

Couronne de feuilles de chêne en or de Vergina
*Au milieu du IVᵉ siècle av. J.-C., Philippe II
de Macédoine conquiert la Grèce.
Ce bijou provient de sa tombe.*

OÙ VOIR LA GRÈCE CLASSIQUE

Le plus imposant est l'Acropole d'Athènes, un ensemble de bâtiments religieux érigé en partie sur ordre de Périclès au milieu du Vᵉ siècle av. J.-C. *(p. 94-99).* Près des ruines du sanctuaire de Delphes se dresse l'unique temple à plan rond centré du monde grec, la *tholos (p. 230).* Dans le Péloponnèse, on peut visiter la ville de Messène, bâtie en 396 av. J.-C. *(p. 201),* ou le théâtre d'Épidaure *(p. 184-185).* La tombe de Philippe II se trouve à Vergina, en Macédoine *(p. 242).*

Ex-voto de la cité de Rhodes

Stoa des Athéniens

Voie Sacrée

Trésor d'Athènes

Jeune esclave
(400 av. J.-C.) L'esclavage était essentiel à la croissance de l'économie des cités grecque. Ce cordonnier était originaire d'Afrique.

Athéna Lemnia
Cette copie romaine d'une statue de Phidias (v. 490 -v. 430 av. J.-C.), le sculpteur principal de l'Acropole, représente la déesse protectrice d'Athènes. Dans le plus pur style classique, cette œuvre est un hymne à la beauté parfaite.

387 Platon fonde l'Académie à Athènes.

Sculpture représentant Platon

337 Fondation de la Ligue de Corinthe, qui entérine la domination de la Grèce par Philippe II de Macédoine.

359 Philippe II devient roi de Macédoine.

400   **375**   **350 av. J.-C.**

399 Procès et condamnation à mort de Socrate

371 La victoire de Thèbes sur Sparte à Leuctres lui assure une domination de dix ans sur le monde grec.

338 Les Grecs sont vaincus par les Macédoniens à la bataille de Chéronée.

336 Philippe II est assassiné à Aigai. Alexandre, son fils, lui succède.

La Grèce hellénistique

Alexandre le grand, roi de Macédoine, réalise le rêve de son père : la conquête de la Perse. Toutefois, il ne s'arrête pas là : il édifie un empire qui s'étend jusqu'à l'Indus, et qui englobe l'Égypte, le Moyen-Orient et la Perse. La période

Alexandre le Grand hellénistique assure le rayonnement culturel à la Grèce dans tous les territoires conquis par Alexandre. La domination macédonienne sur la Grèce dure jusqu'en 197 av. J.-C., date à laquelle Rome conquiert la péninsule à l'issue de bataille de Cynoscéphales.

Le culte du héros (v. 200 av. J.-C.)
Dans la religion grecque, les héros étaient traditionnellement adorés après leur mort. Dérogeant à cette règle, Alexandre fut divinisé de son vivant.

Pella, lieu de naissance d'Alexandre, était la capitale de la Macédoine.

Le Mausolée d'Halicarnasse était l'une des sept Merveilles du Monde.

Issos, en Asie mineure, est le lieu de la victoire d'Alexandre sur les Perses en 333 av. J.-C.

MER NOIRE

• Pella

• Athènes

ASIE MINE

Mausolée d'Halicarnasse

• Issos

MER MÉDITERRANÉE

Porte d'Is à Babylo

Alexandre bat Darius III
Cette mosaïque de Pompéi montre Darius III débordé par les Macédoniens à Issos en 333 av. J.-C. Ces derniers, organisés en phalanges, étaient armés de piques.

Ammon •

Le phare d'Alexandrie

ÉGYPTE

Alexandre mourut à Babylone en 323 av. J.-C.

MER ROUGE

ARAB

L'oracle d'Ammon, qui révéla à Alexandre sa nature divine.

Statue en terre cuite
Cette œuvre du IIe siècle av. J.-C. témoigne de l'intérêt que portaient les artistes à certains moments de la vie privée.

Alexandrie, fondée par Alexandre, remplaça Athènes comme centre du monde grec.

LÉGENDE

— — — Itinéraire d'Alexand

▢ Empire d'Alexandre

▢ Zone d'influence macédonien

CHRONOLOGIE

333 Victoire d'Alexandre le Grand sur Darius III de Perse à Issos. Il se déclare « roi d'Asie ».

323 Mort d'Alexandre et de Diogène

301 Bataille d'Issos opposant les généraux successeurs d'Alexandre ; division de l'Empire en trois royaumes indépendants

268-261 La guerre de Chrémonidès s'achève avec la capitulation d'Athènes devant la Macédoine.

325 av. J.-C.	300	275	250

322 Mort d'Aristote

331 Alexandre fonde Alexandrie après avoir soumis l'Égypte.

287-275 Le roi d'Épire, Pyrrhus, défait les Romains au prix de très lourdes pertes : d'où l'expression de « victoire à la Pyrrhus ».

Diogène, l'un des plus célèbres philosophes grecs

Le synchrétisme religieux

gréco-asiatique transparaît dans cette plaque retrouvée en Afghanistan où l'on voit côte à côte Athéna et Cybèle, une déesse orientale.

Suse, capitale de l'Empire perse, fut prise en 331 av. J.-C. Alexandre organisa en 324 des mariages en masse entre ses officiers et des femmes perses.

Alexandre prit pour femme Roxane, parmi une des captives de son armée.

OÙ VOIR LA GRÈCE HELLÉNISTIQUE

Le palais royal de Pélla *(p. 243)*, capitale de la Macédoine, ainsi que le palais de Palatítsia *(p. 242)* sont des sites exceptionnels. Pélla recèle de superbes mosaïques, dont l'une représente Alexandre. Des bijoux en or et d'autres vestiges hellénistiques sont exposés au Musée d'Archéologie de Salonique *(p. 246-247)*. À Athènes, il faut voir la Stoa d'Attale *(p. 90-91)* sur l'Agora, offerte par Attale (roi de Pergame de 159 à 138 av. J.-C.). Voir aussi la tour des Vents *(p. 86-87)*, sur l'Agora romaine, bâtie par l'astronome Andronikos Kyrrestes.

MER CASPIENNE

SOGDIANE

Roxane
• Alexandropolis

• Taxil

Des éléphants furent employés contre le roi indien Poros en 326 av. J.-C.

L'armée d'Alexandre fit demi-tour devant la Beas.

BACTRIANE

PERSE

Suse

Éléphant de guerre

GOLFE PERSIQUE

Sculpture de Persépolis

GÉDROSIE

Beas

INDE

MER D'OMAN

Le centre religieux de la Perse était situé à Persépolis, auj. en Iran. Il fut conquis par Alexandre en 330 av. J.-C.

L'armée d'Alexandre perdit des milliers d'hommes dans le désert.

L'EMPIRE D'ALEXANDRE LE GRAND

Le conquérant macédonien édifie un empire aux dimensions extraordinaires. Ainsi, après avoir battu les Perses, il conquiert l'Égypte, puis retourne en Perse d'où il gagne la Bactriane. En 326, en Inde, ses troupes refusent d'aller plus loin. Il meurt en 323 à Babylone.

La mort d'Archimède

Il fut le plus grand philosophe et mathématicien de l'époque hellénistique. Cette mosaïque de la Renaissance évoque son assassinat en 212 av. J.-C.

---

227 Le colosse de Rhodes est détruit par un séisme.

Colosse de Rhodes

197 Philippe V est battu par les Romains qui déclarent la Grèce « libérée ».

146 Les Romains pillent Corinthe. La Grèce devient une province romaine.

225	200	175	150 av. J.-C.

222 La Macédoine écrase Sparte.

217 Paix de Naupacte : Philippe V appelle les Grecs à s'unir avant que les « nuages venus de l'Ouest (Rome) » n'obscurcissent le ciel.

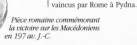

168 Les Macédoniens sont vaincus par Rome à Pydna.

Pièce romaine commémorant la victoire sur les Macédoniens en 197 av. J.-C.

La Grèce romaine

Antoine

LES PROVINCES ROMAINES EN 211 AV. J.-C.

Après avoir été conquise par Rome à la suite du sac de Corinthe en 146 av. J.-C., la Grèce devient le centre culturel de l'Empire : la noblesse romaine envoie ses enfants étudier dans les écoles de philosophie d'Athènes *(p. 57)*. Sur le plan politique, le dernier acte de la guerre civile romaine se joue lors de la bataille d'Actium, en Thessalie, le 2 septembre 31 av. J.-C., entre la flotte d'Octave (futur Auguste) et celle d'Antoine et de Cléopâtre. En 323 de notre ère, l'empereur Constantin divise son empire : la partie orientale adopte la langue grecque comme langue officielle.

Mithridate
Voulant en 88 av. J.-C. agrandir son territoire, le roi du Pont résista aux Romains. Mais il dut s'avouer vaincu au bout de trois ans.

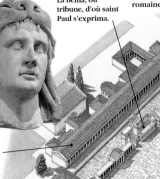

La bema, ou tribune, d'où saint Paul s'exprima.

Basilique romaine

Bouleutérion

Fontaine de Pirène

Bains d'Euryclès

Notitia Dignitatum *(395)*
Intégrée à l'empire romain, la Grèce était subdivisée en plusieurs provinces. Le proconsul d'Achaïe arborait cet insigne.

CORINTHE REBÂTIE PAR LES ROMAINS

Corinthe *(p. 162-166)*, rebâtie par Jules César en 46 av. J.-C., devient la capitale de la province d'Achaïe. Les Romains construisent un forum, un odéon, et une basilique. Saint Paul aurait vécu et travaillé dans cette ville vers l'an 50, comme couseur de tentes.

CHRONOLOGIE

Monnaie représentant Cléopâtre, reine d'Égypte

49-31 av. J.-C. La guerre civile romaine s'achève avec la défaite d'Antoine et de Cléopâtre face à Octave.

49-54 Saint Paul prêche le christianisme en Grèce.

124-131 L'empereu Hadrien supervise u grand programme d constructions à Athèn

100 av. J.-C.   **AN 1**   **10**

86 av. J.-C. Le général romain Sulla conquiert Athènes.

46 av. J.-C. Corinthe est rebâtie comme colonie romaine.

66-67 Visite de Néron en Grèce.

Saint Paul en train de prêcher

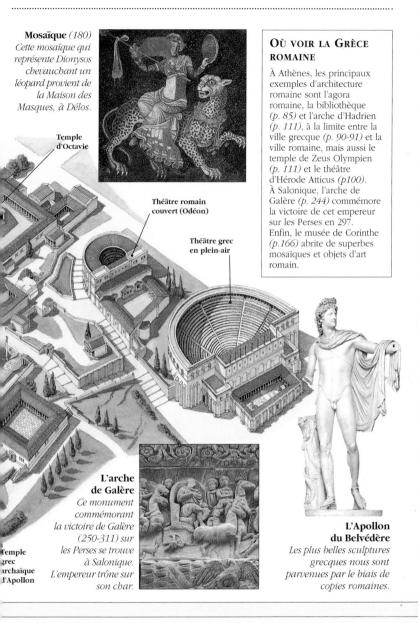

Mosaïque *(180)*
Cette mosaïque qui représente Dionysos chevauchant un léopard provient de la Maison des Masques, à Délos.

Temple d'Octavie

Théâtre romain couvert (Odéon)

Théâtre grec en plein-air

OÙ VOIR LA GRÈCE ROMAINE

À Athènes, les principaux exemples d'architecture romaine sont l'agora romaine, la bibliothèque *(p. 85)* et l'arche d'Hadrien *(p. 111)*, à la limite entre la ville grecque *(p. 90-91)* et la ville romaine, mais aussi le temple de Zeus Olympien *(p. 111)* et le théâtre d'Hérode Atticus *(p100)*.
À Salonique, l'arche de Galère *(p. 244)* commémore la victoire de cet empereur sur les Perses en 297.
Enfin, le musée de Corinthe *(p.166)* abrite de superbes mosaïques et objets d'art romain.

L'arche de Galère
Ce monument commémorant la victoire de Galère (250-311) sur les Perses se trouve à Salonique. L'empereur trône sur son char.

Temple grec archaïque d'Apollon

L'Apollon du Belvédère
Les plus belles sculptures grecques nous sont parvenues par le biais de copies romaines.

---

170 Pausanias achève sa *Description de la Grèce*.

267 Les Goths pillent Athènes.

323 Constantin devient empereur et établit sa capitale à Constantinople.

395 Les Goths ravagent Athènes et le Péloponnèse.

390 L'empereur Théodose fait du christianisme la religion d'État.

200	300

Monnaie romaine représentant Galère

293 Sous l'empereur Galère, Salonique accède au rang de deuxième ville de Grèce après Constantinople.

393 Jeux Olympiques interdits

395 Mort de Théodose. Partition entre Empire romain d'Occident, dont la capitale est Ravenne, et d'Orient, capitale Constantinople.

Byzance et les croisades

Brassard de cour byzantin

À la fin du IVᵉ siècle, l'empire romain d'Occident s'effondre, alors que celui d'Orient, dont la capitale est Byzance (nom grec de Constantinople) et qui a développé ses propres rites chrétiens, à savoir la religion orthodoxe, se maintient jusqu'en 1453. L'empire byzantin est administrativement divisé en thèmes. En 1204, après la prise de Byzance par les croisés, la Grèce est occupée par les Vénitiens et les Francs. Plus tard, siège d'une civilisation brillante, foyer intellectuel et économique, l'empire byzantin disparaît en 1453 avec la prise de Constantinople.

LA GRÈCE BYZANTINE AU Xᴱ SIÈCLE

L'aigle à deux têtes
Chez les Byzantins, l'empereur était aussi le patriarche de l'Église orthodoxe. Cette double fonction était symbolisée par un aigle à deux têtes.

Tour de guet de Tsimiskís

Chapelle

Réfectoire

LA GRANDE LAVRA
Ce monastère construit en 963, est le plus ancien et le plus grand de tous ceux qui sont situés sur le mont Athos *(p. 252-254).* Largement remaniée au cours des siècles, son architecture d'ensemble demeure byzantine. Ce fut un important foyer intellectuel.

La défense de Thessalonique
La prise de Thessalonique par les Sarrasins en 904 porta un coup sévère à l'Empire. Après cette défaite, de nombreux villes et villages se dotèrent d'une enceinte fortifiée.

CHRONOLOGIE

578-586 Invasion des Slaves et des Avars

Monnaie d'or byzantine représentant l'impératrice Irène, qui régna de 797 à 802.

400	600	800
529 Fermeture des écoles philosophiques de Platon et d'Aristote. La pensée chrétienne remplace progressivement la pensée classique.	**680** Les Bulgares franchissent le Danube et établissent un empire au nord de la Grèce.	**726** Le pape Léon III introduit l'iconoclasme, qui est abandonné en 843. **841** Le Parthénon transformé en cathédrale.

Constantin le Grand

Premier empereur romain à reconnaître le christianisme, il fonde, en 324, Constantinople sur le site de Byzance. Ci-contre, il est représenté à côté de sa mère, Hélène.

OÙ VOIR LES SITES BYZANTINS ET FRANCS

À Athènes, les musées Benáki (p. 78-79) et Byzantin (p. 76) abritent des sculptures, des icônes, des objets d'art en métal ou des tissus. La ville médiévale de Mystrás (p. 192-193) possède un château, des maisons et plusieurs monastères. Les églises de Salonique (p. 248), les monastères de Dafní (p. 152-153) et d'Osios Loúkas (p. 222-223) ainsi que les monastères du mont Athos (p. 252-254) abritent des mosaïques et des fresques byzantines. Chlemoútsi (p. 169), bâti en 1223, possède le plus ancien château franc de Grèce. Voir aussi les forteresses d'Acrocorinthe (p. 166) et de Monemvásia (p. 186-188).

Le cyprès d'Agios Athanásios

Le Christ Pantocrator

Cette fresque byzantine du XIVᵉ siècle représente un Christ en majesté. Il se trouve à Mystrás, cité et important centre monastique.

Enceinte fortifiée

Chapelle d'Agios Athanásios, fondateur de la Grande Lavra

Bibliothèque et trésor

Le katholikón, principale église de la Grande Lavra, abrite également les fresques post-byzantines les plus somptueuses.

1054 Le patriarche de Constantinople et le pape Léon IX s'excommunient mutuellement.

Forteresse franque de Chlemoútsi
1081-1149 Les Normands envahissent la Grèce.

1354 Les Ottomans pénètrent en Europe par l'Italie du Sud et la Grèce.

1390-1450 Les Ottomans accroissent leur influence en Grèce.

| 1000 | 1200 | 1400 |

Couronnement de Basile II (956-1025), le plus grand empereur byzantin

1204 Les croisés s'emparent de Constantinople. Occupé par les Francs et les Vénitiens, l'empire byzantin se désagrège.

1210 Les Vénitiens prennent le contrôle de la Crète.

1261 Apogée intellectuelle et artistique de Mystrás. Constantinople est réoccupée par les Byzantins.

1389 Les Vénitiens contrôlent le Péloponnèse et les îles grecques.

La Grèce ottomane et vénitienne

Lion de Saint Marc

À la suite de la prise de Constantinople par les Ottomans en 1453, la Grèce tombe aux mains des conquérants à partir de 1460. Devenue ottomane et musulmane sous le nom d'Istanbul, Constantinople conserve une très grande partie de sa population d'origine grecque qui contribue à l'expansion économique de la capitale du nouvel empire. L'État grec cesse d'exister pour 360 ans. Quant au reste de la Grèce, il entre dans une période sombre, marquée par la misère et le brigandage. À partir du xvᵉ siècle, Venise, la plus importante puissance maritime de la Méditerranée, s'empare pendant 30 ans du Péloponnèse (1684-1715) et conserve des comptoirs dans la péninsule, dans les îles Ioniennes et en Crète. Plusieurs villes côtières recèlent encore des vestiges de la présence vénitienne.

LA GRÈCE EN 1493

▢ Régions occupées par Venise

▢ Régions occupées par les Ottomans

Bataille de Lépante
Le 7 octobre 1571, la flotte chrétienne, dirigée par don Juan d'Autriche, détruisit la flotte turque au large de Naupactos (p. 225).

Peinture crétoise
Cette icône du xvᵉ siècle est typique du style de l'école crétoise, très active jusqu'à la prise de l'île par les Ottomans en 1669.

ARRIVÉE DU PRINCE OTTOMAN DJEM À RHODES

À la mort de son père Mehmet II, Djem tente en vain de s'emparer du trône avant de s'enfuir à Rhodes, où il est accueilli en 1481 par les chevaliers de Saint-Jean. En 1522, l'île est prise par les Ottomans.

CHRONOLOGIE

1453 Mehmet II s'empare de Constantinople, qu'il rebaptise Istanbul et en fait la capitale de son empire.

1503 Les Turcs s'emparent de tout le Péloponnèse, à l'exception de Monemvasía.

1571 Les flottes espagnole et vénitienne détruisent la flotte turque à Lépante.

| 1500 | 1550 | 1600 |

1460 Les Turcs conquièrent Mystrás.

1522 Les chevaliers de Saint-Jean cèdent Rhodes aux Turcs.

Cote de maille crétoise du xvıᵉ siècle

1456 Les Turcs prennent Athènes.

Navire marchand

Cette broderie du XIXᵉ siècle illustre l'influence ottomane sur les arts décoratifs grecs. Bien intégrés, les négociants grecs se sont établit dans tout l'Empire ottoman : vers 1800, ils possédaient des comptoirs à Constantinople, Londres ou Odessa.

Les chevaliers de Saint-Jean défièrent les Turcs jusqu'en 1522.

Les puissantes fortifications ne résistèrent pas à l'artillerie du sultan ottoman.

Les chevaliers soutinrent un temps le prince rebelle Djem.

OÙ VOIR LES SITES OTTOMANS ET VÉNITIENS

Nauplie, dominée par la forteresse de Palamídi, possède de nombreux bâtiments vénitiens, ainsi qu'un musée naval *(p. 183)*. Les ruines ottomanes sont plus rares, car les Grecs, devenus indépendants, ont voulu, à l'instar des autres peuples balkaniques, effacer au maximum toute trace de présence turque. À Athènes, cependant, de petites rues ottomanes bien conservées subsistent dans le quartier de la Pláka, ainsi que la mosquée Tsistaráki (devenue le Musée national des céramiques, *p. 86*). À Salonique, la Tour blanche fut bâtie par les Turcs au XVᵉ siècle *(p. 244)*. À Kavála *(p. 255)*, on peut admirer un aqueduc construit sous le règne de Soliman le Magnifique, et à Ioánnina *(p. 210)* la mosquée d'Aslan Pacha.

Repas dans une maison grecque (1801)

Presque quatre siècles de présence ottomane ont profondément imprégné la culture, la vie quotidienne et la composition ethnique de la Grèce. Cette influence est encore particulièrement sensible aujourd'hui dans la cuisine grecque.

1687 Le Parthénon est partiellement détruit lors d'une attaque de la flotte vénitienne contre Athènes.

1715 Les Turcs reconquièrent le Péloponnèse.

Ali Pacha (1741 - 1822), gouverneur de l'empire Ottoman

1814 La Grande-Bretagne prend possession des îles Ioniennes.

1650	1700	1750	1800

L'explosion du Parthénon

1684 Venise s'empare du Péloponnèse.

1778 Ali Pacha devient vizir de Ioánnina et asseoit la puissance ottomane sur l'Albanie et le nord de la Grèce.

1801 La frise du Parthénon est emportée par Lord Elgin.

1814 Création du *Filikí Etaireía*, mouvement de libération grec.

La naissance de la Grèce moderne

Emblème du Filikí Etaireía

L a guerre d'indépendance grecque met fin à la domination ottomane et donne naissance à une « Grande Idée » ambitieuse, celle de réunir tous les Grecs sous le même drapeau (l'*Enosis*). Au XIXe siècle, cette politique d'expansion territoriale connaît un grand succès : la Grèce double sa superficie et établit sa souveraineté sur un grand nombre d'îles. Toutefois, la tentative de conquérir l'Asie mineure effectuée après la Première Guerre mondiale s'achève par un désastre cuisant : en 1922, des centaines de milliers de Grecs sont expulsés d'Asie Mineure, mettant fin à plus de deux mille ans de présence grecque.

LA GRÈCE INDÉPENDANTE

☐ Territoire en 1832
■ Expansion de 1832 à 1923

Les klephtes (brigands des montagnes) ont formé la base du mouvement patriotique grec.

Le massacre de Chíos
Détail du célèbre tableau de Delacroix intitulé Scènes de massacres de Scio, *qui rappelle le pillage de l'île de Chíos.*

Les armes appartenaient aux insurgés ou avaient été fournies par les philhellènes.

Le coup d'État de septembre 1843
C'est au parlement, un bâtiment néoclassique construit durant les années 1830 pour accueillir le nouveau roi de Grèce, que les partisans de Kallerghis obtiennent du roi Otton la promulgation d'une constitution.

CHRONOLOGIE

1824 Lord Byron meurt de fièvre à Missolonghi.

1831 Le président Kapodístria est assassiné.

1832 Les grandes puissances assurent leur « protection » à la Grèce et désignent Otton de Bavière comme roi.

1834 Athènes remplace Nauplie comme capitale.

L'archéologue allemand Heinrich Schliemann

1830	1840	1850	1860	1

1827 Bataille de Navarin

1828 Jean de Capodístria devient le premier président de Grèce.

Le roi Otton règne de 1832 à 1862.

1862 Une révolution contraint Otton à l'exil.

1874 Heinri Schliema entame d fouilles Mycène

1821 25 mars : le drapeau national est levé. Les Grecs libèrent Tripolitsá, en Morée.

1864 La nouvelle constitution fait de la Grèce une monarchie constitutionnelle. Le religion d'État est l'orthodoxie.

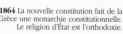

La vie à Athènes
*En 1836,
les Athéniens
portaient des
vêtements grecs
et occidentaux.
L'influence
ottomane persistait
comme en
témoigne le port du
fez par les hommes.*

OÙ VOIR LES SITES DU XIXᵉ SIÈCLE

L'indépendance est proclamée à Moní Agías Lávras, près de Kalávryta *(p. 168)*. Lord Byron meurt à Missolonghi *(p. 225)*. Jean de Capodístria est assassiné dans l'église Agios Spyrídon de Nauplie *(p. 182)*. Enfin, c'est à Pylos qu'eut lieu la bataille de Navarin *(p. 200)*.

L'INSURRECTION NATIONALE DE 1821

En 1821, la société secrète des *Filikí Etaireía* organise la révolte d'officiers grecs, qui s'étend bientôt à tout le Péloponnèse (la Morée). La tradition attribue à l'archevêque Germanós de Patras le déclenchement du mouvement d'indépendance *(p. 168)* lorsque le 25 mars, il fit hisser le drapeau national à Kalávryta.

Le canal de Corinthe
Réalisation spectaculaire ouverte en 1893, il relie les mers Égée et Ionienne (p. 167).

Elefthérios Venizélos
D'origine crétoise, il doubla la superficie de la Grèce lors des guerres balkaniques (1912-1913) et décida de rejoindre les Alliés lors de la Première Guerre mondiale.

1893 Ouverture du canal de Corinthe

1896 Premiers jeux Olympiques de l'ère moderne à Athènes

1919 Offensive grecque en Asie Mineure

1908 La Crète est réunie à la Grèce.

1917 Abdication du roi Constantin ; entrée en guerre aux côtés des Alliés.

1922 Les Turcs brûlent Smyrne. Abandon de la « Grande Idée » panhellénique.

1880	1890	1900	1910	1920

Spyrídon Loúis, vainqueur du marathon lors des premiers jeux Olympiques de l'ère moderne

1899 Arthur Evans commence des fouilles archéologiques à Cnossos.

1912-13 Expansion grecque lors des guerres balkaniques

1920 Le traité de Sèvres agrandit le territoire grec.

1923 Échange de populations entre Grèce et Turquie décidé par le traité de Lausanne. La Grèce perd ses acquisitions.

La Grèce au XXᵉ siècle

L a défaite de 1922 face aux Turcs ouvre une période très douloureuse pour le peuple grec, avec l'afflux de centaines de milliers de réfugiés provenant d'Asie Mineure. Le pays connaît une longue phase d'instabilité politique. Le général Metaxás impose une dictature, puis l'armée est balayée en 1940. Ensuite, l'occupation italienne, allemande et bulgare, débouche finalement sur une guerre civile (1946-1949). Enfin, la Grèce réussit à surmonter la question chypriote dans les années 1950, puis la « dictature des colonels » (1967-1974), rétablit la démocratie et adhère en 1981 à la Communauté économique européenne.

1938 Mort du sculpteur Giannoúlis Chalepás, rendu célèbre pour sa statue funéraire, *Jeune Fille endormie*.

1946 Instauration par le gouvernement de la « Terreur blanche » contre les communistes

1947 Giannis Tsarouchis, artiste de renommée internationale, tient sa première exposition en Grèce, galerie Romvos, dans la capitale.

1958 L'URSS menace la Grèce de sanctions économiques en cas d'installation de missiles de l'OTAN sur son sol.

1945 Nîkos Kazantzakis publie *Alexis Zorba*, qui sera porté à l'écran.

1957 Découverte de mosaïques à Péla, dans le palais de Philippe II, datant du IVᵉ siècle.

1967 La junte des colonels contraint le roi Constantin à s'exiler.

| 1925 | 1935 | 1945 | 1955 | 196⁵ |

| 1925 | 1935 | 1945 | 1955 | 196⁵ |

1932 Aristote Onassis acquiert six cargos, premiers éléments de son empire.

1939 La Grèce proclame sa neutralité.

1951 La Grèce adhère à l'OTAN.

1955 Début d'une violente campagne des chypriotes grecs contre la présence britannique.

1963 Gheórghio Papandhré chef du ce gauche, de président du Conseil

1948 Les îles du Dodécanèse sont attribuées à la Grèce.

1960 Indépendanc de Chypre

1925 Naissance Mános Chatzidákis, compositeur de la musique du film *Jamais le dimanche* (1960)

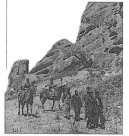

1946-1949 La guerre civile oppose le gouvernement grec aux partisans communistes, qui tiennent les zones montagneuses.

1940 L'Italie fasciste envahit le pays, qui résiste avec vaillance. La Grèce entre en guerre aux côtés des Alliés.

1944 Churchill se rend à Athènes pour marquer son soutien au gouvernement grec contre les communistes.

HELLAS

ΛΛΗΝΙΚΗ ΔΗΜΟΚΡΑΤΙΑ 60

1981 Mélína Mercouri, nommée ministre de la Culture, engage une campagne pour récupérer la frise du Parthénon.

1993 Andhréas Papandhréou est Premier ministre pour la troisième fois.

973 Les étudiants de ..niversité d'Athènes ..e révoltent contre .. dictature mais sont ..rasés par les forces ..ilitaires. Début du ..éclin de la dictature.

1994 La pollution atmosphérique *(néfos)* oblige la municipalité d'Athènes à prendre des mesures sévères.

1988 Huit millions de visiteurs en Grèce ; expansion spectaculaire du tourisme.

1998 Huit millions de visiteurs en Grèce ; expansion spectaculaire du tourisme.

2003 Présidence grecque de l'UE (janv.- juin).

2005 Le Parlement grec ratifie le Traité établissant une Constitution pour l'Europe.

1974 Chypre est partagée à la suite de l'invasion turque.

1975	1985	1995	2005

1975	1985	1995	2005

1975 Death of Aristotle Onassis

1990 Nouvelle démocratie. Constantin Caramanlis est élu président de la République.

2002 L'euro devient la monnaie nationale.

1974 Chute de la junte militaire ; Constantin Caramanlis est élu premier ministre.

1981 Le PASOK d'Andhréas Papandhréou (parti socialiste) remporte les élections.

2004 Athènes organise les JO de 2004.

1973 Le clergé grec donne sa bénédiction au gouvernement putschiste du colonel Papadopoulos.

1997 Athènes est choisie pour organiser les JO de 2004.

1994 Sommet européen à Corfou. La Grèce occupe la présidence tournante de l'Union européenne.

1996 Mort d'Andhréas Papandhréou ; Kóstas Simitis lui succède au poste de Premier ministre.

ATHÈNES ET LA GRÈCE
AU JOUR LE JOUR

Pays à vocation rurale, la Grèce porte une attention extrême aux produits de son terroir. Ainsi, les chapelles dispersées dans la campagne accueillent des célébrations religieuses mais aussi gastronomiques. Les fêtes religieuses portent en elles toute l'identité grecque. Celle du 25 mars,

Couronne de fleurs de mai

par exemple, célèbre à la fois l'Annonciation et le soulèvement pour l'indépendance de 1821. En été, les fêtes populaires qui se déroulent dans les moindres villages attirent les Grecs expatriés venus du monde entier. Les festivals artistiques sont un phénomène plus récent lié au développement du tourisme.

PRINTEMPS

Le printemps est une magnifique saison en Grèce. Aride tout au long de l'année, la campagne reverdit et se couvre de fleurs. En effet, le soleil ne

25 mars, fête de l'indépendance

s'installe qu'à la fin de la saison, succédant aux pluies et aux vents de mars et d'avril. En mars, on récolte les artichauts ; en mai, les premières fraises. La saison de la pêche s'achève à la fin mai, tandis que s'ouvre celle du tourisme. Les fêtes sont concentrées sur la période de Pâques.

MARS

Apokries, carnaval *(dernier dim. avant le carême)*. La période de carnaval dure trois semaines et s'achève en beauté en ce jour précédant le carême.

Les principales villes organisent bals costumés et défilés. La manifestation la plus spectaculaire a lieu dans le port de Patras *(p. 169)*.
Kathari Deftera, « lundi maigre » *(premier jour du carême)*. Lâchers de cerfs-volants dans les campagnes.
Indépendance et **Evangelismós** *(25 mars)*. Fête nationale célébrant l'insurrection nationale de 1821 contre les Ottomans : nombreux bals et défilés. La fête religieuse, l'une des plus importantes de l'Église ortho-doxe, célèbre l'annonce par l'ange Gabriel de sa maternité prochaine à la Vierge Marie.

LA CÉLÉBRATION DE PÂQUES EN GRÈCE

Chez les Grecs orthodoxes, Pâques a parfois trois semaines d'avance, ou de retard, sur son équivalent catholique. C'est la fête religieuse la plus importante de Grèce. C'est une époque propice pour visiter le pays, assister à des processions et aux offices religieux et pour goûter des mets pascaux. L'origine des cérémonies et du symbolisme pascaux remontent aux temps de la Grèce byzantine. Les célébrations atteignent leur intensité maximale le samedi saint, à minuit. Lorsque les prêtres proclament : « le Christ est ressuscité », on allume des feux d'artifice qui annoncent un dimanche consacré à la fête, à la musique et à la danse. Pendant la semaine sainte, on peut se rendre dans de petites cités isolées, comme Andritsaina et Koróni (dans le Péloponnèse) et Polygyros (chef-lieu de la Chalcidique) pour assister aux offices du vendredi et du samedi.

Des prêtres revêtus de robes de cérémonies pascales

Ce cercueil fleuri, orné d'une représentation du Christ, est porté au soir du vendredi saint au cours d'une procession solennelle.

Après la messe *du samedi saint, on allume les bougies que tiennent les fidèles dans l'obscurité, à l'aide d'une flamme unique.*

Procession de bannières syndicales et politiques au cours d'un défilé du Premier-Mai à Athènes

AVRIL

Megáli Evdomáda, semaine sainte *(avril ou mai)*, qui comprend *Kyriaki ton Vaion* (dimanche des Rameaux), *Megali Pempti* (jeudi saint), *Megali Paraskeví* (vendredi saint), *Megálo Savváto* (samedi saint) et *Páscha* (dimanche de Pâques), le jour le plus important du calendrier orthodoxe.

Agios Georgios, Saint-Georges *(23 avril)*. L'une des principales fêtes du calendrier orthodoxe, dédiée au saint patron des bergers, qui ouvre la saison du pâturage. On la célèbre dans tout le pays, et particulièrement à Arachova, près de Delphes *(p. 221)*, où elle est très spectaculaire.

MAI

Protomagia, le Premier-Mai, *(1er mai)* ou fête du Travail. En ce jour férié, par tradition, on se rend en famille à la campagne pour y cueillir des fleurs. Pour éloigner le mauvais sort, on en fait des

Procession du feu dans un village, de Macédoine, le 21 mai

couronnes, en y incorporant de l'ail, et on les accroche aux portes, aux balcons, aux bateaux de pêche ainsi qu'au capot des véhicules. Des défilés sont organisés dans les principales villes du pays, auxquels prennent part syndicats et travailleurs emmenés par le parti communiste.

Agios Konstantínos kai Agía Eleni *(21 mai)*. Célébration de Constantin, fondateur de Constantinople, et de sa mère Hélène *(p. 37)*. Des processions du feu ont lieu dans plusieurs villages de Macédoine.

Analipsi, Ascension *(40 jours après Pâques ; à la fin de mai)*. Autre fête religieuse d'importance.

Les biscuits de Pâques célèbrent la fin du carême. Le dimanche de Pâques, on consomme un autre plat pascal, à base d'intestins d'agneau, la soupe *mageritsa*.

La procession des bougies, aux premières heures du jour de Pâques, ici sur la colline de Lykavittos (le Lycabette) à Athènes, célèbre la résurrection du Christ.

Pains d'œufs, galettes douces en forme de nattes. Les coquilles peintes en rouge qu'ils renferment symbolisent le sang du Christ. On peut aussi les offrir à part en cadeaux.

Le dimanche de Pâques, on sert au déjeuner des agneaux cuits à la broche au feu de bois. On boit des bouteilles de retsina nouveau de la dernière récolte. Après le repas, jeunes et anciens, main dans la main, dansent le sirtaki.

ÉTÉ

Lorsque reviennent les beaux jours de juin, les Grecs retournent sur les plages (en général, après *Analipsi*, l'Ascension). La haute saison touristique est lancée ; elle dure jusqu'à la fin d'août – dès la mi-juillet, on a du mal à trouver une chambre d'hôtel dans les principaux lieux de séjour. Juin, c'est l'époque des cerises, des prunes et des abricots et de la récolte du miel. Aux derniers légumes verts succèdent bientôt les tomates, les melons et les concombres. En juillet, la mer Égée est battue par le meltem, un vent violent du nord, qui souffle sur les îles et, plus faiblement, sur le littoral.

Les grandes villes et les principaux lieux de villégiature accueillent de multiples festivals – qui satisfont les touristes sans sacrifier la qualité de leur programme. Les cinémas en plein air sont très fréquentés *(p. 119)*. Les citadins, pour leur part, se retirent dans les villages de montagne.

Ruchers destinés à une récolte de miel estivale, près du mont Parnasse

JUIN

Pentikosti, Pentecôte (7ᵉ dim. après Pâques). Importante fête orthodoxe célébrée dans toute la Grèce. **Agiou Pnevmatos,** fête du Saint-Esprit (le lendemain). Jour férié.

Festival d'Athènes (mi-juin/mi-sept.). Festival artistique mêlant l'ancien et le moderne – théâtre, ballet, opéra, musique classique et jazz. Les spectacles se déroulent notamment à l'Odéon d'Hérode Atticus *(p. 119)* et au Théâtre Lykavittos *(p. 72)*. Le premier, situé au pied de l'Acropole, accueille des tragédies antiques, des concerts et des ballets. Le second, qui s'élève sur le Lykavittos, une colline d'où l'on domine Athènes, regroupe les spectacles modernes, musique (jazz et folk), théâtre et danse.

Pain béni cuit pour les jours de fête

Festival d'Épidaure *(juin-août)*. Ce festival dépend du Festival d'Athènes – or, la capitale est à 150 km d'Épidaure *(p. 184)*, dans le Péloponnèse. Le sanctuaire d'Asclépios sert de cadre à ce festival, qui accueille des représentations en plein air de tragédies classiques. **Agios Ioannis**, Saint-Jean *(24 juin)*. Cette fête, qui rappelle la naissance de Saint-Jean-Bapiste, est célébrée dans toute la Grèce. C'est aussi une manière de fêter le solstice d'été. Cependant, c'est la veille au soir que l'on allume des feux de joie, tandis que l'on confie des couronnes de mai aux flammes. Les enfants en âge de le faire sautent par-dessus les bûchers. **Agioi Apostoloi Petros kai Pavlos**, Saints Pierre et Paul *(29 juin)*. C'est la fête de tous les Pierre et Paul.

JUILLET

Agia Marina *(17 juil.)*. C'est un jour que l'on célèbre principalement dans les zones rurales, en l'honneur de cette sainte, grande protectrice des moissons. **Été culturel de Ioánnina** *(juil.-août)*. Nombreuses manifestations musicales, artistiques et culturelles. **Profítis Ilías**, le prophète Élie *(18-20 juil.)*. Fête célébrée dans les chapelles implantées sur des sites élevés, comme celle du mont Taygète, près de Sparte. Fête des Élie. **Agia Paraskevi** *(26 juil.)*. Fête célébrée dans les gros bourgs de Grèce, notamment dans ceux de l'Épire.

Concert à l'Odéon d'Hérode Atticus pendant le Festival d'Athènes

Agios Panteleímon
(27 juil.). Saint patron
de nombreux hôpitaux
mais aussi protecteur très
populaire des campagnes,
où on le célèbre
volontiers. C'est la fête
des Pantelis et
des Panteleimon.

AOÛT

Metamorfosi,
transfiguration
du Christ *(6 août).*
Importante fête

**Danseuse folklorique,
le jour de l'Assomption**

orthodoxe. C'est
la fête des Sotiris et
des Sotiria. **Koimisis
tis Theotokou,**
Assomption *(15 août).*
Jour férié et célébré
dans tout le pays. C'est
l'occasion pour chacun
de retrouver son
village d'origine et
de s'y recueillir. C'est
également la fête
des Marie, des Maria,
des Panos et des
Panagiotis.
Festival d'été de

Patras *(août-sept.).*
Le théâtre romain accueille
des représentations de
tragédie classique ou des
expositions, ainsi que des
concerts. **Vlachopanagiá**
(19 août), en Épire. Un jour
de fête dans de nombreux
villages Vlach de cette région
montagneuse.
**Apotomi Kefalís Ioínnou
Prodrómou,** décapitation de
Jean-Baptiste *(29 août).*
On fête cet événement dans
les nombreuses chapelles qui
portent le nom du saint.

**Des chapelets de tomates sèchent
au soleil d'automne**

AUTOMNE

En septembre, la plupart
des festivals ont pris fin.
C'est alors que l'eau est la
plus chaude et, malgré le
départ des estivants, l'accueil
des touristes est assuré. Les
fleurs sauvages fleurissent
une seconde fois, quoique
plus timidement, et les beaux
et sereins jours d'octobre
sont appelés le « petit été de

saint Dimitri », à peine
troublés par quelques orages.
Les raisins et les pêches
grasses *(germades)* sont
pratiquement les seuls fruits
qui ont mûri depuis les figues,
en août. On fait sécher des
chapelets d'oignons, d'ail et
de tomates pour l'hiver. La
chasse à la caille et la
pêche au filet reprennent.

SEPTEMBRE

Génnisis tis Theotókou,
naissance de la Vierge
Marie *(8 sept.).*
Importante fête
orthodoxe.
**Ypsosis tou Timíou
Stavroú,** exaltation de
la Vraie croix *(14 sept.).*
Cette importante fête
orthodoxe clôt le cycle
des grandes
manifestations religieuses
qui se déroulent l'été,
en plein air.

OCTOBRE

Agios Dimítrios *(26 oct.).*
Cette journée marque la fin
de la saison du pâturage.
Les moutons quittent leurs
collines. Elle est dédiée à
Dimitri, que l'on célèbre avec
plus de ferveur à Salonique,
dont il est le saint patron.
C'est la fête des Dimitri et
des Dímitra.
Óchi *(28 oct.).* Jour férié.
On défile pour la patrie
et l'on danse
beaucoup. Cette
journée célèbre
la réponse
des Grecs
à l'ultimatum
de Mussolini
en 1940, exigeant
leur reddition :
un non *(óchi)*
solennel.

**Habit de cérémonie
pour l'Óchi**

NOVEMBRE

**Ton Taxiarchón Archan-
gélou Michaïl kai Gavriil**
(8 nov.). Les nombreux
monastères et églises de
campagne dédiés aux
archanges Gabriel et Michel
célèbrent leur saint patron.
C'est la fête des Michális et
des Gavriil.
Eisódia tis Theotókou,
présentation de la Vierge
au Temple *(21 nov.).*
Importante fête orthodoxe,
célébrée dans toute la Grèce.
Agios Andréas, Saint-André
(30 nov.), saint patron de
Patra qui lui consacre une
grande messe célébrée dans
la cathédrale de la ville.

Célébration de l'Agios Dimitrios, le 26 octobre, à Salonique

À Athènes, vue de l'odéon d'Hérode Atticus sous la neige

HIVER

Bien des villages de montagne semblent déserts en hiver : leurs habitants retournent vivre en ville. La pluie tombe parfois plusieurs jours d'affilée sans arrêt, tandis que les chutes de neige importantes en altitude autorisent la pratique du ski. La saison de pêche bat son plein et les étals de marché se couvrent de kiwis et d'autres fruits tropicaux. On trouve aussi une grande variété de fromages de chèvre, tandis que les pressoirs à huile fonctionnent à plein régime. En hiver, les principales fêtes encadrent le solstice, le jour de l'An et l'Épiphanie étant les plus importantes d'entre elles.

DÉCEMBRE

Agios Nikólaos ou Saint Nicolas *(6 déc.)*. Fête le saint patron des marins au long cours, des voyageurs, des enfants et des orphelins. On la célèbre dans les églises du littoral.

Christoúgenna ou Noël *(25 déc.)* est une fête religieuse d'envergure nationale, bien que moins populaire que la Pâques orthodoxe.

Rameau d'olivier

Sýnaxis tis Theotókou est une fête de la Vierge *(26 déc.)* qui a également une importance nationale.

JANVIER

Agios Vasíleios, appelé aussi *Protochroniá*, est le Nouvel An *(1er jan.)*, fête nationale. On s'échange des cadeaux, et l'on se souhaite *Kalí Chroniá*.

Theofánia, l'Épiphanie *(6 jan.)*, est une fête très importante. Des cérémonies de bénédiction des eaux se déroulent dans toute la Grèce : les jeunes gens plongent dans l'eau à la recherche d'une croix lancée par prêtre.

Gynaikokratía *(8 jan.)*, fête de Thrace en l'honneur de la femme. Dans certains villages, hommes et femmes échangent leurs rôles.

FÉVRIER

Ypapantí, Chandeleur *(2 fév.)*. Fête orthodoxe nationale, le calme avant l'excitation due aux carnavals d'avant-carême.

Jeune homme nageant le jour de l'Épiphanie, le 6 janvier

En Thrace, femmes jouant aux cartes le jour de Gynaikokratía

LES FÊTES PATRONYMIQUES

La plupart des Grecs cessent de célébrer leur anniversaire après 12 ans. Ils leur préfèrent leur fête patronymique, ou *giortí,* qui est celle de leur saint patron. Les enfants sont en général baptisés du prénom de leurs grands-parents ; depuis quelques années, les prénoms tirés de l'histoire ou de la mythologie reviennent à la mode. Le jour d'une fête patronymique, le célébrant prononcera : *Giortázo símera* (« je fais la fête aujourd'hui »), à quoi l'on répond traditionnellement : *Chrónia pollá* (« longue vie »). Les amis du célébrant apportent des cadeaux, et on leur offre en retour liqueurs et gâteaux.

Le climat en Grèce

Estivants

D e l'intérieur du pays aux régions littorales, le climat est très contrasté. Les montagnes de l'Ouest et du centre du Péloponnèse reçoivent d'abondantes chutes de neige en hiver et des averses violentes en automne et au printemps. À l'inverse, l'été y est particulièrement chaud. La côte ionienne jouit de températures plus régulières, mais c'est la partie la plus humide du pays. En Macédoine et en Thrace, les précipitations sont réparties tout au long de l'année en raison de la proximité et de l'influence de la mer Égée voisine. La température d'Athènes est caniculaire en été, mais glaciale en hiver.

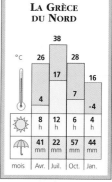

LA GRÈCE DU NORD

°C				
	26	38	28	
		17		16
	4		7	
				-4
☀	8 h	12 h	6 h	4 h
☂	41 mm	22 mm	57 mm	44 mm
mois	Avr.	Juil.	Oct.	Jan.

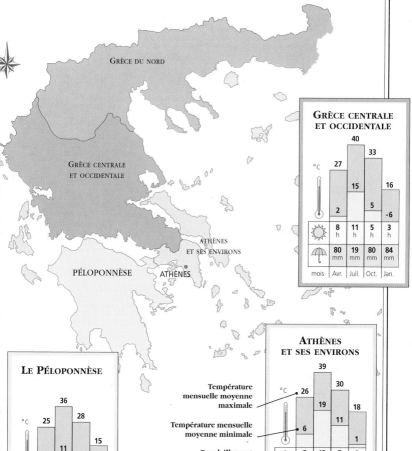

GRÈCE CENTRALE ET OCCIDENTALE

°C				
	27	40	33	
		15		16
	2		5	
				-6
☀	8 h	11 h	5 h	3 h
☂	80 mm	19 mm	80 mm	84 mm
mois	Avr.	Juil.	Oct.	Jan.

ATHÈNES ET SES ENVIRONS

Température mensuelle moyenne maximale
Température mensuelle moyenne minimale
Ensoleillement en heures/jour
Précipitations mensuelles moyennes

°C				
	26	39	30	
		19		18
	6		11	
				1
☀	8 h	12 h	7 h	4 h
☂	23 mm	6 mm	51 mm	62 mm
mois	Avr.	Juil.	Oct.	Jan.

LE PÉLOPONNÈSE

°C				
	25	36	28	
		11		15
	1		4	
				-4
☀	8 h	12 h	7 h	4 h
☂	62 mm	20 mm	82 mm	127 mm
mois	Avr.	Juil.	Oct.	Jan.

La Grèce
ANTIQUE

Dieux, déesses et héros

L a naissance des mythes grecs, qui relatent les faits et gestes des dieux, déesses et héros, remonte à l'âge du bronze. D'abord transmis oralement par les poètes, ces mythes furent transcrits au VIᵉ siècle avant J.-C. ; ils ont profondément influencé la littérature occidentale. Fondement de la religion polythéiste grecque, ils donnaient un sens aux phénomènes naturels. Ils décrivaient la création du monde et évoquaient un « âge d'or » où les simples mortels, les dieux et les héros – tels Thésée ou Héraklès – se côtoyaient. Dieux et déesses étaient animés de désirs humains ; ils échouaient parfois dans leurs entreprises et étaient membres d'une grande famille placée sous l'autorité de Zeus. Celui-ci eut une nombreuse progéniture – plus ou moins légitime – qui joue un rôle important dans la mythologie grecque.

Hadès et Perséphone *régnaient sur les Enfers, le pays des morts. Perséphone fut enlevée à sa mère Déméter, déesse de la fertilité, par Hadès. Elle n'était autorisée à revoir sa mère que trois mois par an.*

Poséidon, *un des frères de Zeus, était le maître des mers. Il est représenté tenant un trident, symbole de son pouvoir. Il épousa Amphitrite, envers laquelle il se distingua par son infidélité. Cette statue est exposée au Musée archéologique national d'Athènes (p. 68-71).*

Zeus, dieu des dieux, régnait sur ceux-ci et sur les simples mortels du haut du mont Olympe.

Éris était la déesse de la discorde.

Clymène, nymphe et fille d'Hélios, fut la mère de Prométhée. En volant le feu aux dieux, ce dernier devint le père de la civilisation.

Héra, sœur et femme de Zeus, était redoutée pour sa jalousie.

Athéna est née en armure, de la tête de Zeus.

Pâris fut choisi pour offrir une pomme d'or à la plus belle des déesses.

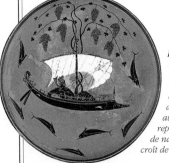

Pâris avait un chien qui l'aidait à garder le bétail sur le mont Ida, où il grandit.

Dionysos, *dieu de la joie et du vin, est issu de la cuisse de Zeus. Sur cette céramique d'Exéchias (VIᵉ siècle av. J.-C.), le dieu se repose contre un mât de navire sur lequel croît de la vigne.*

UNE QUERELLE DE DÉESSES

Héra, Athéna et Aphrodite, qui affirmaient chacune être la plus belle, furent invitées par Hermès à laisser un prince troyen, Pâris, arbitrer leur querelle. En désignant Aphrodite, ce dernier fut récompensé par l'amour de la plus belle des mortelles, la reine de Sparte, Hélène, qu'il enleva, déclenchant ainsi la guerre de Troie (p. 54-55).

◁ **Frise du musée d'Archéologie de Delphes**

Artémis, *déesse de la chasse, était la fille de Zeus et d'Alcmène. On la reconnaît à son arc et à ses flèches. Elle vivait dans la forêt entourée d'une cour de nymphes. Vierge et contrainte à la chasteté, elle était paradoxalement la déesse protectrice de la naissance.*

La félicité, personnifiée ici par deux déesses qui tiennent une couronne de lauriers d'or. De tels trophées couronnaient les vainqueurs des joutes poétiques ou sportives.

Hélios, dieu du Soleil, conduisait chaque jour son chariot tiré par quatre chevaux à travers le ciel.

Aphrodite, déesse de l'amour, est née de la mer. On la voit ici en compagnie de son fils Éros (Cupidon).

Hermès, messager des dieux.

Apollon, *fils de Zeus et frère d'Artémis, était le dieu de la guérison, de la peste et de la musique (il est souvent représenté une lyre à la main). Sa beauté était légendaire.*

LES TRAVAUX D'HÉRAKLÈS

Héraklès, fils de Zeus et d'une mortelle, Alcmène, était le plus fameux des héros grecs. Grâce à sa force surhumaine, il parvint à accomplir les douze travaux fixés par Eurysthée, roi de Mycènes. Il gagna ainsi l'immortalité. Sa première épreuve consista à tuer l'invincible lion de Némée, dont il porta par la suite la peau en guise de vêtement.

Le deuxième travail d'Héraklès consista à tuer l'hydre de Lerne. Les nombreuses têtes de ce monstre venimeux élevé par Héra repoussaient dès qu'on les coupait. Comme dans toutes ses autres épreuves, Héraklès fut aidé par Athéna.

Héraklès captura *le sanglier qui ravageait le mont Érymanthe. Il le ramena vivant au roi Eurysthée. Terrifié à la vue de cet animal fabuleux, ce dernier se réfugia dans une jarre.*

Les oiseaux anthropophages *du lac Stymphale furent anéantis à coups de fronde par Héraklès lors de sa cinquième épreuve. Le héros les abattit après les avoir effrayés en agitant des crécelles en bronze.*

La guerre de Troie

Ajax portant le corps de son ami Achille

La guerre de Troie est indiquée pour la première fois, au VIIIe siècle avant J.-C., dans *l'Iliade* d'Homère. Ce poème épique conte les péripéties qui conduisirent les Grecs à assiéger Troie pour se venger de la capture par Pâris d'Hélène, l'épouse du roi de Sparte Ménélas. Dans *l'Énéide,* l'écrivain latin Virgile narre les pérégrinations d'un groupe de Troyens, depuis le sac de leur cité jusqu'à la fondation de Rome par les exilés. Des découvertes archéologiques faites en Turquie suggèrent que le mythe s'appuie sur une réalité historique. Les noms de Mycènes ou de Pylos évoquent encore les héros de la guerre de Troie.

Achille pansant les blessures de son ami Patrocle

LE RASSEMBLEMENT DES HÉROS

Quand Hélène (*p. 52*) fut enlevée par le Troyen Pâris, Ménélas, son mari demanda l'aide des rois grecs pour se venger de l'affront en assiégeant Troie. Agamemnon, son frère, roi de Mycènes, commanda l'armée au sein de laquelle combattait Achille. À Aulis, le départ de l'expédition fut contrarié par des vents contraires. Seul le sacrifice d'Iphigénie, la plus jeune fille d'Agamemnon, à Artémis, permit le retour des vents favorables.

LA BATAILLE DE TROIE

L'*Iliade* débute alors que l'armée grecque assiège Troie depuis 9 ans. Las de la résistance troyenne mais espérant encore en la victoire, le camp grec est déchiré par le conflit qui oppose Agamemnon à Achille au sujet de l'esclave de ce dernier, la belle Briséis, confisquée par Agamemnon : Achille refuse de combattre, hypothéquant les chances grecques de remporter la victoire. Privé du meilleur d'entre leurs guerriers, les Grecs sont défaits par les Troyens. En désespoir de cause, Patrocle, meilleur ami d'Achille, lui demande son armure et l'autorisation de mener ses troupes, les Myrmidons, à la bataille. Achille accepte. Patrocle renverse le cours du conflit. Mais il est tué par Hector qui le prend pour Achille. Décidé à venger son ami, Achille prend les armes et tue en duel Hector, fils aîné de Priam, roi de Troie.

Priam supplie Achille de lui rendre le corps d'Hector

PATROCLE EST VENGÉ

Refusant d'honorer la dernière volonté d'Hector, qui lui avait demandé de restituer sa dépouille à son père, Achille traîne le cadavre de sa victime autour de Troie, puis ramène le corps dans le camp grec. En revanche, les funérailles qu'il organise pour Patrocle sont grandioses, et marquées par de nombreux sacrifices d'animaux et de prisonniers troyens. Toujours inconsolable après douze jours, Achille porte le cadavre d'Hector sur la tombe de Patrocle. Irrités par son attitude, les dieux se décident à intervenir.

PRIAM PARLE À ACHILLE

Obéissant aux ordres de Zeus, Priam se rend dans le camp grec avec l'aide d'Hermès, qui lui permet de passer sans être vu des gardes. Il apporte une rançon pour le corps de son fils. Dans la tente d'Achille, il implore sa pitié et lui demande de penser à ce que ferait son propre père dans la même situation. Après avoir refusé, Achille rend enfin à Priam le corps de son fils. Bien que les héros grecs soient supérieurs aux simples mortels, les poètes leurs attribuaient des émotions humaines et une profondeur psychologique.

Une bataille entre Grecs et Troyens, en armure de bronze

ACHILLE TUE LA REINE DES AMAZONES

Penthésilée était la reine des Amazones, une tribu de guerrières qui, selon la légende, se coupaient le sein droit pour pouvoir bander leur arc. Par reconnaissance envers Priam, elles s'allièrent aux Troyens et tuèrent de nombreux Grecs. Au cours d'un combat, Achille se trouva face-à-face avec la reine Penthésilée et la tua. C'est alors que, selon une version de la légende, leurs regards se croisèrent et qu'Achille tomba sur le champ éperdument amoureux d'elle.

Le cheval de Troie, représenté sur un vase d'argile du VIIᵉ siècle av. J.-C.

Devant Troie, Achille tue Penthésilée, reine des Amazones

LE CHEVAL DE TROIE

Achille, le plus vaillant des guerriers grecs, fut tué par une flèche lancée dans son talon depuis les remparts de Troie par Pâris, frère d'Hector. Affaiblis par la perte de leur héros, les Grecs décident de rompre le siège. Ils abandonnent derrière eux un grand cheval de bois « en l'honneur d'Athéna ». Mais il s'agit d'une ruse: le cheval renferme en ses flancs quelques-uns des meilleurs soldats grecs. Peu avant de lever l'ancre, les Grecs font courir une rumeur : si ce cheval entre à Troie, la cité sera désormais imprenable. D'abord méfiants, les Troyens acceptent d'introduire le cheval dans la ville. Au cours de la nuit, les guerriers grecs s'empressent d'ouvrir à leur armée, qui vient de rebrousser chemin, les portes de la ville, qui, aussitôt, est prise. Parmi les Troyens, seul Énée parvient à échapper au massacre. Il part, emmenant sa flotte en Italie, où il fondera Rome.

MORT D'AGAMEMNON

Clytemnestre, femme d'Agamemnon, avait dirigé Mycènes pendant les 10 années où il était parti combattre à Troie. Égisthe, son amant, était auprès d'elle. Résolue à se venger d'Agamemnon qui avait sacrifié sa fille Iphigénie, elle réserva à son mari un accueil triomphal avant de l'assassiner avec l'aide d'Égiste. Le destin d'Agamemnon était le résultat inéluctable d'une malédiction proférée contre Atrée, son père. Celle-ci fut finalement expiée par l'assassinat de Clytemnestre et d'Égisthe, par Oreste et Électre. Dans les mythes, la volonté des dieux façonne et transcende l'existence des héros comme celle des simples mortels.

LES MYTHES GRECS ET L'ART OCCIDENTAL

Depuis la Renaissance, les mythes grecs ont constitué une source d'inspiration pour les peintres et les sculpteurs. Les rois et les reines d'Occident aimaient à se faire représenter sous les traits et avec les attributs symboliques des dieux et déesses grecs. À l'époque classique, cet engouement perdura jusqu'à constituer l'essentiel de l'inspiration de l'art européen. Ci-contre, une sculpture de sir Leighton (1830-1896) qui illustre l'attrait qu'exerça la mythologie chez les peintres et les sculpteurs.

Électre pleurant la mort de son père Agamemnon

Écrivains et philosophes grecs

Les dramaturges Aristophane et Sophocle

Les premières œuvres de la littérature grecque sont de longs poèmes épiques relatant des faits de guerre ou d'aventures. Ils définissaient aussi les rapports entre les hommes et les dieux. La tragédie, la comédie, les essais historiques et philosophiques des Ve et IVe siècles av. J.-C. constituent le fondement de la culture occidentale contemporaine. L'essentiel de notre connaissance de la Grèce antique provient des textes de cette période. La *Description de la Grèce* de Pausanias est un véritable guide de voyage avant la lettre.

Hésiode en compagnie des neuf muses qui inspirèrent sa poésie

LA POÉSIE ÉPIQUE

Dès le IIe millénaire avant J.-C., avant même l'édification des palais mycéniens, les poètes chantaient les exploits des héros et des dieux. De génération en génération, ces poèmes, appelés rhapsodes, se transmettaient oralement et étaient embellis par les poètes successifs. Cette tradition orale culmine avec l'*Iliade* et l'*Odyssée (p. 54-55)*, deux poèmes composés au VIIIe siècle avant J.-C. Ces deux œuvres sont attribuées à Homère, dont on ne sait presque rien de la vie. Hésiode, dont les poèmes

les plus fameux sont la *Théogonie*, une histoire des dieux, et *les Travaux et les Jours*, un poème didactique sur la meilleure manière de vivre honnêtement, vécut aussi vers le VIIIe siècle avant J.-C. On admet qu'Hésiode, à la différence d'Homère, écrivait ses poèmes lui-même, même si cette hypothèse n'est pas prouvée.

LA POÉSIE LYRIQUE

À l'occasion des fêtes privées, en particulier lors des *symposia,* les soirées de l'élite intellectuelle grecque, on se mit à déclamer des œuvres poétiques plus courtes. Elles invoquaient la passion ou la haine, mais elles revêtaient aussi parfois un aspect très politique. L'essentiel de cette production poétique (celle d'Alcée d'Archiloque, d'Alcaeus, d'Alcman et de Sappho de Mitylène) nous est parvenu sous la forme de citations parues dans des œuvres postérieures ou sur des papyrus hellénistiques ou

romains découverts en Égypte. Ces fragments nous renseignent, au moins partiellement, sur le style de vie mené par les classes supérieures de l'époque. Du fait que les *symposia* étaient réservés au hommes, cette poésie est particulièrement misogyne. L'œuvre de Sappho de Mitylène, qui vivait sur l'île de Lesbos, constitue dès lors une exception. Ses poèmes chantent avec ferveur et émotion les sentiments que lui inspiraient les femmes.

L'HISTOIRE

Jusqu'au Ve siècle avant J.-C. les œuvres en prose étaient pratiquement absentes de la littérature grecque – même la philosophie était en vers. Au cours de la seconde moitié du Ve siècle av. J.-C., les auteurs recoururent à la prose pour relater ou analyser des événements récents ou actuels. Cette nouvelle tradition s'imposa à partir de l'œuvre d'Hérodote (484-425 avant J.-C.), *Histoires*, qui retrace la guerre entre la Grèce et l'Empire perse (490-479 avant J.-C.).

Dans cet ouvrage, Hérodote apparaît comme le véritable fondateur de la méthode historique : il met en perspective les événements militaires et diplomatiques et procède à

Hérodote, historien des guerres médiques

une étude ethnologique de l'Empire perse. Un autre historien, Thucydide (465-395 avant J.-C.) écrivit la chronique de la guerre entre Athènes et Sparte (431-404 avant J.-C.) dans *Histoire de la guerre du Péloponnèse*. Ses méthodes influencèrent durablement la recherche historique.

Vase peint représentant un *symposion* réservé aux femmes

L'orateur Démosthène, d'après
une figurine du XVIII° siècle

L'ART ORATOIRE

Les débats en public étaient fort courants dans la Grèce archaïque. À la fin du v° siècle avant J.-C., de véritables « techniques de persuasion » politique étaient enseignées, qui constituaient l'art de la rhétorique. À partir de cette période, certains orateurs publièrent leurs discours. Il s'agissait de montrer que l'on était capable d'écrire des discours ou des plaidoiries sur commande. Tel fut le cas de Lysias et de Démosthène, dont les écrits nous renseignent sur l'intensité de la vie politique athénienne. Les violents pamphlets (les *Philippiques*) adressés par Démosthène, politicien athénien du IV° siècle avant J.-C., au roi Philippe de Macédoine devinrent un modèle pour la classe politique romaine, puis, au XVIII° siècle, européenne.

LE THÉÂTRE

La plupart des grandes tragédies grecques antiques sont l'œuvre de trois auteurs athéniens du v° siècle avant J.-C., Eschyle, Sophocle et Euripide. Les deux derniers, surtout, produisirent de véritables chefs d'œuvre d'analyse psychologique aux accents toujours modernes. Aux comédies populaires souvent grivoises du v° siècle succéda au IV° siècle, sous l'impulsion d'Aristophane, (445-380 avant. J.-C.), le genre comique.

Céramique peinte montrant
deux acteurs de théâtre

LES PHILOSOPHES GRECS

Socrate, originaire d'Athènes, est dès la fin du v° siècle avant J.-C. le plus grand maître à penser de l'Antiquité. Socrate n'écrivit aucun livre, mais son enseignement philosophique a été rapporté dans les fameux « dialogues » rédigés par son élève, Platon. Au cours de ceux-ci, il abordait les thèmes les plus divers – la justice, la vertu, le courage… Platon fonda son école, l'Académie, puis son élève Aristote créa la sienne, le Lycée. Voici la vision qu'en donna Raphaël sur une fresque peinte au Vatican (1508-1511).

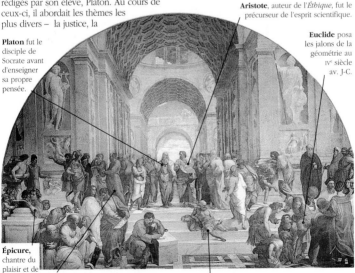

Platon fut le disciple de Socrate avant d'enseigner sa propre pensée.

Aristote, auteur de l'*Éthique*, fut le précurseur de l'esprit scientifique.

Euclide posa les jalons de la géométrie au IV° siècle av. J.-C.

Épicure, chantre du plaisir et de la sagesse.

Socrate enseignait en pratiquant le dialogue.

Diogène, le Cynique, vivait dans un tonneau.

L'architecture des temples

L es temples étaient les bâtiments les plus importants édifiés pendant l'Antiquité, la religion occupant alors une place essentielle dans la vie quotidienne. Souvent installés sur des hauteurs, ils étaient à la fois des centres religieux et politiques. Les premiers (VIIIe siècle avant J.-C.) furent d'abord construits en bois et en briques. À partir du VIe siècle, ils furent bâtis en marbre.

Phidias, sculpteur du Parthénon, à l'ouvrage

LA CONSTRUCTION D'UN TEMPLE

Un temple dorique « idéal » comportait plusieurs éléments architecturaux très particuliers.

La cella, partie centrale, abritait le culte.

Le fronton triangulaire soutenait souvent la structure.

La statue de culte était celle du dieu ou de la déesse à qui le temple était dédié.

Les cannelures des tambours de colonnes intermédiaires étaient taillées après leur pose.

Les tambours des colonnes étaient garnis de bossages pour faciliter leur transport.

Une rampe d'accès menait au temple.

Les fondations et la base *(krépis)* du temple étaient en pierres.

CHRONOLOGIE DE L'ARCHITECTURE DES TEMPLES

700 Premier temple de Poséidon, premier temple d'Isthmia et premier temple d'Apollon à Corinthe *(p. 162, archaïque)*

550 Second temple d'Apollon à Corinthe *(p. 162, dorique)*

520 Temple de Zeus Olympien à Athènes (d'abord dorique, puis achevé en style corinthien au IIe s. av. J.-C., *p. 111)*

VIe siècle Temple d'Artémis à Brauron *(p. 146-147, dorique)*

Détail du fronton du Parthénon

700 av. J.-C.	600 av. J.-C.	500 av. J.-C.	400 av. J.-C.	300 av. J.-C.

VIIe siècle Temple d'Héra à Olympie *(p. 170, dorique)*

460 Temple de Zeus à Olympie *(p. 171, dorique)*

447-405 Temples de l'Acropole à Athènes : Athena Niké (ionique), Parthénon (dorique), Érechthéion (ionique) *(p. 94-99)*

445-425 Temple d'Apollon à Bassæ *(p. 177, dorique et ionique)*

IVe siècle Temple d'Apollon, à Delphes *(p. 229, dorique)* ; temple d'Athéna Aléa à Tégée *(p. 177, dorique et Ier style corinthien)*

440-430 Temple de Poséidon à Sounion *(p. 148-149, dorique)*

Les deux extrémités du toit étaient ornées de statues, appelées acrotères. Il s'agit ici d'une « victoire ailée » (*Niké*). La plupart des acrotères ont aujourd'hui disparu.

Le toit était supporté par des poutres de bois et couvert de tuiles en terre cuite arrondies, munies d'une extrémité à angle droit.

L'ÉVOLUTION DE L'ARCHITECTURE RELIGIEUSE

On divise généralement l'histoire de l'architecture de la Grèce antique en trois périodes, définies d'après la forme des chapiteaux des colonnes.

Les temples doriques *étaient dotés d'un péristyle constitué de colonnes à chapiteaux lisses sans bases. Très ancien, le style dorique est souvent inspiré des constructions en bois.*

Fronton triangulaire entièrement sculpté

Les gouttes imitaient la charpente mais n'étaient que décoratives.

Triglyphe évoquant la présence de poutres (décoratif)

Métopes parfois sculptées

Chapiteau dorique

Les blocs de pierre étaient très précisément ajustés par les tailleurs de pierre, et dotés de tenons et de mortaises en métal. On n'utilisait aucun mortier.

Le plan rectangulaire des temples dérivait de celui du mégaron de Mycènes : une nef oblongue encerclée par un péristyle (alignement de colonnes).

Les temples ioniques *avaient en général plus de colonnes que les doriques, et de forme différente : les chapiteaux des colonnes étaient dotés de volutes caractéristiques.*

Les acrotères placés aux quatre coins du toit rappellent le style persan.

La frise le plus souvent racontait une histoire.

L'architrave ionique était divisée en bandes situées en regard.

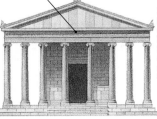

La frise ionique remplaça les triglyphes et les métopes doriques.

Chapiteau ionique

Des caryatides, *sculptures représentant des femmes, remplacèrent les colonnes traditionnelles à l'Érechthéion de l'Acropole d'Athènes. Dans l'agora (p. 90-91), on érigea des tritons (mi-poissons ; mi-hommes).*

Le style corinthien *ne s'impose qu'à partir de la domination romaine, et seulement à Athènes. Il se caractérise par des colonnes plus étroites surmontées de chapiteaux en feuilles d'acanthe.*

Le fronton était richement orné de nombreuses moulures.

Acrotère en forme de griffon

L'entrée de la cella était orientée vers l'est.

L'entablement désigne la partie qui s'étend au-dessus des chapiteaux.

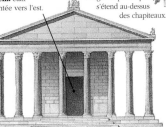

Chapiteau orné de feuilles d'acanthe

Poteries et céramiques peintes

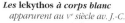

L'histoire de la céramique peinte en Grèce obéit à une évolution progressive, du xe siècle avant J.-C. à la période hellénistique. Le principal centre de production se trouve à Athènes. Le succès fut tel que, dès le début du vi^e siècle avant J.-C., les vases

Tasse à tête d'âne à figure rouge et noire étaient exportés dans l'ensemble du monde grec. Kerameikós, le quartier des potiers athéniens, peut encore être visité aujourd'hui (p. 88-89). Les scènes et les motifs dessinés sur les poteries témoignent de la qualité de l'art mural de la Grèce antique, dont il ne subsiste plus rien aujourd'hui. Malgré leur extrême fragilité, de nombreux vases sont parvenus jusqu'à notre époque.

Ce vase du vi^e siècle av. J.-C. montre un usage quotidien des vases en Grèce : des femmes transportent des hydrai *remplies d'eau. L'activité de remplissage des vases à la fontaine était une activité féminine.*

Cette femme nue portant un *kylix* était probablement une prostituée.

Les **lekythos** *à corps blanc* apparurent au ve siècle av. J.-C. et servaient de flasques funéraires. Ils étaient ornés de scènes de funérailles. Celui-ci représente une femme déposant une gerbe de fleurs sur une tombe.

LE SYMPOSION
Les fêtes grecques, souvent exclusivement masculines, étaient l'occasion de parties de jeu de *kottabos*. Ce *kylix* du ve siècle av. J.-C. montre des buveurs s'apprêtant à lancer leurs coupes vers une cible.

L'ÉVOLUTION DE LA CÉRAMIQUE PEINTE
L'apogée de l'art de la céramique peinte se produisit aux ve et vi^e siècles av. J.-C. à Athènes. Dans l'atelier des potiers, les vases étaient décorés par des peintres. Les archéologues ont réussi à distinguer les styles caractéristiques des peintres de vases à figure rouge et à figure noire.

Le corps d'un défunt est mis en bière par ses proches.

Les motifs géométriques symbolisent aujourd'hui l'Antiquité grecque.

Chars funèbres et guerriers de la procession funéraire.

Le style géométrique est caractéristique des premiers temps de la peinture sur vases, qui s'étend de 1000 à 700 av. J.-C. La décoration est constituée de motifs géométriques. Ce vase funéraire du viiie siècle mesure 1 m de haut et représente un enterrement.

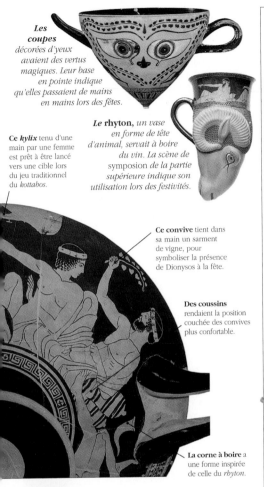

Les coupes *décorées d'yeux avaient des vertus magiques. Leur base en pointe indique qu'elles passaient de mains en mains lors des fêtes.*

Ce *kylix* tenu d'une main par une femme est prêt à être lancé vers une cible lors du jeu traditionnel du *kottabos*.

Le rhyton, *un vase en forme de tête d'animal, servait à boire du vin. La scène de symposion de la partie supérieure indique son utilisation lors des festivités.*

Ce convive tient dans sa main un sarment de vigne, pour symboliser la présence de Dionysos à la fête.

Des coussins rendaient la position couchée des convives plus confortable.

La corne à boire a une forme inspirée de celle du *rhyton*.

Le style à figure noire *apparut à Athènes vers 630 av. J.-C. Les personnages étaient peints avec de l'argile noire liquide sur l'argile du vase très riche en fer, qui devenait orange à la cuisson. Ce vase est signé par Exekias.*

Une femme tirant du vin. *Le style à figure rouge apparut vers 530 av. J.-C. Les motifs conservaient la couleur de l'argile. Ils étaient disposés sur un fond noir.*

LES DIFFÉRENTS VASES

La plupart des vases produits par les potiers grecs avaient une utilisation pratique. Il en existait une vingtaine de formes différentes. On peut comparer ci-dessous les principales familles de vases grecs.

L'amphore *servait à stocker l'essentiel des produits alimentaires (eau, huile, céréales, fruits secs). On en a retrouvé un grand nombre en Méditerranée.*

Ce krater *aux anses en « volutes » servait au mélange de l'eau et du vin, les Grecs ne consommant jamais ce dernier pur.*

L'hydria, *avec ses trois anses, était employée pour aller chercher l'eau à la fontaine. L'anse verticale servait à verser l'eau, les deux autres, horizontales, au transport.*

Le lekythos, *de forme et de taille variables (de 3 cm à 1 m), servait à stocker ou à transporter de l'huile, mais aussi des offrandes funéraires.*

L'oinochoe *était un pichet de vin à une seule anse d'usage très courant durant toute l'Antiquité.*

Le kylix *était une coupe à deux anses de forme très évasée qui servait aussi à la décoration.*

ATHÈNES

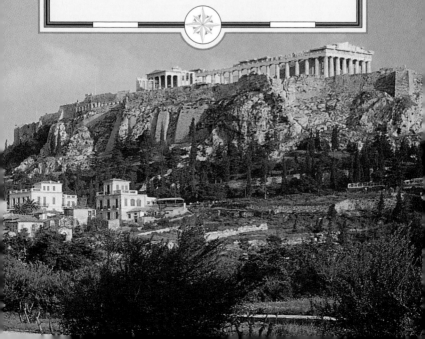

Athènes d'un coup d'œil

Athènes a 3 500 ans d'existence. Elle a connu son apogée à l'époque de Périclès (ve siècle av. J.-C.), alors qu'elle dominait le monde méditerranéen. Ses édifices les plus prestigieux, notamment l'Acropole, datent de cette époque. Sous les empires byzantin et ottoman, Athènes perdit de son éclat et ne joua qu'un rôle secondaire. Elle ne réapparut au premier plan qu'en 1834, lorsqu'elle fut élevée au rang de capitale. C'est aujourd'hui une grande métropole moderne, dans laquelle vit un tiers de la population du pays.

Le Kerameikós
(p. 88-89) *était pendant l'Antiquité
le quartier des potiers ainsi que le site
du principal cimetière de la ville,
que l'on peut toujours visiter.
Calme et envoûtant,
il est très apprécié
par les touristes
étrangers.*

VOIR AUSSI

- *Hébergement* p. 264-267
- *Restaurants* p. 286-289
- *Circuler à Athènes* p. 322-325

L'Agora (p. 90-91), *ou
place du marché, était
le cœur de la vie
économique. Le portique
d'Attale fut reconstruit
en 1953-1956 sur les
fondations originales
du IIe siècle av. J.-C.
Il abrite aujourd'hui
le musée de l'Agora.*

La tour des Vents
(p. 86-87) *se dresse à côté
du forum romain, mais
son architecture compacte
et son plan octogonal sont
de style hellénistique.
La tour abritait une
clepsydre, un cadran
solaire, une girouette et
une boussole. Sur chacun
de ses côtés, un bas-relief
décrit les différents vents
dominants.*

L'Acropole (p. 94-101) *domine
Athènes depuis plus de 2 400 ans.
Les temples qui y furent érigés, de
l'imposant Parthénon à l'élégant
Érechthéion, sont des chefs-d'œuvre
architecturaux.*

0   500 m

◁ Le Parthénon et l'Acropole, vus depuis l'Hephaisteion

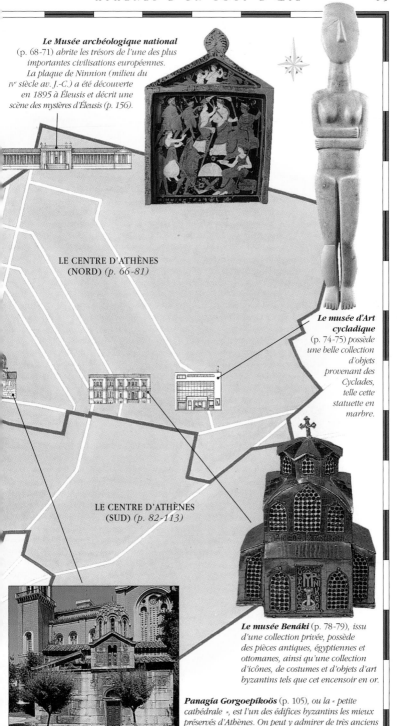

Le Musée archéologique national
(p. 68-71) *abrite les trésors de l'une des plus importantes civilisations européennes. La plaque de Ninnion (milieu du IV*ᵉ *siècle av. J.-C.) a été découverte en 1895 à Éleusis et décrit une scène des mystères d'Éleusis (p. 156).*

LE CENTRE D'ATHÈNES
(NORD) *(p. 66-81)*

Le musée d'Art cycladique
(p. 74-75) *possède une belle collection d'objets provenant des Cyclades, telle cette statuette en marbre.*

LE CENTRE D'ATHÈNES
(SUD) *(p. 82-113)*

Le musée Benáki (p. 78-79), *issu d'une collection privée, possède des pièces antiques, égyptiennes et ottomanes, ainsi qu'une collection d'icônes, de costumes et d'objets d'art byzantins tels que cet encensoir en or.*

Panagía Gorgoepíkoös (p. 105), *ou la « petite cathédrale », est l'un des édifices byzantins les mieux préservés d'Athènes. On peut y admirer de très anciens bas-reliefs réutilisés lors de la construction de ses murs.*

LE CENTRE D'ATHÈNES (NORD)

**Icône de
l'archange Michel,
au Musée byzantin**

S ituée en un lieu habité depuis 7 000 ans, Athènes est le berceau de la civilisation européenne. Elle connut son apogée au Vᵉ siècle av. J.-C. sous la magistrature de Périclès, quand sa flotte dominait la Méditerranée. Les témoins de cette époque glorieuse, dont l'agora et l'Acropole, sont situés dans la partie sud de la ville. La partie nord n'a pris son essor qu'au XIXᵉ siècle, lorsque le nouveau roi de Grèce, Otton de Bavière, fit d'Athènes sa capitale. Les architectes du roi dessinèrent une ville de style européen, avec de larges avenues bordées d'arbres, comme Panepistimíou et Akadimías, qui abritent encore plusieurs édifices néoclassiques et de riches hôtels particuliers.

Aujourd'hui, ces bâtiments sont occupés par des banques, des ambassades et des administrations, comme l'université d'Athènes ou la Bibliothèque nationale.

Au nord du centre-ville, les quartiers de Kolonáki, résidentiel et chic, de Patriárchou Ioakeím et d'Irodótou, plus cosmopolites et dotés de grandes rues commerçantes, abritent les plus fameux musées d'Athènes, dont l'exceptionnel Musée archéologique national. Pour plus d'informations sur les moyens de se rendre et de circuler dans cette partie de la ville, *voir p. 322 à 325.*

LE QUARTIER D'UN COUP D'ŒIL

Musées

*Musée archéologique
national p. 68-71* ❶

*Musée d'Art cycladique
p. 74-75* ❽

Musée Benáki p. 78-79 ❿
Musée byzantin ❼
Musée de la Guerre ❻
Musée de la Ville d'Athènes ⑫
Musée national
historique ⑬
Musée d'Art dramatique ⑪
Pinacothèque nationale ❺

Places, parcs et jardins

Exárcheia et colline Stréfi ❷
Lykavittós ❸
Plateía Kolonakíou ❾

Église

Kapnikaréa ⑭

Bâtiment historique

Gennádeion ❹

LÉGENDE

Ⓜ Station de métro

Ⓟ Parc de stationnement

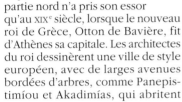

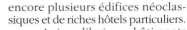

◁ **L'élégante façade néoclassique de l'université d'Athènes** *(p. 81)*

Le Musée archéologique national ❶

Εθνικό Αρχαιολογικό Μουσείο

**Bronze
hellénistique
de Délos**

Inauguré en 1891, ce superbe bâtiment, parfois simplement appelé Musée national, rassemble des collections autrefois dispersées à travers toute la ville. De nouvelles ailes furent ajoutées en 1939, peu avant que les incertitudes de la guerre ne contraignent les conservateurs du musée à disperser et à enterrer les collections pour les protéger des pillages et des destructions. Le musée ne rouvrit qu'en 1946. Depuis cette date il a connu maints travaux de rénovation et de modernisation. Avec ses collections uniques de bijoux mycéniens en or, de sculptures, de céramiques et de joaillerie de diverses époques, il s'agit de l'un des plus beaux musées du monde.

L'entrée de style néoclassique du Musée
archéologique national donne sur Patissión

SUIVEZ LE GUIDE !

Le rez-de-chaussée accueille l'essentiel des collections : les sections néolithiques, mycéniennes et cycladiques, la galerie des sculptures archaïques, géométriques classiques, hellénistiques et romaines, ainsi qu'une collection de bronzes, d'objets égyptiens et la collection de bijoux Eléni Stathátou. À l'étage sont conservées les céramiques et les fresques de Thíra.

Collection de
bronzes

Atrium avec
sculptures

L'amphore de Dipýlon

Cet imposant vase de style géométrique date du VIIIᵉ siècle av. J.-C. Il représente les funérailles d'une femme dont le corps est entouré de pleureuses. Il tire son nom du lieu où on l'a exhumé, près de la porte de Dipýlon, à Athènes, dans le quartier de Kerameikós (p. 88-89).

Entrée
principale
du musée

Le Harpiste

Cette sculpture aux formes minimalistes est caractéristique de l'art cycladique du IIIᵉ millénaire av. J.-C. La simplicité des lignes et la pureté des courbes influencèrent certains artistes contemporains, dont le sculpteur britannique Henry Moore.

Entrée

Rez-de-
chaussée

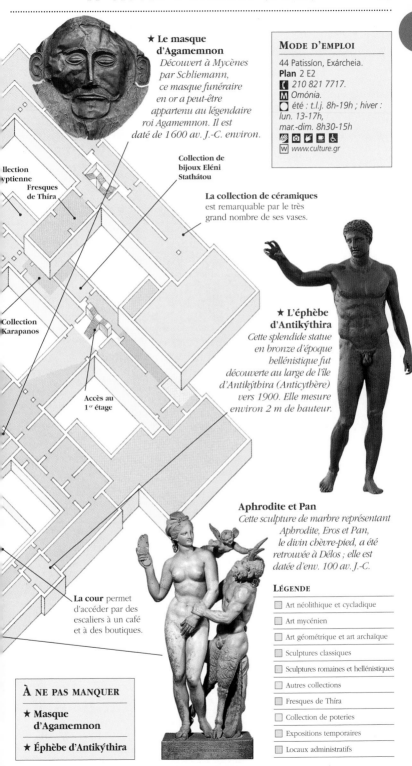

★ Le masque d'Agamemnon
Découvert à Mycènes par Schliemann, ce masque funéraire en or a peut-être appartenu au légendaire roi Agamemnon. Il est daté de 1600 av. J.-C. environ.

Collection de bijoux Eléni Stathátou

La collection de céramiques est remarquable par le très grand nombre de ses vases.

Collection égyptienne

Fresques de Thíra

Collection Karapanos

Accès au 1er étage

★ L'éphèbe d'Antikýthira
Cette splendide statue en bronze d'époque hellénistique fut découverte au large de l'île d'Antikýthira (Anticythère) vers 1900. Elle mesure environ 2 m de hauteur.

Aphrodite et Pan
Cette sculpture de marbre représentant Aphrodite, Eros et Pan, le divin chèvre-pied, a été retrouvée à Délos ; elle est datée d'env. 100 av. J.-C.

La cour permet d'accéder par des escaliers à un café et à des boutiques.

MODE D'EMPLOI

44 Patission, Exárcheia.
Plan 2 E2
📞 210 821 7717.
Ⓜ Omónia.
🕐 été : t.l.j. 8h-19h ; hiver : lun. 13-17h, mar.-dim. 8h30-15h
🖼️📷✉️🛍️♿
W www.culture.gr

LÉGENDE

☐ Art néolithique et cycladique

☐ Art mycénien

☐ Art géométrique et art archaïque

☐ Sculptures classiques

☐ Sculptures romaines et hellénistiques

☐ Autres collections

☐ Fresques de Thíra

☐ Collection de poteries

☐ Expositions temporaires

☐ Locaux administratifs

À NE PAS MANQUER

★ Masque d'Agamemnon

★ Éphèbe d'Antikýthira

À la découverte des collections du Musée archéologique national

Les différentes collections du Musée archéologique national sont exposées par ordre chronologique, et brossent un tableau complet de l'évolution de

Tête de sphinx mycénienne

l'art grec à travers les siècles. L'exposition débute par les statuettes cycladiques, se poursuit avec l'âge du bronze (objets en or mycéniens et art minoen) et les périodes archaïque (dont de superbes *koúroi*) et classique, et s'achève par les collections hellénistique (bronzes) et romaine (remarquable par ses nombreux bustes d'empereurs en marbre).

ART NÉOLITHIQUE ET CYCLADIQUE

L'aube de la civilisation grecque (3500-2900 av. J.-C.) fut marquée par une production artistique très variée de vases et de statuettes. Cette collection comporte également de la joaillerie et un grand

Vase en argile à motifs très simples (néolithique)

choix d'armes. Les dieux et déesses de la Fertilité, telles que les *kourotróphos* (mères à l'enfant), sont particulièrement bien préservés. Les sculptures cycladiques d'Amorgós et la série des musiciens en marbre (*le Flûtiste* et *le Harpiste*, tous deux découverts à Kéros) sont d'une importance exceptionnelle. D'autres trouvailles plus récentes, comme *le Pêcheur,* de Milos, témoignent d'une évolution dans la forme et la couleur des vases à cette période.

ART MYCÉNIEN

La collection du musée la plus appréciée du public est sans doute la galerie d'art mycénien, avec ses objets en or, ses fresques, ses sculptures d'ivoire et ses sceaux incrustés de pierreries datant du XVIe siècle av. J.-C. Des fameuses tombes à fosses *(p. 180)* proviennent dagues, coupes, sceaux et bagues ainsi que des masques mortuaires royaux, dont le célèbre *Masque d'Agamemnon*. Deux beaux *rhytons*, ou jarres à vin, sont également exposés : l'un, en argent, a la forme d'une tête de taureau avec des cornes en or, l'autre, en or, celle d'une tête de lion. Cette collection s'est enrichie au gré de découvertes plus

Dague mycénienne en bronze et or

récentes, dont les deux coupes en or en forme de taureau trouvées à Vafeió, en Crète, un flacon en or décoré de dauphins et de poulpes exhumé dans une sépulture royale à Déntra, des tablettes d'argile recouvertes d'écriture linéaire B du palais de Nestor à Cnossos *(p. 201)* et une épée trouvée dans la tombe de Stáfylos, sur l'île de Skopelos.

L'ÉVOLUTION DE LA SCULPTURE GRECQUE

La sculpture est l'une des formes d'expression les plus abouties de l'art grec. L'archéologie permet de retracer son évolution des premiers *kouroi* aux travaux de célèbres sculpteurs classiques comme Phidias et Praxitèle.

L'art du portrait n'apparut qu'au Ve siècle av. J.-C., les artistes grecs manifestant auparavant une prédilection pour les dieux, les déesses, les héros ainsi que pour les athlètes et certains mortels idéalisés. Depuis la Renaissance, l'art grec a exercé une influence considérable sur l'art occidental.

Le **Volomándra Koúros** *(v. 550 av. J.-C.) a été découvert dans l'Attique* (p. 149). *Les koúroi (statues de jeunes hommes nus) et les kórai (jeunes femmes vêtues) apparurent au milieu du VIIe siècle av. J.-C. Leur posture et leurs proportions sont directement influencées par l'art égyptien.*

*L'***Éphèbe de Marathon** *(340 av. J.-C.) fut retrouvé sous la mer. Son expression rêveuse et sa pose sont typiques du style de Praxitèle, l'un des maîtres de la sculpture classique. Modèle de nu héroïque, il témoigne de la perfection du détail et de l'équilibre d'ensemble.*

Cheval et jockey de l'Artemision (bronze)

LA PÉRIODE GÉOMÉTRIQUE ET ARCHAÏQUE

La période géométrique est réputée pour la décoration caractéristique de ses vases funéraires, telle l'amphore de Dipylon. Apparu au VIIᵉ siècle av. J.-C., ce style introduisit en art une iconographie mythologique ou inspirée de la nature. Vers le VIᵉ siècle, le style à figure noire atteignit son apogée. Le *lekythos*, représentant Péléas, Achille et le centaure, et les têtes sculptées (les *aryballoi*) sont les très rares vestiges de cette époque.

Guerrier de Boiotia, VIIᵉ siècle av. J.-C.

LA SCULPTURE CLASSIQUE

La collection de sculptures classiques rassemble à la fois des statues et des éléments d'art funéraires, ces derniers pour la plupart originaires du Kerameikós, dont la *stèle d'Hegeso* (v. 410 av. J.-C., p. 88). Parmi les sculptures votives classiques exposées se détachent la statue d'Héra

Cette stèle des adieux (milieu du IVᵉ siècle av. J.-C.) représente une femme assise s'apprêtant à quitter sa famille, avec une expression de profonde dignité fréquente dans l'art grec.

provenant de l'Héraion d'Argos dans le Péloponnèse, ainsi que de nombreuses représentations d'Athéna, dont *Athena Varvakeion*, copie à échelle réduite d'une statuette en or et ivoire découverte au Parthénon *(p. 99)*.

LA SCULPTURE ROMAINE ET HELLÉNISTIQUE

Bien que la plupart des statues de bronze grecques aient été fondues au cours des âges pour fabriquer des armes, le musée en possède quelques exemplaires remarquables. Parmi ceux-ci, *Poséidon* et *Cheval et Petit Jockey,* tous deux trouvés au cap Artemision à Evvoia, ainsi que l'*Éphèbe d'Antikýthira*, découvert au large de cette île. À signaler également une magnifique sculpture : l'*Éphèbe de Marathon*.

LES AUTRES COLLECTIONS

Le musée abrite également plusieurs collections privées, la plupart léguées par des particuliers. Parmi celles-ci, la **collection de bijoux Eléni Stathátou** couvre la période allant de l'âge de bronze à l'époque byzantine.
La **collection Karapános** rassemble des pièces découvertes à Dodóni *(p. 211)* et comprend des bronzes, dont *Zeus lançant un éclair.* Sont également exposés de petits éléments décoratifs, et des morceaux de plomb sur lesquels étaient rédigées des questions à l'oracle de Dodóni. Parmi

Bague hellénistique en or de la collection Eléni Stathátou

les collections récentes, **la collection d'art égyptien** et celle des **bronzes,** qui comprend des objets et statues qui ont été retrouvées sur l'Acropole d'Athènes.

LES FRESQUES DE THÍRA

Trois des célèbres fresques découvertes à Akrótíri, sur l'île de Thíra (Santorin) en 1967, là où la légende situe la cité de l'Atlantide, sont exposées au musée. Les autres sont à Santorin. Elles témoignent du degré de sophistication atteint par l'art minoen tardif. Datées de 1500 av. J.-C., elles représentent des scènes d'expédition navale, des élégantes, des enfants, des pêcheurs nus, des animaux.

LA COLLECTION DE POTERIES

L'intérêt essentiel de cette importante collection réside à la fois dans le nombre des pièces exposées et dans le panorama complet de la céramique grecque à travers les âges qu'elle offre au visiteur. Les pièces maîtresses datent du Vᵉ siècle av. J.-C., apogée particulièrement féconde du style à figure rouge et des *lekythoi* à fond crème *(p. 60).* Les plus belles pièces sont l'œuvre du peintre d'Achille et du peintre de Thanatos, auteurs de *lekythoi* d'une grande sensibilité.

Le Lykavittós vu de l'Acropole (nord-est)

Exárcheia
et colline Stréfi ❷

Εξάρχεια
Λόφος Στρέφη

Plan 2 F2 et 3 A2. **M** *Omónoia.*

Jusqu'à une période récente, le quartier de Plateía Exárcheíon était un foyer d'agitation anarchiste. L'Exárcheia fut auparavant un endroit fort apprécié des promeneurs, notamment pour ses édifices néoclassiques du XIXe siècle. Aujourd'hui, le quartier redevient peu à peu à la mode ; son embourgeoisement a entraîné l'installation de nombreux cafés « branchés », de bars et d'*ouzeri*. Themistokléous, qui mène de la place à Omónoia, est un axe de promenade calme et pittoresque où il fait bon flâner le long des petits restaurants et des magasins. Plateía Exárcheíon est un quartier qui vit la nuit : les restaurants en plein air et le cinéma *Riviera* dehors également, situés dans les petites rues qui montent vers Stréfi, attirent de nombreux visiteurs.

Tous les 17 novembre, une manifestation célèbre le souvenir des étudiants tués sous le gouvernement des colonels en 1973 lors d'un *sit in (p. 43)*. Le parc voisin de la colline Stréfi, avec son dédale de sentiers, très reposant le jour, se réveille la nuit lorsque les cafés voisins sont pleins. Ce parc est l'un des rares poumons d'Athènes, véritable refuge contre la pollution et la chaleur oppressante qui caractérisent les étés athéniens.

Le restaurant du Lykavittós domine tout Athènes

Lykavittós
(Lycabette) ❸

Λόφος Λυκαβηττός

Plan 3 C3. **Funiculaire :** *depuis Ploutárchou, 8 h 45-12 h 45 lun.-mer. et ven.-dim., 10 h 30-12 h 45 jeu.*

Le Lykavittós s'élève à 277 m au-dessus de la ville, dont il est le point culminant. On peut l'escalader à pied par plusieurs sentiers, ou préférer un spectaculaire périple par le funiculaire qui part de Ploutárchou. À pied, le trajet dure 45 min, et débouche sur des points d'observation aménagés qui offrent une vue unique de la capitale grecque. Il s'agit de l'une des promenades favorites des Athéniens. La colline tiendrait son nom de la combinaison des mots « lyki » et « vaino » signifiant « chemin de la lumière ». Quant aux anciens Grecs, ils pensaient que la colline qu'Athéna avait laissé choir en la transportant, avait été destinée à accueillir l'Acropole. Bien qu'il soit le point culminant d'Athènes, il n'est pratiquement pas fait mention du Lykavittós dans la littérature classique, sauf dans les *Grenouilles,* d'Aristophane et dans le *Critias* de Platon.

Le Lykavittós est couronné par la petite chapelle **Agios Geórgios**, construite au XIXe siècle sur l'emplacement d'une vieille église byzantine dédiée à Profítis Ilías (le prophète Élie). Les deux saints sont encore célébrés distinctement (Profítis Ilías, le 20 juillet et Agios Geórgios, le 23 avril). Le soir du samedi de Pâques, une spectaculaire procession de porteurs de chandelles descend l'escalier en bois du Lykavittós *(p. 45)*.

Le sommet du Lykavittós abrite également un restaurant panoramique, des cafés et un **théâtre** en plein air, où, lors du festival d'Athènes, se produisent des groupes de jazz, de pop ou des troupes de danse *(p. 46)*.

Gennádeion ❹
Γεννάδειον

École américaine d'études classiques,
Souidías 61, Kolonáki. **Plan** 3 C4.
📞 *210 723 6313.* Ⓜ *Evangelismos.*
🚌 *3, 7, 8, 13.* 🕐 *9 h-17 h lun.-ven.*
(20 h jeu.), 9 h-14 h sam.
⚫ *août, jours fériés.*

Ioánnis Gennádios (1844-
1932) était un diplomate
bibliophile qui passa toute sa
vie à accumuler des éditions
rares et des manuscrits
enluminés. En 1923, il fit don
de sa collection à l'École
américaine d'études
classiques. Le Gennádeion est
le nom du bâtiment construit
entre 1923 et 1925 par la firme
new-yorkaise Van Pelt et
Thompson pour abriter la
collection. Le fronton de la
façade à colonnes ioniques
porte une citation en grec
– « Sont appelés Grecs ceux
qui partagent notre culture » –
tirée du discours inaugural
prononcé en 1926 par
Ioánnis Gennádios.

Les chercheurs ont besoin
d'une autorisation spéciale
pour accéder aux 70 000
volumes de la collection. Les
simples visiteurs doivent eux
se contenter d'une exposition
et des livres, posters
et reproductions en vente
à la librairie de l'école.

Les expositions présentées
dans la grande salle de lecture
comprennent notamment
192 dessins d'Edward Lear
achetés en 1929 ainsi que
quelques souvenirs divers
relatifs à lord Byron, dont
son dernier portrait réalisé en
Grèce peu avant sa mort
en 1824 *(p. 149).*

L'imposante façade néoclassique
du Gennádeion

Pinacothèque nationale ❺
Εθνική Πινακοθήκη

Vasiléos Konstantínou 50, Ilísia. **Plan** 7
C1. 📞 *210 723 5937.* Ⓜ
Evangelismos. 🚌 *3, 13.* 🕐 *9 h-15 h*
lun.-sam. (et 18 h-21 h lun. et mer.),
10 h-14 h dim. ⚫ *jours fériés.* 📷 ♿

La Pinacothèque nationale,
ouverte en 1976, est située
dans un bâtiment bas et
moderne. Elle abrite une
collection permanente d'art
grec et européen. Le rez-de-
chaussée est occupé par des
expositions temporaires et
donne sur un jardin où sont
présentées des sculptures.
Au premier étage, une petite
collection d'art européen
comprend cinq toiles
impressionnantes du Gréco
(1541-1614). À côté d'œuvres
des écoles flamande,
hollandaise et italienne, on
peut admirer des études,
des gravures et des peintures
de Rembrandt, Dürer,
Brueghel, Van Dyck, Watteau,
Utrillo, Cézanne et Braque,

pour ne citer qu'eux. À voir
également *le Chanteur* (1620)
du Caravage, *le Guerrier grec*
(1856) d'Eugène Delacroix, et
un tableau cubiste de Picasso,
la Femme en Blanc (1939).

Le deuxième étage abrite une
collection d'art grec qui va du
XVIIIᵉ au XXᵉ siècle. Le XIXᵉ siècle
est particulièrement bien
représenté par une série de
toiles traitant de la guerre
d'indépendance, et par des
marines et des portraits signés
Nikólaos Gyzis (*le Perdant,*
1878) ou Nikifóros Lytras
(*l'Attente,* 1900 et *le Chapeau
de paille,* 1925). Des œuvres
d'artistes grecs comme
Chatzimichaïl, Chatzikyriákos-
Gkíkas, Móralis et Tsaroúchis
sont aussi présentes.

Musée de la Guerre ❻
Πολεμικό Μουσείο

Angle de Vasilíssis Sofías et Rizári,
Ilísia. **Plan** 7 C1. 📞 *210 725 2975.*
Ⓜ *Evangelismos.* 🚌 *3, 7, 8, 13.*
🕐 *9 h-14 h mar.-ven., 9 h 30-14 h*
sam.-dim. ⚫ *jours fériés.* ♿

Situé dans un bâtiment
moderne, le
musée de la
Guerre a ouvert
ses portes en
1975. *(p. 43).*
Les neuf
premières
galeries
brossent
un tableau
chronologique
de l'histoire
militaire grecque
depuis l'époque
mycénienne
jusqu'à l'occupation

**Casque
de bronze
spartiate**

allemande de 1941-1944. Les
autres galeries présentent des
objets divers, en particulier des
armes et des uniformes de
l'époque ottomane. Le musée
abrite aussi des portraits de
célèbres patriotes grecs de la
guerre d'indépendance *(p. 40-
41),* tels que le général
Theódoros Kolokotrónis (1770-
1843), dont on peut voir le
masque mortuaire. À signaler
également l'importante
collection de croquis et d'huiles
de Floras-Karaviás
et d'Argyrós, qui surent saisir
l'intensité dramatique des
deux guerres mondiales.

Une sculpture moderne, devant la Pinacothèque nationale

Le musée d'Art cycladique ❽
Μουσείο Κυκλαδικής Τέχνης

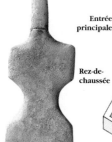

Tête cycladique en marbre

Ouvert en 1987, ce musée fort moderne offre l'une des plus belles collections d'objets d'art cycladique au monde. Une collection qui, rassemblée par Nikólas et Dolly Goulandrí, s'est enrichie au fil des ans de multiples donations. Le musée possède également un département d'art grec et chypriote ancien, dont certains objets datent de 5000 av. J.-C. Les idoles cycladiques, qui remontent au IIIe millénaire av. J.-C., n'ont jamais atteint la popularité accordée aux sculptures classiques. Pourtant leurs formes épurées et leur style dépouillé ont considérablement influencé maints artistes contemporains, tels Pablo Picasso, Amadeo Modigliani et Henry Moore.

CARTE DE SITUATION

3e étage

2e étage

Kylix à figure rouge
Cette coupe à boire du Ve siècle représente un combat de boxe entre deux éphèbes supervisés par leur entraîneur.

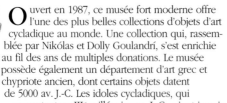

1er étage

Entrée principale

Rez-de-chaussée

Idole en forme de violon
Cette statuette cycladique de 13 cm de haut en marbre blanc représente un être humain stylisé. La plupart des statuettes de ce type proviennent de Páros et d'Antíparos.

Escaliers vers les toilettes

Passage vers le palais Stathátos

SUIVEZ LE GUIDE !
Le premier étage du bâtiment principal accueille la collection d'objets cycladiques, le deuxième la collection d'art grec ancien, le troisième l'art chypriote ancien et le quatrième la collection Charles Polítis. Le palais Stathátos abrite la collection d'art grec de l'Académie d'Athènes.

★ Idole cycladique
Cette statue de 39 cm aux « bras croisés » représente une femme enceinte, bizarrement dotée de quatre orteils à chaque pied.

À NE PAS MANQUER

★ Idole cycladique

★ Lekythos blanc

Statuette de terre cuite (330-320 av. J.-C.)
Cette statuette représentant une femme fait partie d'un lot d'objets probablement fabriqués à Tanágra, en Béotie, dans le centre de la Grèce.

MODE D'EMPLOI

Neofýtou Doúka 4, Kolonáki (entrée du palais Stathátos sur Irodótou 1). **Plan** 7 B1.
📞 *210 722 8321.* 🚌 *3, 7, 8, 13.*
🕐 *10 h-16 h lun., mer.-ven., 10 h-15 h sam.* ⬛ *jours fériés.*
🏷️ 📷 ♿ *limité* 🅿️
🌐 *www.cycladic.gr*

LÉGENDE

🔲 Billetterie et boutique

🔲 Art cycladique

🔲 Art grec ancien

🔲 Art chypriote ancien

🔲 Collection Charles Polítis

Escaliers et ascenseur

4ᵉ étage

★ **Lekythos blanc**
Ce lekythos (vase funéraire) en argile fine, réalisé vers 450 av. J.-C., est caractéristique des vases à fond crème (p. 60). Il servait à stocker l'huile destinée à embaumer les corps. On y distingue une femme déposant des offrandes.

Bronze askos
Ce pot à vin en bronze d'époque hellénistique date du IIᵉ siècle av. J.-C. Sa panse recourbée est censée imiter une outre en peau de mouton (askos, en grec).

Entrée de la villa par le passage piétonnier

Le premier étage accueille les expositions temporaires.

Ce porche original marque l'entrée du bâtiment Stathátos.

Le rez-de chaussée présente la collection d'art grec de l'Académie d'Athènes. Son toit-verrière lui assure une remarquable luminosité.

LE PALAIS STATHÁTOS
La nouvelle aile du musée d'Art cycladique fut ouverte en 1992. Cette villa de style néoclassique, ancien domicile d'Otho et Athiná Stathátos, fut réaménagée par l'architecte Ernst Ziller en 1895.

Au sous-sol se trouve une cafétéria dans une cour entre les deux bâtiments.

Icône de saint Michel (XIVe siècle), **Musée byzantin**

Musée byzantin ❼
Βυζαντινό Μουσείο

Vasilíssis Sofías 22, Plateía Rigíllis, Kolonáki. **Plan** 7 B1. 210 721 1027. M *Evangelismos.* 3, 8, 7, 13. 8 h 30-15 h mar.-dim. *jours fériés.* *rez-de-chaussée seulement.*

Jadis appelé villa Ilissia, cet élégant édifice de style florentin fut bâti entre 1840 et 1848 par l'architecte Stamátis Kleánthis pour la duchesse de Plaisance (1785-1854). Cette femme excentrique, épouse philhellène d'un général de Napoléon, était une personnalité de la haute société athénienne de la première moitié du XIXe siècle.

C'est dans les années 1930 que le collectionneur Geórgios Sotiríou et l'architecte Aristotélis Záchos transformèrent la villa en musée. Ils édifièrent une entrée sur le modèle d'une cour de monastère, y incluant une fontaine inspirée d'une mosaïque du IVe siècle découverte à Dafní *(p. 152-153)*. Une annexe de style contemporain accueille l'intégralité de la collection d'icônes, de mosaïques, de sculptures, de fresques et de bijoux sacrés. Couvrant 1 500 ans d'art byzantin et d'architecture de la diaspora grecque, le musée déroule ses collections par ordre chronologique, de la première basilique chrétienne de l'Acropole (IVe siècle) aux sculptures d'ornement du XIVe siècle datant de l'occupation franque de la Grèce. Dans trois pièces sont rassemblés des fragments d'églises byzantines aujourd'hui disparues, qui illustrent trois époques distinctes de l'architecture religieuse grecque, ainsi que les icônes leur correspondant: une basilique à trois ailes datant du début du Ve siècle, une église du XIe siècle à plan croix surmontée d'un dôme et une troisième d'époque postbyzantine.

À signaler également des pièces rares comme les stèles funéraires des IVe et Ve siècles découvertes à Égine, qui représentent Orphée entouré d'animaux sauvages, ou une plaque de marbre du Xe ou du XIe siècle représentant trois apôtres de Thessalonique.

Stèle funéraire représentant Orphée et sa lyre

Le premier étage abrite une collection d'objets religieux dont l'*Épitaphe de Salonique,* une broderie du XIVe siècle cousue d'or, ainsi que de superbes fresques originaires d'églises de Náxos, Oropós et Delphes, une magnifique collection d'icônes de la diaspora grecque, notamment la *Galaktotrophousa* (Vierge allaitant l'Enfant) peinte en 1784 par Makários de Galatista, un moine du mont Athos, et l'*Episkepsis,* une icône-mosaïque du XIVe siècle provenant de Bithynie.

L'*Episkepsis,* exposée au Musée byzantin, représente une Vierge à l'Enfant

LES ICÔNES DANS L'ÉGLISE ORTHODOXE

Le mot icône signifie simplement « image ». Avec le temps, il a revêtu une connotation presque exclusivement religieuse dans le monde orthodoxe. Les icônes représentent aussi bien les saints populaires, tels André ou Nicolas, que les martyrs, prophètes ou archanges, ou illustrent des thèmes religieux, telle la Vierge à l'Enfant. Elles sont omniprésentes dans la vie quotidienne des Grecs. On en trouve dans les taxis, les bus, les bateaux et les restaurants, les maisons… et bien sûr dans les églises! L'art de l'icône se présente sous des formes multiples : fresque, mosaïque, pièce ou métal. Son support le plus répandu est le bois traité au plâtre et peint à l'encaustique.

Les yeux du personnage central sont placés de telle manière que le spectateur ait l'impression d'être constamment sous son regard. Obéissant à des conventions très strictes, les icônes ne sont généralement ni signées ni datées *(p. 18-19).* Elles font l'objet d'un soin méticuleux de la part des peintres qui les réalisent suivant une tradition pluriséculaire.

Marionnettes provenant du musée d'Art dramatique

Musée d'Art cycladique ❽

p. 74-75.

Plateía Kolonakíou ❾

Πλατεία Κολονακίου

Kolonáki. **Plan** 3 B5. *3, 7, 8, 13.*

La place Kolonáki et ses environs constituent le quartier le plus huppé d'Athènes, souvent ignoré des touristes, qui lui préfèrent les sites historiques ou le marché aux puces de Monastiráki. Cette place, également appelée Plateía Filikís Etaireías, tire son nom de la découverte en cet endroit d'une petite colonne très ancienne *(kolonáki)*.
Le quartier est réputé pour ses boutiques de stylistes, ses cafés à la mode, ses antiquaires, ses galeries d'art, ses fabuleuses *zacharoplastéia* (pâtisseries) et ses *ouzerí (p. 116)*.
La clientèle élégante qui peuple les terrasses des cafés de Plateía Kolonakíou illustre le statut privilégié du quartier dans la vie athénienne : la jeunesse dorée qui boit des cafés frappés juchée sur des Harley Davidson côtoie les habitués du café *Likóvrissi*, intellectuels s'adonnant à la passion nationale, les discussions politiques.

Musée Benáki ❿

p. 78-79.

Musée d'Art dramatique ⓫

Μουσείο και Κέντρο Μελέτης του Ελληνικού Θεάτρου

Akadamías 50, Kéntro. **Plan** 2 F4. *210 362 9430.* *3, 8, 13.* *9 h-14 h 30 lun.-ven.* *août, 17 nov., jours fériés.* *limité.*

Situé au sous-sol d'un bâtiment néoclassique, ce petit musée retrace l'histoire du théâtre grec de l'époque classique à nos jours. Il présente des programmes et des affiches anciens ainsi que des costumes et des décors conçus par des metteurs en scène influents, tels que Károlos Koun. On peut aussi y admirer une intéressante collection de marionnettes et une reconstitution des loges des actrices grecques Eléni Papadáki et Elli Lampéti.

Périclès, au musée d'Art dramatique

Musée de la Ville d'Athènes ⓬

Μουσείο της Πόλεως των Αθηνών

Paparrigopoúlou 7, Plateía Klafthmónos, Syntagma. **Plan** 2 E5. *210 324 6164.* *Panepistimio.* *1, 2, 4, 5, 9, 11, 12, 15, 18.* *9 h-14 h lun., mer.-ven., 10 h-15 h sam.-dim.* *jours fériés.*

Cet élégant bâtiment fut pendant sept ans (1831-1838) la demeure du roi Otton Ier et de la reine Amalía *(p. 40)*, jusqu'à l'achèvement de leur nouveau palais, aujourd'hui le *Voulí* ou Parlement *(p. 112)*. Augmenté ensuite de la maison voisine, il forme ce que les Athéniens appellent le Vieux Palais. Restauré en 1980, celui-ci devint un musée dédié à la mémoire des souverains grecs. Ce musée présente des meubles, des portraits de la famille royale, des cartes et des livres, offrant ainsi une pittoresque reconstitution des premières années du règne d'Otton Ier.
On peut y voir aussi bien l'original de la Constitution de 1843 que des armures des souverains francs (1205-1311) et catalans (1311-1388) d'Athènes ou une maquette de la ville en 1842 réalisée par l'architecte Giánnis Travlós (1908-1985). Le musée abrite également quelques peintures, dont *le Carnaval d'Athènes* (1892) de Nikolaos Gyzis, et de nombreuses aquarelles.

Un salon de l'époque d'Otton Ier, au musée de la Ville d'Athènes

Le musée Benáki ❿
Μουσείο Μπενάκη

Cet extraordinaire musée fut fondé en 1931 par Antónis Benákis (1873-1954), fils d'Emmanouil Benákis, un Grec qui avait fait fortune en Égypte. Installé dans l'ancien hôtel néoclassique de la famille Benákis, il abrite plusieurs collections d'art et d'artisanat grecs, byzantins, arabes, persans et chinois ainsi que des peintures, des bijoux, des costumes et des archives politiques, l'ensemble couvrant une période de plus de 5 000 ans, du Néolithique à nos jours.

Le drapeau d'Hydra *symbolise la suprématie de l'île en matière de guerre navale ; c'était la communauté navale la plus puissante de Grèce.*

Salle de lecture

Coussin de mariage
Ce coussin brodé du XVIIIe siècle provient d'Épire. Il représente une procession nuptiale sur fond de fleurs ornementales.

2e étage

Jardin couvert

Auditorium

★ Panneau en bois de Kozani
Ce panneau de bois du XVIIIe siècle, richement peint et sculpté, provient d'une demeure cossue de Kozani, à l'ouest de la Macédoine.

Atrium

Ciboire en argent
Destiné à recevoir l'hostie, cet exemple raffiné d'argenterie ecclésiastique date de 1667 et provient d'Edirne, en Turquie.

Légende

▢	Rez-de-chaussée
▢	1er étage
▢	2e étage
▢	3e étage
▢	Ne se visite pas

Entrée

3ᵉ étage

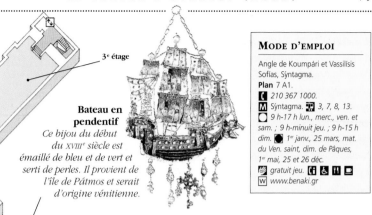

Bateau en pendentif
Ce bijou du début du XVIIIᵉ siècle est émaillé de bleu et de vert et serti de perles. Il provient de l'île de Pátmos et serait d'origine vénitienne.

MODE D'EMPLOI

Angle de Koumpári et Vassilísis Sofías, Sýntagma.
Plan 7 A1.
☎ 210 367 1000.
Ⓜ Sýntagma. 🚌 3, 7, 8, 13.
🕐 9 h-17 h lun., merc., ven. et sam. ; 9 h-minuit jeu. ; 9 h-15 h dim. ● 1ᵉʳ janv., 25 mars, mat. du Ven. saint, dim. de Pâques, 1ᵉʳ mai, 25 et 26 déc.
📷 gratuit jeu. 🎫 ♿ 🚻 🍴 🛍
ⓦ www.benaki.gr

SUIVEZ LE GUIDE !
Au rez-de-chaussée sont exposées des collections allant du Néolithique à l'époque byzantine tardive, ainsi que les icones crétoises peintes. Au 1ᵉʳ étage, les collections sont classées par aire géographique d'origine (Asie Mineure, Grèce). On y trouve également l'orfèvrerie sacrée. Le 2ᵉ étage est consacré aux aspects spirituels, sociaux et économiques de la vie grecque. Le 3ᵉ étage est consacré à la guerre d'indépendance et à la vie politique et culturelle contemporaine.

1ᵉʳ étage

Rez-de-chaussée

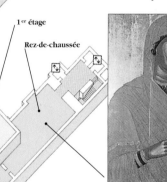

★ **Icône de sainte Anne**
Cette icône du XVᵉ siècle représente la sainte portant la Vierge enfant. Cette dernière porte un brin de muguet, symbole de pureté.

Les coupes de Paphos
Très colorées, ces coupes proviennent de Chypre et sont datées du XIIIᵉ siècle. Le danseur tient des crécelles.

★ **Portrait du Fayoum**
Ce portrait de jeune homme peint sur du lin par un artiste grec date du IIIᵉ siècle environ.

À NE PAS MANQUER

★ **Portrait du Fayoum**

★ **Icône de sainte Anne**

★ **Panneau en bois de Kozani**

Façade néoclassique du Musée national historique

Musée national historique ⓭
Εθνικό Ιστορικό Μουσείο

Stadíou 13, Syntagma. **Plan** 2 F5. 📞 210 323 7617. Ⓜ Syntagma 🚎 1, 2, 4, 5, 9, 10, 11, 18. ⏱ 9 h-14 h mar.-dim. 🔴 jours fériés. 📷 sauf dim.

Conçu par l'architecte français François Boulanger (1807-1875), ce bâtiment abrita le siège du premier Parlement de Grèce. La reine Amalía en posa la première pierre en 1858 et, treize ans plus tard, les députés s'y installèrent. Quelques Premiers ministres prestigieux y siégèrent, tels Chárilaos Trikoúpis et Theódoros Diligiánnis, qui fut assassiné sur les marches de l'édifice en 1905. En 1935, le Parlement fut transféré dans le nouveau palais Voulí, Plateía Syntágmatos (p. 112). En 1961, l'ancien Parlement fut converti en Musée national historique, propriété de la Société d'histoire et d'ethnologie de Grèce. Fondée en 1882, cette société a pour vocation de rassembler tous les documents ayant trait à l'histoire grecque. Ainsi, les collections du musée présentent de manière chronologique plusieurs siècles de l'histoire nationale,

Statue du général Theódoros Kolokotrónis

de l'époque byzantine jusqu'au xxᵉ siècle. On peut, par exemple, y admirer une armure vénitienne, des costumes traditionnels régionaux, des bijoux, voire des figures de proue de navires ayant servi durant la guerre d'indépendance de 1821.

Le musée possède également une collection de portraits et d'objets ayant appartenu à de grands parlementaires ou à des héros de l'indépendance, comme l'épée de lord Byron, les armes de Theódoros Kolokotrónis (1770-1843), le trône du roi Otton Iᵉʳ, le stylo utilisé par Elethérios Venizélos pour signer le traité de Sèvres en 1920 ou les mémoires du général Makrigiánnis (1797-1864). Dans la collection de peintures, on distingue une belle gravure sur bois représentant la bataille de Lépante (1571), par Bonastro.

Devant le musée s'élève une copie, réalisée en 1900, d'une statue de Lázaros Sóchos représentant Kolokotrónis à cheval, l'originale trônant toujours dans l'ancienne capitale de la Grèce, Nauplie (p. 182-183). Le socle de la statue porte l'inscription suivante : « Chevauche, noble commandeur à travers les siècles pour montrer aux nations comment les esclaves deviennent des hommes libres ».

Kapnikaréa ⓮
Καπνικαρέα

Angle d'Ermoú et de Kalamiótou, Monastiráki. **Plan** 6 D1. 📞 210 322 4462. Ⓜ Monastiráki. ⏱ 8 h-14 h lun.-mer,. 8 h-14 h 30 et 17 h-19 h mar.-jeu. et ven. 🔴 jours fériés.

Cette superbe église byzantine du xiᵉ siècle a été sauvée de la démolition en 1834 par une intervention inopinée du roi Louis de Bavière. Implantée au milieu d'une place délimitée par les rues Ermoú et Kapnikaréa, elle est entourée de bâtiments et de boutiques, tous dédiés au commerce de vêtements. On la surnomme l'église de la princesse : sa fondation est attribuée à l'impératrice Irène, qui régna de 797 à 802. Pour avoir combattu l'iconoclasme, celle-ci est considérée comme une sainte par l'église orthodoxe grecque.

Toutefois, l'explication du nom de cette église demeure obscure. D'après certaines sources, il tirerait son origine de la profession du fondateur de l'édifice, un collecteur de taxe foncière (kapnikaréas), impôt frappant les constructions à l'époque byzantine. Restauré par les soins de l'université d'Athènes, le dôme est supporté par 4 colonnes romaines. Les fresques de Fótis Kóntoglou (1895-1965) – notamment une Vierge à l'Enfant –, dont les œuvres sont exposées à la Pinacothèque nationale, furent peintes pendant la restauration.

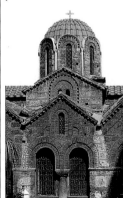

Dôme et entrée principale de la Kapnikaréa

L'architecture néoclassique à Athènes

L'architecture néoclassique prit son essor en Grèce au XIXᵉ siècle, quand le premier souverain de la Grèce indépendante, Otton de Bavière, fit reconstruire et réaménager Athènes par des architectes comme les frères Hansen et Ernst Ziller. C'est ainsi qu'Athènes devint en 50 ans une capitale moderne et aérée, parsemée de beaux bâtiments publics, de parcs

La Banque nationale date des années 1890

et d'avenues bordées d'arbres. Le néoclassicisme emprunta directement de nombreuses formes architecturales à l'Antiquité (colonnes en marbre et éléments décoratifs antiques), puis évolua pour adopter un style original. On peut admirer ce style néoclassique dans les bâtiments publics qui bordent Panepistimíou ou dans les immeubles d'habitation de Pláka.

La maison de Schliemann (appelée aussi Ilíou Mélathron, le palais d'Ilion ou Troie) fut bâtie en 1878 par Ernst Ziller. L'intérieur est décoré de fresques et de mosaïques d'inspiration mythologique. Elle abrite aujourd'hui le musée de Numismatique (**Plan** 2 F5).

Le théâtre national fut construit entre 1880 et 1892 par Ziller. Le bâtiment présente un ensemble Renaissance à arcades et colonnes doriques. Inspirée du Théâtre public de Vienne, la conception de l'intérieur était très moderne pour l'époque (**Plan** 2 D3).

La Bibliothèque nationale, conçue en 1887 sur le modèle d'un temple dorique flanqué de deux ailes latérales, est l'œuvre de Theophil von Hansen en 1887. Construite en marbre du Pentélique, elle abrite 500 000 ouvrages, dont des manuscrits enluminés ou des éditions princeps très rares (**Plan** 2 F4).

L'Académie d'Athènes fut conçue par Theophil von Hansen et construite entre 1859 et 1887. On peut y admirer des statues d'Apollon et d'Athéna, de Platon et de Socrate assis, dans un cadre délibérément ionique (chapiteaux et colonnes). À l'intérieur, l'Académie abrite de magnifiques fresques inspirées du mythe de Prométhée (**Plan** 2 F4).

L'université d'Athènes est l'œuvre de Christian Hansen. Achevé en 1864, cet édifice est orné de colonnes ioniques et d'une frise représentant la renaissance des arts et des lettres sous le règne d'Otton Iᵉʳ. Le Sphynx, qui apparaît dans le mythe d'Œdipe, est un symbole de sagesse (p. 221) qui est lié à l'histoire de la ville : Œdipe, qui avait résolu l'énigme du Sphynx, trouva plus tard refuge chez les Athéniens. Une autre statue représente le patriarche Grégoire V, martyr de l'indépendance (**Plan** 2 F4).

LE CENTRE D'ATHÈNES (SUD)

L e sud d'Athènes, cœur historique dominé par l'Acropole, abrite les plus anciennes constructions de la ville. Les quartiers de Pláka et de Monastiráki sont constellés de nombreux musées et églises byzantines. Dans ces lieux pittoresques se côtoient ateliers de peinture d'icônes, magasins d'antiquités et tavernes à terrasse.

**Bas-relief,
Panagía Gorgoepíkoös**

Monastiráki est également le siège d'un marché aux puces, où la faune colorée des passants, les marchands et les musiciens de rue assurent une ambiance toute moyen-orientale. Le Jardin National, poumon d'Athènes, s'étend au sud de Plateía Syntágmatos. Pour se rendre dans cette partie de la ville, voir p. 322-325.

LE QUARTIER D'UN COUP D'ŒIL

Musées
Musée d'Art populaire grec ⑯
Musée de Céramiques Kyriazópoulos ❶
Musée des Instruments de musique populaire grecque ❿
Musée juif de Grèce ⑰
Musée Kanellópoulos ❽
Musée de l'Université d'Athènes ❾
Pinacothèque municipale ❹

Sites antiques
Acropole p. 94-101 ❼
Agora p. 90-91 ❻
Kerameikós p. 88-89 ❺
Olympieion ⑱
Tour des Vents p. 86-87 ❷

Églises
Agios Nikólaos Ragavás ⑬
Église russe de la Sainte-Trinité ⑲
Mitrópoli ⑫
Panagía Gorgoepíkoös p. 105 ⑪

Quartier historique
Anafiótika ⑭

Marché
Marché aux puces ❸

Places et parcs
Jardin national ㉑
Plateía Lysikrátous ⑮
Plateía Syntágmatos ⑳

Bâtiments et monuments historiques
Palais présidentiel ㉒
Stade Kallimármaro ㉓

Cimetière
Premier cimetière d'Athènes ㉔

LÉGENDE

Monastiráki pas à pas p. 84-85
Au cœur de Pláka pas à pas p. 102-103
Ⓜ Métro
Ⓟ Parc de stationnement
Ⓘ Information Touristique

0   500 m

◁ **Colonnes de l'Olympieion**

Monastiráki pas à pas

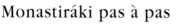

P artie intégrante de la vieille ville d'Athènes, le quartier doit son nom à un petit monastère sis Plateía Monastirakíou. Ancien cœur de la cité, Monastiráki abrite toujours un bazar dont les étals offrent pratiquement tout au visiteur, de la pacotille à la joaillerie. Les anciennes mosquées Fethiye et Tsistaráki, aujourd'hui le siège du musée de Céramiques Kyriazópoulos, témoignent de son passé ottoman. Monastiráki recèle également des traces romaines, notamment l'agora, où on peut admirer les vestiges de la bibliothèque de l'empereur Hadrien et la célèbre tour des Vents, une ancienne horloge à eau d'époque hellénistique. Entre bazar oriental et ruines antiques, Monastiráki possède un charme cosmopolite unique.

Le marché aux puces
Ce marché, dont le cœur est situé Plateía Avissynías, couvre toutes les rues avoisinantes. Il est très fréquenté le dimanche ❸

LÉGENDE

— — — Itinéraire conseillé

À NE PAS MANQUER

★ La tour des Vents

0   50 m

La mosquée Fethiye est située dans un angle de l'agora romaine. Elle fut construite par les Turcs à la fin du XVᵉ siècle pour célébrer la visite à Athènes de Mehmed II le Conquérant.

La rue Ifaístou tire son nom du dieu du feu et de la métallurgie Héphaïstos. La rue Areos porte celui du dieu de la guerre Arès.

Station de métro Monastiráki

Agora antique ⟩
(p. 90-91)

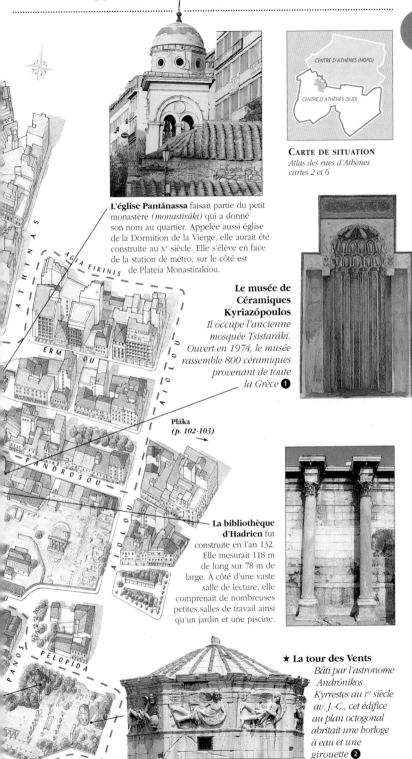

CARTE DE SITUATION
*Atlas des rues d'Athènes
cartes 2 et 6*

L'église Pantánassa faisait partie du petit monastère *(monastiráki)* qui a donné son nom au quartier. Appelée aussi église de la Dormition de la Vierge, elle aurait été construite au Xᵉ siècle. Elle s'élève en face de la station de métro, sur le côté est de Plateía Monastirakíou.

Le musée de Céramiques Kyriazópoulos
Il occupe l'ancienne mosquée Tsistaráki. Ouvert en 1974, le musée rassemble 800 céramiques provenant de toute la Grèce ❶

Pláka
(p. 102-103)

La bibliothèque d'Hadrien fut construite en l'an 132. Elle mesurait 118 m de long sur 78 m de large. À côté d'une vaste salle de lecture, elle comprenait de nombreuses petites salles de travail ainsi qu'un jardin et une piscine.

★ **La tour des Vents**
Bâti par l'astronome Andrónikos Kyrrestes au Iᵉʳ siècle av. J.-C., cet édifice au plan octogonal abritait une horloge à eau et une girouette ❷

Musée de Céramiques Kyriazópoulos ❶
Μουσείο Ελληνικής
Λαϊκής Τέχνης,
Συλλογή Κεραμικών
Β. Κυριαζοπούλου

Mosquée Tzistarákis, Areos 1,
Monastiráki. **Plan** 6 D1. ☎ 210 324
2066. Ⓜ Monastiráki. ◯ 9 h-14 h 30
lun. et mer.-dim. ● jours fériés. ▨

L a collection de céramiques
provient d'une donation
effectuée en 1974 par le
professeur Vasíleios
Kyriazópoulos au profit du
musée d'Art populaire grec.
Annexe de cet établissement,
le musée Kyriazópoulos est
installé dans l'imposante

mosquée Tzistarákis
(« mosquée de la fontaine
basse »). Des centaines de
pièces y sont exposées, de
tous les styles dont on voit
encore des exemples dans
les cuisines grecques
traditionnelles – pots à
eau d'Égine, plats de
Sífnos ou jarres de
Thessalie et de Chíos. On
peut également admirer des
sculptures et des
céramiques décorées de
scènes empruntées à la
mythologie grecque
ou au floklore. Les
œuvres de grands
céramistes – Minás
Avramídis et Dimítrios
Mygdalinós – sont exposées.
La mosquée elle-même mérite
d'être visitée. Elle fut bâtie en

**Jeune fille
d'Asie Mineure,
céramique**

1795 par Tzistarákis,
nouveau *voïvode* (gouverneur
de province jouissant de
pouvoirs absolus) nommé
par Istanbul, qui levait
les impôts, n'en reversant
qu'une partie à l'État,
et participait à l'entretien
du harem du Sultan.
Tsistarákis fit abattre
la 17e colonne de
l'Olympieion *(p. 111)*
pour fabriquer le stuc
destiné à la mosquée.
La destruction des
monuments anciens
étant interdite par
la loi ottomane,
il fut déchu et exilé
la même année.
La mosquée fut restaurée
après le tremblement
de terre de 1981.

Tour des Vents ❷
Αέρηδες

Sur les ruines de l'agora romaine,
Pláka. **Plan** 6 D1. ☎ 210 324 5220.
Ⓜ Monastiráki. ◯ avril-oct. 8 h-
19 h t.l.j.; nov.-mars 8 h 30-15 h t.l.j.
● jours fériés. ▨ ♿

L a tour des Vents est un
splendide édifice installé sur
l'agora romaine. Construite en
marbre au IIe siècle av. J.-C. par
l'architecte et astronome syrien
Andrónikos Kyrrestes, la tour
abritait une horloge à eau et
une girouette. Elle tire son nom
des représentations symboliques
des huit vents dominants

sculptées sur les frises qui
ornent ses murs extérieurs. Des
cadrans solaires sont intercalés.
La tour, qui mesure près de 12
m de haut pour un diamètre de
8 m, est dans un excellent état
de préservation. Aujourd'hui, les
Athéniens l'appelle *Aérides*
(« les vents »). Au Moyen Âge,
on pensait que Socrate y avait
été emprisonné ou bien qu'il
y avait installé son école,
ou encore que Philippe II
de Macédoine y était enterré
(p. 242). Ce n'est qu'au
XVIIe siècle qu'elle fut identifiée
comme l'*Horologion* (horloge
à eau) d'Andronikos. Tout ce
qui demeure aujourd'hui de
la machinerie de l'horloge

à eau est la base d'un système
complexe de tuyauteries et un
canal d'alimentation circulaire
sur le sol de la tour.

**Les façades ouest et sud-ouest
de la tour des Vents**

Les façades ouest et nord *sont toutes
deux percées d'un trou qui laisse passer
la lumière à l'intérieur de la tour.*

Entrée
nord-ouest

Ce plan en coupe de l'intérieur
de la tour montre l'orientation
de chacune des parois. Les frises
extérieures personnifient les huit vents.

NORD

Borée souffle le
vent froid du nord
au travers d'une
grosse conque.

NORD-OUEST

Skiron sème des
cendres rougeoyantes
depuis un vaisseau
de bronze.

OUEST

Zéphyr est
un éphèbe
à demi nu qui
jette des fleurs.

Marché aux puces ❸
Παζάρι

De Plateía Monastirakíou à Plateía Avyssinías, Pláka. **Plan** 5 C1.
M Thiseío. ◯ 8 h-12 h dim.

Une banderole accueille le visiteur qui pénètre dans l'enceinte du marché aux puces d'Athènes, après les boutiques de souvenirs des rues Adrianoú et Pandrósou. Pour les Athéniens, le cœur du marché se situe juste à l'ouest de Plateía Monastirakíou, à Plateía Avyssinías et dans les rues immédiatement voisines. Tôt le dimanche matin, alors que les magasins sont fermés, le marché

Fouiner dans le marché aux puces procure un réel plaisir

s'éveille. Les commerçants étalent leur bric-à-brac sur des étals ou à même le sol. On peut y faire parfois de belles affaires, en particulier, des vêtements en laine peignée, des bracelets et des colliers de couleur. On trouve aussi des articles en cuivre, en cuir ou en argent. En semaine, les magasins des alentours recèlent quasiment les mêmes articles que ceux du marché. On peut ainsi se procurer de tout, des antiquités aux vieux livres en passant par des chaises de tavernes. Le marchandage est recommandé.

Lorsque souffle Lips, le vent du sud-ouest, c'est l'assurance d'un bon voyage. Les bas-reliefs de la tour attribuaient à chaque vent une personnalité distincte et des propriétés particulières. Dans les arts et la littérature occidentaux, les plus célèbres d'entre eux sont le doux Zéphyr et Borée, le vent glacial venant du nord.

Les derviches tourneurs étaient un ordre d'ascètes musulmans qui ont utilisé la tour comme monastère au milieu du XVIIIᵉ siècle. À cette époque, les voyageurs occidentaux venaient y admirer les derviches exécuter la sema, une danse rituelle.

Bas-relief représentant une figure mythologique

Baguette de métal à ombre portée

Lignes du cadran solaire taillées dans le mur

SUD-OUEST	SUD	SUD-EST	EST	NORD-EST

Lips porte un *aphlaston* (gouvernail de navire).	**Notos**, qui apporte la pluie, vide une cruche d'eau.	**Euros** est un vieil homme barbu enveloppé d'un manteau.	**Apeliotes** est un jeune homme portant des fruits et des céréales.	**Kaikias** déverse un bouclier rempli de grêlons sur la terre.

Miss T. K., de Giánnis Mitarákis, à la Pinacothèque municipale

Pinacothèque municipale ❹
Πινακοθήκη του Δήμου Αθηναίων

Pireos 51, Plateía Koumoundoúrou, Omónoia. **Plan** 1 C4. 210 324 3022. Ⓜ *Omónoia.* 9 h-13 h et 17 h-21 h lun.-ven. ; 9 h-13 h sam. et dim. 3 oct., jours fériés.

C e musée peu visité possède l'une des plus importantes collections d'art grec contemporain. Conçu en 1872 par l'architecte Panagiótis Kálkos, il est situé dans l'ancien hospice des Enfants trouvés. Ce dernier fut construit à la fin du XIXᵉ siècle à la suite de l'explosion démographique d'Athènes, qui entraîna la multiplication des abandons de nouveau-nés. Acquis en 1923 par la ville, le bâtiment abrite une collection réunie depuis lors qui brosse un panorama complet de la production artistique grecque contemporaine. On peut ainsi y admirer des paysages des Cyclades de Dímos Mpraésas (1878-1967) ou des représentations d'oliviers et de cyprès dues à Konstantínos Parthénis (1882-1964), des portraits signés Giánnis Mitarákis et des natures mortes de Theófrastos Triantafyllídis. Des œuvres comme le *Marché* (1939) de Nikólaos Kartsonákis illustrent l'influence de la tradition sur la production artistique grecque contemporaine.

Kerameikós (le Céramique) ❺
Κεραμεικός

C e cimetière remonte au XIIᵉ siècle av. J.-C. La voie Sacrée menait d'Éleusis *(p. 156-157)* à Keramikós et la procession panathénienne partait de la porte du Dipylon en direction de l'Acropole *(p. 94-97)*. La plupart des tombes qui subsistent aujourd'hui sont situées le long de l'allée des Tombes. Les sculptures découvertes au début du XXᵉ siècle sont exposées au Musée archéologique national *(p. 68-71)* et au musée Oberlander ; des copies de plâtre ont toutefois été laissées sur place.

Stèle funéraire d'Hegeso
Datée du Vᵉ siècle av. J.-C., elle appartenait à la concession de la famille Koroibos de Melite. On y voit la femme de ce dernier, Hegeso, en train d'admirer des bijoux.

Enclos d'Aristion

L'enclos de Lysimachides est orné d'un chien de marbre (à l'origine deux).

ALLÉE DES TOMBES

Le sanctuaire d'Hécate était dédié à la déesse du monde souterrain. Il contenait un autel et des offrandes votives.

Musée Oberlander

Terrasse sud

★ **Tombe de Dionysos de Kollytos**
Cette tombe appartenait à un riche notable. Le taureau représente le dieu Dionysos.

À NE PAS MANQUER

★ **La tombe de Dionysos de Kollytos**

★ **La stèle de Démétria et Pamphyle**

L'ALLÉE DES TOMBES
La plupart des tombes de cette allée datent du IVᵉ siècle av. J.-C. Celles-ci présentent différents styles, de la stèle (en bas relief sculpté) à la simple *kioniskoi* (petite colonne), qui tous illustrent la richesse de l'art funéraire grec.

CARTE DE SITUATION

Ce tumulus du VIe siècle av. J.-C. désignait la concession d'une riche famille de l'Attique.

Tombe d'Hipparète

Rivière Éridan

La voie Sacrée menait de la porte Sacrée à l'ancienne Éleusis (p. 156-157).

Porte Sacrée, Acropole

Colline sud

Stèle de Dexileos
Jeune homme, Dexileos fut tué en 394 av. J.-C., lors des guerres corinthiennes. Fils de Lysanias, il est représenté en train d'abattre un ennemi.

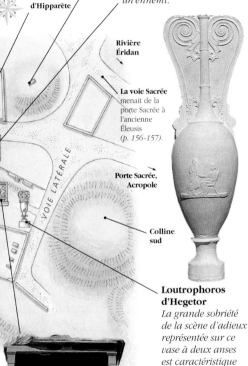

Loutrophoros d'Hegetor
La grande sobriété de la scène d'adieux représentée sur ce vase à deux anses est caractéristique de l'art funéraire grec antique.

★ **Stèle de Démétria et Pamphyle**
Cette scène touchante représente Pamphyle assis en compagnie de sa sœur Démétria. Ce fut l'une des dernières stèles funéraires ornées produites au IVe siècle av. J.-C.

MODE D'EMPLOI

Ermoú 148, Thiseío. **Plan** 1 B5.
📞 210 346 3552. Ⓜ Thiseío.
⭕ avr.-oct. : t.l.j. 8h-19h ; nov-mars : t.l.j. 8 h-15 h. mar.-dim., 11 h-15 h lun.
🔲 ♿ 📷

📷 **Le musée Oberlander**
Ce musée porte le nom d'un industriel germano-américain, Gustav Oberlander (1867-1936), dont les donations aidèrent à sa construction dans les années 1930. La galerie 1 recèle d'importants fragments d'une stèle qui faisait partie du Dipylon et de la porte Sacrée, dont un sphynx de marbre (v. 550 av. J.-C.) qui couronnait une stèle. Les galeries 2 et 3 abritent une importante collection de grandes amphores de style protogéométrique et géométrique ainsi que des *lekythoi* (vases funéraires) à figure noire. Les tombes les plus émouvantes sont celles d'enfants, qui contiennent des petits chevaux d'argile et des poupées de terre cuite. On peut aussi admirer quelque 7000 *ostraka* (« tessons de vote ») (p. 90-91) recueillis dans l'Éridan. À signaler aussi la superbe *hydria* (amphore à eau) à figures rouges d'Hélène de Troie et un *lekythos* représentant Dionysos et des satyres.

Sphynx ailé qui couronnait une stèle

Amphore funéraire de style géométrique du musée Oberlander

L'Agora ❻
Αρχαία Αγορά

Jeton de vote

L'Agora, ou place du marché, devint également le centre politique de la cité athénienne au VIIᵉ siècle av. J.-C. La démocratie était assurée par le *bouleuterion* (Conseil) et les cours de justice, qui se réunissaient en plein air. Socrate fut jugé et incarcéré dans la prison de la cité en 399 av. J.-C. Les théâtres, écoles et stoas abritant de multiples échoppes faisaient de l'Agora le centre de la vie sociale, intellectuelle et économique d'Athènes ; on y frappait également la monnaie de la ville. Les fouilles entreprises sur l'Agora dans les années 1930 par l'École américaine d'études classiques ont mis au jour de nombreux bâtiments publics.

Vue aérienne de l'Agora depuis le sud ; on distingue nettement, à droite, le portique d'Attale reconstruit

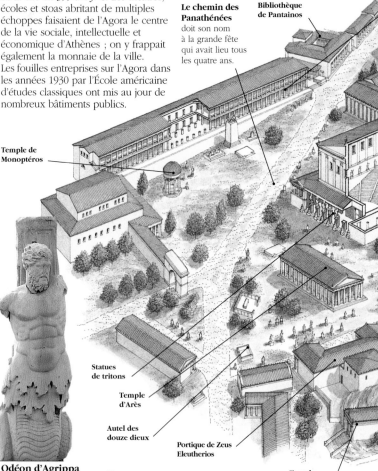

Le chemin des Panathénées doit son nom à la grande fête qui avait lieu tous les quatre ans.

Bibliothèque de Pantainos

Temple de Monoptéros

Statues de tritons

Temple d'Arès

Autel des douze dieux

Portique de Zeus Eleutherios

Temple hellénistique

Temple d'Apollon Patroös

0

Odéon d'Agrippa
Cette statue de triton (mi-dieu, mi-poisson) datée de l'an 150 ornait la façade de l'odéon d'Agrippa. Elle est exposée dans le musée de l'Agora.

RECONSTITUTION DE L'AGORA ANTIQUE
Ce dessin représente l'Agora telle qu'elle apparaissait en l'an 200 de notre ère. À l'époque, on traversait l'Agora par le chemin des Panathénées, qui reliait l'Acropole au sud-est au Kerameikós au nord-ouest.

Le portique d'Attale

Ce bâtiment à colonnades fut reconstruit au milieu du XXᵉ siècle pour abriter les découvertes archéologiques.

MODE D'EMPLOI

Entrée principale Adriánou, Monastiráki. **Plan** 5 C1. **☎** *210 321 0185*. **M** *Thiseío, Monastiráki.* **Musée et site** ⬡ avril-oct. : 8 h-19 h 30 t.l.j., nov-mars 8 h 30-14 H 30 t.l.j. ● 1ᵉʳ janv., 25 mars, dim. de Pâques, 1ᵉʳ mai, 25 et 26 déc. 🎫 📷 ♿ limité.

Statue d'Hadrien

Hadrien fut empereur de Rome de 117 à 138. Athènes était placée sous son autorité directe. Cette statue date du milieu du IIᵉ siècle.

***Ostrakon** condamnant Hippocrate à l'exil*

Temple sud-est

Le portique central abritait des échoppes.

Autel de Zeus

Temple sud-ouest

Heliaia

Fontaine

📷 Le portique d'Attale

Ce superbe portique (arcade couverte) à deux étages fut reconstruit entre 1953 et 1956, grâce à une donation de John D. Rockefeller Jr. Il fut commandé par le roi de Pergame Attale II qui gouverna de 159 à 138 av. J.-C. Il dominait la partie est de l'Agora jusqu'à sa destruction par les Hérules en 267. Reconstruit sur ses fondations originales avec d'anciens matériaux, il abrite aujourd'hui un musée consacré à la vie quotidienne des anciens Grecs. On peut y admirer le règlement de la bibliothèque de Pantainos datant du IIᵉ siècle de notre ère, le texte d'une loi contre la tyrannie daté de 337 av. J.-C., des bulletins de vote en bronze ou en pierre et une clepsydre utilisée pour mesurer le temps de parole des orateurs. Certains *ostraka* (tessons sur lesquels on inscrivait les noms de citoyens à bannir) portent parfois des noms célèbres, comme Thémistocle, ou Aristide le Juste (ostracisé en 482 av. J.-C.). Sont également exposés des objets d'usage courant (poupées en terre cuite ou fours portatifs) ainsi que des souliers à clous et des sandales retrouvés dans l'échoppe d'un cordonnier, des vases à figures noires et une flasque à huile en forme d'éphèbe à genoux.

Latrines

La tholos était le siège du Conseil.

Bouleuterion ou chambre du Conseil

Monument des héros éponymes

Flasque à huile de style archaïque

Metroön

Arsenal

Hephaisteion

Appelé aussi Theseion, ce temple construit entre 449 et 440 av. J.-C. est le mieux préservé du site.

L'Acropole ❼

Ακρόπολη

A u milieu du vᵉ siècle av. J.-C., Périclès convainquit les Athéniens de lancer un vaste programme de construction de bâtiments civiques et religieux de prestige. Trois temples de styles très différents furent construits sur le plateau de l'Acropole. Situé sur le versant sud, le théâtre de Dionysos fut édifié par la suite, au ivᵉ siècle av. J.-C. L'autre théâtre, l'odéon d'Hérode Atticus, fut bâti au iiᵉ siècle de notre ère.

CARTE DE SITUATION

★ **Le portique des Caryatides**
Des statues de femmes remplacèrent les colonnes dans le portique sud de l'Érechthéion. Les caryatides originales sont exposées au musée de l'Acropole, celles du temple étant des copies.

Un olivier pousse à l'endroit où Athéna planta un arbre lors d'un concours qui l'opposa à Poséidon.

Les Propylées furent construites entre 437 et 432 av. J.-C. pour servir de nouvel accès à l'Acropole *(p. 96)*.

★ **Le temple d'Athéna Niké**
Ce temple d'Athéna Victorieuse, érigé entre 426 et 421 av. J.-C., est situé sur le flanc ouest des Propylées (p. 96).

La porte Beulé marquait l'entrée dans l'enceinte sacrée *(p. 96)*.

Sentier menant à l'Acropole depuis la billetterie

Le théâtre d'Hérode Atticus
Appelé aussi odéon d'Hérode Atticus, ce théâtre fut construit en 161. Restauré en 1955, il accueille aujourd'hui des concerts en plein air (p. 100).

À NE PAS MANQUER

★ Le Parthénon

★ Le portique des Caryatides

★ Le temple d'Athéna Niké

◁ **Le portique des Caryatides sur l'Érechthéion**

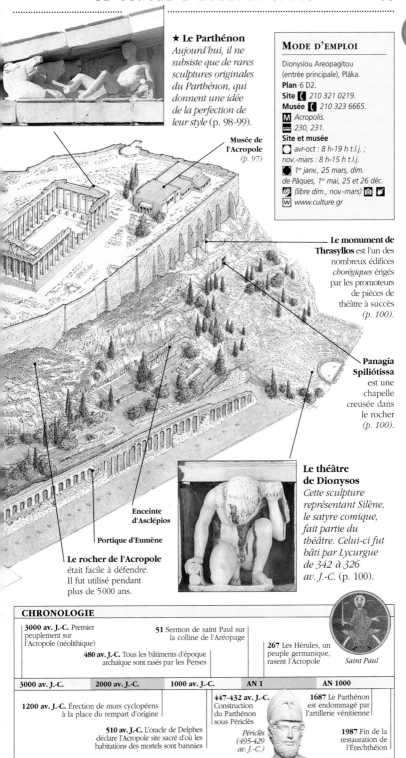

★ Le Parthénon
Aujourd'hui, il ne subsiste que de rares sculptures originales du Parthénon, qui donnent une idée de la perfection de leur style (p. 98-99).

Musée de l'Acropole *(p. 97)*

MODE D'EMPLOI

Dionysíou Areopagítou (entrée principale), Pláka.
Plan 6 D2.
Site 210 321 0219.
Musée 210 323 6665.
M *Acropolis.*
230, 231.
Site et musée
avr-oct : 8 h-19 h t.l.j. ; nov.-mars : 8 h-15 h t.l.j.
1er janv., 25 mars, dim. de Pâques, 1er mai, 25 et 26 déc.
(libre dim., nov.-mars)
W www.culture.gr

Le monument de Thrasyllos est l'un des nombreux édifices *chorégiques* érigés par les promoteurs de pièces de théâtre à succès *(p. 100).*

Panagía Spiliótissa est une chapelle creusée dans le rocher *(p. 100).*

Enceinte d'Asclépios

Portique d'Eumène

Le rocher de l'Acropole était facile à défendre. Il fut utilisé pendant plus de 5 000 ans.

Le théâtre de Dionysos
Cette sculpture représentant Silène, le satyre comique, fait partie du théâtre. Celui-ci fut bâti par Lycurgue de 342 à 326 av. J.-C. (p. 100).

CHRONOLOGIE

3000 av. J.-C. Premier peuplement sur l'Acropole (néolithique)

480 av. J.-C. Tous les bâtiments d'époque archaïque sont rasés par les Perses

51 Sermon de saint Paul sur la colline de l'Aréopage

267 Les Hérules, un peuple germanique, rasent l'Acropole

Saint Paul

3000 av. J.-C.	2000 av. J.-C.	1000 av. J.-C.	AN 1	AN 1000

1200 av. J.-C. Érection de murs cyclopéens à la place du rempart d'origine

510 av. J.-C. L'oracle de Delphes déclare l'Acropole site sacré d'où les habitations des mortels sont bannies

447-432 av. J.-C. Construction du Parthénon sous Périclès

Périclès (495-429 av. J.-C.)

1687 Le Parthénon est endommagé par l'artillerie vénitienne

1987 Fin de la restauration de l'Érechthéion

À la découverte de l'Acropole

*Athéna
pensive,
bas-relief*

Une fois passé la première porte,
la porte Beulé, qui marquait la limite
de l'enceinte sacrée, le visiteur se trouve
face aux Propylées, l'entrée monumentale
du centre religieux. Avant de rejoindre
celui-ci, on visitera le temple d'Athéna Niké,
situé sur la droite. Au-delà des Propylées
s'élèvent l'Érechthéion et le Parthénon
(p. 98-99) construit au sommet du plateau.
La vue sur Athènes est superbe. Depuis
1975, les accès des temples au public sont
limités afin de diminuer les risques de dégradations.
Les sites remarquables situés au pied et à l'ouest
de l'Acropole sont étudiés p. 100 et 101.

L'Acropole vue du sud-ouest

La porte Beulé

Cette porte d'entrée
de l'enceinte a reçu le nom
de l'archéologue français
Ernest Beulé qui la découvrit
en 1852. Elle fut bâtie en 267
après le raid dévastateur des
Hérules, un peuple
germanique. Elle faisait partie
du système de fortifications
de l'Acropole conçu par
les Romains. Elle fut construite
avec des pierres provenant
des monuments *chorégiques* de
Nikias, situés près du portique
d'Eumène *(p. 109)*. On peut
encore voir sur la porte Beulé
des parties de la dédicace
de ce monument ainsi
qu'une inscription attribuant
la construction de la porte
au Romain Flavius Septimius
Marcellinus. En 1686, quand
les Turcs détruisirent le temple
d'Athéna Niké, ils se servirent
du marbre pour construire
un bastion d'artillerie au-dessus
de l'entrée.

Le temple d'Athéna Niké

Ce petit temple fut érigé
entre 426 et 421 av. J.-C.
pour célébrer la victoire
des Athéniens sur les Perses.
La frise représente des scènes
de la bataille de Platées
(479 av. J.-C.).
Œuvre de Callicratès,
le temple se dresse
sur un promontoire
de 9,5 m de haut.
Il était utilisé à la fois
comme poste
d'observation et
comme lieu de culte
d'Athéna Niké,
déesse de la
Victoire, dont
une admirable
représentation
sculptée est
visible sur la balustrade.
D'après la légende, le temple
est situé à l'endroit même
d'où le roi Égée, croyant
son fils Thésée dévoré par le
Minotaure en Crète, se serait
précipité dans la mer. Bâti en
marbre pentélique, le temple
est doté d'une colonne de 4 m
de haut à chaque extrémité
du portique. Détruit par les
Turcs, il fut reconstruit entre
1834 et 1838. En 1935, alors
qu'il menaçait de tomber
en ruine, il fut de nouveau
démonté et reconstruit
à partir des indications
les plus récentes fournies
par les chercheurs.

Les Propylées

Les travaux de cet accès
monumental à l'Acropole
commencèrent en 437 av. J.-C.
Malgré la parenthèse
constituée par la guerre
du Péloponnèse, qui ralentit
le chantier à partir de 432
av. J.-C., l'architecte du site,
Mnesiklès, parvint à ses fins et
acquit une grande réputation
dans le monde antique. Les
Propylées se composent d'un
large vestibule rectangulaire,
encadré par deux portiques
doriques et coupé par un mur
transversal percé de cinq
portes d'entrée. Le plafond
du vestibule est bleu et décoré
d'étoiles d'or. Le bâtiment
principal est flanqué de deux
ailes, dont l'une, au nord
abritait une pinacothèque.

En 1645, transformées
en poudrière par les Turcs,
les Propylées furent
gravement endommagées lors
d'une explosion provoquée
par la foudre *(p. 98)*.

L'Érechthéion

Construit entre 421 et 406
av. J.-C., l'Érechthéion s'élève
dans la partie la plus sacrée
de l'Acropole. C'est en effet
en ce lieu que Poséidon et
Athéna se disputèrent la
possession de l'Attique –
le premier y laissa la marque
de son trident, la seconde
y planta un olivier sacré.
Le temple doit son nom
à Érechthée, l'un des rois
fondateurs légendaires
d'Athènes. Il était consacré
aux cultes traditionnels
d'Athéna Polias (« de la Ville »)
et de Poséidon associé

La façade est de l'Érechthéion

à Érechthée. Construit sur plusieurs niveaux, l'Érechthéion est un chef-d'œuvre d'architecture ionique. Les caryatides (colonnes sculptées en forme de femmes), sont justement célèbres. La grande cella rectangulaire était divisée en trois pièces, dont l'une contenait la statue en bois d'olivier d'Athéna Polias. Elle était entourée d'un portique sur ses côtés nord, est et sud. Les caryatides, dont les originaux sont conservés au musée de l'Acropole, sont installées dans le portique sud. Au cours des âges, l'Érechthéion connut divers emplois, dont celui de harem du *disdar* (gouverneur militaire) ottoman de l'Acropole en 1463. Il fut presque complètement détruit

Jeune Grec menant une vache au sacrifice, frise nord du Parthénon

lors du siège turc de l'Acropole en 1827 *(p. 40-41)*. Les autorités ayant fait combler des trous avec du marbre nouveau et remplacé les statues originales par des copies, ces récentes restaurations ont suscité de vives polémiques.

🏛 Musée de l'Acropole

Construit en dessous du Parthénon, le musée occupe l'angle sud-est du site. Ouvert en 1878, il fut reconstruit après la Seconde Guerre mondiale pour accueillir les découvertes archéologiques de l'Acropole. On peut ainsi y admirer des statues du Vᵉ siècle av. J.-C. et des fragments de la frise du Parthénon. La collection est agencée par ordre chronologique. Les **salles I, II** et **III** rassemblent des objets du VIᵉ siècle av. J.-C. et des fragments des statues du fronton représentant Héraclès aux prises avec des monstres, des lions dévorant des agneaux et une statue votive, le *Moschophore* : un jeune homme portant un veau daté de v. 570 av. J.-C. La **salle V** abrite un fronton de l'ancien temple d'Athéna, qui représente le combat de Zeus et Athéna contre des géants, symbole du triomphe des Grecs sur les forces primitives. La **salle IV** possède des sculptures récemment restaurées du milieu du VIᵉ siècle av. J.-C. **Salles IV et VI** : une collection unique de *kórai* (statues votives de jeunes vierges) dédiées à Athéna et datées du VIᵉ siècle av. J.-C. Grâce à elles, on peut suivre l'évolution de l'art grec de la *Peplos Kóre* très stylisée à la *Kóre d'Euthydikos* et à la *Kóre aux yeux d'amande* plus naturalistes. Cette époque est également représentée par une *Athéna pensive*, une tête d'*Éphèbe blond* et par l'*Éphèbe*

Le *Moschophore* est une sculpture datant de l'époque archaïque

de *Kritios*. Les **salles VII** et **VIII** rassemblent, entre autres une métope provenant de la face sud du Parthénon (bataille entre les Lapithes et les Centaures). Les autres fragments de la frise du Parthénon représentent la procession des Panathénées, dont un chariot conduit par des *apobates* (athlètes à cheval), des *thallophoroi* (porteurs de branches d'olivier) et une vache destinée au sacrifice. La **salle IX** regroupe quatre caryatides, les dernières à être exposées à Athènes.

LES MARBRES DE LORD ELGIN

Lord Elgin acheta les sculptures de la frise du Parthénon, aujourd'hui conservées au British Museum de Londres, aux autorités ottomanes entre 1801 et 1803. Il les revendit à la Couronne britannique pour 35 000 livres en 1816. Depuis, la propriété de ces marbres oppose la Grèce et le Royaume-Uni. Si certains affirment qu'ils sont très bien préservés à Londres, le gouvernement grec n'a jamais accepté la validité de la transaction entre lord Elgin et les Ottomans. L'une des plus ferventes partisanes du retour de la frise du Parthénon à Athènes fut l'actrice et ministre de la Culture Melina Mercouri, décédée en 1994.

L'arrivée des sculptures du Parthénon au British Museum, peinte par A. Archer

Le Parthénon
Ο Παρθενώνας

L a construction du Parthénon, l'un des édifices les plus célèbres de l'architecture mondiale, a commencé en 447 av. J.-C. Destiné à l'origine à abriter une statue haute de 12 m d'Athéna Parthénos (vierge, en grec) réalisée par Phidias, le Parthénon est l'œuvre des architectes Callicratès et Ichtinos. À l'issue de neuf ans de travaux, il fut finalement consacré à la déesse en 438 av. J.-C. Au cours des siècles, l'édifice subit de nombreuses vicissitudes : il servit successivement d'église, de mosquée et enfin d'arsenal. Aujourd'hui, le Parthénon est l'emblème de la ville.

Le Parthénon aujourd'hui, vu de l'ouest

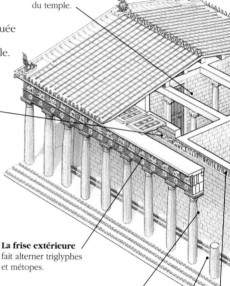

La cella ouest abritait le trésor du temple.

Akroterion

La frise du Parthénon
Cette frise, dessinée par Phidias, couronnait le mur extérieur du Parthénon. Les métopes (sections de la frise) illustrent les panathénées célébrées en l'honneur d'Athéna.

La frise extérieure fait alterner triglyphes et métopes.

Des murs en marbre entouraient la cella, cœur de l'édifice.

RECONSTITUTION DU PARTHÉNON

Ce dessin représente le Parthénon au Vᵉ siècle av. J.-C, vu du sud-est. Il mesurait alors 70 m de long sur 30 m de large. L'entablement de ce temple périptère (à une seule rangée de colonnes) était peint en bleu, rouge et or.

Chaque colonne était constituée de tambours de marbre cannelés. Les cannelures étaient taillées après la pose des tambours.

Les marbres d'Elgin (*p. 97*) furent prélevés sur la frise du mur extérieur.

VEDUTA DEL CAST: D'ACROPOLIS DALLA PARTE DI TRAMONTANA

L'explosion de 1687
Lors du siège de l'Acropole par les Vénitiens, le général Francesco Morosini fit bombarder le Parthénon par son artillerie. Les Turcs ayant transformé l'Acropole en arsenal, l'explosion de la poudre qui y était entreposée emporta le toit, la structure intérieure et 14 colonnes du péristyle.

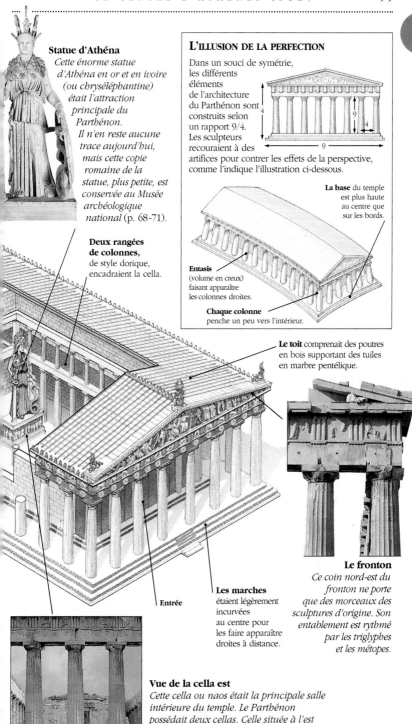

Statue d'Athéna
*Cette énorme statue d'Athéna en or et en ivoire (ou chryséléphantine) était l'attraction principale du Parthénon.
Il n'en reste aucune trace aujourd'hui, mais cette copie romaine de la statue, plus petite, est conservée au Musée archéologique national (p. 68-71).*

L'ILLUSION DE LA PERFECTION

Dans un souci de symétrie, les différents éléments de l'architecture du Parthénon sont construits selon un rapport 9/4. Les sculpteurs recouraient à des artifices pour contrer les effets de la perspective, comme l'indique l'illustration ci-dessous.

La base du temple est plus haute au centre que sur les bords.

Entasis
(volume en creux) faisant apparaître les colonnes droites.

Chaque colonne
penche un peu vers l'intérieur.

Deux rangées de colonnes,
de style dorique, encadraient la cella.

Le toit comprenait des poutres en bois supportant des tuiles en marbre pentélique.

Le fronton
Ce coin nord-est du fronton ne porte que des morceaux des sculptures d'origine. Son entablement est rythmé par les triglyphes et les métopes.

Les marches
étaient légèrement incurvées au centre pour les faire apparaître droites à distance.

Entrée

Vue de la cella est
Cette cella ou naos était la principale salle intérieure du temple. Le Parthénon possédait deux cellas. Celle située à l'est contenait la statue d'Athéna et les offrandes à la déesse; celle située à l'ouest était exclusivement réservée aux prêtres.

Autour de l'Acropole

Siège du théâtre de Dionysos

L es environs de l'Acropole étaient dans l'Antiquité le centre de la vie publique athénienne. Au sud de l'Agora, sur le versant sud *(p. 90-91)* de l'Acropole, sont disposés deux théâtres où les plus fameux auteurs dramatiques soumettaient leurs œuvres au public. La vie politique battait son plein à l'ouest de l'Acropole, sur la Pnyx, où se réunissait l'Assemblée des citoyens, et sur l'Aréopage, où un conseil d'anciens magistrats rendait la justice. La visite du Centre d'étude de l'Acropole permet d'imaginer la vie quotidienne des anciens Grecs.

Les ruines du théâtre de Dionysos

Odéon d'Hérode Atticus

Ce petit théâtre romain, capable d'accueillir 5 000 spectateurs, est toujours utilisé. Construit par le consul Hérode Atticus entre 161 et 174 en mémoire de sa femme, ce monument fut taillé à même le versant sud du plateau de l'Acropole. L'*orchestra* semi-circulaire situé devant la scène fut repavé de dalles de marbre bleues et blanches dans les années 1950. Derrière la scène, une colonnade abritait une statue de chacune des 9 muses. Autrefois, l'ensemble de l'édifice était recouvert d'un toit en bois de cèdre, qui améliorait l'acoustique et protégeait des intempéries. Aujourd'hui, l'odéon accueille des pièces de théâtre et des concerts *(p. 119)*.

Théâtre de Dionysos

Taillé dans la falaise du versant sud et faisant face à l'Acropole, ce théâtre fut le berceau du drame antique. Eschyle, Sophocle, Euripide et Aristophane y représentèrent leurs grandes pièces, lors de compétitions annuelles d'art dramatique organisées dans le cadre des dionysies. Vers la fin du Ve siècle, le théâtre fut entièrement reconstruit en pierre – une première en Grèce –, et achevé sous le gouvernement de Lycurgue, entre 342 et 326 av. J.-C. Les ruines que l'on voit aujourd'hui datent d'une reconstruction ultérieure du théâtre par les Romains. Le théâtre pouvait alors accueillir 17 000 spectateurs qui assistaient à des combats de gladiateurs. Au Ier siècle de notre ère, sous le règne de Néron, l'orchestre fut pavé de marbre et au IIe siècle le devant de la scène fut décoré de bas-reliefs représentant la vie de Dionysos. Sous la scène, on peut aussi voir une grotte consacrée à la déesse Artémis. Elle fut transformée par les Byzantins en une chapelle dédiée à **Panagía Spiliótissa** (Notre-Dame-de-la-Grotte). Pendant des siècles, les mères y conduisirent leurs enfants malades. Non loin, deux grandes colonnes corinthiennes sont les vestiges de monuments chorégiques érigés pour célébrer la victoire d'une troupe de théâtre lors d'un festival. À l'ouest, le sanctuaire d'Asklépios, construit en 420 av. J.-C., était dédié au dieu de la médecine. Les pèlerins devaient se prêter à des rites de purification avant d'y pénétrer.

Centre d'étude de l'Acropole

Makrygiánni 2-4, Makrygiánni. 210 923 9381. *pour restauration.*
Les dégâts causés par un tremblement de terre ont entraîné la fermeture du bâtiment. Le nouveau musée - *centre de recherches et de conservation des découvertes effectuées sur l'Acropole* - est en cours de construction sur le versant sud de l'Acropole. Il devrait ouvrir ses portes en 2007. L'exposition permanente comprendra une maquette du Parthénon, une représentation complète en plâtre de sa frise et l'extraordinaire récit de transport des blocs de marbre du temple sur le chantier à l'époque de la construction.

L'intérieur de la chapelle Panagía i Spiliótissa

⛰ L'aréopage

Il ne subsiste que quelques vestiges sur cette colline : un escalier de seize marches taillées dans le roc et des sièges. Installé sur un promontoire, l'Aréopage fut utilisé par les Perses lorsqu'ils assiégèrent l'Acropole. Il doit son nom à Arès, dieu de la Guerre, auquel la colline était consacrée. C'est là que, selon la mythologie grecque, Arès fut jugé pour avoir tué le fils de Poséidon. À la période classique, la colline accueillit le siège du plus ancien Conseil d'Athènes (l'Aréopage), qui était chargé de juger les crimes. À proximité se trouve **la grotte des Euménides** : la tragédie d'Eschyle *(p. 57)*, les *Euménides,* dont Oreste est le héros se déroule sur l'Aréopage. C'est également sur cette colline que, saint Paul, en 51, prononça sur le dieu inconnu le discours qui aurait provoqué la conversion de Denys l'Aréopagite, le futur saint patron d'Athènes.

⛰ Colline de la Pnyx

Aujourd'hui, la colline de la Pnyx, véritable théâtre naturel en plein air, est le lieu privilégié pour organiser des spectacles de « son et lumières », un destin paradoxal pour ce sanctuaire de la démocratie athénienne aux Ve et IVe siècles av. J.-C. C'est en effet sur la Pnyx que l'Assemblée des citoyens, l'*ecclésia* discutait et forgeait le destin de la cité, jusqu'à ce qu'elle perde ses prérogatives sous la domination romaine. À son apogée, l'*ecclésia* rassemblait quarante fois par an 6 000 citoyens venus y écouter les orateurs et arrêter des décisions politiques. Thémistocle, Périclès et Démosthène s'exprimèrent du haut de la *bema* (tribune des orateurs). Cube rocheux en saillie au pied de la falaise, elle était doublée d'un autel primitif dédié à Zeus.

On peut également admirer les vestiges d'un mur qui portait la terrasse en hémicycle où s'asseyaient tous les citoyens. Cette terrasse était située juste en face de la *bema*.

🛐 Agios Dimítrios

Dionysiou Areopagitou, angle sud de l'Acropole. ⬜ *t.l.j.* 🚫 *sauf dim.*

Cette église byzantine est parfois appelée Agios Dimítrios Loumpardiáris, à la suite d'un incident survenu en 1656, quand le *disdar* (gouverneur militaire) ottoman, Yusuf Aga, menaça d'un énorme canon installé près des Propylées *(p. 96)* et baptisé Loumpárda, les fidèles de l'église s'ils célébraient le lendemain Agios Dimítrios. La nuit suivante, un éclair s'abattit sur les Propylées et causa la mort du *disdar* et de sa famille...

Croix de l'église Agios Dimítrios

⛰ Colline de Filopáppos

Point culminant de la partie sud d'Athènes, avec 147 m de haut, la colline de Filopáppos offre un panorama unique de l'Acropole. Son rôle défensif naturel ne s'est jamais démenti tout au long de l'histoire grecque – le général Démétrios Poliorcète y fit ainsi construire en 294 av. J.-C. un fort dominant la route du Pirée. En 1687, Francesco Morosini bombarda l'Acropole

L'Asteroskopeíon sur la colline des Nymphes

depuis cette colline. Baptisée aujourd'hui colline de Filopáppos, du nom d'un monument érigé à son sommet, elle était appelée par les anciens colline des Muses, ou Mouséion, car la tradition y situait la tombe de Musée, un disciple d'Orphée. Construit entre 114 et 116, le monument éponyme fut érigé par les Athéniens en l'honneur de Caïus Julius Antiochus Philopappus, un consul romain philhellène. Haute de 12 m, sa façade abrite des niches contenant des statues de Philopappus et d'Antiochus IV, son grand-père. La frise entourant le monument montre l'arrivée officielle de Philopappus sur un char en l'an 100.

🐾 Colline des Nymphes

Haute de 103 m, cette colline boisée tire son nom des graffitis gravés sur les rochers du jardin de l'Observatoire. L'*Asteroskopeíon* (Observatoire), bâti en 1842 par l'architecte danois Theophil Hansen, avec les fonds d'un philanthrope, le baron Sína, occupe le site d'un sanctuaire dédié aux Nymphes et à la fertilité. L'église moderne Agía Marína est elle aussi associée à la fertilité, si bien que la tradition voulait que les femmes enceintes viennent y « glisser » sur une roche voisine aux contours arrondis dans l'espoir d'accoucher aussi facilement.

Le monument de Filopáppos (114 -116)

Au cœur de Pláka pas à pas

Pláka est le cœur historique d'Athènes. Il ne subsiste que très peu de maisons remontant à l'époque ottomane, mais il s'agit du quartier le plus anciennement habité de la capitale grecque. Son nom viendrait de *pliaka*, terme dont l'origine est attribuée aux soldats albanais qui servaient le Sultan au XVIe siècle. En dépit de la foule de touristes et d'Athéniens qui le visitent, viennent manger dans ses tavernes ou fureter chez les antiquaires, Plaká conserve le parfum d'un quartier résidentiel.

Mitrópoli
La cathédrale d'Athènes a été construite dans la seconde moitié du XIXe siècle **12**

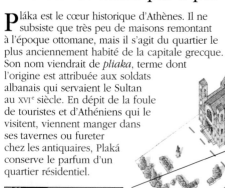

★ Panagía Gorgoepíkoös
Cette église byzantine, également appelée Petite Cathédrale, (XIIe siècle), possède de magnifiques sculptures **11**

La rue Thoukydídou
doit son nom à l'historien Thucydide (v. 460-395 av. J.-C.).

Musée des Instruments de musique populaire grecque
Ouvert depuis 1991, ce musée expose une grande variété d'instruments traditionnels **10**

Monastiráki
(p. 84-85)

Acropole
(p. 94-101)

Musée de l'Université d'Athènes
Occupant l'ancien emplacement de l'université, ce musée retrace l'histoire de cette institution depuis ses origines ; ici, du matériel médical ancien **9**

Agora
(p. 90-91)

Musée Kanellópoulos
Ce musée privé expose des objets d'art provenant de l'ensemble du monde grec **8**

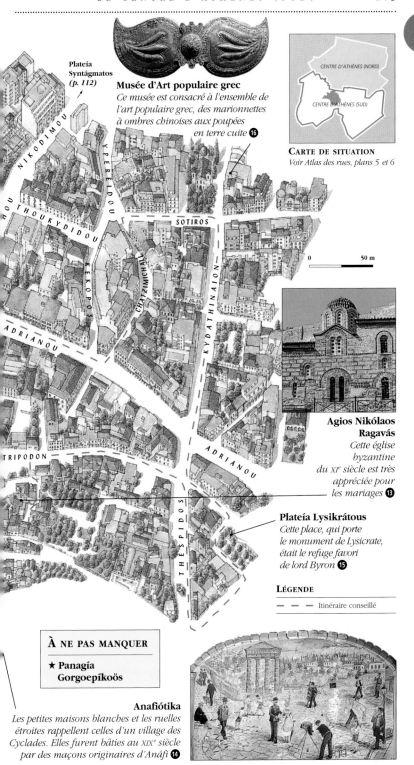

Musée d'Art populaire grec
Ce musée est consacré à l'ensemble de l'art populaire grec, des marionnettes à ombres chinoises aux poupées en terre cuite **16**

Plateía
Syntágmatos
(p. 112)

NIKODIMOU

YPEREIDOU

HOU

THOUKYDIDOU

KEKOPOS

CHATZIMICHALI

SOTIROS

KYDATHINAION

ADRIANOU

TRIPODON

ADRIANOU

THESPIDOS

CARTE DE SITUATION
Voir Atlas des rues, plans 5 et 6

CENTRE D'ATHÈNES (NORD)

CENTRE D'ATHÈNES (SUD)

0   50 m

**Agios Nikólaos
Ragavás**
*Cette église
byzantine
du XIe siècle est très
appréciée pour
les mariages* **13**

Plateía Lysikrátous
*Cette place, qui porte
le monument de Lysicrate,
était le refuge favori
de lord Byron* **15**

LÉGENDE

— — — Itinéraire conseillé

À NE PAS MANQUER

★ **Panagía
Gorgoepíkoös**

Anafiótika
*Les petites maisons blanches et les ruelles
étroites rappellent celles d'un village des
Cyclades. Elles furent bâties au XIXe siècle
par des maçons originaires d'Anáfi* **14**

Musiciens de *rempétika*, musée des Instruments de musique populaire

Musée Kanellópoulos ❽
Μουσείο Κανελλοπούλου

Angle de Theorías et Pános, Pláka.
Plan 6 D2. 📞 *210 321 2313.*
Ⓜ *Monastiráki.* ⏰ *8 h 30-15 h mar.-dim., 12 h-15 h ven. saint.*
⭕ *1er janv., 25 mars, dim. de Pâques, 25 et 26 déc.* 📷📷

Installé dans un bâtiment néoclassique, ce musée abrite la collection privée de Pávlos et Alexándra Kanellópoulos. Celle-ci rassemble sur trois étages des objets d'art provenant du monde hellénistique, ainsi que des monnaies, des casques du VIe siècle av. J.-C., des bijoux en or de Perse du Ve siècle av. J.-C., des vases attiques et des statuettes cycladiques. On peut aussi admirer des figurines en terre

Sculpture de triton, musée Kanellópoulos

cuite représentant des acteurs de théâtre le visage recouvert de leur masque de scène, un portrait de femme du Fayoum (Égypte) daté du IIe siècle et un énorme bloc de pierre tombé de l'Acropole, dont le volume était tel que le musée fut construit autour et que l'on peut voir au rez-de-chaussée.

Musée de l'Université d'Athènes ❾
Μουσείο Ιστορίας του Πανεπιστημίου Αθηνών

Thólou 5, Pláka. **Plan** 6 E2.
📞 *210 368 9500.* Ⓜ *Monastiráki.*
⏰ *avril-oct. : 17 h-21 h, lun. et mer.; 9 H 30-14 H 30 lun. jeu. et ven.; nov.-mars : 9 H 30-14 h 30 lun.-ven.*
⭕ *jours fériés.*

Cet édifice à trois étages abritait autrefois l'université d'Athènes, qui ouvrit ses portes le 3 mai 1837 avec 52 étudiants et 33 professeurs.
En novembre 1841, l'université emménagea dans d'autres locaux. À partir de 1922, ce bâtiment abrita des familles grecques rapatriées de Turquie, tandis

qu'une taverne, *l'Ancienne Université,* occupait le rez-de-chaussée. Il fallut attendre 1963 pour que le bâtiment soit classé monument historique. Il fut ensuite racheté par l'université, qui le transforma en musée en 1974. Aujourd'hui, *l'Ancienne Université* abrite une collection éclectique d'accessoires scolaires : cartes et modèles anatomiques, instruments scientifiques et pots de médicament.
Une exposition évoque les anciens élèves et professeurs.

Musée des Instruments de musique populaire grecque ❿
Μουσείο Ελληνικών Λαϊκών Μουσικών Οργάνων

Diogénous 1-3, place Aérides.
Plan 6 D1 📞 *210 325 0198.*
Ⓜ *Monastiráki.* ⏰ *10 h-14 h mar. et jeu.-dim., midi-18 h mer*
⭕ *17 nov., jours fériés.*

En 1978, le musicologue crétois Phoebus Anogianákis légua à l'État une collection de 1 200 instruments de musique. En 1991 furent ouverts un centre d'études et un musée dédiés à l'histoire des instruments et à la musique populaire grecque, rassemblant l'essentiel de la collection Anogianákis. Le musée retrace l'évolution de la musique populaire des îles et la diffusion du *rempétika* (le « blues » grec) venu de Smyrne en 1922. Les instruments sont exposés sur trois niveaux. Des casques audio permettent d'écouter des enregistrements. Au sous-sol, on peut admirer une collection de cloches religieuses ou profanes, des sifflets à eau, des crécelles et des flûtes traditionnelles qui sont vendues avant le carnaval. Au rez-de-chaussée, le choix d'instruments exposés est varié, avec des *tsampoúna,* sortes de cornemuses.
Le premier étage abrite les instruments à corde, bouzouki, *santoúri, lýra* crétoise et un luth du XIXe siècle en ivoire et en carapace de tortue.

Panagía Gorgoepíkoös 🔟

Παναγία η Γοργοεπήκοός

MODE D'EMPLOI

Plateía Mitropóleos, Pláka.
Plan 6 E1. **M** *Monastiráki.*
🕐 *7 h-19 h t.l.j.* 🚻

**Bas-relief
de la façade sud**

C ette église à dôme de plan cruciforme
est entièrement bâtie en marbre
pentélique, qui est aujourd'hui recouvert
d'une belle patine brune. Construite au
XIIe siècle, elle ne mesure que 7,5 m de
long sur 12 m de large. Ces dimensions
rappellent au visiteur qu'à cette époque
Athènes n'était qu'un village. Décoré de
frises et de bas-reliefs prélevés sur des
bâtiments plus anciens, l'extérieur de l'église mélange art
classique et byzantin. Dédiée à Panagía Gorgoepíkoös
(la Très Sainte qui exauce vite) et à Agios Eleftherios (saint
patron des femmes en couches),
elle est affectueusement
appelée Mikrí Mitrópoli
(Petite
Cathédrale).

**Façade sud de l'église, dominée
par l'imposante Mitrópoli**

Animaux allégoriques
*Détail d'un des deux bas-
reliefs du XIIe siècle
qui ornent
la façade.*

**Quatre piliers en
briques** remplacèrent en
1834 les
originaux en
marbre.

Le plancher
est à 30 cm en
dessous du niveau
du sol.

Des fragments de marbre pentélique
datant de l'époque classique ont été
incorporés à des éléments
néobyzantins pour constituer une frise.

**Entrée
principale**

Frise du linteau
*Ce bas-relief représentant les
mois de l'année date du
IVe siècle av. J.-C. La croix au
centre fut ajoutée au XIIe siècle.*

Mosaïques modernes surmontant l'entrée principale de la cathédrale Mitrópoli

Mitrópoli
Μητρόπολη

Plateía Mitropóleos, Pláka. **Plan** 6 E1.
210 322 1308. **M** *Monastiráki*.
7 h-19 h t.l.j.

C ommencée en 1840, cette imposante cathédrale est construite avec du marbre prélevé sur 72 églises. La première pierre fut posée par le roi Otton Iᵉʳ et la reine Amalía le jour de Noël 1842. Il fallut vingt ans pour achever le bâtiment, sous la direction de trois architectes : François Boulanger, Theophil Hansen et Dimítrios Zézos, ce qui a contribué à donner à l'édifice une certaine lourdeur.

La cathédrale fut consacrée le 21 mai 1862 par le couple royal à Evangelismós Theotókou (l'Annonciation de la Vierge). C'est la plus grande église d'Athènes : 40 m de long, 20 m de large et 24 m de haut. Siège de l'évêché d'Athènes, Mitrópoli est le lieu privilégié de toutes les cérémonies publiques ou privées d'envergure, du couronnement des rois aux mariages et obsèques de la haute société grecque. Elle abrite également les tombes des deux saints assassinés par les Ottomans, Agía Filothéi et Grégoire V. Les ossements d'Agía Filothéi, morte en 1589, sont toujours visibles dans un reliquaire d'argent. Cette femme avait consacré sa vie à lever des fonds pour racheter les jeunes filles grecques réduites au rang d'esclaves dans les harems turcs. Quant à Grégoire V, patriarche de Constantinople,

il fut pendu et son corps jeté dans le Bosphore en 1821. Sa dépouille, repêchée par des marins grecs, fut tout d'abord enterrée à Odessa, avant d'être ramenée à Athènes, cinquante ans plus tard.

Agios Nikólaos Ragavás
Αγιος Νικόλαος ο Ραγυαβάς

Angle de Prytaneíou et d'Epichármou, Pláka. **Plan** 6 E2. **210 322 8193.** **M** *Monastiráki*. 🚌 *1, 2, 4, 5, 9, 10, 11, 12, 15, 18.* **8 h-midi, 17 h-20 h t.l.j.** 🚹 *limité.*

C ette église byzantine typique du xIᵉ siècle fut rebâtie au xVIIIᵉ siècle. Elle fut restaurée à la fin des années 1970 avec l'adjonction de colonnes de marbre et d'éléments de bâtiments plus anciens sur les murs. C'est l'une des églises paroissiales les plus vivantes de Pláka, où sont célébrés des mariages orthodoxes très colorés. Elle fut la première à recevoir une cloche après la guerre d'indépendance (1821) et la première à sonner après le départ des Allemands le 12 octobre 1944.

Anafiótika
Αναφιώτικα

Plan 6 D2. **M** *Monastiráki*.

N iché sur le versant nord de l'Acropole, ce quartier est l'une des plus anciennes zones de peuplement d'Athènes. Aujourd'hui, ses maisons blanches et carrées, ses rues étroites, ses chats assoupis et ses pots de basilic sur les fenêtres confèrent à ce quartier une atmosphère digne

Vue de l'église Agios Nikólaos Ragavás depuis Anafiótika

◁ **Vue de l'Agora depuis Anafiótika**

d'un petit village des Cyclades. Ses premiers habitants furent des réfugiés des guerres du Péloponnèse *(p. 30)*. Vers 1841, le quartier fut littéralement colonisé par des insulaires d'Anáfi, une des Cyclades, qui donnèrent leur nom au quartier. La plupart de ces habitants travaillaient sur les nombreux chantiers de construction de la ville après la fin de la guerre d'indépendance. Passant outre un décret de 1834 déclarant le quartier « zone archéologique », ils construisaient leurs maisons la nuit et installaient leur famille au matin ; à l'époque ottomane, cette pratique empêchait les autorités d'expulser les populations. Le quartier est délimité par deux églises du XVIIᵉ siècle, Agios Geórgios tou Vráchou à l'est, avec sa petite cour intérieure fleurie, et Agios Symeón à l'ouest, qui abrite une copie de « l'icône miraculeuse » d'Anáfi.

***Akrokérama**, ou sphinx de terre cuite, sur un toit à Anafiótika*

Plateía Lysikrátous ⑮
Πλατεία Λυσικράτους

Lysikrátous, Sélley et Epimenídou, Pláka.
Plan 6 E2. 🚌 *1, 5, 9, 18.*

Située dans la partie est du quartier de Pláka, cette place tire son nom du monument de Lysicrate, qui y est élevé. Malgré tous ses efforts, lord Elgin n'a pas réussi à l'expédier en Angleterre. Il s'agit d'un des derniers exemples de monuments chorégiques, c'est-à-dire bâtis pour célébrer la victoire d'une troupe de théâtre et de son mécène aux concours d'art dramatique organisés lors des dionysies *(p. 100)*. Ces édifices portaient le nom du financier ou du mécène de la troupe, le *choregos*. Construit en 334 av. J.-C., ce monument

offre le premier exemple connu d'emploi de colonnes corinthiennes à l'extérieur. Six colonnes soutiennent un dôme, lequel est surmonté d'un calice en marbre à feuilles d'acanthe destiné à accueillir le trophée en bronze attribué aux vainqueurs du concours. Il porte l'inscription « Lysicrate de Kikynna, fils de Lysitheides, fut chorège ; la tribu des Akamantis remporta la victoire avec un chœur de garçons ; Théon jouait de la flûte ; Lysiades, un Athénien, entraînait le chœur ; Evainetos était archonte. » Ce dernier terme désigne un des neuf magistrats élus par les Athéniens chaque année, dont l'un d'eux, l'archonte éponyme, donnait son nom à l'année en cours. Au-dessus de cette inscription, une frise représente peut-être le thème de la pièce primée, une bataille entre Dionysos et des pirates tyrrhéniens. Entouré de satyres, le dieu du théâtre les transforme en dauphins et le mât de leur bateau en serpent de mer.

Par la suite, des frères capucins qui avaient fondé, en 1669, un couvent à cet endroit

Le monument est dédié à Lysicrate,
le *choregos* d'une troupe de théâtre

convertirent le monument en bibliothèque. Chateaubriand (1768-1848) et Byron *(p. 149)*, y séjournèrent. Lors de sa dernière visite à Athènes, en 1810, Byron écrivit quelques poèmes devant ce monument. Non loin de là s'élève l'église byzantine d'Agía Aikateríni, qui fut de 1767 à 1882 la propriété du monastère Sainte-Catherine du mont Sinaï, lequel dut céder ce terrain en 1882. Le bâtiment est aujourd'hui une petite église de quartier.

LES PEINTRES D'ICÔNES DE PLÁKA

Le quartier de Pláka abrite de nombreux petits ateliers d'artistes qui peignent des icônes à la manière traditionnelle. Les meilleurs d'entre eux sont établis juste au sud de Plateía Mitropóleos, au milieu des magasins d'articles religieux qui

vendent des vêtements et des articles liturgiques, le long des rues Agías Filothéis et Apóllonos. Dans certains ateliers, les peintres emploient encore la méthode byzantine de peinture à l'œuf sur du bois spécialement traité. Le client peut « commander un saint » de son choix. Il suffit d'une journée pour obtenir une icône de taille moyenne, 25 x 15 cm, réalisée à partir d'une photographie.

Broderies d'Ioannina, en Épire, musée d'Art populaire grec

Musée d'Art populaire grec 🔟
Μουσείο Ελληνικής
Λαϊκής Τέχνης

Kydathinaion 17, Pláka. **Plan** 6 E2.
🔲 *210 321 3018*. 🚍 *2, 4, 9, 10, 11,
12, 15*. 🚋 *1, 5*. ◯ *10 h-14 h mar.-
dim.* ⬤ *jours fériés.* 🎫 ♿ *limité.* 📷

Ce musée fort intéressant présente, réparties sur cinq étages, de rares collections de broderies et de costumes traditionnels provenant de Grèce continentale et des îles égéennes. Les salles consacrées à la renaissance des arts décoratifs aux XVIIIᵉ et XIXᵉ siècles montrent la persistance de techniques artisanales fort anciennes : tissage, sculpture sur bois et travail des métaux.

Au rez-de-chaussée, on voit une vaste collection de broderies utilisant une grande variété de techniques.

Sur la mezzanine sont rassemblées des céramiques, des objets en métal et des sculptures sur bois. Les objets en céramique ont une vocation architecturale, une cheminée par exemple,

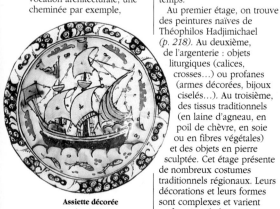

**Assiette décorée
de Rhodes**

ou bien décorative ou pratique, par exemple des pots en terre cuite ou en faïence, vernis ou non. Les objets en métal sont en cuivre, en bronze, en fer, en acier ou en étain. Ils portent des décorations complexes. Celles des objets en bois sont aussi spectaculaires par leurs incrustations de nacre, d'ivoire ou d'argent. Leur facture fait appel à de nombreux bois, du noyer au cèdre odorant et à l'olivier sauvage. La mezzanine accueille aussi divers déguisements antiques : ils proviennent, probablement, de festivals d'art dramatique consacrés à Dionysos, où l'on utilisait des masques fort expressifs. Les marionnettes du théâtre Karagkiozis *(p. 151)* divertissaient le public par leur traitement satirique de la vie politique et sociale de leur temps.

Au premier étage, on trouve des peintures naïves de Théophilos Hadjimichael *(p. 218)*. Au deuxième, de l'argenterie : objets liturgiques (calices, crosses…) ou profanes (armes décorées, bijoux ciselés…). Au troisième, des tissus traditionnels (en laine d'agneau, en poil de chèvre, en soie ou en fibres végétales) et des objets en pierre sculptée. Cet étage présente de nombreux costumes traditionnels régionaux. Leurs décorations et leurs formes sont complexes et varient en fonction de leur origine.

Musée juif de Grèce 🔟
Εβραϊκό Μουσείο της
Ελλάδας

Níkis ,Sýntagma. **Plan** 6 F2. 🔲 *210
322 5582*. Ⓜ Sýntagma. 🚍 *1, 2, 4,
5, 9, 10, 11, 12, 15, 18*. ◯ *9 h-14 h
30 lun.-ven., 10 h-14 h dim.* ⬤ *jours
fériés grecs et fêtes juives.* ♿ 🎫 📷

Ce petit musée a emménagé en 1996 dans de plus beaux locaux. Il est consacré à l'histoire de la communauté juive depuis son installation en Grèce au IIIᵉ siècle av. J.-C. jusqu'à la fuite des juifs séfarades d'Espagne et du Portugal, au XVᵉ siècle, et leur établissement en Grèce pendant l'occupation ottomane. L'une des pièces le plus remarquables de ce musée, qui comprend des costumes juifs traditionnels et des objets liturgiques, est l'*ehal*. C'est une restauration, datée des années 1920, de l'arche contenant la Torah conservée à la synagogue de Patra. Elle est due à Nikólaos Stravroulákis, fondateur du musée et auteur de plusieurs ouvrages consacrés aux juifs grecs – ouvrages disponibles à la boutique du musée.

L'arche de Pátra

Des documentaires vidéos rappellent l'occupation de la Grèce par les Allemands pendant la Seconde Guerre mondiale : 87 % des juifs grecs trouvèrent la mort à cette occasion. En 1943, en cinq mois, rien qu'à Thessalonique, 45 000 d'entre eux furent déportés à Auschwitz et dans d'autres camps de concentration.

L'arc d'Hadrien, proche de l'Olympieion

Olympieion ⑱
Ναός του Ολυμπίου Διός

Angle d'Amalías et de Vasilíssis Olgas, Pláka. **Plan** 6 F3. 210 922 6330. 2, 4, 11. avril-oct. : 8 h 30-19 h t.l.j; nov-mars : 8 h 30-15 h t.l.j. jours fériés. limité.

L'Olympieion (ou temple de Zeus Olympien) est l'édifice le plus vaste de Grèce, plus important même que le Parthénon. C'est le tyran d'Athènes Pisistrate

(v. 600-527 av. J.-C.) qui, pour plaire à ses concitoyens, en décida la construction au vıᵉ siècle avant J.-C. En dépit d'efforts réitérés pour accélérer le chantier, le temple ne fut achevé que 650 ans plus tard.

Lors de sa deuxième visite à Athènes, l'empereur romain Hadrien le dédia à Zeus olympien à l'occasion des concours panhelléniques de 132. Il y fit installer une statue du dieu, incrustée d'or et d'ivoire et inspirée d'une œuvre de Phidias conservée à Olympie (p. 170-172). À côté de la statue de Zeus, il fit dresser une énorme statue qui le représentait. Ces deux œuvres ne nous sont pas parvenues.

Il ne subsiste plus que 15 colonnes corinthiennes – sur 104 –, hautes de 17 m, mais elles permettent d'évaluer les impressionnantes dimensions originelles du temple : 96 m de longueur sur 40 m de largeur. En 174 av. J.-C., un architecte romain fit

coiffer les colonnes doriques de chapiteaux corinthiens. Près du temple de Zeus olympien se dresse l'arc d'Hadrien, qui fut édifié en 131 pour marquer la limite entre l'Athènes ancienne et la nouvelle Athènes développée par Hadrien.

L'église russe Saint-Nicodème

Église russe de la Sainte-Trinité ⑲
Σωτείρα του Λυκοδήμου

Filellínon 21, Pláka. **Plan** 6 F2. 210 323 1090. 1, 2, 4, 5, 9, 10, 11, 12, 15, 18. 7 h 30-10 h lun.-ven., 7 h-11 h sam. et dim. jours fériés. limité.

C'était autrefois le plus grand lieu de culte d'Athènes. Aujourd'hui, l'église accueille encore la communauté russe. Édifiée en 1031 par la famille Lykodimou (ou Nikodimou), elle fut dévastée par un tremblement de terre en 1701. En 1780, le gouverneur turc Hadji Ali Haseki en fit démanteler une partie pour construire une enceinte autour de la cité. Pendant le siège de 1827, l'église fut atteinte par des boulets de canon grecs tirés depuis l'Acropole. Vingt ans plus tard, restaurée par le gouvernement russe, elle prit le nom d'église de la Sainte-Trinité. C'est un vaste bâtiment en forme de croix, doté d'un dôme de 10 m de diamètre. L'intérieur a été décoré par le peintre bavarois Ludwig Thiersch. Le clocher date, lui également, du xıxᵉ siècle. Quant à la cloche, c'est un don du tsar Alexandre II.

Les dernières colonnes corinthiennes de l'Olympieion

La tombe du soldat inconnu, plateía Syntágmatos

Plateía Syntágmatos 20
Πλατεία Συντάγματος

Sýntagma. **Plan** 6 F1. 🚌 *1, 5, 9, 10, 12, 15, 18.* Ⓜ *Sýntagma.*

Cette place abrite le Parlement grec, situé dans le palais Voulí, et le monument du soldat inconnu, orné d'un bas-relief représentant la mort d'un hoplite grec. Inauguré le 25 mars 1932 (fête de l'indépendance), ce monument porte une inscription extraite de l'oraison funèbre de Périclès. Les murs qui ceignent la place Sýntagma arborent des boucliers de bronze qui rappellent les victoires de l'armée grecque depuis 1821.

Deux évzones, vêtus de leur uniforme traditionnel, surveillent le monument jour et nuit. Ne pas manquer la relève de la garde le dimanche à 11 h : c'est là qu'on les voit le mieux.

Jardin National 21
Εθνικός Κήπος

Quartiers de Vasilíssis Sofías, Iródou Attikoú, Vasilíssis Olgas et Vasilíssis Amalías, Sýntagma. **Plan** 7 A1. Ⓜ *Sýntagma.* 🚌 *1, 3, 5, 7, 8, 10, 13, 18.* ◯ *de l'aube au crépuscule.* **Musée botanique, cafés, zoo** ◯ *7 h 30-15 h t.l.j.*

Derrière le palais Voulí s'étend un jardin de 16 ha que les Athéniens adorent. Qualifié de « Royal » jusqu'en 1923, il devint alors « National » par décret. Il doit sa création, dans les années 1840, à la reine Amalía, qui fit venir 15 000 plants du monde entier par la toute jeune marine militaire grecque. Les jardins ont été conçus par le paysagiste prussien Friedrich Schmidt, qui parcourut le monde à la recherche de plantes rares.

Si le jardin a perdu de sa splendeur d'antan, il n'en demeure pas moins l'un des lieux les plus reposants d'Athènes : on y trouve des sentiers ombragés, des bancs et des mares à poissons rouges, mais aussi une envahissante population féline. Des ruines romaines et un vieil aqueduc ajoutent à l'atmosphère du lieu. Des sculptures modernes d'écrivains, tels Dionýsios Solomós, Aristotélis Valaorítis et Jean Moréas, sont disposées dans le parc. On peut également visiter un petit **Musée botanique** et un zoo quasiment abandonné.

Au sud du jardin National se dresse le

Záppeion, un ancien palais d'exposition reconverti en centre de conférences. Il est dû à la générosité de deux cousins gréco-roumains qui firent fortune en Roumanie, Evángelos et Konstantínos Záppas. Édifié entre 1874 et 1888 par l'architecte de l'université (p. 81), Hansen, le Zappeion possède ses propres jardins. À côté, un élégant café permet de se reposer après une promenade dans ces jardins charmants et tranquilles.

Dans la quiétude du Jardin National

Palais présidentiel 22
Προεδρικό Μέγαρο

Iródou Attikoú, Sýntagma. **Plan** 7 A2. Ⓜ *Sýntagma.* 🚌 *3, 7, 8, 13.* ◐ *au public.*

Cet ancien palais royal fut conçu et édifié par Ernst Ziller (p. 81) vers 1878. Il fut occupé par la famille royale de 1890 à 1967, année du départ précipité du roi Constantin. Toujours gardé par les évzones dont la caserne est en haut de la rue, il a servi de résidence officielle au président de la République après l'abolition de la monarchie. Aujourd'hui, il accueille des dignitaires. On aperçoit ses beaux jardins à travers les grilles de fer forgé.

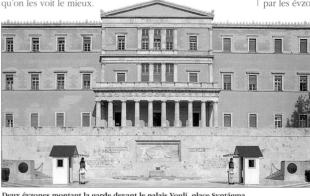

Deux évzones montant la garde devant le palais Voulí, place Sýntagma

Stade Kallimármaro ㉓
Καλλιμάρμαρο Στάδιο

Archimídous 16, Pagkráti. **Plan** 7 B3.
📞 210 752 63 86. 🚇 3, 4, 11. ⭕
8 h au coucher du soleil t.l.j. ♿

Tombeaux décorés dans le premier cimetière d'Athènes

Cette vaste structure en marbre se dresse sur le site de l'ancien stade construit par Lycurgue en 330-329 av. J.-C., où se déroulaient les panathénées. Il fut reconstruit pendant le règne d'Hadrien (117-138) pour accueillir des combats de gladiateurs, puis une seconde fois, tout en marbre blanc, par Hérode Atticus, un riche philanthrope romain, pour les panathénées de 144. Plus tard, ses éléments en marbre servirent à construire de nouveaux bâtiments ou à faire de la chaux. En 1895, Geórgios Avérof consacra quatre millions de drachmes-or à la restauration du stade, dans lequel eut lieu l'inauguration des premiers jeux Olympiques de l'ère moderne le 5 avril 1896. Le nouvel édifice, conçu par Anastásios Metaxás, était la réplique exacte du stade d'Hérode Atticus dépeint par

Pausanias dans sa *Description de la Grèce (p. 56)*. Bâti en marbre pentélique, il mesure 204 m de long et 83 m de large et peut accueillir jusqu'à 60 000 spectateurs. Au cours des fouilles entreprises de 1869 à 1879, l'architecte Ernst Ziller y découvrit une statue représentant les têtes d'Apollon et de Dyonisos, l'une des nombreuses sculptures qui signalaient autrefois le tracé des pistes de course. Elle est aujourd'hui exposée au Musée archéologique national *(voir p. 68-71)*. Au cours des jeux Olympiques de 2004, le stade accueillit l'arrivée des marathoniens.

Premier cimetière d'Athènes ㉔
Πρώτο Νεκροταφείο Αθηνών

Entrée dans Anapáfseos, Méts.
Plan 7 A4. 📞 210 923 6118. 🚇 2,
4. ⭕ 5 h 30-18 h t.l.j. ♿ limité.

Le cimetière municipal d'Athènes, qu'il ne faut pas confondre avec le Kerameikós, le cimetière ancien *(p. 88-89)*, est un lieu paisible, couvert de pins et d'oliviers, où flotte le parfum de l'encens qui brûle sur les tombes.

On y trouve de belles représentations de l'art funéraire du XIXe siècle : magnifiques mausolées en marbre, sobriété des tombes de la Belle Époque telles que *Kimoméni* ou *Jeune Fille endormie (p. 42)*. Cette magnifique tombe due à Giannoúlis Chalepás est située à droite de l'avenue principale, là où les grandes familles grecques ont installé leur caveau.

Le cimetière comprend les dernières demeures de plusieurs personnalités marquantes du XIXe et du XXe siècle, comme Theódoros Kolokotrónis *(p. 80)*, l'historien anglais George Finlay (1799-1875), l'archéologue Heinrich Schliemann *(p. 180)*, le prix Nobel de littérature Giórgos Seféris (1900-1971) et la comédienne et ancien ministre Mélína Mercouri (1922-1994). Il abrite également un mémorial dédié aux 40 000 citoyens d'Athènes morts de faim pendant la Seconde Guerre mondiale.

Un athlète s'entraîne dans l'immense stade Kallimármaro

BOUTIQUES ET MARCHÉS

Faire du shopping à Athènes est un plaisir. On y trouve des marchés en plein air, des arcades tranquilles, des ateliers d'artisanat et des boutiques de mode, qui n'ont rien à envier à celles que l'on rencontre à Paris ou à New York. Pour leurs courses quotidiennes ou pour acheter vêtements et chaussures, les Athéniens se rendent dans le triangle formé par les places Omónoia, Sýntagma et Monastiráki. Les amateurs de maroquinerie visiteront les quartiers de Mitrópoleos, Aiólou et Ermoú. Stadíou et Panepistimíou sont les quartiers des joailliers et des grands

Marionnette peinte

magasins de vêtements. Les nombreuses arcades du centre d'Athènes abritent des maroquineries, des librairies, des cafés et des *ouzerís*. Kolonáki abrite les boutiques élégantes : là, galeries d'art et antiquaires cohabitent avec les stylistes de mode grecs mais aussi étrangers. Autour d'Athinás, de Monastiráki et de Pláka voisinent herboristeries, commerces religieux débordant d'icônes et de cierges, librairies d'occasions vendant des affiches et des gravures, ainsi que des magasins d'alimentation remplis d'articles ménagers en tout genre, notamment des batteries de cuisine.

HORAIRES D'OUVERTURE

Les magasins ouvrent généralement de 8 h à 14 h ou de 9 h à 15 h du lundi au samedi. Les mardi, jeudi et vendredi, ils ouvrent aussi de 17 h 30 à 20 h 30. Les grands magasins, les boutiques de souvenirs, les supermarchés, les fleuristes et les *zacharoplasteía* (pâtisseries) sont souvent ouverts beaucoup plus tard. Un grand nombre de magasins ferment en août.

GRANDS MAGASINS ET SUPERMARCHÉS

Les principaux grands magasins sont **Attica** et **Notos Galleries**. Tous deux proposent une vaste gamme de produits de beauté, de

Des touristes à Adrianoú, au cœur du marché aux puces de Monastiráki

vêtements, de cadeaux et d'objets pour la maison. Attica n'est pas aussi grand que Notos Galleries, mais il est plus haut-de-gamme, surtout dans les départements beauté, vêtements et cadeaux. Les chaînes de supermarchés **AB Vassilópoulos** et **Champion-Marinópoulos** sont toutes deux implantées dans le centre-ville. **Carrefour** possède également des magasins à Athènes.

MARCHÉS

Athènes est célèbre pour ses marchés aux puces, dont celui de **Monastiráki**, qui débute chaque dimanche tôt le matin, lorsque les marchands ambulants déplient leurs étals le long d'Adrianoú et des rues avoisinantes. Des porteurs de *salépi* (une boisson à base de graines de

sésame) et des clarinettistes gitans parcourent la foule.
Les magasins de Pandrósou et d'Ifaístou, qui se proclament « marché aux puces de Monastiráki », sont ouverts chaque jour. Les matinées des vendredi, samedi et dimanche sont les meilleurs moments pour visiter Plateía Avissynías, lorsque les forains achèvent de déballer leur bric-à-brac. Pour l'alimentation, le **marché central** est bien approvisionné, comme le sont les *laïkés agorés*, marchés quotidiens de fruits et légumes installés à même la rue dans différents quartiers. Parmi les *laïkés agorés* du centre-ville, citons **Xenokrátous**, à Kolonáki, qui se tient tous les vendredis.

ART ET ANTIQUITÉS

Les antiquités grecques se font de plus en plus rares aujourd'hui. La plupart des magasins sont obligés de vendre du mobilier, de la verrerie et de la porcelaine importés. Par bonheur, il est toujours possible de découvrir

Lambrópoulos, un des grands magasins les plus importants d'Athènes

quelques articles anciens – de la joaillerie, des articles de cuivre ou de bronze, des tapis, des broderies, des gravures et des imprimés –, en particulier à **Antiqua**, près de Plateía Syntágmatos. Kolonáki est également un centre artistique digne d'intérêt, surtout aux abords de Sólonos et de Skoufá. La galerie **Patrick François** est riche en vieilles affiches publicitaires et **Serafetinídis**, en antiquités, kilims et tapis. Tous sont situées à Charítos. Kolonáki abrite aussi nombre de galeries d'art. Les **galeries Zoumpouláki** sont spécialisées en antiquités. Monastiráki est aussi connu pour ses antiquaires. Ainsi, sur deux étages, **Giórgos Goútis** vend des bijoux et des costumes du XIXe siècle, **Jákovos Serapian** de l'art populaire et des verreries, **Vergína** des articles en cuivre, surtout nautiques, et **Martínos** des icônes et de l'argenterie.

Joaillerie et parures anciennes chez Giórgos Goútis

ARTISANAT TRADITIONNEL

L es articles bon marché d'artisanat populaire ainsi que les souvenirs remplissent les innombrables boutiques de Monastiráki et de Pláka (articles religieux et ateliers de peintres d'icônes). On y trouve des sculptures en bois, des plateaux rustiques peints et des tapisseries *flokáti* (voir p. 209). **Amorgós** propose des marionnettes similaires à celles que l'on apercevra au théâtre

Cordonnier et poète, le célèbre Stávros Melissinós

Karaghiózis de Maroúsi (*voir p. 151*). Le palme de l'originalité revient toutefois à **Stávros Melissinós**, le cordonnier de Psyrrí. De nombreux magasins offrent de beaux articles en bois, dont de superbes plateaux en bois peint ou des *flokáti* (petits tapis) très colorés (*p. 209*). **Amorgós** propose des statues en bois et des marionnettes semblables à celles du théâtre Karaghiózis de Maroúsi (*p. 151*). La **Collecte nationale** offre également un choix particulièrement varié de tapis et de coussins brodés. De magnifiques bâtons sculptés de bergers épirotes ainsi que de la céramique sont disponibles au **Centre de tradition hellénique**.

JOAILLERIE

A thènes est réputée, à juste raison, pour ses bijouteries. Monastiráki et Pláka, abritent de nombreuses joailleries. Toutefois, les plus fameuses d'entre elles se trouvent à Voukourestíou, comme **Anagnostópoulos** ou **Vourákis**. La vitrine de **Zolótas**, un créateur de renommée internationale, est époustouflante, puisqu'elle présente des pièces reproduisant les trésors des musées. Les plus célèbres se trouvent à Voukourestíou,

comme Anagnostópoulos. Les vitrines de Zolótas valent à elles seules le détour : ses copies de bijoux antiques sont réputées dans le monde entier. Au **musée de la Joaillerie Ilías Lalaoúnis** sont exposées plus de 3 000 de ses créations. Dans un atelier installé dans le musée, des artisans effectuent des démonstrations de leurs talents et de leur virtuosité.

COPIES DES MUSÉES

L es boutiques des musées offrent de superbes idées d'achat. On y trouve en effet des copies intéressantes et bien ouvragées d'objets exposés, qui couvrent toutes les périodes de l'art grec. On peut ainsi acquérir une reproduction à l'identique d'une statue classique ou de simples reproductions de vases cycladiques. La boutique du **musée Benáki** (*p. 78-79*) propose des articles en argent et en céramique ainsi que de la broderie et de la joaillerie. Le **musée d'Art cycladique** (*p. 74-75*) vend des copies de statuettes cycladiques ou tanagriennes, des récipients et des vases. La palette de reproduction de statues est impressionnante au magasin du **Musée archéologique national** (*p. 68-71*). Hors des musées, le magasin **Orféas**, à Monastiráki, propose un vaste choix de reproductions en marbre de statues classiques et de vases, ainsi que d'icônes byzantines.

Choix de reproductions de vases antiques à figure rouge et noire

Períptero de Kolonáki vendant des publications grecques et étrangères

LIVRES, JOURNAUX ET MAGAZINES

Tous les *périptera* (kiosques) du centre-ville vendent la presse étrangère. *Athens News*, quotidien en anglis, a une page en français et *Odyssey* est un bi-mensuel. Les libraires possèdent souvent des livres étrangers. **Raÿmóndos,** à Voukourestíou, offre un grand choix de revues étrangères. **Eleftheroudákis,** (7 étages rue Panepistimíou et un café), propose le choix le plus vaste de livres grecs et étrangers. Pour des ouvrages sur l'Antiquité ou l'archéologie, allez à **Androméda Books,** pour les guides et les livres d'histoire, voir **Ekdotikí Athinón**.

Boutiques de mode de Kolonáki

LES VÊTEMENTS ET ACCESSOIRES

Malgré la présence à Athènes de créateurs grecs, comme **Aslánis,** qui propose une ligne intéressante et colorée de prêt-à-porter, ou **Parthénis** qui expose une ligne minimaliste de vêtements en noir et blanc, la plupart des magasins de vêtements n'offrent que des produits d'importation, parfois de très bonne qualité, notamment à Kolonáki, quartier dédié à la mode. De grandes marques internationales telles que **Gucci, Max Mara** ou **Ralph Lauren** sont présentes. Les boutiques de luxe comme **Bettina** et **Mohnblumchen** caractérisent le « chic urbain ». Quant à la qualité de la chaîne espagnole **Zara,** elle ne vous décevra pas.

LA CUISINE

Les petits magasins d'alimentation situés autour du marché central offrent un grand choix d'ustensiles de cuisine typiquement grecs, comme des petites tasses blanches ou des casseroles en cuivre utilisées pour préparer le café grec, des rouleaux à *filo* (pâtisseries) ou des récipients verseurs pour l'huile d'olive. **Kotsóvolos,** au 3 Septemvríou, propose un choix pittoresque d'ustensiles grecs, dont des *kantária* (jarres de mesure du vin utilisées pour servir le retsina dans les restaurants), des *tapsiá* (plats à rôtir en métal), et des *saganákia* (casseroles à deux poignées) pour faire frire le fromage. **Méli Interiors**, à Kolonáki, propose en plus des articles en céramique plus « design », ou traditionnels, ainsi que des chaises en bois.

BOISSONS ET ALIMENTS

À Athènes, le gourmet peut tout à fait trouver son bonheur dans plusieurs mets grecs délicats, tels que l'*avgotáracho* (œufs de morue conservés dans de la cire d'abeille), ou bien dans l'appétissante diversité des aromates, fromages et vins. Les *zacharoplasteía* (pâtisseries) offrent un grand choix de gâteaux, de glaces et de yaourts. **Aristokratikón,** près de Plateía Syntágmatos, propose de délicieux chocolats et pâtes d'amande. L'une des meilleures pâtisseries d'Athènes est sans doute **Asimakópoulos,** qui est réputée pour ses *mpaklavás* et ses fruits confits. Dans un registre plus quotidien, Loumidis, près d'Omónoia, vous propose ses cafés fraîchement moulus. Le marché central d'Athènes est un véritable temple de l'alimentation. Les étals des petites échoppes regorgent de fromages, de pistaches, de fruits secs, de légumes, comme les *fáva* (pois jaunes écossés), ou de *gígantes* (haricots blancs). Chez **Papalexandrís,** on trouve 20 variétés d'olives et de légumes marinés ; chez **Bahar,** un choix impressionnant d'aromates et d'herbes aromatiques. Les cavistes **Cellier,** sur Kriezótou, et **Oino-Pnévmata,** sur Irakleítou, sont spécialisés dans les nouveaux vins grecs. **Vrettós,** à Pláka, vend ses propres labels de spiritueux et de liqueurs.

Articles de cuisine dans un bazar d'Athènes

ADRESSES

GRANDS MAGASINS ET SUPERMARCHÉS

AB Vassilópoulos
Stadíou 19, Sýntagma.
Plan 2 F5.
☎ 210 322 2405.
Une succursale.

Attica
Panepistiniou 9, Sýntagna.
Plan 2 F5.
☎ 211 180 2600.

Carrefour
Palaistínis 1, Alimos.
☎ 210 989 3100.

Champion-Marinópoulos
Kanári 9, Kolonáki.
Plan 3 A5.
☎ 210 362 4907.
Une succursale.

Notos Galleries
Aiólou 99 et Lykóurgou 26,
Omonoia. **Plan** 2 F4.
☎ 210 324 5811.

MARCHÉS

Marché central
Athinás, Omónoia.
Plan 2 D4.

Monastiráki
Adrianoú et Pandrósou,
Pláka. **Plan** 6 E1.

Xenokrátous
Xenokrátous, Kolonáki.
Plan 3 C5.

ART ET ANTIQUITÉS

Antiqua
Amaliás 2, Sýntagma.
Plan 4 F2.
☎ 210 323 2220.

Anita Patrikiadou
Pandrósou 58,
Monastiráki. **Plan** 6 D1.
☎ 210 325 0539.

Athens Design Centre
Valaritou 4, Kolonáki.
Plan 2 F5.
☎ 210 361 0194.

Galeries Zoumpouláki
Kriezótou 7, Kolonáki.
Plan 2 F5.
☎ 210 363 4454.

Une des trois succursales.

Giórgos Goútis
Dimokritou 10, Kolonáki.
Plan 3 A5.
☎ 210 361 3557.

Iákovos Serapian
Ifaístou 6, Monastiráki.
Plan 5 C1.
☎ 210 321 0169.

Katerina Avdelopoulou-Vonta
Lykavittoú 8, Kolonáki.
Plan 3 A5.
☎ 210 361 6386.

Martínos
Pandrósou 50, Pláka. **Plan**
6 D1. ☎ 210 321 3110.

Nikólaos Pashalidis
Ifaístou 11, Monastiráki.
Plan 5 C1.
☎ 210 324 0405.

Serafetinídis
Pat. Ioakim 21, Kolonáki.
Plan 3 B5.
☎ 210 721 4186.

ART ET ARTISANAT TRADITIONNELS

Amorgós
Kódrou 3, Plaka. **Plan** 6
E1. ☎ 210 324 3836.

Organisation nationale de l'aide sociale
Filellinon 14, Sýntagma.
Plan 6 F1.
☎ 210 321 8272.

Centre de tradition hellénique
Mitrópoleos 59 (Arcade)-
Pandrósou 36,
Monastiráki. **Plan** 6 D1.
☎ 210 321 3023.

Stávros Melissinós
Pandrósou 89,
Monastiráki. **Plan** 6 D1.
☎ 210 321 9247.

JOAILLERIE

Anagnostópoulos
Voukourestíou 13,
Kolonáki. **Plan** 2 F5.
☎ 210 360 4426.

Musée de joaillerie Ilías Lalaoúnis
Karyatidon et P. Kallisperi
12, Pláka. **Plan** 6 D3.
☎ 210 922 1044.

Zolótas
Stadiou 9 et Kolokotroni,
Kolonáki. **Plan** 2 F5.
☎ 210 322 1222.

COPIES DE MUSÉES

Orféas
Pandrósou 28B, Pláka. **Plan**
6 D1. ☎ 210 324 5034.

LIVRES, JOURNAUX ET MAGAZINES

Ekdotikí Athinón
Akadímias 34, Kolonáki.
Plan 2 F5.
☎ 210 360 8911.

Eleftheroudákis
Panepistimíou 17,
Kolonáki. **Plan** 2 F5.
☎ 210 331 4180.

Librairie Androméda
Mavromicháli 46,
Exárcheia. **Plan** 2 F3.
☎ 210 360 0825.

Raÿmóndos
Voukourestíou 18,
Kolonáki. **Plan** 2 F5.
☎ 210 364 8189.

VÊTEMENTS ET ACCESSOIRES

Aslánis
Anagnostopoúlou 16,
Kolonáki. **Plan** 3 A4.
☎ 210 360 0049.

Bettina
Pindarou 40, Kolonáki.
Plan 3 A5.
☎ 210 339 2094.

Gucci
Tsakálof 27, Kolonáki.
Plan 3 A5.
☎ 210 360 2519.

Max Mara
Akadímias 14, Kolonáki.
Plan 3 A5.
☎ 210 360 2142.

Mohnblumchen
Plateía Dexamenís 7,
Dexaméni. **Plan** 3 B5.
☎ 210 723 6960.

Parthénis
Dimokrítou 20, Kolonáki.
Plan 3 A5.
☎ 210 363 3158.

Ralph Lauren
Kassavéti 19, Kifisiá.
☎ 210 808 5550.
L'une des deux boutiques.

Sótiris
Anagnostopoúlou 30,
Kolonáki.
Plan 3 A4.
☎ 210 363 9281.
L'une des deux boutiques.

Zara
Sfoufa 32, Kolonáki.
Plan 3 A5.
☎ 210 324 3101.
Une des trois succursales.

CUISINE

Kotsóvolos
Athínas 52, Omónoia.
Plan 2 D4.
☎ 210 289 1000.

Méli Interiors
Voukourestiou 41,
Kolonáki.
Plan 3 A5.
☎ 210 360 9324.

ALIMENTATION ET BOISSONS

Aristokratikón
Karagiórgi Servías 9,
Sýntagma.
Plan 2 E5.
☎ 210 322 0546.

Asimakópoulos
Chariláou Trikoúpi 82,
Exárcheia.
Plan 3 A3.
☎ 210 361 0092.

Bahar
Evrípidou 31, Omónoia.
Plan 2 D4.
☎ 210 321 7225.

Cellier
Kriezótou 1, Kolonáki.
Plan 3 A5.
☎ 210 361 0040.

Green Farm
Dimokrítou 13, Kolonáki.
Plan 3 A5.
☎ 210 361 4001.

Loumidis
Aiolou 106, Omónoia.
Plan 2 E4.
☎ 210 321 1461.

Oino-Pnévmata
Irakleítou 9A, Kolonáki.
Plan 3 A5.
☎ 210 360 2932.

Vrettós
Kydathinaíon 41, Pláka.
Plan 6 E2.
☎ 210 323 2110.

SE DISTRAIRE À ATHÈNES

En été, la vie nocturne est particulièrement animée à Athènes. Le touriste peut ainsi aller au cinéma en plein air, se prélasser à la terrasse de l'un des innombrables cafés et tavernes de la ville, ou assister, selon ses goûts, à un concert à l'odéon d'Hérode Atticus, situé au pied de l'Acropole. Avec la salle de concerts Mousikís Mégaron, Athènes dispose aujourd'hui d'une structure de niveau international en matière de musique classique. Pour la plupart des Athéniens, le fait de sortir le soir

Deux magazines pour sortir

consiste souvent à aller dîner en famille ou avec des amis à la terrasse d'une taverne jusqu'à une heure avancée, puis de finir la nuit dans un bar ou un club de musique. Les discothèques classiques, les salles de concerts et les clubs de *rempétika* (musique traditionnelle grecque) sont si nombreux que l'on peut entendre à Athènes tous les styles de musique. Pratiquer un sport est également facile. Pour les activités nautiques, les côtes toutes proches de l'Attique sont toutes indiquées.

SAVOIR OÙ SORTIR

*A*thinorama est l'équivalent athénien du Pariscope et de l'Officiel des Spectacles. Il paraît tous les jeudis et recense tous les spectacles, les concerts, les bars et les clubs de la ville. Ces deux périodiques regorgent d'adresses et de dates de concerts ou d'événements culturels. On trouve aussi des renseignements de ce genre dans les hebdomadaires *Athens News* ou le bimensuel *Odyssey*. Toutes ces publications sont très largement diffusées dans les kiosques.

ACHETER DES BILLETS

Il est vivement recommandé de réserver à l'avance les places pour le festival d'été d'Athènes (p. 46) et pour les concerts

au Mégaron. La plupart des théâtres et des salles de concert ont toujours des places à vendre pour le jour même de la représentation. Il existe une billetterie centrale ouverte de 10 h à 16 h, près de Plateía Syntágmatos.

THÉÂTRE ET DANSE

*A*thènes dispose de nombreuses salles de théâtre d'excellente qualité, la plupart abritées dans des édifices de style néoclassique, de belles demeures ou des arcades.

Le **Lampéti** propose de nombreuses pièces mêlant satire politique et comédie de facture plus classique, tandis que le **Théâtre national** présente des pièces grecques ou occidentales du XIXᵉ siècle. D'autres théâtres,

Une pièce d'Ibsen au théâtre Evros

comme l'Evros, l'**Athinón,** l'**Alfa** ou le **Vrettánia** montent des adaptations en grec du répertoire mondial des XIXᵉ et XXᵉ siècles. La plupart des grandes œuvres de ballet ou du répertoire d'art lyrique sont représentées au Théâtre national.

Entre mai et septembre, le **théâtre Dóra Strátou,** installé sur la colline de Filopáppos, présente en soirée des spectacles de danses traditionnelles.

La troupe du théâtre de danse Dóra Strátou donne des représentations de danses traditionnelles en plein air

Entrée du cinéma en plein air Refresh Dexamení

CINÉMA

Les Athéniens font preuve d'un intérêt certain pour le cinéma, notamment entre mai et septembre, quand les conditions météorologiques permettent la réouverture des cinémas en plein air.
À l'exception des films pour enfants, qui sont doublés, les films sont diffusés en version originale sous-titrée en grec. La dernière séance commence toujours à 23 h, ce qui permet de prolonger une sortie après un repas au restaurant.
Au centre-ville sont regroupés quelques excellents cinémas, qui passent les exclusivités. L'**Idéal**, l'**Elly** et l'**Astor Nescafé** sont de grandes salles équipées en son Dolby stéréo. L'**Alphaville-Bar-Cinema** et l'**Aavóra** sont spécialisés dans les films d'art et d'essai et les rétrospectives. À proximité des cinémas en plein air, comme le **Refresh Dexamení** à Kolonáki, ou le **Riviéra** à Exarcheía, les terrasses des cafés sont toujours pleines.
Si les conditions acoustiques de ces cinémas laissent parfois à désirer, l'expérience qui consiste à suivre un film au milieu du vacarme des rues environnantes est une expérience inoubliable. Ces salles tiennent plutôt le rôle de clubs où l'on se retrouve entre amis, avec des tables disposées à proximité des fauteuils de manière à pouvoir discuter plus agréablement.
Au **Thiseíon**, le spectacle est à la fois sur l'écran, dans la salle et au-delà, avec une vue superbe sur l'Acropole!

MUSIQUE CLASSIQUE

Chaque été se tient à Athènes un grand festival qui rassemble les meilleures troupes de ballet, d'opéra ou de théâtre, ainsi que des orchestres.
Les spectacles ont principalement lieu à l'**odéon d'Hérode Atticus**, un théâtre de 5 000 places, mais aussi dans d'autres salles. Traditionnellement, ce festival marque le début de la saison musicale classique. Depuis l'inauguration en 1991 de la salle de concerts du **Mousikís Mégaron,** Athènes fait partie des grandes capitales de la musique classique, du ballet et de l'opéra. Ce superbe bâtiment en marbre abrite deux salles à l'acoustique irréprochable, une galerie, un magasin et un restaurant. Le théâtre Olýmpia abrite pour sa part le **Lyrikí Skiní** (Opéra national). Citons également parmi les hauts lieux culturels l'**Institut français** à Omónoia.

MUSIQUE GRECQUE

La musique traditionnelle est encore extrêmement vivante à Athènes, comme en témoigne le grand nombre de spectacles qui lui sont consacrés. C'est dans le quartier de Syngróu, celui du **Diogénis Studio**, du **Fever** et du **Rex**, que se produisent les grandes stars du genre. À Pláka, dans des clubs comme **Zoom** et **Mnisikléous,** perdure une tradition plus ancienne, la *rempétika,* une musique inspirée de la vie des pauvres des villes. Quant aux amateurs de bouzouki, ils trouveront leur bonheur au **Rempétiki Istoría** et au **Taksími,** des cafés-concerts aux tarifs modiques. De son côté, le **Mpoémissa** attire une clientèle plus jeune, dans une ambiance beaucoup moins recueillie mais beaucoup plus dansante.

Accordéoniste à Plateía Kolonakíou

Un concert de musique classique à l'odéon d'Hérode Atticus

ROCK ET JAZZ

Les grandes stars internationales se produisent en général dans les stades ou au **théâtre Lykavittós** en plein air lors du festival annuel d'Athènes.

Au **Gagarin**, un ancien cinéma, se produisent également de grands groupes ou interprètes grecs et étrangers. On peut écouter des groupes grecs à l'**An Club,** qui fait également office de restaurant et de discothèque.

Le club occupe un ancien atelier de maçonnerie, en face du Premier Cimetière. C'est au **Half Note**, dans un cadre agréable, que se produisent les meilleurs musiciens de jazz contemporain.

Pour une ambiance dans la pure tradition latino avec salsa garantie, rendez-vous au **Cubanita Havana Club** où se produisent des groupes de musique latine.

Un concert dans l'un des clubs les plus courus d'Athènes

LES DISCOTHÈQUES

Athènes fourmille de bars et de clubs qui ouvrent et ferment leurs portes à une cadence effrénée. **Gazi** et **Psyrrí** sont les nouveaux quartiers à la mode. On y trouve le **Home** et le **Soul**, deux bars-restaurants qui disposent également d'une piste de danse. Les grands clubs comme le **Club 22** et le **Privilege** accueillent régulièrement des DJs. Après avoir passé l'hiver à Athènes, ils s'installent sur la côte Attique en été.

Sur les traces de ses ancêtres, un marathonien à Athènes

LES SPORTS

Il est fort probable que votre chauffeur de taxi vous entretiendra de son équipe de football préférée avant que vous n'ayez pu ouvrir la bouche. La passion des Athéniens pour le football tourne autour de deux clubs rivaux, le Panathenaïkós et l'Olympiakós, sujets de polémiques enflammées. Chaque équipe est la vitrine de clubs sportifs de grande envergure, qui possèdent également des équipes de basket-ball de haut niveau. Les matchs de football ont lieu tous les mercredis et samedis soirs, de septembre à mai. Les équipes de basket jouent chaque semaine, ce sport connaissant un engouement populaire indéniable en Grèce. La rareté des espaces verts explique le nombre réduit des joggers, en dépit du succès du **marathon d'Athènes** organisé chaque année en octobre. Le parcours de cette épreuve part de Marathon pour aboutir au stade Kallimármaro, situé au centre d'Athènes (*p. 113*). Le stade **Olympiakó**, inauguré en 1982 à Maroúsi, est le fief du club de football du Panathinaïkós, et peut accueillir jusqu'à 80 000 spectateurs. Son dôme en verre fut conçu par l'architecte espagnol Santiago Calatrava pour les Jeux olympiques de 2004. Le stade **Karaïskáki**, au Pirée, abrite le club de l'Olympiakós, et possède également ses propres installations sportives d'envergure, notamment pour le volley-ball et le basket-ball. Parmi les grands événements sportifs annuels, citons aussi le **rallye de l'Acropole**, organisé chaque printemps, qui met aux prises entre 50 et 100 équipages de renommée internationale. Hors du centre-ville, signalons l'existence du **centre de bowling du Pirée** et du golf 18 trous de **Glyfáda**, situé près de l'aéroport. Les amateurs de tennis pourront louer un court au **Pefki Tennis Club**. La proximité constante de la côte autorise également un peu partout la pratique de sports nautiques, comme la planche à voile ou le ski nautique. Pour suivre des cours, renseignez-vous à la **fédération hellénique de ski nautique**. La plongée est également très prisée. Le **Centre de plongée égéen** offre de bonnes installations.

Le basket-ball est l'un des sports collectifs les plus prisés des Grecs

ADRESSES

THÉÂTRES ET BALLETS

Alfa
Patisíon 37 et Stournári,
Exárcheia. **Plan** 2 E2.
[210 523 8742.

Athinón
Voukourestíou 10,
Kolonáki. **Plan** 2 E5.
[210 331 2343.

Lampéti
Leof. Alexándras 106,
Avérof. **Plan** 4 D2.
[210 646 3685.

**Théâtre de danse
Dóra Strátou**
Colline Filopáppou,
Filopáppou. **Plan** 5 B4.
[210 921 4650.

Théâtre national
Agíou Konstantínou 22,
Omónoia. **Plan** 1 D3.
[210 522 3242.

Vrettánia
Panepistimíou 7,
Sýntagma. **Plan** 2 E4.
[210 322 1579.

CINÉMAS

Aavóra
Ippokrátous 180,
Neápolis. **Plan** 2 E4.
[210 646 2253.

**Alphaville-Bar-
Cinema**
Mavromicháli 168,
Neápolis. **Plan** 2 F4.
[210 646 0521.

Astor Nescafé
Stadiou 28, Kolonáki.
Plan 2 E5.
[210 323 1297.

**Attikon
Cinemax Class**
Stadíou 19, Kolonáki. **Plan**
2 E5. [210 322 8821.

Elly
Akadimias 64, Omónia.
Plan 2 E4.
[210 363 2789.

Ideál
Panepistimíou 46,
Omónoia. **Plan** 2 E4.
[210 382 6720.

Refresh Dexamení
Plateía Dexamenís,
Dexamení. **Plan** 3 B5.
[210 362 3942.

Riviéra
Valtetsioú 46,
Exárcheia. **Plan** 2 F3.
[210 384 4827.

Thiseíon
Apostólou Pávlou 7,
Thiseío. **Plan** 5 B2.
[210 347 0980.

MUSIQUE CLASSIQUE

Institut français
Sína 29-31, Kolonáki.
Plan 3 A4.
[210 339 8601.

**Lyrikí Skiní
Olympia Théâtre**
Akadimías 59,
Omónoia. **Plan** 2 F4.
[210 361 2461.

**Théâtre d'Hérode
Atticus**
Dionysíou Areopagítou,
Acropole. **Plan** 6 C2.
[210 323 9132.

**Salle de concerts
Mousikís Mégaron**
V. Sofías et Kókkali,
Stégi Patrídos. **Plan** 4 E4.
[210 728 2333.

MUSIQUE GRECQUE TRADITIONNELLE

**Diogénis
Studio**
Leof. A. Syngroú 259,
Nea Smyrni.
[210 942 5754.

Fever
Leof. A. Syngrou et
Lagousitsi 25, Kallithéa.
[210 921 7333

Mnisikléous
Mnisikléous 22,
Pláka. **Plan** 6 D1
[210 322 5558.

Mpoémissa
Solomoú 19,
Exárcheia. **Plan** 2 D2.
[210 384 3836.

Rempétiki Istoría
Ippokrátous 181,
Neápoli. **Plan** 3 C2.
[210 642 4937.

Rex
Panepistimíou 48,
Sýntagma.
Plan 2 E4.
[210 381 4591.

Taksími
C Trikoúpi et Isávron 29,
Neápoli.
Plan 3 A2.
[210 363 9919.

Zoom
Kydathinaíon 39,
Pláka. **Plan** 6 E2.
[210 322 5920.

CLUBS DE ROCK ET DE JAZZ

An Club
Solomoú 13-15,
Exárcheia.
Plan 2 E2.
[210 330 5056.

**Cubanita
Havana Club**
Karaiskáki 28, Psyrri.
Plan 1 C5.
[210 331 4605.

Gagarin
Liosion 205
Plan 1 C1.
[210 654 7600.

**Half Note
Jazz Club**
Trivonianoú 17, Stádio.
Plan 6 F4.
[210 921 3310.

Théâtre Lykavittós
Colline Lykavittós
Plan 3 B4.
[210 722 7209.

DISCOTHÈQUES

Akrotiri
Vas Georgiou 11, Agios
Kosmas.
[210 985 9147.

Club 22
Vouliagménis 22,
Thiselo. **Plan** 6 F5.
[210 924 9814.

Home
Voutadon 34, Gazi.
Plan 1 A5.
[210 346 0347.

Island
Limanakia Vouliagménis,
Varkiza.
[210 965 3563.

Privilège
Deligianti 50 &
Georgonta, Kifisia.
[210 801 8340.

Soul
Euripidou 65,
Psyrri.
Plan 2 D4.
[210 331 0907.

SPORTS

**Centre
de plongée
égéen**
Zamanou 53 et
Pandhoras,
Glyjada.
[210 894 5409.
[w] www.adc.gr

**Centre
de bowling
du Pirée**
Profitis Illas,
Kastélla.
[210 412 7077.

**Club de tennis
de Pefki**
Peloponnissou 3,
Ano Pefki.
[210 806 6162.

**Fédération
hellénique
de ski nautique**
Leof Possidónos,
16777 Athènes.
[210 894 4334.

Golf de Glyfáda
Panopis 15 et Kypros
Glyfáda.
[210 894 6820.

**Stade
de Karaïskáki**
Néo Fáliro.
[210 481 2902.

**Stade de
l'Olympiakó**
Leof. Kifisías 37,
Maroúsi.
[210 683 4000.

ATLAS DES RUES

Les références de l'atlas des rues se rapportent aux plans des pages suivantes. Les coordonnées des différent lieux d'Athènes ont été établies selon une codification à trois éléments. Le premier chiffre indique le numéro du plan auquel se reporter ; la lettre et le chiffre suivants, les coordonnées du lieu. Les zones qui font l'objet d'un plan détaillé sont définies sur la carte ci-dessous (le numéro du plan est en noir). Les sélections d'hôtels *(p. 264-267)* et de restaurants *(p. 286-289)* font l'objet d'annexes spéciales. Les adresses utiles sont regroupées dans la partie *Renseignements pratiques (p. 296-325).*

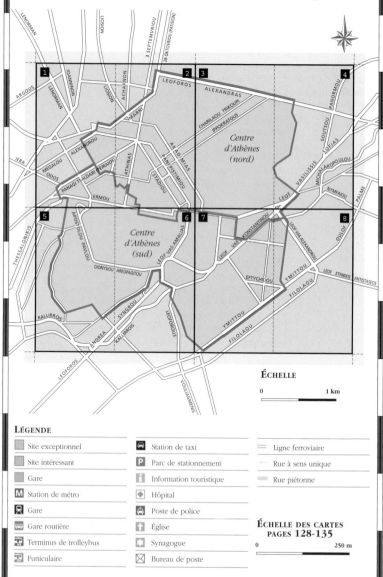

ÉCHELLE

0   1 km

LÉGENDE

Site exceptionnel	
Site intéressant	
Gare	
M Station de métro	
Gare	
Gare routière	
Terminus de trolleybus	
Funiculaire	

Station de taxi	
P Parc de stationnement	
Information touristique	
Hôpital	
Poste de police	
Église	
Synagogue	
Bureau de poste	

Ligne ferroviaire

Rue à sens unique

Rue piétonne

**ÉCHELLE DES CARTES
PAGES 128-135**

0   250 m

Atlas des rues

A

ACADÉMIE D'ATHÈNES	2 F4
ACHAIOU	3 B5
ACHARNON	2 D2
ACHILLEOS	1 A3
ACHILLEOS PARASCHOU	3 B1
ACROPOLE	6 D2
ADANON	8 F2
ADRIANOU	5 C1
ADRIANOUPOLEOS	5 A1
AFAIAS, PLATEIA	5 A1
AETIONOS	6 F5
AFRODITIS	6 E2
AFTOKRATORON ANGELON	3 A1
AFTOKRATOROS IRAKLEIOU	2 E1
AFTOMEDONTOS	7 A5
AGARISTIS	7 A5
AGATHARCHOU	1 C5
AGATHIOU	3 B2
AGATHOKLEOUS	7 A5
AGATHONOS	2 D5
AGELAOU	7 B5
AGIAS EIRINIS	2 D5
AGIAS ELEOUSIS	2 D5
AGIAS FILOTHEIS	6 E1
AGIAS PARASKEVIS	7 C5
AGIAS THEKLAS	2 D5
AGIAS VARVARAS	8 D5
AGINOROS	5 A1
AGIOI THEODOROI	2 D5
AGION ANARGYRON	1 C5
AGION ASOMATON	1 B5
AGION PANTON	4 E2
AGIOS DIONYSIOS	2 F5
AGIOS NIKOLAOS RAGAVAS	6 E2
AGIOS SAVVAS	4 E2
AGIOU ARTEMIOU	7 B5
AGIOU DIMITRIOU	2 D5
AGIOU DIMITRIOU	8 F3
AGIOU FANOURIOU	8 D3
AGIOU GEORGIOU	8 F3
AGIOU ISIDOROU	3 A3
AGIOU KONSTANTINOU	1 C3
AGIOU MARKOU	2 D5
AGIOU NIKOLAOU	5 B4
AGIOU NIKOLAOU, PLATEIA	8 E3
AGIOU OROUS	1 A4
AGIOU PAVLOU	1 C2
AGIOU SPYRIDONOS	7 B2
AGISILAOU	1 B4
AGKYLIS	6 E5
AGLAONIKIS	6 E4
AGLAVROU	5 C5
AGNANTON	5 A4
AGRAFON	5 A4
AGRAS	7 B3
AGORA	5 C1
AIDESIOU	7 B4
AIDONON	4 D1
AIGEIRAS	1 B1
AIGINITOU	4 E5
AIGYPTOU	2 E1
AIGYPTOU	8 D2
AIMONOS	1 A1
AINEIOU	8 D4
AINIANOS	2 E1
AIOLEON	5 A3
AIOLOU	6 D1
AISCHINOU	6 E2
AISCHYLOU	2 D5
AISOPOU	1 C5
AITHERIAS	5 A3
AIXONEON	5 A1
AKADIMIAS	2 E3
AKADIMOU	1 B4
AKAKION	2 D1
AKAMANTOS	5 B1
AKARNANOS	7 B4
AKOMINATOU	1 C3
AKRONOS	8 D3
AKTAIOU	5 B1
ALAMANAS	1 A1
ALASTOROS	4 E1
ALCHIMOU	6 D4
ALDOU MANOUTIOU	4 E2
ALEKTOROS	7 C4
ALEX SOUTSOU	3 A5
ALEXANDRAS	4 E4
ALEXANDRAS, LEOFOROS	2 E1
ALEXANDREIAS	1 A1
ALEXANDROU PALLI	4 D1
ALEXANDROUPOLEOS	4 F4
ALEXINOU	6 F5
ALFEIOU	4 E1
ALIKARNASSOU	1 A3
ALITSIS	2 D1
ALKAIOU	4 F5
ALKAMENOUS	1 C1
ALKETOU	7 C4
ALKIDAMANTOS	5 A2
ALKIMACHOU	8 D1
ALKIPPOU	1 B2
ALKMAIONIDON	8 D2
ALKMANOS	4 E5
ALKIVIADOU	2 D2
ALKYONIS	1 A1
ALMEIDA	5 B4
ALMOPIAS	4 F4
ALOPEKIS	3 B5
ALSOS	4 E5
ALSOS ELEFTHERIAS	4 D4
ALSOS PAGKRATIOU	7 C3
ALSOS SYNGROU	8 E1
AMALIADOS	4 F2
AMASEIAS	8 D2
AMAZONON	1 A4
AMERIKIS	2 f5
AMFIKTYONOS	5 B1
AMFISSIS	1 A2
AMPATI	5 C4
AMPELAKION	4 E2
AMVROSIOU FRANTZI	6 D5
AMYNANDROU	5 B4
AMYNTA	7 B2
ANACHARSIDOS	7 B4
ANAGNOSTO-POULOU	3 A4
ANAKREONTOS	8 E5
ANALIPSEOS	8 E5
ANAPIRON POLEMOU	4 D4
ANASTASIOU GENNADIOU	3 C1
ANASTASIOU TSOCHA	4 E2
ANAXAGORA	2 D4
ANAXAGORA	8 F3
ANAXIMANDROU	8 D4
ANDREA DIMITRIOU	8 E2
ANDREA METAXA	2 F3
ANDREA SYNGROU, LEOFOROS	5 C5
ANDROMACHIS	1 B2
ANDROMEDAS	8 E5
ANDROUTSOU, G	5 B5
ANEXARTISIAS	3 A2
ANEXARTISIAS, PLATEIA	2 D2
ANGELIKARA	5 C3
ANGELIKIS CHATZIMICHALI	6 E1
ANTAIOU	5 A3
ANTHIPPOU	7 B4
ANTIFILOU	4 E5
ANTIFONTOS	7 B3
ANTILOCHOU	1 A3
ANTIMACHIDOU	6 D4
ANTINOROS	7 C1
ANTIOPIS	8 E5
ANTISTHENOUS	6 D5
ANTONIO FRATTI	5 C3
APOKAFKON	3 B3
APOLLODOROU	6 E4
APOLLONIOU	5 A3
APOLLONIOU, PLATEIA	5 A3
APOLLONOS	6 E1
APOSTOLI	1 C5
APOSTOLOU PAVLOU	5 B1
APPIANOU	8 D3
ARACHOSIAS	4 F5
ARACHOVIS	2 F3
ARAKYNTHOU	5 A4
ARATOU	7 B3
ARCHE D'HADRIEN	6 E2
ARCHELAOU	7 C2
ARCHILOCHOU	6 D5
ARCHIMIDOUS	7 A4
ARCHYTA	7 B3
ARDITTOU	6 F3
AREOS	6 D1
ARETAIEION	4 E5
ARETAIOU	4 F1
ARGENTI	6 D5
ARGENTINIS DIMOKRATIAS, PL.	3 B1
ARGOLIDOS	4 F1
ARGOUS	1 A1
ARGYRIOU	5 C4
ARGYROUPOLEOS	4 D2
ARIANITOU	3 B2
ARIONOS	1 C5
ARISTAIOU	6 E5
ARISTARCHOU	8 D3
ARISTEIDOU	2 E5
ARISTIPPOU	3 B4
ARISTODIMOU	3 C4
ARISTOFANOUS	1 C4
ARISTOGEITONOS	2 D4
ARISTOGEITONOS	5 A5
ARISTOKLEOUS	8 E4
ARISTONIKOU	7 A4
ARISTONOS	1 C3
ARISTOTELI KOUZI	4 E2
ARISTOTELOUS	2 D3
ARISTOTELOUS	5 A5
ARISTOXENOU	7 C3
ARITIS	8 E4
ARKADON	5 A4
ARKADOS	3 B2
ARKESILAOU	6 E5
ARKTINOU	7 B2
ARMATOLON KAI KLEFTON	4 D2
ARMENI-VRAILA PETROU	3 A1
ARMODIOU	2 D4
ARNIS	4 E5
ARRIANOU	7 B2
ARSAKI	2 E4
ARSINOIS PELOPOS	8 E3
ARTEMONOS	6 F5
ARTIS	7 C5
ARTOTINIS	8 E4
ARVALI	5 C4
ARYVVOU	8 D5
ASIMAKI FOTILA	2 F1
ASKLIPIOU	2 F4
ASOPIOU	3 B1
ASPASIAS	7 C3
ASTEROSKOPEION	5 B2
ASTINGOS	1 C5
ASTROUS	1 A1
ASTYDAMANTOS	8 D3
ATHANASIAS	7 C3
ATHANASIOU DIAKOU	6 E3
ATHINAIDOS	2 D5
ATHINAION EFIVON	4 D4
ATHINAS	2 D5
ATHINOGENOUS	8 D2
ATHINON, LEOFOROS	1 A3
AVISSYNIAS, PLATEIA	1 C5
AVANTON	5 A1
AVEROF	2 D2
AVGERINOU	4 E1
AVLICHOU	7 A5
AVLITON	1 C5
AVRAMMIOTOU	2 D5
AXARIOU	8 F5

B

BANQUE NATIONALE	6 F1
BIBLIOTHÈQUE NATIONALE	2 F4

C

CENTRE NATIONAL DE RECHERCHE	7 C1
CHAIREFONTOS	6 E2
CHALKIDIKIS	1 A3
CHALKIDONOS	8 E2
CHALKOKONDYLI	2 D2
CHAONIAS	1 A1
CHARALAMPI	3 B2
CHARIDIMOU	7 C5
CHARILAOU TRIKOUPI	5 B5
CHARISSIS	1 C1
CHARITOS	3 B5
CHATZICHRISTOU	6 D3
CHATZIGIANNI	4 D5
CHATZIKOSTA	4 F3
CHATZIMICHALI	6 D5
CHATZIPETROU	6 E5
CHAVRIOU	2 E4
CHEIRONOS	7 C2
CHERSONOS	3 A4
CHIONIDOU	7 B5
CHIOU	1 C2
CHLORIDOS	5 A1
CHOIDA	3 C4
CHOMATIANOU	1 C1
CHORMOVITOU	1 C1
CHREMONIDOU	8 D4
CHRYSAFI	7 B4
CHRYSOSPILIO-TISSIS	2 D5
CHRISTIANOU-POLEOS	6 D5
CHRISTOKOPIDOU	1 C5
CHRISTOU LADA	8 F3
CHRISTOU VOURNASOU	4 E3
CHRYSANTHOU SERRON	3 B3
CHRYSOLORA	3 A2

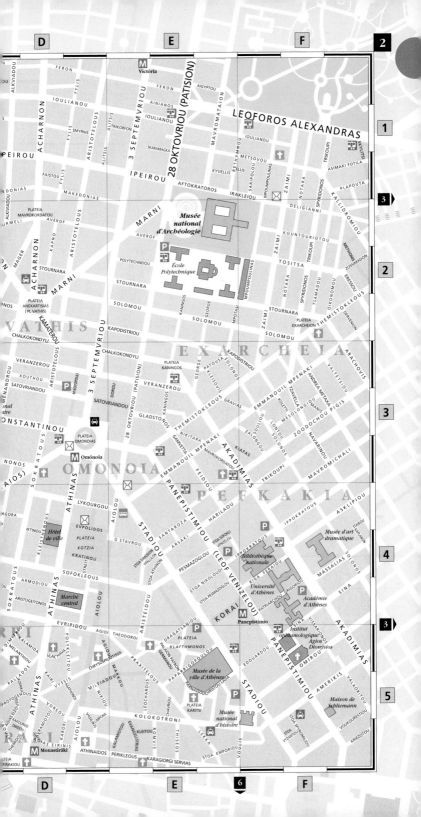

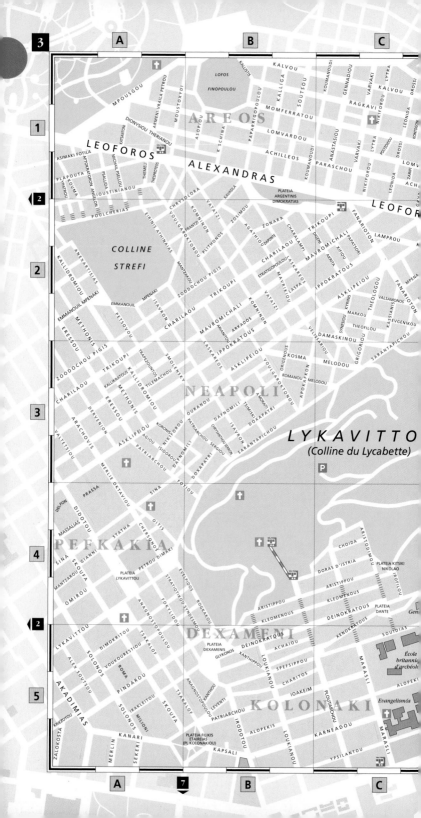

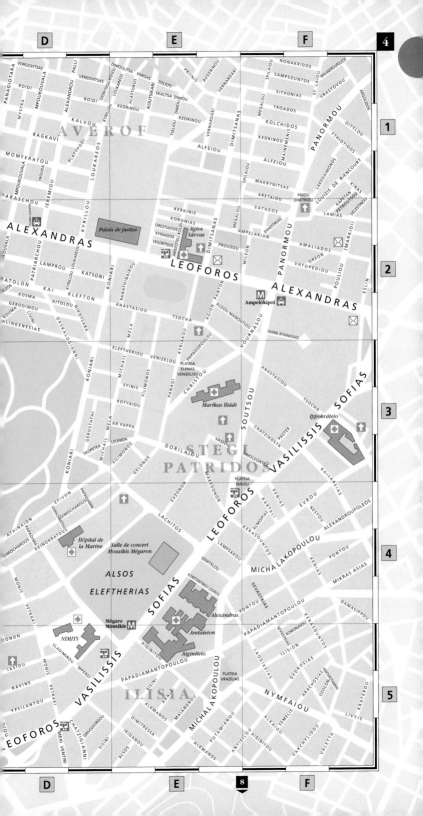

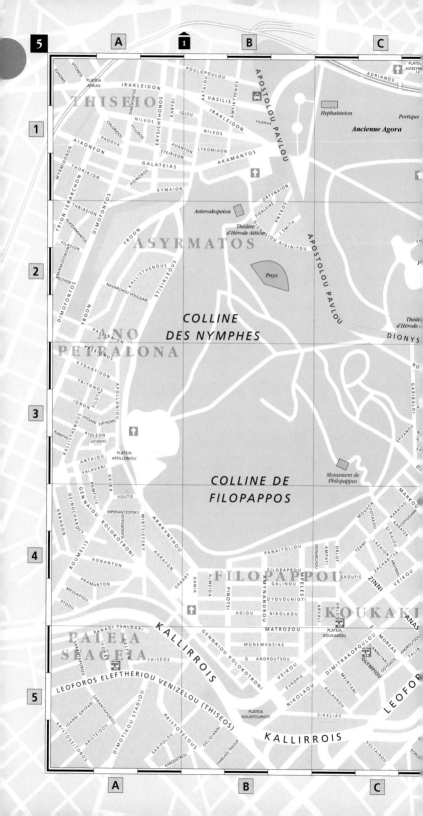

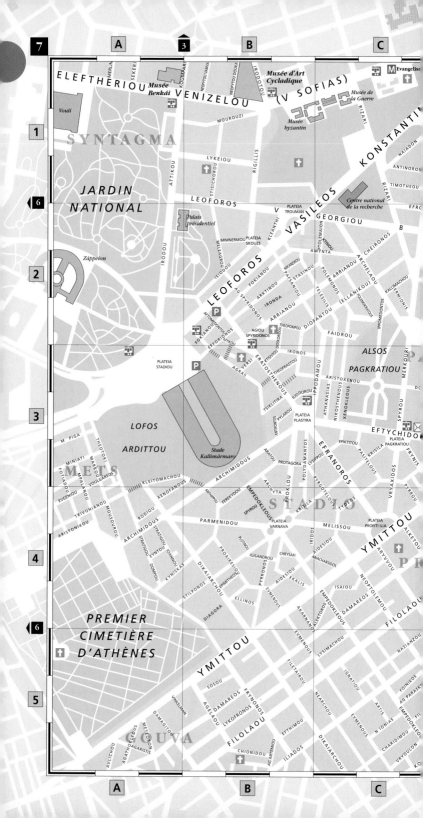

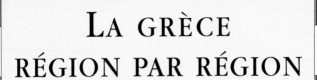

LA GRÈCE
RÉGION PAR RÉGION

La Grèce d'un coup d'œil

L a Grèce offre un spectacle unique, celui de vestiges archéologiques sertis dans un magnifique paysage. Les plus beaux témoins de l'époque classique jalonnent les environs d'Athènes, l'Attique et le Péloponnèse. Les monuments de l'époque macédonienne se concentrent au nord-est, les églises et les monastères byzantins, tels ceux du mont Athos, le lieu sacré aux vingt monastères, sont disséminés à travers tout le pays.

La région des Météores
(p. 216-217) *allie la majesté naturelle des pitons rocheux à la beauté architecturale des monastères juchés à leurs sommets.*

LE NORD DE LA GRÈCE
(p. 232-257)

Delphes
(p. 228-231)
abrite, sur le mont Parnasse, les ruines d'un immense complexe religieux et d'un théâtre.

**LE CENTRE ET L'OUEST
DE LA GRÈCE** *(p. 202-231)*

L'ancienne Olympie
(p. 170-173) *fut du VIIIᵉ siècle av. J.-C. au IVᵉ siècle ap. J.-C., le siège des concours Panhelléniques, ancêtres des jeux Olympiques. L'un des temples les mieux préservés est celui d'Héra (à gauche), du VIᵉ siècle av. J.-C.*

LE PÉLOPONNÈSE
(p. 158-201)

Mystrás (p. 192-193) *est l'un des sites byzantins les mieux conservés de Grèce, comme l'illustre l'état de l'église Agía Sofía. Cette ville d'architecture médiévale résista aux Ottomans jusqu'en 1460.*

0   50 km

**La péninsule du Máni
(Magne)** *[p. 194-199]*
aux maisons fortifiées.

◁ **Moní Spiliótissa, près du village zagorien d'Arísti, à l'ouest de la Grèce**

*À **Thessalonique**, le Musée archéologique (p. 246-247) recèle de splendides parures en or provenant des tombes macédoniennes ainsi qu'une tête en bronze représentant l'empereur romain Alexandre Sévère (222-235).*

Le monastère d'Osios Loúkas *(p. 222-223), qui date du XIe siècle, est situé dans le cadre bucolique d'un verger de cerisiers. Son plan octogonal a été largement reproduit par la suite. Le sol du monastère est recouvert de somptueuses mosaïques dorées.*

Le mont Athos est depuis 1060 occupé exclusivement par des moines *(p. 252-255).*

L'ancienne Corinthe *(p. 162-166), capitale de la province romaine d'Achaïe, était célèbre pour son opulence et son élégance, comme en témoigne le chapiteau de cette colonne.*

LES ENVIRONS D'ATHÈNES *(p. 140-157)*

Le monastère de Dafní *(p. 152-153) est un exemple fameux d'architecture byzantine. L'église abrite de superbes mosaïques d'époque médiévale.*

Athènes

Mycènes *(p. 178-180), patrie d'Agamemnon, fut fondée au XVIe siècle av. J.-C. C'est une des villes les plus anciennes de Grèce ; la porte aux Lions donnait accès à la citadelle.*

Épidaure *(p.184-185) abrite un théâtre antique fort bien conservé.*

Monemvasía *(p. 186-188) signifie « accès unique », en référence à sa situation de place forte stratégique et puissamment fortifiée. À l'époque byzantine, son port était le plus important de Grèce.*

LES ENVIRONS D'ATHÈNES

L'ATTIQUE

L'Attique est la région montagneuse qui s'étend autour d'Athènes. Depuis l'Antiquité, elle est le cœur spirituel de la Grèce. Ses vestiges archéologiques attirent depuis trois siècles archéologues et pillards. Très découpée, sa côte, qui servait autrefois de refuge aux populations en cas d'invasion, attire aujourd'hui les estivants et les plaisanciers qui fuient la capitale surpeuplée.

En attendant le ferry au Pirée

Dans l'Antiquité, les vastes ressources agricoles de l'Attique, arrière-pays naturel d'Athènes, constituaient le fondement de la richesse de la cité, lui assurant son autosuffisance alimentaire. Les carrières des mont Ymittós et Pentéli fournissaient, pour leur part, le marbre destiné à la construction des temples. L'argent des mines de Lávrio finançait la puissance athénienne.

Des événements capitaux de l'histoire du monde eurent lieu dans cette région de la Grèce : ainsi, la plaine de Marathon fut le théâtre d'une des plus importantes batailles de l'histoire grecque. Le port du Pirée, aujourd'hui le premier du pays, était déjà le port d'Athènes. De nombreux vestiges, parfois méconnus, comme Éleusis, Ramnoús ou Brauron, émergent de la campagne attique ; la quiétude intemporelle qui y règne contraste avec la frénésie et la pollution athéniennes. Au cap Soúnio (Sounion), le temple de Poséidon sert de balise aux marins depuis deux millénaires.

La période byzantine laissa de nombreux vestiges. Parmi les plus imposants, les monastères de Dafní et de Kaisarianí, tous deux richement décorés, possèdent de splendides mosaïques. Au sud d'Athènes, la douceur du climat est particulièrement favorable à l'agriculture. La vigne cultivée dans la région du Mesógeia (centre) sert à produire le meilleur *retsina* du pays. Au nord, le mont Párnitha, recouvert de pins, offre de nombreuses possibilités de promenades et, de son sommet, une vue unique sur la ville d'Athènes.

Les ruines paisibles du Parthénon des Petites Ourses, dans l'ancienne Brauron

◁ Le Christ Pantokrátor du dôme du *katholikón,* au monastère de Dafní

Les environs d'Athènes

P assé les grises et interminables banlieues d'Athènes, le voyageur découvre le paysage de l'Attique, qui contraste par sa diversité avec celui qu'il vient de quitter. Les vestiges antiques ou byzantins se succèdent dans un décor peuplé de montagnes sauvages et le rivage est bordé de plages de sable blanc. Si la côte des environs immédiats du Pirée et de l'ancienne Éleusis est extrêmement polluée, les collines des monts Párnitha et Ymittós regorgent de gibier, de sentiers déserts, de grottes et de cascades. En été, les Athéniens se ruent vers les côtes de l'Attique, qui se transforment en véritable Côte d'Azur grecque, avec ses bars, ses discothèques et ses nombreux hôtels. Du côté du cap Soúnio, le nombre des tavernes à poissons rivalise avec celui des petites criques paisibles.

Lárisa, Ioánnina, Préveza, Vólos, Thessalonique

ANCIENNE OROPÓS

Chalkída

↑ *Thèbes*

3 (E962)

MONT PÁRNITH

Bateaux ancrés à Mikrolímano, port de plaisance du Pirée

ACH

ANCIENNE ÉLEUSIS 16

8 (E94)

MONASTÈRE 14
DE DAFNÍ AT

MÉGARE

8 (E94)

15

LE PIRÉ

Corinthe, Trípoli, Pátra, Kalamáta

PALAÍO

VOIR AUSSI

- **Hébergement** p. 268
- **Restaurants et cafés** p. 290-291

LÉGENDE

Route à chaussées séparées

Route principale

Route secondaire

Route pittoresque

Rivière

Point de vue

CIRCULER

Elefthérios, l'aéroport international d'Athènes, dessert toute la région. Il existe deux itinéraires pour se rendre dans le sud-est de l'Attique : la route côtière, qui joint le Pirée au cap Soúnio, et la route intérieure, par Korópi et Markópoulo, vers les ports de Pórto Ráfti et Lávrio situés sur la côte orientale. Cette route permet également d'accéder à l'embarcadère de Rafína, d'où partent les ferries pour Evvoia et les Cyclades. Un réseau d'autobus assez dense dessert toute la péninsule. On accède au mont Párnitha et au nord de l'Attique par la route nationale E75.

Le temple de Poséidon au cap Soúnio

CARTE DE SITUATION

LA RÉGION D'UN COUP D'ŒIL

0   10 km

Le *katholikón* de Moní Kaïsarianís

L'Enkoimitírion à Oropós

Ancienne Oropós ❶
Ωρωπός

Kálamos, Attique. **Carte routière** D4.
☎ 22960 22426. ⊞ Kálamos.
○ t.l.j. ● jours fériés. ⚠

L e paisible sanctuaire d'Oropós est niché sur la rive gauche de la rivière Cheímarros, bordée de pins et de plants de thym. Il est dédié à Amphiáraos, un héros de la mythologie auquel étaient associées des vertus curatives. Guéri de ses blessures par Zeus lors d'une bataille contre Thèbes, Amphiáraos disparaît dans une crevasse, avec son chariot, sur intervention de Zeus, et ressurgit sur le site de la source sacrée d'Oropós. Dans l'Antiquité, les visiteurs jetaient des pièces de monnaie dans cette source pour s'assurer une bonne santé. Le sanctuaire d'Amphiaraos devint un important lieu de pèlerinage au IVᵉ siècle av. J.-C., période au cours de laquelle furent bâtis un temple et un autel doriques, qui attiraient les malades venus de tout le monde grec. Sous l'Empire romain, l'endroit devint une station thermale importante, comme en témoignent les vestiges de nombreuses habitations construites sur la rive droite de la rivière. Les ruines de l'Enkoimitírion – une stoa de grandes dimensions dont les vestiges sont toujours debout aujourd'hui – sont les plus spectaculaires du site : les patients y étaient traités par *enkimisis*. Le patient devait passer la nuit dans la dépouille sanglante d'une chèvre, rituellement sacrifiée. Au matin, les prêtres du sanctuaire lui prescrivaient des remèdes en fonction de leur interprétation de ses rêves. Au-dessus de l'Enkoimitírion gisent les vestiges d'un imposant théâtre, avec un *proskenion* (scène) bien conservé et cinq trônes en marbre, autrefois réservés aux prêtres et aux invités de marque. De l'autre côté de la rivière, sur la rive droite en face de l'autel, on peut admirer une horloge à eau du IVᵉ siècle av. J.-C.

Trône de marbre du théâtre d'Oropós

Ramnoús ❷
Ραμνούς

Attique. **Carte routière** D4. ☎ 22940 63477. ⊞ ○ t.l.j. (sanctuaire de Némésis seulement). ● jours fériés. ⚠ ♿

I solé, le site de Ramnoús, qui domine la baie d'Evvoia, est particulièrement superbe. Il abritait le seul sanctuaire grec connu dédié à Némésis, la déesse de la vengeance. Celui-ci fut détruit en 399 sur ordre de l'empereur romain d'Orient Arcadius. Malgré cela, on peut encore admirer quelques vestiges, parmi lesquels deux splendides temples côte à côte, consacrés à Thémis. Le plus petit et le plus ancien date du VIᵉ siècle av. J.-C. Dans l'Antiquité, il servait à entreposer ou à conserver les objets précieux. Il n'en subsiste que quelques murs impressionnants en appareil polygonal. Toutefois, plusieurs statues de la déesse et de sa prêtresse Aristonoë, aujourd'hui exposées au Musée national archéologique (*p. 68-71*), furent découvertes dans la cella.

Le grand temple de Némésis date, lui, du milieu du Vᵉ siècle av. J.-C. Il s'apparente par sa conception à l'Hephaisteion de l'Agora d'Athènes (*p. 90-91*) et au temple de Poséidon au cap Soúnio (*p. 148*).

Les vestiges du temple de Némésis, à Ramnoús

Ce temple de style dorique abritait une statue de Némésis due à Agorakritos, un disciple de Phidias *(p. 98)*. Celle-ci a été en partie reconstituée à partir de fragments, la tête est exposée au British Museum.

L'embarcadère du port de Rafina

Marathon ❸
Μαραθώνας

Attique. **Carte routière** D4.
22940 55155. **Site et musée**
mar.-dim. *jours fériés.*

C'est dans la plaine de Marathon que se déroula l'une des plus importantes batailles de l'Antiquité, qui mit aux prises Athéniens et Perses. Le monument funéraire des Athéniens s'élève à 4 km de la ville actuelle de Marathónas. C'est un tumulus de 180 m de circonférence et de 10 m de haut, qui contient les cendres de 192 guerriers athéniens tombés lors de la bataille. Le site était signalé par une stèle très simple représentant un guerrier à terre, Ariston, due au sculpteur Aristoklès. L'original est exposé au Musée archéologique national d'Athènes *(p. 68-71)*. La copie de la stèle porte une épigramme du poète Simonides : « Les Athéniens combattirent à Marathon, premiers d'entre les Grecs, défirent les Perses porteurs d'or et dérobèrent leurs pouvoirs. »

En 1970, on exhuma dans le village voisin de Vraná le tumulus funéraire des Platéens et des tombes royales mycéniennes. Les Platéens furent les seuls Grecs qui envoyèrent des troupes pour soutenir Athènes lors

de la bataille contre les Perses.

Le **musée de Marathon** expose les objets trouvés sur ces deux sites, ainsi que deux statues de style égyptien du IIe siècle découvertes dans l'ancienne propriété d'Hérode Atticus, située dans la plaine de Marathon. Ce haut dignitaire et mécène romain était né et avait grandi en Attique. Il fit construire plusieurs bâtiments à Athènes, dont l'odéon qui porte son nom sur le versant sud de l'Acropole *(p. 100)*.

Plat découvert dans le tumulus des Platéens

Aux environs
À 8 km de Marathónas, le **lac Marathónas**, vaste plan d'eau artificiel, est traversé par une étroite chaussée. L'impressionnante retenue d'eau, construite en marbre pentélique, a été érigée en 1926. Elle fut la seule source d'approvisionnement en eau d'Athènes jusqu'en 1956. Le lac est alimenté par les torrents Charádras et Varnávas, qui dévalent le mont Párnitha *(p. 151)*.

Rafína ❹
Ραφήνα

Attique. **Carte routière** D4. *8 600*

Rafína est un petit port de pêche de caractère où sont amarrés nombre de caïques. C'est le deuxième port de l'Attique derrière le Pirée. Bien relié à la capitale par un réseau dense d'autocars, il est un des principaux ports d'embarquement vers les Cyclades et les îles de la mer Égée, accessibles par ferries ou hydroglisseurs. Ancien dème (région) de la cité d'Athènes dans l'Antiquité, Rafína est habitée depuis longtemps et, malgré la relative rareté des vestiges archéologiques datant de cette époque, c'est un lieu de villégiature aux tavernes et aux restaurants de poisson nombreux. Ceux avec terrasse donnant sur le port sont particulièrement attachants.

Aux environs
Au nord de Rafína, une route conduit au village de **Máti**, devenu un lieu de villégiature à la mode pour les Athéniens.

LA BATAILLE DE MARATHON

Lorsque Darius, le roi des Perses, arriva dans la baie de Marathon avec son armée en 490 av. J.-C., le sort d'Athènes et de la Grèce semblait scellé. Moins nombreux, les 10 000 hoplites grecs faisaient face à 25 000 Perses. Mais les Grecs l'emportèrent grâce aux choix tactiques de leur stratège Miltiade, qui renforça les phalanges à chacune de leurs ailes. Encerclés de toutes parts, les Perses furent contraints à la retraite et acculés à la mer. C'est ainsi que 6 000 d'entre eux trouvèrent la mort contre seulement 192 Athéniens. Un hoplite en armure court jusqu'à Athènes, distante de 42 km, pour annoncer la victoire, puis mourut d'épuisement : le « marathon » était né…

Vase représentant des hoplites grecs combattant un cavalier perse

L'ancienne Brauron ❺

Βραυρών

S ituée près de la ville moderne de Vravróna, Brauron est l'un des sites antiques les plus prestigieux des environs d'Athènes. Bien qu'il ne subsiste plus grand-chose de sa splendeur passée, les trouvailles exposées dans le musée témoignent toutefois de l'importance du sanctuaire d'Artémis, déesse de la Naissance et protectrice des animaux *(p. 53)*. Selon la légende, il fut fondé par Oreste et Iphigénie, les enfants d'Agamemnon, qui introduisirent en Grèce le culte de cette déesse. Sur les collines voisines furent découverts des vestiges néolithiques et mycéniens. C'est le tyran Pisistrate qui rendit Brauron célèbre au VIᵉ siècle av. J.-C., quand il fit du culte d'Artémis la religion officielle d'Athènes.

0   30 m

Le Parthénon des Petites Ourses à Brauron

LE SANCTUAIRE D'ARTÉMIS D'UN COUP D'ŒIL

① Temple d'Artémis
② Chapelle Agios Geórgios
③ Maison Sacrée
④ Tombe d'Iphigénie
⑤ Parthénon des Petites Ourses
⑥ Dortoirs
⑦ Stoa
⑧ Pont de pierres

À la découverte de l'ancienne Brauron

Ce site antique de dimensions modestes était un sanctuaire situé au nord d'une acropole antique récemment découverte. Il s'articulait autour du **temple d'Artémis**, dont seules demeurent les fondations. À côté du temple s'élève une église byzantine dédiée à **Agios Geórgios**. De celle-ci part un petit sentier en direction du sud-est, qui mène au plus ancien lieu de culte du sanctuaire, peut-être la **tombe d'Iphigénie**, grande prêtresse d'Artémis. Celle-ci jouxte les fondations de la **maison Sacrée**, qui servait de logement aux servantes du culte. Un peu mieux préservés, au nord-est du site, gisent les restes du **Parthénon des Petites Ourses**. On pense que c'est dans l'enceinte de cet espace sacré que des petites filles exécutaient la « danse des ours ». Entouré par une **stoa** du Vᵉ siècle av. J.-C., cet espace comportait des pièces servant de salles à manger et de **dortoirs**, dont ne subsistent que les fondations, quelques lits de pierre et la base de statues. Plus à l'ouest, on peut admirer les restes d'un **pont de pierre** du Vᵉ siècle av. J.-C.

La petite chapelle byzantine dédiée à Agios Geórgios

LA CÉRÉMONIE DES BRAURONIA

Tous les quatre ans, au printemps, se déroulait la fête des Brauronia, marquée par le sacrifice d'un des ours sacrés de la déesse Artémis. On connaît mal aujourd'hui les détails de cette cérémonie, mais le dramaturge Aristophane fait mention de la « danse des ours » effectuée par les initiées dans sa pièce *Lysistrate*. Celles-ci étaient des petites filles, âgées de cinq à dix ans, vêtues de robes couleur safran.

Bas-relief représentant des pèlerins approchant de l'autel d'Artémis lors des Brauronia

MODE D'EMPLOI

10 km au nord-est de
Markópoulo, Attique.
Carte routière D4. 22990
27020. **Site** 8 h 30-15 h
mar.-dim. **Musée** 8 h 30-15 h
mar.-dim. 1er et 6 janv.,
25 mars, lun. gras, ven. saint le
matin, dim. et lun. de Pâques,
1er mai, 25 et 26 déc.
accès limité sur le site.

**Vase mycénien du musée de
Brauron, 1200-1100 av. J.-C.**

Musée de Brauron

Cet extraordinaire musée
rassemble nombre de
découvertes effectuées
sur le site. La salle I
expose des offrandes
votives, dont des
vases miniatures et
des bijoux. La salle II
abrite de gracieuses
árktoi («statues des
Petites Ourses»).
On peut admirer
dans la salle III un
bas-relief votif
représentant Zeus,
Leto, Apollon et
Artémis, ainsi que
les vestiges d'un
autel. Les salles IV et V abritent
des vestiges préhistoriques et
mycéniens, dont des vases
de style géométrique.

**Statue d'une
« Petite ourse »**

LE RETSINA

Si, en matière de spiritueux, le goût des Grecs s'oriente de plus
en plus vers le whisky, le retsina fait le bonheur de millions de
touristes. Près de 16 millions de bouteilles furent consommées
en 1994, dont la moitié à l'exportation. La
saveur de ce vin populaire provient de l'ajout
au raisin de petites quantités de résine de pin
d'Alep lors de la fermentation. Cette méthode
est connue depuis l'Antiquité : elle servait à
aromatiser mais aussi à conserver le vin.
Depuis l'entrée de la Grèce dans la CEE
(aujourd'hui UE), en 1981, les zones de
production traditionnelles bénéficient d'une
appellation qui garantit leur origine. Les
amateurs considèrent que le meilleur retsina
provient de Mesógeia en Attique, zone de
culture du cépage savatiano. Kourtákis, le
producteur le plus important, possède
des vignes à Markópoulo et à Koropí.

**Récolte
de la résine
de pin**

Pórto Ráfti ❻
Πόρτο Ράφτη

Attique. **Carte routière** D4.
3 300.

Pórto Ráfti tire son nom
de l'île voisine de Ráfti,
visible depuis la côte. On y
a découvert une énorme statue
représentant un personnage
assis datant de l'époque
romaine, appelé le tailleur
(*ráftis*). Sa taille autorise à penser
qu'il s'agissait probablement
d'un phare. Si Pórto Ráfti est
l'un des plus beaux ports
naturels de Grèce, il n'a jamais
réellement pris son essor.
Pendant la Seconde Guerre
mondiale, en avril 1941, 6 000
soldats néo-zélandais furent
évacués de la plage voisine.
La ville est aujourd'hui une
paisible station de vacances,
avec tavernes et restaurants.
Les sites archéologiques des
environs sont nombreux. Ainsi
plusieurs tombes mycéniennes
furent découvertes au sud de
la baie de Pórto Ráfti, à **Peratí**,
qui fut un port florissant
aux VIIe et VIe siècles av. J.-C.

Aux environs
Au sud de la presqu'île de
Koróni, on peut admirer les
ruines d'une forteresse datant
de la guerre de Chrémonide
(265-261 av. J.-C.), qui opposa
l'Égypte et la Macédoine.
La côte au nord de **Peratí** est
jalonnée de grottes inexplorées
et attire les amateurs de fonds
marins limpides ou de pêche
sous-marine.

Markópoulo, petite ville
viticole à 8 km à l'intérieur
des terres, est réputée pour
ses tavernes. Les effluves
des saucisses aux épices,
des pâtisseries et du pain frais
provenant des différents étals
s'y mêlent agréablement.

Le port de Pórto Ráfti et l'île de Ráfti

L'un des nombreux édifices néoclassiques du XIXᵉ siècle à Lávrio

Lávrio ❼
Λαύριο

Attique. **Carte routière** D4.
🏛 8 800. 🚌 🚇 🚶 jeu.

D ans l'Antiquité, Lávrio était
célèbre pour ses mines
d'argent. Celles-ci fournirent
l'essentiel des ressources fiscales
de l'État athénien et
contribuèrent à financer le
programme de constructions de
Périclès *(p. 30)*. Elles permirent
ensuite à Thémistocle de
construire la flotte qui, en 480
av. J.-C., battit les Perses à
Salamine. Grâce à cette flotte,
Athènes acquit ensuite la
suprématie navale sur le monde
grec. Avant leur fermeture au
XXᵉ siècle, les mines furent aussi
exploitées par des sociétés
grecques et françaises pour en
extraire du manganèse et du
cadmium.

Près de 2 000 puits de mine
furent découverts dans la zone.
La plupart des trouvailles
archéologiques sont exposées
au **Musée minéralogique**,
le seul du genre en Grèce. La
présence de minerai est toujours
visible sur les parois des galeries
lors des visites des
puits. Depuis la
fermeture des
derniers puits, le
taux de chômage
s'est envolé dans la
région. Le souvenir
de l'âge d'or de la
mine se lit sur
les façades
néoclassiques
des nombreuses
maisons et
boutiques datant
du XIXᵉ siècle.
En face du port,
l'île de Makrónisos
servit de centre
de détention des prisonniers
politiques pendant la guerre
civile *(p. 42)*.

🏛 **Musée minéralogique**
Leof. Andréa Kordelá. 📞 22920
26270. 🕐 10 h-12 h mer., sam. et
dim. 🗓 ♿

Soúnio (Sounion) ❽
Σούνιο

9 km au sud de Lávrio, Attique.
Carte routière D4. 📞 22920 39363.
🚌 Lávrio. 🕐 t.l.j. 9 h au coucher du
soleil. 🗓 🅿

C onstruit légèrement en
retrait sur la falaise du
cap Soúnio, le temple de
Poséidon, dieu de la Mer,
ne pouvait être mieux situé.
Depuis des siècles, ses
imposantes colonnes de
marbre blanc servent de
point de repère aux marins.

Le temple actuel, édifié en
444 av. J.-C., fut bâti sur un
temple plus ancien.

Une frise ionique constituée
de 13 plaques de marbre de

**Les colonnes doriques
du temple de Poséidon**

Paros est
visible sur le
côté est et le
principal
chemin
d'accès au
temple. Très
abîmée, elle
représenterait
la bataille
légendaire
qui opposa
les Lapithes
aux Centaures,
ainsi que les
aventures de
Thésée, fils
de Poséidon
selon la mythologie grecque.
Il ne reste que 15 des 34
colonnes doriques
originelles ; elles sont
construites en marbre
provenant des carrières
voisines d'Agriléza.
Ces colonnes présentent

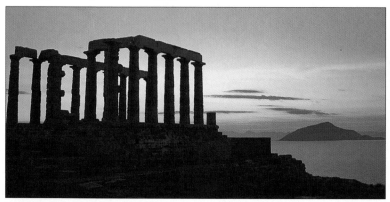

Vestiges du temple de Poséidon, au cap Sóunio

la particularité de ne posséder que 16 cannelures au lieu des 20 traditionnelles, sans doute pour réduire la surface du fût exposée aux ravages des embruns.

Lorsque, en 1810, lord Byron grava son nom sur l'un des fûts, il commit un acte de vandalisme, dont la portée fut hélas ! considérable : les colonnes sont aujourd'hui recouvertes de signatures.

Restaurant de bord de mer à Várkiza, sur la côte Attique

La côte Attique ❾
Παραλία Αττικύς

Attica. **Carte routière** D4. 🚌

L a côte qui s'étend entre le Pirée et Soúnio est surnommée côte d'Apollon du fait de la présence d'un petit temple consacré à ce dieu à Vouliagméni. Elle est jalonnée de nombreuses plages et de stations balnéaires, très actives les week-ends et l'été.

L'une des premières stations après le Pirée, **Palaió Fáliro**, abrite le cimetière militaire de Phalère. Ce site paisible accueille le monument érigé par la Grèce en l'honneur des 2 800 soldats britanniques tombés pendant la Seconde Guerre mondiale.

Très proches de l'aéroport d'Athènes, **Glyfáda** et **Alimos** (lieu de naissance de l'historien Thucydide) sont des stations balnéaires dotées de nombreux hôtels, centres commerciaux et marinas.

Plus chic, **Vouliagméni**, offre le même type de paysage, avec son grand port

---

LORD BYRON EN GRÈCE

Lord Byron (1788-1824), le plus célèbre poète romantique anglais, débarqua en Grèce en 1809 à l'âge de 21 ans. Il voyagea ensuite en Épire et en Attique en compagnie de son ami John Cam Hobhouse. C'est à Athènes qu'il écrivit la *Jeune Fille d'Athènes*, inspiré par son amour pour la fille de sa logeuse, et des parties du *Pèlerinage de Childe Harold*. Ces œuvres lui assurèrent une fulgurante notoriété et, quand il revint à Londres en 1812, il déclara : « Si je suis un poète, c'est à l'air de la Grèce que je le dois. » De retour en 1823, il fut reçu en héros en raison de son soutien sentimental et financier à la cause grecque lors de la guerre d'indépendance contre les Turcs *(p. 40-41)*. Il mourut de fièvre le dimanche de Pâques 1824 à Mesolóngi (Missolonghi) avant même d'avoir vu la Grèce libérée. Sa mémoire est encore vénérée en Grèce.

Lord Byron en costume traditionnel grec, par T. Phillips (1813)

---

de plaisance et ses hôtels de luxe construits sur la falaise, face à la mer. Au nord, un petit chemin, qui part de la côte, mène au site enchanteur du lac de Vouliagméni, situé au pied de petites falaises de calcaire. Les vertus de cette eau riche en soufre sont utilisées depuis des siècles contre les rhumatismes. Des cabines et un café sont installés près du lac.

La grande baie de Várkiza attire de nombreux véliplanchistes. Situé au bord de la route principale, l'Island est un club-restaurant de luxe qui attire tout l'été une clientèle chic avec ses cocktails et sa cuisine méditerranéenne. Une route sinueuse relie Várkiza à **Vári**, un village de l'arrière-pays réputé pour ses restaurants et leurs plats de viande. La grotte de Vári est située à 2 km au nord du village. Elle abrite une cascade, de superbes stalactites et conserve quelques petits vestiges antiques, la plupart ayant déjà été déplacés. L'accès est totalement libre.

De Várkiza à Soúnio, la route côtière longe des petites criques, des tavernes à poissons et des villas de luxe.

Anávysos est un village cossu entouré de vignes et de champs. Sur le port, on peut acheter le fruit de la pêche quotidienne des caïques locaux. Chaque samedi se tient un petit marché dont les étals colorés proposent fruits et légumes de saison.

Étals colorés de fruits et légumes, à Anávyssos

Sculpture dans le jardin du musée Vorrés

Paianía ❿
Παιανία

Attique. **Carte routière** D4.
🚶 9 700. 🚌 🚇 mar.

À l'est d'Athènes s'étend la petite ville de Paianía. Sur la place principale, l'église **Zoödóchou Pigís** abrite des fresques contemporaines du peintre Fótis Kóntoglou. Lieu de naissance de Démosthène (384-322 av. J.-C.), Paianía doit sa réputation à la présence du **musée Vorrés**. Installé dans des jardins magnifiques, l'établissement expose la collection privée d'Ion Vorrés. Il est divisé en deux parties qui embrassent 3 000 ans d'histoire grecque. La première – ancien domicile du collectionneur – est formée de deux maisons traditionnelles remplies de sculptures antiques, d'objets d'art, de céramiques, d'icônes byzantines, de marines et de mobilier. Sise dans un bâtiment moderne, la seconde brosse un tableau unique de l'art contemporain grec depuis les années 1940, avec les œuvres de près de 300 peintres et sculpteurs de toutes tendances artistiques, de la photo réaliste au pop art.

🏛 Musée Vorrés
Diadóchou Konstantínou 1. 🎔 210 664 4771. ◯ 10 h-14 h sam. et dim. ● août et jours fériés. 📷 ♿

Aux environs
Au-dessus de Paianía, la **grotte de Koutoúki (**12 000 m²) est nichée au pied du mont Ymittós. Elle fut découverte en 1926 par un berger qui y cherchait une chèvre tombée dans un puits. Des visites sont organisées toutes les demi-heures, un son et lumières mettant en valeur stalactites et stalagmites. La température intérieure ne dépasse pas 17 ˚C .

⛰ Grotte de Koutoúki
4 km à l'ouest de Paianía.
🎔 210 664 2108.
◯ 9 h-16 h 30 t.l.j. 📷

Moní Kaïsarianís ⓫
Μονή Καισαριανής

5 km à l'est d'Athènes, Attique. **Carte routière** D4. 🎔 210 723 6619.
🚌 Kaisarianís. ◯ 8 h 30-15 h mar.-dim. ● jours fériés. 📷

Caché au creux d'un vallon boisé du mont Ymittós, le couvent (Moní) de Kaïsarianís fut fondé au XIᵉ siècle. En 1458, quand le sultan Mehmet II s'empara d'Athènes, le couvent fut exempté d'impôts parce que son abbé avait fait don au Turc des clés d'Athènes. Le couvent bénéficia de ce privilège, qui assura sa fortune, jusqu'en 1792, après quoi il déclina. Il ne fut rénové qu'en 1956.

La petite église (katholikón) est consacrée à la Présentation de la Vierge. Ses peintures datent des XVIᵉ et XVIIᵉ siècles. Les plus remarquables, celles du narthex (1682), sont l'œuvre de l'artiste péloponnésien Ioánnis Ypatos.

Pierre sculptée sur le Moní Kaïsarianís

Le grand jardin appartient à la Société athénienne des amis des arbres, qui le fit replanter après que tous les arbres eurent été abattus pendant la Seconde Guerre mondiale. La rivière Ilissós prend sa source au-dessus du couvent : ses eaux qui jaillissent de la fontaine sacrée Kylloú Péra, ont depuis l'Antiquité la

Le Moní Kaïsarianís, tapi au cœur des collines boisées du mont Ymittós

réputation de guérir la stérilité ; de cette fontaine, il ne subsiste qu'une bouche en forme de tête de bélier en marbre. Avant la construction du barrage de Marathon, elle était la principale source d'approvisionnement d'Athènes *(p. 145).*

Kifisiá ⑫
Κηφισιά

12 km au nord-est d'Athènes, Attique.
Carte routière D4. 🎿 *40 000.* 🚇
Ⓜ *Kifisiá.*

D epuis l'époque romaine, Kifisiá est un des lieux de villégiature favoris des riches Athéniens. Jadis réservé aux classes élevées d'Athènes, ce village comprend aujourd'hui de nombreux immeubles et centres commerciaux modernes. On peut toutefois goûter sa tranquillité passée en se promenant en carrioles. Celles-ci attendent près de la station de métro et transportent le visiteur le long de rues ombragées bordées de villas aux styles architecturaux les plus étonnants, du chalet alpin aux manoirs gothiques néoclassiques.

Le **musée Goulándris d'histoire naturelle**, ouvert en 1974, loge dans une de ces villas. Il présente l'essentiel de la faune et de la flore grecques : 200 000 variétés de plantes et plus de 1 300 animaux empaillés y sont exposés dans le cadre d'une reconstitution de leur habitat naturel.

Bénitier exposé au musée Goulándris, à Kifisiá

La petite chapelle d'Agía Triáda, sur les pentes du mont Párnitha

🏛 Musée Goulándris d'histoire naturelle
Levídou 13. ☎ *210 801 5870.*
◷ *9 h-14 h 30 sam. au jeu. et de 10 h-14 h 30 le dim.*
● *jours fériés.* 🅿

Aux environs
Dans la banlieue de Kifisiá, à Maroúsi, on peut visiter le petit **musée Spathári du théâtre d'ombres**. Ouvert en 1995, il est consacré à l'histoire du théâtre de marionnettes Karagkiózis. Originaire d'Extrême-Orient, le théâtre d'ombres fit son apparition en Grèce au XVIIIᵉ siècle, importé par des artistes qui voyageaient dans tout l'Empire ottoman. Cette tradition fut reprise par des amateurs qui ne tardèrent pas à essaimer en Grèce, au point que celle-ci devint un véritable art populaire. Karagkiózis, le personnage traditionnel, pauvre et indomptable qui symbolise l'âme grecque, est immanquablement tourmenté par le riche pacha Pasha ou le rude Stávrakas. Le musée retrace en particulier l'histoire de la famille Spathári et présente une collection pittoresque de décors et de marionnettes utilisés lors des représentations.

Marionnette du musée Spathári

🏛 Musée Spathári du théâtre d'ombres
Vas Sofías et D. Ralli, Maroússi.
☎ *210 612 7245.* ◷ *9 h-14 h lun.-ven.; 18 h-20 h mer.* ● *jours fériés.*

Mont Párnitha ⑬
Ορος Πάρνηθα

Attique. **Carte routière** D4.
🚌 *Acharnés, Thrakomakedónes et Agía Triáda.*

D ans l'Antiquité, le mont Párnitha était peuplé d'animaux sauvages. Aujourd'hui, ce massif austère, qui s'étend sur 25 km d'est en ouest, sert de sanctuaire à des animaux plus inoffensifs qu'autrefois : tortues peuplant les broussailles ou rapaces près du mont Karampóla, point culminant du massif avec 1 413 m d'altitude. Au printemps et en automne, les fleurs sauvages, notamment des cyclamens et des crocus, recouvrent les pentes de la montagne. À une heure d'Athènes, on peut ainsi admirer de magnifiques paysages alpestres. Dans le village d'**Acharnés**, un funiculaire permet d'accéder à un casino perché à 900 m d'altitude.

Encore peu fréquenté, le massif est parcouru par des sentiers de randonnée. Le plus connu part de Thrakomakedónes, au pied de la montagne, et rejoint le refuge de Vafí. La randonnée, superbe, dure deux heures, et conduit le marcheur du maquis méditerranéen à un paysage typiquement alpin. Une fois au refuge de Báfi, il est conseillé de gagner celui de Flampoúri, où la vue est magnifique.

Le monastère de Dafní ⑭

Μονή Δαφνίου

Détail de la fresque

L e monastère de Dafní fut bâti au ve siècle de notre ère ; il doit son nom aux lauriers *(dáfnes)* qui poussaient aux alentours. Il fut construit avec les pierres provenant d'un ancien sanctuaire consacré à Apollon, qui occupait le site jusqu'à sa destruction en 395. Au xiiie siècle, Otton de la Roche, le premier duc franc d'Athènes, le légua à des moines cisterciens. Les moines grecs orthodoxes ne s'y sont installés qu'au xvie siècle, édifiant l'élégant cloître qui borde l'église au sud. Les superbes mosaïques dorées du *katholikón* (église principale) constituent l'attraction de ce monastère pittoresque *(p. 18-19)*.

Vue aérienne du monastère

Exonarthex gothique
construit environ 30 ans après l'église principale.

Cloître
Cette galerie a été bâtie au xvie siècle. Une autre arcade semblable lui fait face, de l'autre côté de la cour, où sont disposées les cellules des moines.

Par la qualité de son architecture, le monastère de Dafní est l'un des fleurons de l'art byzantin en Attique.

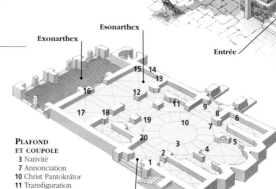

LES MOSAÏQUES DU KATHOLIKÓN

MURS
1 Résurrection
2 Adoration des mages
4 Archange Gabriel
5 Archange Michel
6 Nativité de la Vierge
8 Saint Jean le Théologien
9 Entrée à Jérusalem
12 Dormition de la Vierge
13 Cène
14 Lavement des pieds
15 Trahison de Judas
16 Prière d'Anne et Joachim
17 Bénédiction des prêtres
18 Présentation de la Vierge
20 Saint Thomas

PLAFOND ET COUPOLE
3 Nativité
7 Annonciation
10 Christ Pantokrátor
11 Transfiguration
19 Baptême

Exonarthex

Esonarthex

Entrée

Entrée

★ **Le Christ Pantokrátor**
(«Tout-Puissant»), qui règne au centre de la coupole, pose un regard sévère vers le sol. Il est entouré des seize prophètes.

MODE D'EMPLOI

À 10 km au nord-ouest d'Athènes, Attique. **Carte routière** D4.
📞 210 581 1558. ▥ pour restauration (téléphoner pour les détails).

Le dôme mesure 8 m de diamètre et 16 m de haut en son centre.

Nef

La Transfiguration du Christ tapisse la partie nord-ouest de la coupole. Élie et Moïse se tiennent de part et d'autre du Christ; en dessous, les apôtres Pierre, Jacques et Jean.

Les fenêtres sont bordées d'arcatures de briques, ou arcs en tiers-point.

Billetterie et musée

À NE PAS MANQUER

★ Le Christ Pantokrátor

★ Mosaïques (exonarthex)

★ **Les mosaïques de l'exonarthex**
Ces mosaïques représentent la Cène et le Lavement des pieds. La Trahison de Judas, qui montre le baiser de l'apôtre au Christ, est la plus belle d'entre elles.

Le Pirée ⓯
Πειραιάς

En attendant le ferry

L e Pirée, l'un des plus grands ports de la Méditerranée, est une des principales villes de Grèce. Il dessert Athènes depuis l'Antiquité. Les Longs Murs qui protégeaient la route le reliant à Athènes furent construits par Thémistocle en 480 av. J.-C. En 86 av. J.-C., le dictateur romain Sylla les fit raser. Au Moyen Âge, Le Pirée n'était guère plus qu'un petit port de pêche. Lorsque, en 1834, Athènes redevint la capitale de la Grèce, son port connut une seconde jeunesse et Le Pirée se couvrit de nombreux bâtiments néoclassiques et d'usines. En 1923, 100 000 réfugiés arrivés d'Asie Mineure s'y installèrent.

Bateaux amarrés dans la paisible crique de Mikrolímano

Thémistocle et pouvait accueillir 196 trières en cale sèche. C'est de Marína Zéas, au sud de Pasalimáni, que partent les hydroglisseurs pour les îles du golfe Saronique.
Mikrolímano (« petit port ») est encombré de nombreux bateaux de pêche. Il y règne une atmosphère décontractée, en partie grâce aux nombreux restaurants de poisson.

Le long de la route côtière, entre Pasalimáni et Mikrolímano, discothèques et bars ont investi les anciennes demeures néoclassiques du quartier de Kastélla. Le vieux quartier ouvrier de Drapetsóna s'embourgeoise. Ce dernier, le plus grand centre industriel du pays, est apprécié pour ses restaurants qui ferment très tard.

La gare maritime de Kentrikó Limáni et ses nombreux ferries

À la découverte du Pirée

Au début des années 1970, le régime des colonels *(p. 43)* fit raser de nombreux bâtiments publics souvent très anciens. Le souvenir de cette époque a marqué la ville, qui s'efforce d'appliquer une politique d'urbanisme équilibrée. Le quartier du théâtre municipal est remarquable par ses élégants restaurants en plein air et ses fontaines abritées à l'ombre des édifices néoclassiques. Les rues situées derrière les grandes banques et les bureaux des compagnies maritimes qui bordent **Kentrikó Limáni** (l'embarcadère principal) regorgent de restaurants et de magasins chic ainsi que de beaux exemples d'architecture néoclassique, tel **l'hôtel de ville**. Pour s'informer des départs de ferries depuis Kentrikó Limáni, voir p. 321.

Au sud de la gare de Navarínou, un marché très animé rassemble poissonniers, vendeurs de fruits et légumes, marchands d'accastillage et quincailliers. Le dimanche matin, un marché aux puces très actif s'étend aux abords des magasins d'antiquités de Plateía Ippodameías ainsi que dans les rues Alipédou et Skylítsi.

Le Pirée comporte deux autres ports, situés à l'est de Kentrikó Limáni. **Pasalimáni** (le « port du pasha », aussi appelé Limáni Zéas), où était amarrée la flotte ottomane. Les yachts luxueux ont aujourd'hui remplacé les navires de guerre. Dans l'Antiquité, Pasalimáni abritait l'arsenal de

🏛 Théâtre municipal

Agíou Konstantínou 2. **C** *210 412 0333.* ⬚ *mar. au dim.*
La façade néoclassique de ce bâtiment est l'un des joyaux architecturaux du Pirée. Elle est l'œuvre d'Ioánnis Lazarímos (1849-1913), qui s'inspira de l'Opéra-Comique de Paris.

Façade du théâtre municipal

Ses 800 places en font l'un des plus grands théâtres modernes de Grèce. Sa construction dura dix ans et le théâtre fut inauguré le 9 avril 1895. Il abrite aujourd'hui **la pinacothèque municipale** et le **musée Pánou Aravantinoú des décors de théâtre**. Ce dernier expose les travaux de Pános Aravantinoú (qui travailla à l'opéra de Berlin dans les années 1920) ainsi qu'une présentation chronologique de l'opéra grec.

Statue d'Athéna au Musée archéologique

illustrent le degré de raffinement atteint par la sculpture grecque antique. La statue d'Apollon, datée de 520 av. J.-C., est le plus ancien *koûros* de bronze connu. On peut également admirer une statue cultuelle représentant Cybèle assise ainsi qu'un choix de statues et de stèles funéraires grecques et romaines.

Près du musée gisent les vestiges du **théâtre de Zéa**, datant du IIe siècle av. J.-C., dont il subsiste encore l'orchestra.

MODE D'EMPLOI

10 km au sud-ouest d'Athènes, Attique. **Carte routière** D4. 👣 200 000. ⚓ Kentrikó Limáni. 🚌 Kékropos (Péloponnèse), Kanári (Grèce du Nord). Ⓜ Piraeus. 🚢 Plateía Koraï (Athènes), Plateía Karaiskáki (autres destinations). 🛈 EOT Athènes (210 331 0392). 🛒 dim. (marché aux puces). 🎭 mai-juil. : festivals de théâtre et de musique.

🏛 **Musée archéologique**
Charilâou Trikoúpi 31. 📞 210 452 1598. ⏰ 8 h 30-15 h mar.-dim. ⏰ jours fériés. 📷 ♿
Ce musée abrite de superbes statues de bronze découvertes dans un chantier en 1959. La grande statue d'Artémis avec son carquois, celle d'Athéna au casque décoré de hiboux et celle d'Apollon

🏛 **Musée naval hellénique**
Aktí Themistokléous, Freatýda. 📞 210 451 6264. ⏰ 9 h-14 h mar.-ven. (jusqu'à 14 h 30 sam.). ⏰ août et jours fériés.
C'est un musée attachant dont l'entrée est signalée par un vieux sous-marin amarré au quai de la marine de Zéas. Sa salle principale est construite autour d'une portion

des Longs Murs érigés par Thémistocle. Plus de 2 000 objets y sont exposés : maquettes, cartes, drapeaux, uniformes, vestiges de batailles navales, peintures de *trechantíri* (caïques de pêche) ainsi qu'objets relatifs à l'histoire de la marine grecque, des premiers voyages en trières vers la mer Noire aux traversées en paquebots vers le Nouveau Monde. L'exposition sur la guerre d'indépendance est très documentée. On peut également visiter l'*Averof*, l'ancien navire amiral de la flotte grecque jusqu'en 1951, entièrement rénové.

LE CENTRE DU PIRÉE

Hôtel de ville ①
Musée archéologique ④
Musée naval ⑥
Pasalimáni ③
Théâtre municipal ②
Théâtre de Zéas ⑤

0   150 m

LÉGENDE

⚓ Embarcadère des ferries

✝ Église

Gare routière
Gare ferroviaire
Station de métro
Drapetsóna

ATHÈNES

ATHÈNES

Aéroport de Mikrolímano

Départ des hydroglisseurs

PLATEÍA FREATÝDAS ⑥

MARÍNA ZÉAS

L'ancienne Éleusis ⑯

Αρχαία Ελευσίνα

Durant l'Antiquité, Éleusis était un grand lieu de culte, dont l'activité culminait lors des fêtes d'initiation : les mystères d'Éleusis, qui attiraient des pèlerins venus de tout le monde grec. Chacun pouvait devenir un *mystes* (initié) à condition de n'être ni un meurtrier ni un barbare. Fait exceptionnel, l'initiation aux mystères était un culte mixte et égalitaire. Bâti à l'époque mycénienne, le sanctuaire fut fermé par l'empereur Théodose en 392 et dévasté lors de l'invasion de la Grèce par les Goths du roi Alaric, en 396, à l'époque où le christianisme prenait son essor dans le monde antique.

L'anaktoron
Ce petit édifice rectangulaire en pierres n'a qu'une entrée. Il était considéré comme la partie la plus sacrée du site. Ce « palais » existait avant le telesterion, qui fut construit autour de lui.

Le telesterion
*Dessiné par Iktinos, ce sanctuaire fut érigé au V*e* siècle av. J.-C. Il pouvait accueillir plusieurs milliers de personnes.*

Boutiques du IV*e* siècle av. J.-C. et bouleuterion (assemblée)

LES MYSTÈRES D'ÉLEUSIS

Ils seraient nés vers 1500 av. J.-C., et furent célébrés pendant plus de 2 000 ans. Cet ensemble de rites était attaché au culte de la déesse Déméter et de sa fille Perséphone (ou Koré), enlevée par Hadès, dieu des Enfers. Il célébrait le retour à la lumière de Perséphone neuf mois par an *(p. 52)*. Les impétrants devaient garder le secret sur leur initiation, mais on sait que des processions, accompagnées de sacrifices, avaient lieu entre le Kerameikós *(p. 88-89)* et Éleusis. Là, dans le sanctuaire, on recevait les secrets de la religion au cours de rites qui prenaient la forme d'un drame sacré.

Temple abritant des korês taillées dans la roche   **Maisons romaines**

Prêtresse avec sa *kiste mystica* (corbeille sacrée)

L'ANCIENNE ÉLEUSIS

Reconstitution d'Éleusis (vue de l'est) à l'époque romaine (v. 150), durant laquelle les mystères étaient à l'apogée de leur popularité. Bien que les vestiges soient clairsemés, l'atmosphère générale du site est empreinte de mystère.

Ploutonion
C'est dans cette grotte que Perséphone était censée revenir chaque année des Enfers. Le sanctuaire était dédié à Hadès, le ravisseur de Perséphone.

MODE D'EMPLOI

Gioka 2, 22 km au nord-ouest
d'Athènes, Attique.
Carte routière D2.
Site et musée

210 554 6019.
8 h 30- 15 h mar.-dim.
jours fériés.

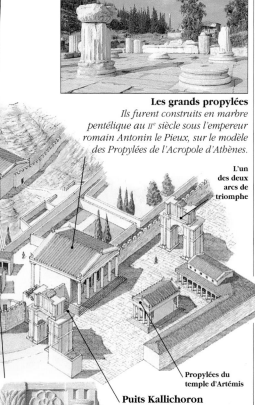

Les grands propylées
Ils furent construits en marbre pentélique au IIe *siècle sous l'empereur romain Antonin le Pieux, sur le modèle des Propylées de l'Acropole d'Athènes.*

L'un des deux arcs de triomphe

Propylées du temple d'Artémis

Puits Kallichoron
C'est ici que Déméter aurait pleuré sa fille Perséphone.

Les petits propylées
Le blé et le pavot entraient dans la composition du kykeon, *boisson sacrée des initiés.*

Relief du telesterion, exposé au musée

Musée d'Éleusis
Ce petit musée, au sud du telesterion, comporte cinq salles. Le hall d'entrée expose une réplique du fameux relief du telesterion qui figure Déméter offrant à Triptolème le premier grain de blé. Il abrite également une grande amphore du VIIe siècle et une copie des peintures votives de Ninnion, l'un des derniers vestiges existants des mystères d'Éleusis. À gauche, le hall dessert les autres salles.

Dans la première sont exposés un *koúros* du VIe siècle av. J.-C. et une statue romaine de Dionysos du IIe siècle av. J.-C. La deuxième salle abrite deux maquettes du site. Dans la troisième, on peut admirer des sarcophages en terre cuite d'époque classique ainsi qu'une grande caryatide des petits propylées portant une *kiste mystica* (corbeille sacrée) sur la tête. La dernière salle recèle de nombreuses poteries, qui servaient à transporter de la nourriture lors des *kernoforía* (processions annuelles).

Vierge s'enfuyant

LE PÉLOPONNÈSE

PÉLOPONNÈSE

Bastion des insurgés et champ de bataille pendant la guerre d'indépendance de 1821-1831, le Péloponnèse est le noyau à partir duquel s'est constituée la Grèce moderne. Cette péninsule, que l'on peut considérer comme une île du fait de l'étroitesse de l'isthme de Corinthe (6 km), offre une étonnante variété de paysages et de vestiges archéologiques de toutes les périodes de l'histoire grecque.

Péloponnèse signifie « île de Pélops ». Ce dernier, fils du roi légendaire Tantale, fut égorgé et offert en festin aux dieux par son père, qui désirait éprouver leur omniscience. Ressuscité par Zeus à la demande des dieux, Pélops donna naissance à la famille royale des Atrides, célèbre à la fois par la malédiction qui plana sur elle et par les découvertes archéologiques qui ont permis d'exhumer quelques-unes de leurs cités de Mycènes. Le Péloponnèse abrite les sites antiques et médiévaux de l'Argolide, au sud de Corinthe, qui forment un contraste saisissant avec l'élégance néoclassique de la ville de Nauplie.

À l'ouest gisent les vestiges de l'ancienne Olympie, centre religieux et haut lieu antique des compétitions sportives.

Statue de Léonidas, à Sparte

La luxuriante plaine côtière d'Ileía, cœur d'une ancienne principauté franque, regorge de vestiges franco-byzantins, notamment à Chlemoútsi. Pour admirer des exemples d'architecture byzantine typiques, il faut se rendre dans les églises de Mystrás, de Geráki et dans la région du Máni, dont, au Moyen Âge, les habitants prétendaient descendre des guerriers de Sparte. Methóni, Koróni et Monemvasía se protègent derrière des fortifications vénitiennes des XVIIe et XVIIIe siècles. En Arcadie, de riches vallées alternent avec des montagnes boisées et des gorges encaissées, telles celles de Loúsios. Des monastères à flanc de montagne et des villes austères (Stemnítsa) tranchent avec l'image traditionnelle de la Grèce.

Terrasse d'un restaurant dominant la mer, à Monemvasía

◁ Nauplie vue des marches menant à la forteresse vénitienne de Palamídi

À la découverte du Péloponnèse

L es innombrables vestiges antiques et médiévaux de la région valent à eux seuls la visite du Péloponnèse. Si les stations balnéaires ou touristiques sont peu nombreuses hors d'Argolide et d'Iléia, la beauté naturelle de sites comme les gorges de Loúsios ou Kalógria attirent randonneurs et touristes. L'économie de la péninsule est essentiellement agricole, Pátra étant la seule ville importante. Si le paysage est dominé par les montagnes boisées, la côte entre Pátra et Methóni abrite de superbes plages.

Karítaina, dans les gorges de Loúsios

CIRCULER

Les routes principales relient Athènes à Pátra, via Corinthe, et à Trípoli. Les routes secondaires, la plupart du temps très étroites, sont beaucoup plus intéressantes. Les transports publics consistent principalement en un réseau d'autocars assez bien développé, et en deux lignes ferroviaires peu rapides et peu ponctuelles. La première dessert les côtes nord et ouest, la seconde traverse le Péloponnèse en diagonale via Trípoli. Ferries et hydroglisseurs (p. 321) desservent plusieurs ports de la côte orientale, notamment Monemvasía et Neápoli. Kalamáta possède un aéroport.

PATRA ⑦
CHEMIN DE FER DIAKOFTÓ-KALÁVRYTA
KALOGRIA ⑧
MONT CHEL
CHÂTEAU DE CHLEMOÚTSI ⑨
Pineiós
GORGES DE LOÚSIO ⑪
ANCIENNE OLYMPIE ⑩
ANDRITSAINA ⑫
Alfeiós
Ladonas
KYPARISSÍA
ANCIENNE MESSÈNE ㉚
PALAIS DE NESTOR ㉙
KALAMA
PYLOS ㉘
METHÓNI ㉗
KORON ㉖

LA RÉGION D'UN COUP D'ŒIL

Port de Gýtheio, Máni intérieur

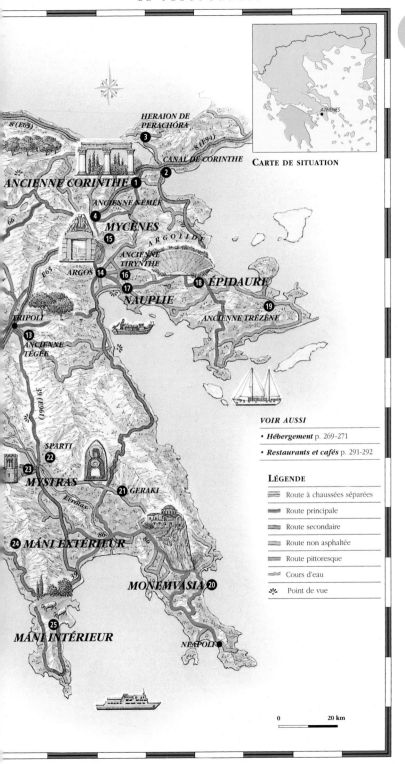

HERAION DE
PERACHÓRA

3

8 (E94)

CANAL DE CORINTHE

2

8 (E65)

ANCIENNE CORINTHE **1**

ANCIENNE NÉMÉE

4

MYCÈNES

15

A R G O L I D E

ANCIENNE
TIRYNTHE

ARGOS **14**

16

66

E65

17

NAUPLIE

70

18 ÉPIDAURE

19 ANCIENNE TRÉZÈNE

TRIPOLI

13

ANCIENNE
TÉGÉE

39 (E961)

CARTE DE SITUATION

ATHÈNES

SPARTI

22

23

MYSTRAS

21 GERAKI

Eurotas

24 MÁNI EXTÉRIEUR

86

25

MÁNI INTÉRIEUR

MONEMVASIA **20**

NEÁPOLI

VOIR AUSSI

• *Hébergement* p. 269-271

• *Restaurants et cafés* p. 291-292

LÉGENDE

Route à chaussées séparées

Route principale

Route secondaire

Route non asphaltée

Route pittoresque

Cours d'eau

Point de vue

0   20 km

L'ancienne Corinthe ❶
Αρχαία Κόρινθος

D ans l'Antiquité, la ville de Corinthe dut sa prospérité à sa position géographique sur l'isthme étroit qui sépare les golfes Saronique et de Corinthe. Le roulage des cargaisons d'un golfe à l'autre était, bien avant la construction du canal, le plus court chemin menant de la Méditerranée orientale à l'Italie du Sud *(p. 167)*. Fondée au néolithique, la ville fut rasée en 146 av. J.-C. par les Romains, qui la reconstruisirent un siècle plus tard. Sous l'empire, elle atteignit 750 000 habitants et gagna une solide réputation de ville licencieuse que stigmatisa saint Paul en 52. Des fouilles archéologiques ont révélé les dimensions imposantes de la ville antique, détruite par des tremblements de terre à l'époque byzantine. Les vestiges forment la plus grande ville romaine de Grèce.

CARTE DE SITUATION

La bema (tribune), où saint Paul fut accusé de sacrilège par les Juifs de Corinthe.

Bouleuterion

L'agora était le cœur de la ville à l'époque romaine.

Portique sud

★ La rue de Lechaion
Cette voie dallée de marbre reliait Corinthe au port de Lechaion ; elle aboutissait à un grand escalier et à des propylées (entrée monumentale).

La fontaine Pirène alimente toujours le village actuel en eau.

Basilique

LA RECONSTITUTION DE L'ANCIENNE CORINTHE (VERS 100)

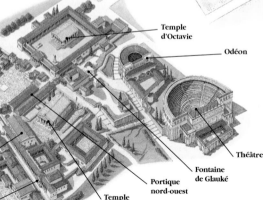

Bouleuterion
Portique sud
Bema
Agora
Fontaine Pirène
Basilique
Rue de Lechaion
Temple d'Apollon
Portique nord-ouest
Fontaine de Glauké
Théâtre
Odéon
Temple d'Octavie

Le temple d'Octavie

Ces trois colonnes à chapiteaux corinthiens surmontés d'une architrave restaurée sont les derniers vestiges de ce temple dédié à la sœur d'Auguste.

MODE D'EMPLOI

À 7 km au sud-ouest de la ville actuelle, Péloponnèse.
Carte routière C4.
27410 31207.
Site et musée ◯ *avr.-oct : 8 h-19 h t.l.j. ; nov-mars : 8 h-17 h t.l.j.*
● *1er janv., 25 mars, mat. du Ven. saint, dim. de Pâques, 1er mai, 25 et 26 déc.* 📷 ♿ *limité.*
Acrocorinthe : à 4 km au sud de l'ancienne Corinthe.
27410 31266.
◯ *8 h 30-15 h t.l.j.* 🍴

Acrocorinthe
(p. 166)

Le musée abrite des objets trouvés sur le site *(p. 166)*.

Odéon

Ce bâtiment est l'un des nombreux édifices commandés par Hérode Atticus, riche Athénien, ami de l'empereur Hadrien.

Le théâtre fut doté au IIIe siècle d'une installation hydraulique qui permettait d'organiser des batailles navales entre gladiateurs.

La fontaine de Glauké comprenait quatre citernes taillées dans la roche et alimentées depuis les collines par un aqueduc.

★ Le temple d'Apollon
Monument le plus spectaculaire de Corinthe, ce temple fut l'un des rares bâtiments préservés par les Romains lorsqu'ils reconstruisirent la ville en 46 av. J.-C. Dans l'angle sud-est, un ingénieux escalier permettait d'accéder à la terrasse sur laquelle était bâti le temple.

Le portique nord-ouest comprenait deux rangées de colonnes : à l'extérieur de style dorique et à l'intérieur de style ionique.

À NE PAS MANQUER

★ Le temple d'Apollon

★ La rue de Lechaion

Colonnes doriques du temple d'Apollon, dans l'ancienne Corinthe ▷

À la découverte de l'Acrocorinthe

L es dernières fouilles ont permis de découvrir une multitude d'objets, mais également d'estimer les véritables dimensions de la Corinthe antique, qui comprenait également l'Acrocorinthe. Elles ont mis au jour les vestiges de la plus importante colonie romaine de Grèce, la plupart des édifices grecs antiques ayant disparu lors de la destruction de la ville par les Romains en 146 av. J.-C. Au Moyen Âge, l'Acrocorinthe devint la plus grande forteresse du pays. On peut aujourd'hui y accéder en voiture.

L'Acrocorinthe

L'Acrocorinthe, qui est située à 4 km de la ville moderne, fut occupée et fortifiée par les diverses puissances qui se succédèrent en Grèce à partir de l'époque romaine : le site escarpé et la présence au sud-est des remparts de la source Pirène permettaient d'affronter de longs sièges. On aborde la forteresse par l'ouest, là où les défenses naturelles sont le moins abruptes, en franchissant trois portes d'époques différentes : la plus basse est ottomane, l'intermédiaire franque et la plus élevée byzantine. Plus loin, sur une terrasse en friche de 24 ha, s'élèvent un minaret tronqué, des tombes musulmanes et des chapelles ou des mosquées isolées, derniers vestiges d'une ville qui fut laissée à l'abandon lors du retrait des Turcs de Grèce, au siècle dernier. Au sud-ouest des remparts édifiés par les Vénitiens, on atteint un donjon. Au nord-est, sur le terre-plein le plus élevé, gisent les fondations

Mosaïque de Bacchus (Dionysos), du IIe siècle, exposée au musée

de l'ancien temple d'Aphrodite, jadis peuplé de 1000 prostituées sacrées, que l'on appelait pudiquement des hiérodules. Leur existence fut stigmatisée par saint Paul dans ses deux *Épîtres aux Corinthiens*. Du haut de ce piton rocheux, on découvre un inoubliable panorama, la vue portant sur près de 60 km, depuis le massif de Geráneia au nord-est jusqu'aux monts Ziria au sud-ouest. Un escalier

moderne mène à la fontaine Pirène supérieure, qui jaillit dans une chambre souterraine, où l'on peut admirer, à la saison sèche, un pilastre sculpté soutenant un fronton hellénistique. En direction de Ziria, sur la colline voisine de Penteskoúfi se dresse une forteresse franque du XIIIe siècle.

Musée

L'aile ouest du musée abrite également les 274 objets dérobés en 1990 et retrouvés neuf années plus tard à Miami. Toutes les périodes de l'Antiquité y sont représentées, mais la collection romaine, située dans l'aile ouest, est la plus riche. Elle abrite notamment de superbes mosaïques du IIe siècle provenant de villas voisines : une tête de Bacchus inscrite dans un motif géométrique circulaire, un berger nu jouant du chalumeau devant ses bœufs, et une chèvre endormie au pied d'un arbre. L'entrée nord est flanquée de colonnes représentant des guerriers phrygiens, bras croisés, dont les tuniques et la longue chevelure préfigurent l'art médiéval. L'aile est du musée abrite des objets plus anciens : artisanat attique du Ve siècle av. J.-C. (p. 60-61), notamment le « vase à la chouette », mais surtout des vases du VIIe et du VIe siècle av. J.-C., certains décorés d'animaux fantastiques, caractéristiques de Corinthe dans l'Antiquité. À la lisière nord de l'enceinte, près de l'Asclepieion, des objets votifs représentant des corps tordus de douleur furent exhumés. Ils préfigurent les *támmata*, ou ex-voto en métal accrochés dans les églises orthodoxes actuelles. Parmi les autres objets exposés, un sphynx en marbre du VIe siècle et un fronton hellénistique à têtes de lion, dont la pigmentation a résisté aux outrages du temps. Parmi les plaques sculptées exposées dans la cour intérieure du musée, on distingue une représentation des travaux d'Héraclès (p. 53).

L'entrée de l'Acrocorinthe, avec ses trois portes

Un navire empruntant le canal de Corinthe ; au fond, le pont métallique

Canal de Corinthe ❷
Διώρυγα της Κορίνθου

Péloponnèse. **Carte routière** C4.
🚌 *Loutráki.*

L e passage du cap Matapan, ou Taínaro *(p. 199)*, point le plus méridional du Péloponnèse, était, en raison de conditions météorologiques souvent défavorables, très redouté des marins de l'Antiquité. Plutôt que de prendre le risque de le contourner, les capitaines des navires préféraient emprunter le chemin de roulage de Corinthe, ou *díolkos* (voie pavée), long de 6 km, puis reprendre la mer de l'autre côté, après avoir rechargé la cargaison. Dès le règne de l'empereur Néron, on eut l'idée de percer un canal entre les deux rives de l'isthme, mais il ne fut achevé qu'en 1893. Si le canal, large de 23 m, ne peut accueillir de gros porte-conteneurs, qui ne craignent plus de passer le cap Matapan, le trafic demeure important.

Aux environs
Près de l'extrémité sud du canal s'étend la **ville antique d'Isthmía**, ancien sanctuaire

important de Poséidon. Tous les quatre ans s'y déroulaient les jeux Isthmiques. Il ne subsiste que les fondations du temple de Poséidon (VIIᵉ siècle av. J.-C.) et l'aire de départ des épreuves d'athlétisme, le reste du stade ayant disparu. Le musée local abrite des objets trouvés à Kechriés, port oriental de Corinthe. On peut y admirer des verreries peintes et des pierres décorées destinées au temple d'Isis qui fut détruit en 375 par un tremblement de terre.

🏛 Ancienne Isthmía
Extrémité sud du canal. **Site et musée**
☎ 27410 37244. ⏱ 8 h 30-15 h t.l.j. (seul. site) ⬤ jours fériés. 🚫 ♿

Heraion de Perachóra ❸
Ηραίον της Περαχώρας

À 13 km à l'ouest de Loutráki, Péloponnèse. **Carte routière** C4. 🚌

C onstruit probablement au VIIIᵉ siècle av. J.-C., l'Heraion de Perachóra (un village voisin) était, à l'instar de l'ancienne Isthmía, un centre religieux important. S'il ne reste plus du temple archaïque d'Héra Limeneia que les fondations, la base des colonnes ainsi qu'un autel et une stoa de l'époque classique, le site est magnifique, surplombant une petite crique, au sud du cap Melangávi. Un phare fut érigé au XIXᵉ siècle à proximité.
À 3 km à l'est s'étend le lac de Vouliagméni. Ce lieu de baignade abrite, sur sa rive ouest, d'excellentes tavernes.

Ancienne Nemée ❹
Αρχαία Νεμέα

À 5 km au nord-est de Neméa, Péloponnèse. **Carte routière** C4.
☎ 27460 22739 🚌 **Site et musée**
⏱ mai-oct. : 8 h 30-19 h t.l.j. ; nov.-avr. : 8 h 30-15 h t.l.j.
⬤ jours fériés. 🚫 ♿

S itué dans une petite vallée isolée, le site de l'ancienne Nemée (Neméa) se distingue dans le paysage par ses trois colonnes doriques appartenant au temple de Zeus (IVᵉ siècle av. J.-C.). À leur pied gisent les restes de colonnes détruites par des pillards entre le IVᵉ et le XIIIᵉ siècle. À l'extrémité ouest du temple, une profonde crypte *(adyton)* fut découverte. À proximité, en direction du sud-ouest, une structure temporaire protège les fouilles de thermes hellénistiques, dont seuls une piscine et le système d'alimentation furent exhumés. Des fouilles récentes ont mis au jour les traces d'un village byzantin, avec des tombes, des fours à céramique, un baptistère et une basilique construite au-dessus de l'ancien dortoir des pèlerins.
Le **musée** mérite une visite pour ses brillantes reconstitutions et ses tombes anciennes. Au sud-est, un stade d'époque hellénistique est doté du plus ancien tunnel connu reliant le vestiaire au stade.

Trois colonnes doriques du temple de Zeus, dans l'ancienne Nemée

Le sanctuaire d'Héra à Perachóra, au cap Melangávi

Les sommets du mont Chelmós, vus du sud-est, au crépuscule

Mont Chelmós ❺
Ορος Χελμός

Péloponnèse. **Carte routière** C4.
🚌 vers Kalávryta.

L e mont Chelmós est le
troisième sommet (2 355 m)
du Péloponnèse. Très boisés,
ses contreforts sont percés de
gorges profondes. La plus
célèbre d'entre elles
est Mavronéri : la cascade
qui jaillit de la face nord de
la montagne constituerait la
source du Styx, le fleuve
légendaire qui sépare les
Enfers du monde des
vivants.

On peut visiter le petit
monastère **Agíou Georgíou
Feneoú** (fondé en 1693, mais
dont la plupart des bâtiments
datent du XVIIIᵉ siècle)
qui surplombe la vallée
du Feneoú, sur le versant sud-
est. Son *katholikón*, avec
son dôme et son transept,
abrite des fresques originales.
Un escalier mène à une
ancienne « école clandestine »,
qui fonctionna pendant
l'occupation ottomane.

Moní Agías Lávras, à 6 km
de Kalávryta, joua un rôle clé
lors de l'insurrection de 1821 :
l'archevêque de Pátra y
appela à la révolte le 25 mars.
Un étendard de cette époque
est encore exposé dans ce
haut lieu du patriotisme grec
(p. 40-41). Bâti en 961,

le monastère fut reconstruit
après sa destruction par les
Allemands en 1943. La veille
de leur arrivée, ceux-ci
avaient incendié la ville
de Kalávryta, théâtre
d'un atroce massacre,
celui de 1 436 hommes
et enfants en représailles
aux actions de la résistance.
L'horloge de la cathédrale,
indique toujours l'heure
du début du massacre.

La **grotte aux Lacs**, près
de Kastriá, était connue dans
l'Antiquité, mais elle ne fut
redécouverte qu'en 1964. Elle
est disposée sur trois niveaux.
Les groupes visitent les 350
premiers mètres de la grotte
jusqu'au second niveau avec
ses 15 lacs. Les stalactites ont
été formées par une rivière
souterraine qui coule encore
en hiver.

🏛 Grotte aux Lacs
À 16 km au sud de Kalávryta.
📞 26920 31633. ⏰ 9 h-16 h t.l.j. 🖼

Une vieille locomotive à vapeur, à Diakoftó

Chemin de fer
Diakoftó-Kalávryta ❻
Οδοντωτός Σιδηρόδρομος
Διακοφτού-Καλαβρύτων

Péloponnèse. **carte routière** C4.
📞 26910 43206. 🚉 t.l.j. Kalávryta-
Diakoftó.

C e chemin de fer
pittoresque à voie étroite
fut construit entre 1889 et
1896 par une entreprise
italienne pour convoyer le
minerai de fer extrait de la
région de Kalávryta. Plus de
22 km de voies ont été posés,
dont 6 km à crémaillère pour
gravir les tronçons à très forte
pente. Deux locomotives à
vapeur d'origine sont encore
en service à Diakoftó. Pour
en observer le mécanisme, il
convient de voyager près du
conducteur.

La voie emprunte 14 tunnels
et franchit plusieurs ponts au
niveau des gorges de
Vouraïkós.
Il n'existe qu'une
halte, à Méga
Spílaio, à mi-
chemin, où sont
établis deux hôtels.
De cette gare part
une promenade
vers le monastère
**Moní Méga
Spílaio,** peut-être
le plus ancien
de Grèce.

Pátra (Patras) ❼
Πάτρα

Péloponnèse. **Carte routière** C4. 🎭 *231 000.* 🚆 🚌 🚌 ⏰ *8 h-20 h t.l.j.* 🛈 *Othónos Amalias 6 (2610 461740).*

L a troisième agglomération grecque, qui est aussi le deuxième port du pays, est une ville dénuée de charme. Des immeubles de béton encerclent les rares rues à arcades d'époque néoclassique. Pátra est toutefois réputée pour son carnaval, auquel les étudiants et la communauté homosexuelle apportent leur créativité et leur fantaisie.

Sur l'ancienne acropole, le *kástro* (place forte) byzantin porte les traces de tous les occupants successifs de la ville. L'enceinte du fort est jalonnée de jardins et de vergers : on y organise des spectacles ainsi que dans l'odéon romain.

Au sud-ouest de la ville se dresse la basilique byzantine **Agios Andréas** construite à l'endroit même où saint André aurait été martyrisé : elle abrite ses reliques et un fragment de la croix qui servit à le supplicier.

Aux environs
On peut visiter la cave viticole d'**Achaïa Klauss**, fondée en 1861, l'une des plus importantes de Grèce. Elle produit 30 millions de litres de vin par an. Lors de la visite du cellier impérial, il est possible de déguster du mavrodaphne, un vin muté (15°), agréable au dessert.

🍇 Achaïa Klauss
À 6 km au sud-est de Pátra. ☎ *2610 368100.* ⏰ *11 h-19 h t.l.j. (à 15 h en hiver).* ⚫ *jours fériés.* ♿ ☑

Kalógria ❽
Καλόγρια

Péloponnèse. **Carte routière** B4. 🚌 *Lápas.* 🛈 *mairie de Lápas (26930 31234).*

P arsemée de lagons, la côte qui s'étend de l'estuaire de l'Áraxos au lagon de Kotychi est l'une des plus vastes régions marécageuses d'Europe. Elle comprend les marais de Strofiliá et une zone

La plage de sable de Kalógria

de dunes de 2 000 ha : le site est classé réserve naturelle. La zone urbanisée est comprise entre le lagon de Prokópos et la belle plage de Kalógriá, longue de 7 km. Les dunes sont plantées de pins d'Alep et de chênes d'Orient ; les chenaux regorgent de perches, anguilles et serpents d'eau. Des canards migrateurs (tétras et foulques) investissent régulièrement les marais de Kotychi. Busards, hiboux, crécerelles et faucons sont présents toute l'année. À Lápas, un **centre de visites** organise des promenades dans les dunes.

🛈 Centre de visites
Kotýchion Strofiliás ☎ *26930 31651* ⏰ *8 h 30-14 h 30 lun.-ven.* ⚫ *jours fériés.* ♿ ☑

Chlemoútsi ❾
Χλεμούτσι

Kástro, Péloponnèse. **Carte routière** B4. ⏰ *t.l.j.*

C hlemoútsi abrite le plus célèbre château fort franc de Grèce, parfois appelé Castel Tornesi, parce que les *tournois,* la monnaie en or, y étaient frappés au Moyen Âge. Construit entre 1219 et 1223, ce château devait défendre le port de Glaréntza (Kyllíni) et Andravída (Andreville), la capitale. Le terrain étant naturellement escarpé, les Francs le renforcèrent de murs peu épais et d'un portail massif ; on peut encore parcourir l'ancien chemin de ronde. Le donjon hexagonal est doté de vastes salles voûtées.

À l'entrée, une plaque rappelle que le lieu fut entre 1428 et 1432 la résidence de Konstantínos Palaiológos, gouverneur d'Ileía et dernier empereur byzantin. Du sommet du donjon, on peut admirer les îles Ioniennes et la plaine côtière. En cours de rénovation, le château accueille des concerts l'été.

La basilique byzantine Agios Andréas, à Pátra

L'ancienne Olympie ❿

Ολυμπια

Situé au confluent des rivières Alfeiós et Kládeos, le site d'Olympie fut respecté en tant que centre religieux et sportif pendant plus de 1 000 ans. Déjà actif à l'époque mycénienne *(p. 26-27)*, il n'acquit son véritable essor qu'avec l'arrivée des Doriens, adorateurs de Zeus, dont ils établirent le séjour au mont Olympe. Le site se couvrit de temples et d'édifices séculiers au style de plus en plus classique, processus qui atteignit son apogée vers 300 av. J.-C. À la fin du règne de l'empereur romain Hadrien (117-138), le sanctuaire avait perdu toute importance religieuse.

Vue aérienne de la partie sud du site actuel

Le temple d'Héra, commencé au VIIᵉ siècle av. J.-C., est l'un des plus anciens de Grèce.

Le Philippeion fut commandé par Philippe II en l'honneur de la dynastie macédonienne.

Entrée principale

Musée d'Olympie *(p. 172)*

L'atelier de Phidias
Ici fut achevée une grande statue de Zeus (p. 241). Les ruines sont celles d'un temple édifié au Vᵉ siècle.

L'Heroön abritait un autel dédié à un héros inconnu.

0   50 m

La palestre
Gymnase réservé à la lutte, à la boxe et au saut en longueur. La plupart des colonnades qui bordaient la cour centrale ont été remontées.

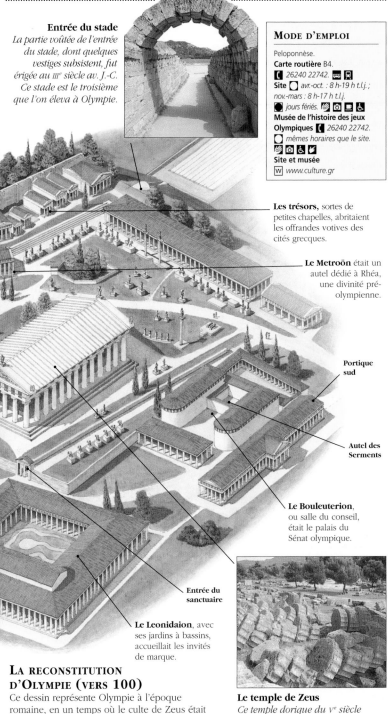

Entrée du stade
La partie voûtée de l'entrée du stade, dont quelques vestiges subsistent, fut érigée au IIIe siècle av. J.-C. Ce stade est le troisième que l'on éleva à Olympie.

MODE D'EMPLOI

Peloponnèse.
Carte routière B4.
📞 26240 22742. 🚌 🚲
Site ☉ *avr.-oct. : 8 h-19 h t.l.j. ;*
nov.-mars : 8 h-17 h t.l.j.
⬤ *jours fériés.* 🎫 📷 🍴 ♿
Musée de l'histoire des jeux Olympiques 📞 26240 22742.
☉ *mêmes horaires que le site.*
🎫 📷 ♿ 🍴 🚻
Site et musée
Ⓦ *www.culture.gr*

Les trésors, sortes de petites chapelles, abritaient les offrandes votives des cités grecques.

Le Metroön était un autel dédié à Rhéa, une divinité pré-olympienne.

Portique sud

Autel des Serments

Le Bouleuterion, ou salle du conseil, était le palais du Sénat olympique.

Entrée du sanctuaire

Le Leonidaion, avec ses jardins à bassins, accueillait les invités de marque.

LA RECONSTITUTION D'OLYMPIE (VERS 100)

Ce dessin représente Olympie à l'époque romaine, en un temps où le culte de Zeus était vivace ; les jeux lui étaient dédiés et le temple de Zeus, qui abritait une statue colossale du dieu, constituait le cœur du sanctuaire.

Le temple de Zeus
Ce temple dorique du Ve siècle av. J.-C., dont il ne subsiste que des blocs énormes et des tambours de colonnes, était monumental.

À la découverte du Musée archéologique d'Olympie

Tête d'Héra en terre cuite

Le Musée archéologique d'Olympie, qui fut inauguré en 1982, est installé près du site de fouilles. C'est l'un des plus riches musées de Grèce. À l'exception de la salle centrale, consacrée aux frontons et aux métopes sculptées provenant du temple de Zeus, et de la salle d'angle, consacrée aux jeux Olympiques, l'ensemble de l'exposition est disposé chronologiquement dans le sens des aiguilles d'une montre, de la préhistoire à l'époque romaine.

Salles préhistorique, géométrique et archaïque

Située à gauche de l'entrée, la salle n° 1 contient des poteries préhistoriques, des objets en bronze et un modèle réduit du tumulus funéraire de Pélops. La salle n° 2 contient un chaudron en bronze à trois pieds, des détails provenant d'autres chaudrons du VIIᵉ siècle avant J.-C. - figures humaines longilignes, têtes de griffons - et des sculptures votives en bronze de la période géométrique, représentant des animaux, qui furent découverts près de l'autel de Zeus. La salle n° 3 contient des ornements architecturaux en terre cuite peinte provenant des monuments du sanctuaire.

Salle classique

Les pèlerins et les athlètes avaient coutume de consacrer des armes à Zeus, notamment des casques. Deux d'entre eux, ayant servis durant les guerres médiques (*p. 29*), sont présentés ensemble dans cette salle : un casque mède et celui porté par Miltiade, le vainqueur de la bataille de Marathon (*p. 145*). On peut voir aussi un groupe en terre cuite du Vᵉ siècle, *Zeus enlevant Ganymède*, une représentation très humaine du maître de l'Olympe.

La salle centrale contient des reliefs prélevés sur le temple de Zeus. Phénomène rare, les deux frontons du temple ont été préservés, leurs thèmes respectifs étant clairement en rapport quoique de composition sensiblement différente. Ainsi le fronton est, plus statique, représente les préparatifs d'une course de chars entre le roi Œnomaos et Pélops, prétendant à la main de sa fille Hippodamie. Zeus se dresse entre les deux concurrents. À la gauche d'Œnomaos, un devin semble prédire sa défaite. Dans chaque coin du fronton, un personnage couché personnifie un cours d'eau local. Le fronton ouest, plus tumultueux, symbolise

***Zeus enlevant Ganymède*, terre cuite**

le passage de la barbarie à la civilisation. Il représente le combat des Lapithes et des Centaures. Invités aux noces de Pirithoos, roi des Lapithes, les Centaures s'enivrèrent et tentèrent d'enlever les femmes. Apollon, dieu de la Raison, se dresse au centre, posant un bras protecteur sur l'épaule de Pirithoos. À gauche du dieu, Thésée frappe un centaure, tout cela sous le regard de spectatrices couchées dans les angles. Les métopes intérieures, bien moins préservées, illustrent les douze travaux d'Héraclès, héros associé au sanctuaire.

Une *Nikè* (Victoire) du Vᵉ siècle av. J.-C. se dresse dans une alcôve. Elle fut commandée au sculpteur Pæonios par les Messéniens et les Naupactiens pour remercier les dieux de leur victoire sur Sparte lors de la guerre du Péloponnèse (*p. 30*).

Une salle n° 8 est réservée à l'*Hermès,* statue en marbre attribuée à Praxitèle : le dieu porte Dionysos enfant vers un lieu sûr, pour le protéger de la jalousie d'Héra ; il s'est arrêté en chemin, près d'un arbre. L'enfant repose sur son bras.

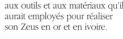

Statue d'Hermès, de Praxitèle

La salle n° 7 est consacrée à l'atelier de Phidias, aux outils et aux matériaux qu'il aurait employés pour réaliser son Zeus en or et en ivoire.

Salles romaines et hellénistiques

La salle n° 9 contient des vestiges des époques classique tardive et hellénistique, comme ce larmier en terre cuite qui provient du Leonidaïon. Les salles n° 10 et n° 11 abritent une série de bustes d'empereurs et de généraux romains et un taureau en marbre offert par Regilla, l'épouse d'Hérode Atticus. La salle n° 12 contient des verreries de la fin de l'époque romaine qui proviennent d'un cimetière de l'île de Frangonisi où étaient enterrés les athlètes et les gardiens du sanctuaire.

L'origine des jeux Olympiques

L a naissance des jeux Olympiques (776 av. J.-C.) est traditionnellement considérée comme la première date fiable de l'histoire grecque. À l'origine, la course de vitesse masculine était la seule épreuve de la compétition qui ne concernait que les athlètes locaux. Le premier vainqueur attesté est Koroivos, un cuisinier originaire d'Elis, une cité voisine.

Brochure des J. O. de 1896

Aux VIIIe et VIIe siècles av. J.-C., les épreuves se multiplient : lutte, boxe, concours hippique et compétitions pour adolescents. Les athlètes se retrouvait tous les quatre ans. Jusqu'au début de l'occupation romaine, en 146 av. J.-C., seuls les Grecs étaient admis. Cérémonial païen aux yeux de l'Église, les olympiades furent interdites en 393 à l'avènement de l'empereur chrétien Théodose Ier.

Le pentathlon antique regroupait des épreuves de course, de lutte, de lancer de javelot, de disque et de saut en longueur (à l'aide de poids propulseurs). Dès 720 av. J.-C., les athlètes évoluaient nus et les femmes n'étaient pas admises dans le public.

Lutte et boxe illustrées sur une amphore du VIe siècle. Les boxeurs sont équipés d'himantes, ancêtres des gants de boxe constitués de lanières de cuir enroulées autour des poings et des poignets.

La renaissance des Jeux eut lieu en 1896, avec l'organisation des premières olympiades à Athènes (p. 113), à l'initiative du baron Pierre de Coubertin.

CHRONOLOGIE

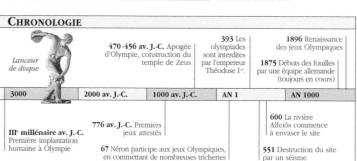

Lanceur de disque

	470-456 av. J.-C. Apogée d'Olympie, construction du temple de Zeus	**393** Les olympiades sont interdites par l'empereur Théodose Ier.	**1896** Renaissance des jeux Olympiques	
			1875 Débuts des fouilles par une équipe allemande (toujours en cours)	
3000	2000 av. J.-C.	1000 av. J.-C.	AN 1	AN 1000
IIIe millénaire av. J.-C. Première implantation humaine à Olympie	**776 av. J.-C.** Premiers jeux attestés		**600** La rivière Alfeiós commence à envaser le site	
	67 Néron participe aux jeux Olympiques, en commettant de nombreuses tricheries		**551** Destruction du site par un séisme	

Les gorges du Loúsios ⓫

Φαράγγι του Λούστου

Randonneurs dans les gorges

Modeste affluent de la rivière Alfeiós, le Loúsios, un torrent de 5 km de long, abrite les gorges les plus spectaculaires de la Grèce. Celles-ci mesurent, dans leur partie la plus étroite, jusqu'à 300 m de profondeur. En raison de sa situation isolée dans le cœur montagneux du Péloponnèse, la région du Loúsios fut l'un des principaux foyers d'agitation indépendantiste lors de l'insurrection nationale de 1821 *(p. 40-41)*.
Des monastères et des églises médiévales s'accrochent aux falaises des gorges, reliés depuis peu par un réseau de sentiers parfaitement balisés.
Les charmants petits villages situés à l'est des gorges constituent un excellent point de départ d'excursions dans la région *(p. 176)*.

TRIPOLI

ZATUNA

Dimitsána est un point de départ idéal.

GORGES DU LOÚSIOS

Palaiochóri

Loúsios

Néa Moní Filosófou

Situé sur la rive ouest dans un site très encaissé, ce monastère du XVIIe siècle a été récemment rénové par un moine. Dans l'église, des fresques de 1693 illustrent des épisodes assez méconnus de la Bible, dont celui du porc de Gadarène.

★ L'ancienne Gortys

L'Asklepieion, ou centre médical, de l'ancienne Gortys fut exhumé sur la rive occidentale. Il repose sur les fondations d'un temple du IVe siècle av. J.-C. dédié à Asclépios, dieu de la médecine.

Agios Andréas, une chapelle du XIe siècle, est situé dans un encaissement du Loúsios.

Pont de Kókkoras

Ce pont médiéval restauré faisait partie de la très ancienne route qui reliait l'Arcadie à Ileía. Les eaux claires et fraîches de la rivière regorgent de truites.

À NE PAS MANQUER

★ **Moní Aimyalón**

★ **L'ancienne Gortys**

★ **Moní Agíou Ioánnou Prodrómou**

MODE D'EMPLOI

Péloponnèse. **Carte routière** C4.
Dimitsána. Tous les monastères
☐ aube-crépuscule. **Moní**
Aimyalón ● (fermé 1 ou 2
heures en mi-journée.) **Néa**
Moní Filosófou: t.l.j. **Ancienne**
Gortys ☐ t.l.j. ● jours fériés.

Le défilé boisé des gorges du Loúsios, vu du sud

↑ ZIGOVISTI

Paleá Moní Filosófou,
de 960, est le
monastère,
aujourd'hui
en ruines, le
plus ancien
de la région.

★ Moní Aimyalón
Fondé en 1605, Moní Aimyalón
est blotti au fond d'un canyon
donnant sur les gorges, surplombant
des jardins. Un passage en partie
taillé dans le roc conduit à l'église,
qui abrite des fresques de 1608.

P

TRIPOLI

Stemnítsa *(p. 176)*
est un petit village
agréable où il fait bon
faire une halte après
avoir visité les gorges.

LÉGENDE

P Parc de stationnement

═══ Route secondaire

– – Sentier

ELLINIKO

0 _____ 1 km

★ Moní Agíou Ioánnou
Prodrómou
Accroché au versant est
des gorges, ce monastère
du XIIe siècle est l'endroit
le plus spectaculaire du site
du Loúsios. L'église est si petite
qu'elle ne peut abriter
que 12 moines…
et quelques fresques!

À la découverte des environs des gorges du Loúsios

Les villages qui surplombent les gorges sont parmi les plus beaux de l'Arcadie. Ils constituent autant d'étapes agréables pour découvrir la région. Le sentier le mieux balisé relie Nea Moni Filosófou à Moni Prodómou. Deux autocars partent de Dimitsána chaque jour en direction de Tripoli, dont l'un passe par Stemnítsa. Un autre relie Andrítsaina à Trípoli deux fois par semaine en passant par Karýtaina.

Pont médiéval et sa chapelle attenante sur Alfeiós, vers Karýtaina

Les ruelles de Dimitsána

Dimitsána

Serti dans un escarpement rocheux, bordé par le Loúsios, ce village occupe le site de l'ancienne Teuthis. Il compte quatre clochers ; celui d'**Agía Kyriakí** est illuminé la nuit, celui à trois étages de **Pyrsogiannítiko,** équipé d'une cloche, fut érigé par des ouvriers épirotes en 1888.

Deux figures de l'insurrection nationale *(p. 40-41)* sont natives de Dimitsána : Germanós, l'archevêque de Pátra, dont la maison natale est signalée par une plaque sur la colline de Kástro, et le patriarche Grégoire V, né plus bas dans le village, vers le marché ; ce dernier fut pendu à Istanbul lorsque le Sultan apprit le déclenchement de l'insurrection grecque.

Les maisons à trois ou quatre étages furent construites au XVIIIe siècle, au temps de la prospérité du village. Pendant la guerre d'indépendance, Dimitsána n'abrita pas moins de quatorze fabriques de poudre !

Stemnítsa

Niché dans un creux de la gorge, le village de Stemnítsa forme une forteresse naturellement abritée. Son histoire est très ancienne, même si l'on a abandonné son nom antique d'Ypsoús en raison de réticences locales. Au Moyen Âge, Stemnítsa était un grand centre métallurgique ; aujourd'hui, un orfèvre maintient la tradition. Un **Musée folklorique** reconstitue l'ambiance et les gestes en vigueur dans les ateliers à l'époque et abrite à l'étage une collection d'armes, de textiles et de céramiques ayant appartenu à la famille Savvopoúlou.

Parmi les superbes églises médiévales du village, celle de **Treís Ierárches**, près du musée, et celle de **Profítis Ilías** (Xe siècle), sur la colline de Kástro, recèlent des fresques bien conservées. À Kástro, l'église **Panagía Mpaféro** (XIIe siècle) est curieusement dotée d'un portique, tandis que **Moní Zoödóchou Pigís**, sur le versant nord, abrite la première assemblée des insurgés, conférant ainsi pour un temps au village le titre de capitale de la Grèce révoltée.

Musée folklorique

Stemnítsa. 27950 81252. mer.-lun. jours fériés.

Karýtaina

Située sur l'Alfeiós, Karýtaina est devenue un village fantôme, peuplé de quelque 200 habitants. Son **Kástro** (château fort) du XIIIe siècle remonte à la présence franque. Il fut le repère de Theódoros Kolokotrónis, qui en 1826 soutint un long siège contre les Turcs. Non loin, **Panagía tou Kástrou** possède des chapiteaux de colonnes ouvragés datant du XIe siècle.

Aux environs

À l'est de Karýtaina, un pont (1439) sur l'Alfeiós n'a conservé que quatre de ses six arches d'origine. Une petite chapelle est logée dans un de ses piliers. Le pont figurait sur les anciens billets de 5 000 drachmes.

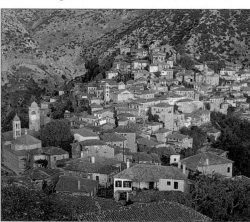

Le village de Dimitsána, vu de l'est

Andrítsaina 🕑
Ανδρίτσαινα

Péloponnèse. **Carte routière** C4.
🚶 *900.* 🚌

P assage obligé vers le site
du temple de Bassae,
Andrítsaina a néanmoins réussi
à se préserver des excès du
tourisme. Tavernes et magasins
répartis autour de la petite et
pittoresque place du marché
font peu de concessions à la
modernité. L'endroit évoque
au visiteur l'activité qui régnait
au village au XVIIIᵉ siècle,
quand il était un important
centre d'échanges. Plus bas,
vers la fontaine de Traní
(XVIIIᵉ siècle), le **Musée
folklorique** expose des tapis,
des costumes traditionnels et
de l'orfèvrerie.

🏛 **Musée folklorique**
Andrítsaina. ⬭ *t.l.j.* ⬤ *jours fériés.*

Aux environs
Le **temple de Bassae** (Vᵉ siècle
av. J.-C.) est le plus isolé des
grands sanctuaires antiques.
Il est aujourd'hui recouvert
d'une grande tente, dans
l'attente d'une subvention
de 50 millions d'euros destinés
à restaurer l'architrave. Sans
elle, les colonnes, actuellement
maintenues
par des échafaudages, seraient
soumises aux ravages du gel.
Dans l'Antiquité, les habitants
de Figaleía, village proche
du site, édifièrent ce temple
qu'ils consacrèrent à Apollo
Epikourios pour le remercier
d'avoir arrêté une épidémie
de peste. Un sentier mène
vers les gorges de la Néda.

🏛 **Temple de Bassae**
À 14 km au sud d'Andrítsaina.
📞 *26260 22275.* ⬭ *8 h. t.l.j.* 📷 ♿

Ancienne Tégée 🕓
Τεγέα

Péloponnèse. **Carte routière** C4.
📞 *27150 56540.* 🚌
Site ⬭ *t.l.j.* **Musée** ⬭ *8 h 30-15 h*
mar.-dim. ⬤ *jours fériés.* ♿

A u sud de l'actuelle Tripoli
gisent les vestiges de la
cité antique de Tégée, près
du village d'Aléa. La partie la
plus spectaculaire du site

Terrasse de café dans le village traditionnel d'Andrítsaina

consiste dans le temple
dorique d'Athéna Aléa
(IVᵉ siècle av. J.-C.), qui
possède les colonnes les plus
massives du Péloponnèse,
après celles du temple de
Zeus à Olympie *(p. 171)*. Le
musée abrite des sculptures
et des fragments du fronton
du temple.

Argos 🕔
Αργος

Péloponnèse. **Carte routière** C4.
🚶 *20 000.* 🚌

U n des sites les plus
anciennement peuplés
de Grèce, Argos est une ville
centrée sur un champ de foire
attenant à une place du marché
de style néoclassique. À l'est de
la place centrale,
le **Musée archéologique**
expose les trouvailles
effectuées dans la région. On
peut y admirer un vase, une
cuirasse et un casque en
bronze, un fragment de poterie
archaïque représentant Ulysse
aveuglant Polyphème ainsi
qu'un *krater* (vase) du
VIIᵉ siècle av. J.-C.
Les vestiges les mieux
préservés d'Argos se trouvent
le long de la route de Trípoli,
où l'un des plus grands théâtres
du monde grec surplombe des
bains et des thermes romains.
Un sentier grimpe vers la
colline de Lárisa, l'une des
deux acropoles d'Argos.

🏛 **Musée archéologique**
À l'est de Plateía Agíou Pétrou. 📞
27510 68819. ⬭ *8 h 30-15 h*
mar.-dim. ⬤ *jours fériés.* 📷 ♿

Aux environs
Au sud d'Argos, une route
mène au village d'**Ellinikó**,
tout près duquel s'élève une
pyramide intacte. On pense
que cette structure insolite
datant du IVᵉ s. av. J.-C. a pu
être un fort gardant la route
d'Arcadie.
Lérna (Lerne), plus au sud,
abrite un palais du XXIIIᵉ siècle
av. J.-C. appelé maison des
Tuiles. Il est aujourd'hui
protégé par un dôme.
Tout près, les fondations d'une
maison du néolithique et deux
tombes mycéniennes trouvées
dans le palais témoignent de
deux millénaires de présence
humaine. Les occupants furent
sans doute attirés par les
sources qui permettaient
d'actionner des moulins à eau
et d'alimenter un bassin
en eau profonde. Lerne est
le lieu de naissance de l'Hydre,
serpent fabuleux à plusieurs
têtes tué par Héraclès *(p. 53)*.

Les gradins de l'ancien théâtre
d'Argos, vus depuis la scène

Mycènes ⓯
Μυκήναι

L e palais fortifié découvert en 1874 par l'archéologue allemand Heinrich Schliemann *(p. 180)* est l'un des plus anciens exemples d'architecture militaire. Le terme de mycénien désigne la civilisation de l'âge du bronze tardif qui s'épanouit en Grèce du XVIIIe au XIIe siècle av. J.-C. L'aristocratie habitait le palais sur la colline, les artisans et commerçants vivant hors des murs du palais. Mycènes fut abandonnée au XIIe siècle av. J.-C. après que la région eut sombré dans l'anarchie.

L'escalier secret
Un escalier de 99 marches mène à une citerne creusée sous la citadelle. Reliée par des tuyaux à une source voisine, elle permettait de tenir de longs sièges.

Poterne nord

La porte des Lions
Cette porte fut érigée au XIIIe siècle av. J.-C., lorsque l'on remonta les murs pour entourer le Cercle royal A. Elle doit son nom aux lions sculptés sur le linteau.

Ateliers des artisans

Le megaron était le cœur du palais.

MYCÈNES AUJOURD'HUI

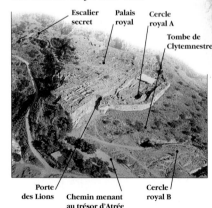

Escalier secret — Palais royal — Cercle royal A
Tombe de Clytemnestre
Porte des Lions — Chemin menant au trésor d'Atrée — Cercle royal B

Bastion

LA RECONSTITUTION DE MYCÈNES
Reconstitution de Mycènes à l'époque des Atrides, à l'époque du siège de Troie au XIIIe siècle av. J.-C. *(p. 54-55)*. Plusieurs tombes sont hors de l'enceinte *(p. 180)*.

Le palais royal
Situé au sommet de l'acropole, il n'a conservé que le rez-de-chaussée. Des traces de l'incendie qui causa sa destruction au XIIIᵉ siècle av. J.-C. sont visibles sur les pierres.

L'enceinte cyclopéenne, atteignant 14 m de large, était imprenable. Les Grecs attribuèrent sa construction à des géants.

Les maisons de Mycènes recelaient un grand nombre de tablettes couvertes d'une écriture archaïque, le linéaire B, déchiffrée par Michaïl Ventrís en 1952.

La maison de Tsoúntas, qui doit son nom à celui qui la découvrit, était un petit palais.

Grande rampe

Cercle royal A
Cette zone contient six puits de sépulture qui abritaient 19 corps. Les objets en or découverts sont exposés à Athènes (p. 70).

Clytemnestre, après l'assassinat d'Agamemnon

LA MALÉDICTION DES ATRIDES

Atrée, roi de Mycènes, avait assassiné les enfants de son frère jumeau Thyeste, coupable d'adultère, et l'avait contraint à les manger. Pour le punir, les dieux maudirent Atrée et sa lignée *(p. 180)*. Pélopia, seule survivante du massacre, donna à son père un fils, Égisthe, qui tua Atrée et restaura le pouvoir de Thyeste. Le fils d'Atrée, Agamemnon, évinça à son tour Thyeste et s'empara du trône. Désireux de se venger du Troyen Pâris, ravisseur d'Hélène, sa belle-sœur, il sacrifia sa fille pour bénéficier de vents favorables vers Troie. À son retour, il fut assassiné par sa femme, Clytemnestre et son amant, Égisthe, tués eux-mêmes par Oreste et Électre, enfants d'Agamemnon.

À la découverte des tombes de Mycènes

Les aristocrates de Mycènes se faisaient enterrer dans des sépultures à puits, telles que le cercle royal A (*p. 179*) ou, plus tard, dans des tombes à *tholos* («ruche»). Les tombes à *tholos*, situées hors de l'enceinte du palais, sont constituées de plusieurs assises de pierre annulaires, disposées en encorbellement jusqu'au sommet. Elles sont entièrement enfouies, à l'exception d'un corridor d'accès, le *dromos*.

L'entrée du trésor d'Atrée, avec une ouverture au-dessus du linteau

Le trésor d'Atrée

Le trésor d'Atrée (*p. 179*) est la plus remarquable des tombes à *tholos*. Édifiée à l'extrémité sud du site, la sépulture fut construite au XIVe siècle av. J.-C. Elle comporte deux chambres (il n'existe qu'un seul tombeau de ce type en Grèce). On y accède par un *dromos* de 36 m de long. La seconde chambre abrite un ancien ossuaire. Un linteau de pierre de 9 m de long, pesant près de 120 tonnes, surmonte l'entrée.

Les modalités de sa mise en place, si elles démontrent l'ingéniosité des architectes mycéniens, demeurent une énigme. Ce monument est également appelé tombeau d'Agamemnon. Toutefois, sa construction précédant de plus d'un siècle l'époque de la guerre de Troie (*p. 54-55*), ce n'est pas donc le chef de l'expédition qui y est enseveli.

La tombe de Clytemnestre

Située à l'ouest du tombeau des Lions, la tombe de Clytemnestre, autre tombe à *tholos*, est également bien conservée. Elle ne possède qu'une chambre funéraire, aux parois plus étroites et inclinées ; son *dromos*, dans un bel état architectural, et l'ouverture triangulaire surmontant la porte (destinée à alléger la pression sur le linteau) font remonter sa construction au XIIIe siècle av. J.-C.

HEINRICH SCHLIEMANN

Heinrich Schliemann (1822-1890) est originaire du Mecklembourg, en Allemagne. Autodidacte, devenu millionnaire à 47 ans, il entreprend des fouilles archéologiques. Après avoir exhumé l'emplacement présumé de Troie, qui semble correspondre à la description des récits homériques, il entreprend des fouilles à Mycènes en 1874 et découvre le cercle royal A. À la vue du masque mortuaire royal en or, il s'exclame : « J'ai aperçu le visage d'Agamemnon! ». Bien que ce masque fût fabriqué trois siècles avant la guerre de Troie, cette découverte confirme l'existence de la « Mycènes bien construite et riche d'or » évoquée par Homère.

LE TRÉSOR D'ATRÉE

Contrairement aux Grecs, qui brûlaient leurs morts, les Mycéniens enterraient les défunts dans des tombes. Jadis, un roi de Mycènes fut inhumé dans le trésor d'Atrée avec ses armes et suffisamment de vivres pour son voyage dans l'au-delà.

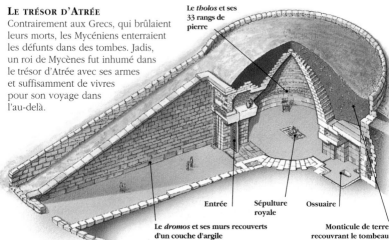

Le tholos et ses 33 rangs de pierre

Entrée

Sépulture royale

Ossuaire

Le dromos et ses murs recouverts d'un couche d'argile

Monticule de terre recouvrant le tombeau

Ancienne Tirynthe ⑯
Τίρυνθα

À 4 km au nord-ouest de Nauplie, Péloponnèse. **Carte routière** C4. 🎫 27520 22657. 🚌 ⭕ *t.l.j. 8 h 30-15 h.* 🎫

L es puissants remparts de la citadelle de Tirynthe sont évoqués par Homère. Ces murailles cyclopéennes (selon la légende, les énormes blocs de pierre n'ont pu être déplacés que par les Cyclopes) atteignent 8 m d'épaisseur et forment un ensemble de 700 m. L'ancienne enceinte était deux fois plus haute que les vestiges actuels et plus imposante que celle de Mycènes, qui bénéficiait d'un

Les ruines des murailles cyclopéennes de Tirynthe

site mieux protégé. Elle repose sur un éperon rocheux dominant de 18 m la plaine qui était à l'époque un marais salant. À l'est, un chemin incliné monte vers le sommet en lacets afin d'exposer les assaillants aux traits des défenseurs. Il aboutit à une énorme porte dont le linteau a depuis longtemps disparu. À l'extrémité sud, à l'emplacement d'un portique également disparu, une galerie au plafond à encorbellement montre encore ses parois polies par le frottement des toisons des moutons qui s'y sont abrités pendant des siècles. À l'ouest, aménagé dans la muraille, un escalier de pierre, bien conservé, mène à une poterne. Au nord, l'acropole est entourée d'une enceinte basse, de construction plus récente, qui abritait habitants et animaux ainsi que la réserve d'eau.

Aux environs
Bâtie au début du XIIIᵉ siècle, l'église byzantine consacrée à la Panagia dresse son impressionnante silhouette au-dessus du cimetière d'**Agía Triáda**, un village situé à 5 km au nord de Tirynthe. Elle doit la hauteur de ses murs à l'utilisation de techniques anciennes ; la partie sud-ouest de l'édifice porte une stèle funéraire classique.

Plus au nord, l'**Heraion d'Argos** fut le foyer religieux de l'Argolide archaïque et classique. Les vestiges les plus remarquables remontent au Vᵉ siècle av. J.-C. Consacré à Héra, le temple contenait une gigantesque statue chryséléphantine de la déesse encadrée de portiques, dont il subsiste des tronçons. C'est sur la corniche qui domine le temple que les chefs achéens prêtèrent serment à Agamemnon avant de partir pour Troie. À l'ouest, un bâtiment doté d'une cour à péristyle accueillait des *symposia*.

🏛 Heraion d'Argos
À 10 km au nord de Tirynthe. ⭕ *t.l.j. 8 h 30-15 h. .*

Nauplie (Náfplio) ⑰
P. 182-183.

Épidaure ⑱
P. 184-185.

La tour de Thésée, dans l'ancienne Trézène

Ancienne Trézène ⑲
Τροιζήνα

60 km à l'est de Nauplie, Péloponnèse. **Carte routière** D4. ⭕ *accès libre.*

P rès du village de Troizína gisent les ruines de l'ancienne Trézène, ville de légende où naquit Thésée et théâtre des amours incestueuses des héros de l'*Hippolyte* d'Euripide. Les vestiges de monuments de diverses époques sont dispersés sur une vaste superficie, notamment trois chapelles byzantines, dites *Episkopia*, jadis le siège de l'évêché de Damála.

La ville s'élevait à flanc de montagne, isolée par deux ravins ; la gorge Damalet, à l'ouest, est profonde ; à pied, on monte en 15 mn au pont du Diable, pont naturel qui enjambe le ravin. En contrebas s'élève la tour de Thésée : sa partie supérieure, médiévale, repose sur des fondations hellénistiques.

Les fondations de l'Heraion d'Argos, au crépuscule

Nauplie (Náfplio) ⑰

Ναύπλιο

A vec ses trottoirs en marbre, ses citadelles et son architecture homogène, Nauplie est une des villes de Grèce les plus séduisantes. Devenue florissante à partir du XIIIe siècle, elle dut soutenir plusieurs sièges lors des luttes qui opposèrent Venise et les Ottomans pour le contrôle des ports du Péloponnèse. Le quartier médiéval, à l'ouest de la ville, fut bâti pendant la seconde occupation vénitienne (1686-1715). De 1829 à 1834, Nauplie devint la première capitale de la Grèce libérée.

Nauplie, vue de l'escalier menant à la forteresse Palamídi

À la découverte de Nauplie

Défendue, au sud, par les citadelles d'Akronafplía et Palamídi et, au nord, par le château de Boúrtzi, Nauplie occupe la partie nord d'une péninsule nichée au fond du golfe Argolique. Depuis l'époque vénitienne, **Plateía Syntágmatos** est le cœur de la vie publique. Rien n'a changé depuis l'érection de mosquées par les Ottomans, voilà trois siècles : une première, qui abrite un cinéma, se dresse à l'est de la place ;

Le président Kapodístria

une autre, la mosquée Vouleftikó, située au sud, a accueilli la première réunion du parlement grec (voulí). Plus loin, la cathédrale **Agios Geórgios** était à l'origine une mosquée érigée durant la première occupation ottomane (1540-1686). L'**église catholique**, sise en haut de Potamiánou, est également

une mosquée reconvertie, qui abrite un monument dédié aux étrangers morts pour la Grèce. De la seconde occupation ottomane (1715-1822), il subsiste quatre fontaines, dont les plus belles sont celles de la mosquée-cinéma et celle qui fait face à **Agios Spyrídon**, rue Kapodistríou ; c'est là que le président Kapodístria fut assassiné le 9 octobre 1831. Les deux autres fontaines font face au 9 de la rue Tertsétou et à l'angle de Potamiánou et de Kapodistríou.

⌂ Musée archéologique

Plateía Syntágmatos. ☎ 27520 27502. ◷ 8 h 30-15 h mar.-dim. ● jours fériés.

Ce musée, qui occupe un entrepôt d'époque mycénienne, rassemble des objets trouvés dans toute l'Argolide, notamment à Tirynthe (p. 181), et remontant à la période prémycénienne. On peut voir un *thylastro* (biberon) datant du néolithique, un vase orné de poulpes de l'helladique ancien et une cuirasse mycénienne en bronze. Les objets les plus curieux sont des figurines votives trouvées à Mycènes (2300-2000 av. J.-C.) : les plus grandes d'entre elles font le tiers de l'échelle humaine et l'on pouvait les suspendre à des crochets.

⌂ Musée d'Art populaire

Vas. Alexandrou 1. ☎ 27520 28379. ◷ 9 h-15 h mer.-lun.

Ce musée intéressant est consacré principalement aux textiles. La collection de costumes traditionnels est répartie sur deux étages. Le premier abrite la merveilleuse robe de mariée bleu et blanc de la reine Olga, ainsi que des œuvres des peintres grecs Giánnis Tsaroúchis et Theófilos Chatzimichaïl (voir p. 218). Le second étage présente également des armes à feu et une horloge décorée de scènes révolutionnaires.

♣ Boúrtzi

Au nord-ouest du port. Pallás, Akronafplía (27520 28981).

Cet îlot fortifié, qui fait face au port de Nauplie, doit son architecture actuelle à la seconde occupation vénitienne. Il défendait

L'îlot fortifié de Boúrtzi, au nord du port de Nauplie

l'unique voie d'accès navigable de la baie ; le chenal pouvait d'ailleurs être condamné par une chaîne tendue à partir du fortin.

♙ Akronafplía

À l'ouest de Palamídi.
🔓 *accès illimité.*
Akronafplía, appelé aussi *Its Kale* (Château intérieur, en turc), était le cœur de la Nauplie byzantine et médiévale ; elle est jalonnée de quatre bastions vénitiens alignés d'ouest en est. À proximité de l'église catholique, on découvrira une plaque représentant un superbe lion de saint Marc surmontant une porte du XVe siècle. La tour de l'horloge du château des Grecs, le plus à l'ouest, constitue un excellent point de repère.

♙ Palamídi

Polyzoïdou. ☎ 27520 28036.
🔓 *t.l.j.* ⬤ *jours fériés.* 📷
La citadelle de Palamídi porte le nom du savant Palamède, fils de Nauplios et de Clyméné. C'est une impressionnante forteresse, érigée par les

La forteresse Palamídi, vue de l'île de Boúrtzi

MODE D'EMPLOI

Péloponnèse. **Carte routière** C4.
🚌 12 000. 🚏 à l'angle de Polyzoïdou. 🚌 Syngroú.
ℹ️ Ikostispémptis Martíou 24 (27520 24444). 🕐 9 h-13 h et 14 h-20 h t.l.j. 🎭 Festival culturel de Nauplie : juillet.

Vénitiens de 1711 à 1714. Réputée imprenable, elle fut pourtant enlevée par les Ottomans en 1715, après un siège d'une semaine, puis par les insurgés grecs conduits par Stáïkos Staïkópoulos le 30 novembre 1822.

La citadelle la plus imposante de Grèce est constituée d'une simple enceinte renfermant sept forts isolés qui portent des noms de guerriers antiques ; les canons sont pointés vers l'extérieur, mais aussi vers les autres forts, pour les couvrir

en cas de percée ennemie. L'entrée du fort Andréas, le quartier général des Vénitiens, est surmontée d'un lion de saint Marc. De la Piazza d'Armi, on appréciera le sompteux décor qui entoure Nauplie. Au sud, au sommet de l'éperon, un huitième fort, construit par les Ottomans, domine la plage de Karathóna.

Aux environs

Le monastère d'**Agía Moní** est situé à 4 km de Nauplie ; le tambour de son dôme repose sur quatre colonnes corinthiennes. Dans le verger voisin, une source jaillit d'une niche ornée de sculptures d'animaux ; il s'agirait de la Kánathos, source sacrée où la déesse Héra prenait chaque année un bain qui lui rendait la virginité.

Détail de la fontaine d'Agía Moní

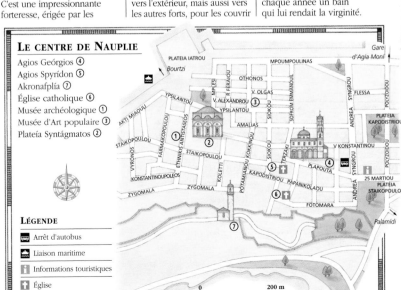

LE CENTRE DE NAUPLIE

Agios Geórgios ④
Agios Spyrídon ⑤
Akronafplía ⑦
Église catholique ⑥
Musée archéologique ①
Musée d'Art populaire ③
Plateía Syntágmatos ②

LÉGENDE

🚌 Arrêt d'autobus
⚓ Liaison maritime
ℹ️ Informations touristiques
✝️ Église
▬ Fortifications

0   200 m

Épidaure ⓲
Επίδαυρος

C élèbre par son somptueux théâtre, le sanctuaire
d'Épidaure était également un important centre
thérapeutique et religieux, dédié à Asclépios, le dieu
de la médecine. Simple mortel, le médecin Asclépios
fut divinisé pour avoir ramené un malade des enfers.
Dans son temple, il est représenté un bâton à la main,
accompagné d'un chien et d'un serpent – symboles
de la sagesse. L'activité du sanctuaire s'étendit
du VIᵉ siècle av. J.-C. au IIᵉ siècle, au moins, époque
où l'historien Pausanias y séjourna.

La nuit tombe sur
le théâtre d'Épidaure

Le théâtre
Construit par Polyclète le Jeune
à la fin du IVᵉ siècle av. J.-C.,
ce théâtre possède une
acoustique exceptionnelle :
le moindre son est perçu
avec une remarquable netteté.
Préservé de toute déprédation
par son relatif éloignement
des grands axes de circulation,
il n'a été restauré que
récemment. Son *orchestra*
est la seule scène antique
circulaire qui nous soit
parvenue. L'autel qui s'élevait
en son centre a disparu.
Les comédiens y accédaient
par deux corridors latéraux,
ou *paradoi,* qui aboutissaient
à des portes
monumentales

dont on vient de relever les
colonnes. Derrière l'*orchestra,*
face à l'auditorium, se dressent
les vestiges du *skene,* ou salle

Fondations de la *tholos*
dans le temple d'Asclépios

de réception principale,
et du *proskenion,* ou scène
secondaire. Aujourd'hui,
le théâtre sert de cadre
au festival d'art dramatique
antique.

Le temple d'Asclépios
La plupart des parties du
temple sont en cours de
fouilles, donc inaccessibles.
Au nord, les *propylaia,* ou
portes monumentales, donnent
accès au sanctuaire. Il est
précédé d'une rampe et de
pavés déformés appartenant
à la voie Sacrée qui reliait
le sanctuaire à l'ancienne
Épidaure, bâtie sur la côte.
Au nord-ouest du sanctuaire,
les vestiges de la *tholos*
(rotonde bâtie par Polyclète)

LA RECONSTITUTION DU THÉÂTRE
Entourant l'*orchestra,* la *cavea* mesure 114 m de
large et est divisée en secteurs par 36 escaliers.

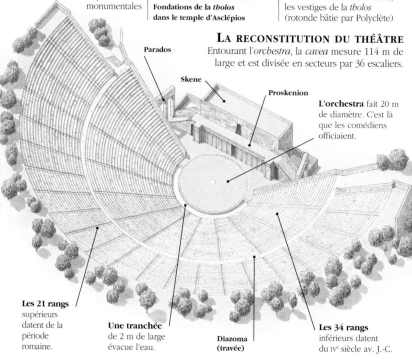

Parados

Skene

Proskenion

L'orchestra fait 20 m
de diamètre. C'est là
que les comédiens
officiaient.

Les 21 rangs
supérieurs
datent de la
période
romaine.

Une tranchée
de 2 m de large
évacue l'eau.

Diazoma
(travée)

Les 34 rangs
inférieurs datent
du IVᵉ siècle av. J.-C.

Vue générale du site, avec le stade au premier plan (à l'ouest)

MODE D'EMPLOI

À 30 km à l'est de Náfplio,
Péloponnèse. **Carte routière** C4.
📞 27530 22009. 🚌
Site et musée ⬤ mai-oct. : 8 h-
17 h t.l.j. ; nov-avr. : 8 h-17 h t.l.j.
⬤ 1er janv., 25 mars, Ven. saint au
matin, dim. de Pâques, 1er mai,
25 et 26 déc.
🎫 📷 ♿ limité. 📹 💻

se résument à six murs
circulaires concentriques.
Sa fonction demeure
mystérieuse : c'était peut-être
un refuge pour les serpents
sacrés du sanctuaire ou une
salle réservée aux pratiques
religieuses. Les malades
dormaient dans l'*enkoimitírion*
– une salle située au nord
de la *tholos* – en attendant
le diagnostic de leurs maux
ou la visite des serpents.

Les malades étaient traités par
les eaux des sources, toujours
visibles derrière le musée, qui
étaient parées de vertus
curatives. Du temple
d'Asclépios, il ne reste plus
que les fondations qui se
trouvent à l'est de la *tholos*.

Le stade est aménagé au sud
de la *tholos*. Ses gradins sont
bien conservés. On peut
encore voir la ligne de départ
que l'on utilisait tous les quatre

ans, lors des jeux Isthmiques.
Dans le gymnase datant de
l'époque hellénistique, les
Romains ont bâti un odéon
afin d'accueillir des concours
de musique.

Aux environs
Le village voisin de Lygourió
témoigne de l'importance
de la région à l'époque
byzantine. Des trois églises
datant de cette période,
la plus remarquable est
Koímisis tis Theotókou,
un édifice du XVIe siècle qui
possède de splendides
fresques du haut Moyen Âge.

AUX SOURCES DE LA TRAGÉDIE GRECQUE

La tragédie grecque trouve son origine dans les personnages rituels
interprétés au cours des fêtes de Dionysos *(p. 52)*, d'abord incarnés
par des danseurs – des vases athéniens représentent des groupes de
danseurs revêtus de costumes recherchés. À la fin
du VIe siècle av. J.-C naissent les premiers théâtres, en forme de
rectangle (puis de cercle) bordé de sièges sur trois côtés.
Aux chœurs, chargés de la danse et du chant, on adjoignit
des comédiens, trois acteurs, qui portaient des masques pour
amplifier les expressions de leurs personnages. Les chœurs
d'animaux représentés sur les vases concernent des comédies.
À Athènes, on commença par jouer des cycles de trois tragédies,
dues au même auteur *(p. 57)*, portant sur

Des masques
permettaient aux
tragédiens d'exprimer les
sentiments des personnages.

des sujets épiques ou
mythologiques. Les sujets
historiques, jugés trop
politiques, étaient absents.
Les comédies ne furent
autorisées à Athènes
qu'à partir de 480 av. J.-C.
Le théâtre devint
un spectacle populaire –
celui d'Épidaure pouvait
accueillir 13 000
personnes (on ignore
si les femmes étaient
admises aux spectacles).

Des statuettes, semblables
à cette sinistre figurine
en terre cuite représentant
un personnage de comédie,
étaient vendues après
la représentation.

Le chœur commente l'action de manière
objective, mais il peut s'adresser aux personnages
pour leur demander de justifier leur conduite.

Monemvasía ❷⓿
Μονεμβασία

**Fresque surmontant
l'entrée d'Agía Sofía**

V ille fortifiée à deux niveaux
bâtie sur un promontoire
dominant la mer à 350 m d'altitude,
Monemvasía mérite son appellation
de Gibraltar grec. Peuplée de
50 000 habitants au XVᵉ siècle,
Monemvasía fut pendant
des siècles une cité-État semi-
autonome, forte de son commerce maritime (voire
de la piraterie) et de sa position stratégique entre l'Italie
et la mer Noire. Place forte quasi imprenable, elle ne
tomba qu'à la suite d'un siège prolongé *(p. 188)*.
La ville haute est détruite, mais la ville basse
a fait l'objet de restaurations.

La ville haute
*Les marches de cette
ruelle pavée montent en
zigzaguant jusqu'à la porte
de la tour (p. 188).*

★ Agía Sofía
*Dominant Monemvasía,
cette splendide église
du XIIIᵉ siècle, encore
intacte, est tout ce qui reste
de la ville haute (p. 188).*

Maison de Yannis Ritsos
*Une plaque et un buste
signalent le lieu de
naissance du poète
communiste Yannis
Ritsos (1909-1990)
dans cette maison proche
de la porte ouest.*

Porte ouest

La mosquée,
reconvertie
en musée d'art
local, abrite
notamment
de beaux objets
en marbre.

Panagía Myrtidiótissa
*La façade de cette église
du XVIIIᵉ siècle porte une
inscription et un ancien
aigle à deux têtes byzantin.*

À NE PAS MANQUER

★ Agía Sofía

★ L'enceinte

Le Gibraltar grec
Monemvasía fut séparée du continent et transformée en îlot en 375, jusqu'à la construction d'une digue la reliant à la terre ferme au VIᵉ siècle.

Agios Nikólaos,
commencée en 1703,
ressemble à Myrtidiótissa
par son architecture.

★ L'enceinte
*Édifiée au XVIᵉ siècle,
elle mesure 900 m
de long et 30 m de
hauteur au maximum.*

La porte est donne sur
un ancien cimetière,
le Lípsoma.

Panagía Chrysafítissa
possède une cloche
suspendue à un cyprès.

Cette porte donne accès
à la mer, lorsque le port
est menacé.

L'église de l'Helkomenos,
*dotée d'un clocher vénitien, date
du XIIIᵉ siècle et fut restaurée en
1697. Austère, elle n'a pour toute
décoration qu'une plaque ornée de
deux paons au-dessus de la porte.*

Coucher de soleil sur l'église Agía Sofía, qui domine Monemvasía

À la découverte de la ville haute

Fortifiée dès le VIᵉ siècle pour échapper aux raids des Avars, la ville haute est la partie la plus ancienne de Monemvasía. Le site et ses ruines sont aujourd'hui sous tutelle du service grec d'archéologie. La ville haute était l'une des plus peuplées de la péninsule

Les vestiges de la forteresse de Monemvasía, du XIIIᵉ siècle

à l'époque médiévale. Elle est à présent déserte.

Par un sentier situé côté nord-ouest de la ville, qui serpente le long de la falaise, on accède à un portail renforcé de lattes de métal. Un chemin monte ensuite vers l'église **Agía Sofía**, construite par l'empereur Andronic II (1282-1328) pour rivaliser avec le monastère de Dafní (p. 152-153), situé près d'Athènes. Avec son dôme à seize faces, l'église, construite en bordure de falaise, se voit de très loin. Le portique ouest est de style vénitien, tandis qu'une niche sur le mur sud témoigne de son emploi comme mosquée. Les fresques, qui datent du XIVᵉ siècle, sont très abîmées. Seules deux d'entre elles sont bien conservées : l'*Ancien des jours*, visible sur la voûte du sanctuaire, et la *Naissance de saint Jean-Baptiste*, sur la partie nord de la voûte principale. Les décors sculptés sont en meilleur état, comme

(p. 40-41)

LE SIÈGE DE MONEMVASÍA

Le siège de Monemvasía par les Grecs commença au début de la guerre d'indépendance (p. 40-41), le 28 mars 1821. La garnison turque de la ville n'était pas assez approvisionnée et les renforts tardaient à arriver. À la fin du mois de juin, chrétiens et musulmans furent forcés de manger des racines, des chats et des souris ; certains d'entre eux commençant à pratiquer le cannibalisme pour survivre. La population civile turque était favorable à la reddition. Les assiégeants eux-mêmes donnaient des signes de faiblesse. Le chef de la communauté grecque de la ville assiégée parvint à prévenir les assiégeants de la fragilité de la résistance turque. Galvanisés, les insurgés s'emparèrent de la ville le 1ᵉʳ août, en remettant les clés au prince grec Kantakouzinós.

La prise de Monemvasía par le prince Kantakouzenós

en témoigne le chapiteau en marbre encadrant les fenêtres sud, qui représente des monstres légendaires et une femme richement vêtue.

À l'ouest de l'église se dressent les vestiges d'une **forteresse** du XIIIᵉ siècle parmi les ruines d'une caserne, d'une salle de garde et d'un arsenal de l'époque vénitienne. Une grande **citerne** évoque l'époque du siège de la ville, quand le ravitaillement des assiégés de 1821 constituait un problème crucial.

Agía Paraskeví, vue depuis la Geráki byzantine

style franco-byzantin, a été augmentée d'une troisième aile et d'un narthex après 1262. Les murs sont décorés de panneaux sculptés et de fresques.

À l'ouest, l'église **Zoödóchou Pigís** du XIIIe siècle est dotée d'un porche et de fenêtres gothiques. Elle possède plusieurs fresques, dont un *Christ sur la route du Calvaire*.

Au pied de la colline, l'église **Agía Paraskeví**, du XIVe siècle, abrite sous sa voûte en croix une *Nativité*.

Aux environs

À l'ouest, le village de **Geráki** présente quatre églises. Agios Athanásios (XIIe siècle) et Agios Sózon (XIIIe siècle) ont toutes deux un plan en croix grecque inscrite et une coupole reposant sur quatre piliers. Agios Ioánnis Chrysóstomos abrite un règlement du marché signé par Dioclétien. Sa voûte est recouverte de fresques évoquant les vies du Christ ou de la Vierge. La coupole de la petite Evangelístria est ornée d'un Pantokrátor.

Geráki ㉑
Γεράκι

Péloponnèse. **Carte routière** C5.
🏛 *2 000.* 🚌

Située sur un éperon du mont Párnonas, Geráki ressemble à une Mystrás en miniature, avec son kástro surplombant des églises byzantines décorées de fresques. De forme polygonale, le **kástro** fut édifié en 1254-1255 par Jean de Nivelet, puis cédé par les Francs aux Byzantins en 1262 avec Monemvasía et Mystrás. À l'intérieur, l'église **Agios Geórgios**, du XIIIe siècle, de

Tête de femme en terre cuite du VIIe siècle, acropole de Spárti

Sparte (Spárti) ㉒
Σπάρτη

Péloponnèse. **Carte routière** C5.
🏛 *20 000.* 🚏 🛈 *hôtel de ville, Plateía Kentrikí (273102677).* ⏰ *8 h-15 h lun.-ven.*

Bien qu'elle ait été l'une des plus puissantes cités du monde antique, l'ancienne Sparte ne fut jamais fortifiée et ne laissa que fort peu de vestiges, excepté l'acropole, dénuée d'intérêt, qui est bâtie à 700 m au nord-ouest du centre de la ville moderne. À l'ouest du site, on peut voir l'excavation laissée par un théâtre romain dont les pierres ont servi à construire la ville de Mystrás. À l'est, une très longue stoa à arcades abritait des boutiques. Plus à l'est de la ville, il ne subsiste que des sièges d'époque romaine du sanctuaire d'Artémis Orthia, où les jeunes Spartiates subissaient des flagellations pour prouver leur virilité. Les pièces les plus précieuses sont conservées au musée. Le **Musée archéologique** expose des mosaïques romaines, notamment deux lions rampant, Arion chevauchant son dauphin, Achille déguisé en femme à Skýros et un portrait d'Alcibiade. On peut y voir aussi une tête en marbre d'époque classique qui représen-terait Léonidas Ier *(p. 224)* ainsi que des bas-reliefs figurant les dieux-serpents des Enfers. Les masques en céramique exposés sont des copies d'accessoires de danse provenant du sanctuaire d'Artémis Orthia.

🏛 **Musée archéologique**
Agíou Níkonos 71. ☎ *27310 28575.*
⏰ *8 h 30-15 h mar.-dim.* ⬤ *jours fériés.* 📷 ♿

LA VIE DANS L'ANCIENNE SPARTE

Sparte fut l'un des deux grands centres politiques de la Grèce antique. Sa puissance, qui s'affirma dès le VIIe siècle av. J.-C., se fondait sur une discipline sociale et militaire rigide ainsi que sur le rejet des étrangers, ce qui finit, faute d'alliances, par causer sa chute. La cité était constituée de cinq villages, où la population masculine, toujours sur le pied de guerre, vivait en collectivité. Les guerriers étaient sélectionnés dès l'âge de sept ans et soumis à un entraînement intensif – le sanctuaire d'Artémis Orthia accueillait des combats au fouet entre garçons. Sparte nourrissait son armée grâce à l'asservissement de Messène, dont la population était réduite en esclavage à son profit. Elle prit la tête des cités grecques lors des guerres médiques, avant d'être détruite par Thèbes en 371 av. J.-C.

Guerrier spartiate (bronze du Ve siècle av. J.-C.)

Mystrás ⍟
Μυστράς

Aigle à deux têtes, Mitrópolis

Mystrás est l'un des sites les plus impressionnants de Grèce, avec ses maisons perchées sur une arête du massif de Taÿgetos. Fondée par les Francs en 1249, qui venaient d'abandonner Sparte, elle fut cédée aux Byzantins : la population de la ville atteignit alors 20 000 habitants. Après 1348, Mystrás devint la capitale de la Morée, principauté liée à Byzance mais presque indépendant. À la fin du XVe siècle, elle abrita le dernier foyer culturel byzantin, attirant intellectuels et artistes de Serbie, d'Italie et de Constantinople. De ce brassage résulte le caractère très cosmopolite de la décoration des églises de Mystrás.

MODE D'EMPLOI

À 5 km à l'ouest de Spárti, Péloponnèse. **Carte routière** C5.
☎ 27310 83377. ⛟ *Néos Mystrás.* ◯ mai-sept. : 8 h-19 h t.l.j.; oct.-avr. : 8 h 30-15 h t.l.j. ⬤ 1er janv., 25 mars, Ven. saint, dim. de Pâques, 1er mai, 25 et 26 déc. 🎫 📷

PLAN DE MYSTRÁS

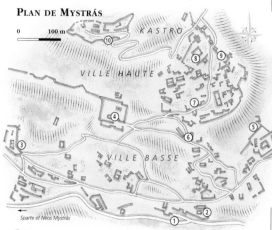

0   100 m

KASTRO

VILLE HAUTE

VILLE BASSE

Sparte et Néos Mystrás

LÉGENDE

① Entrée de la ville basse
② Mitrópolis
③ Moní Perivléptou
④ Moní Pantánassas
⑤ Vrontóchion
⑥ Porte de Monemvasía
⑦ Palais du Despote
⑧ Agía Sofía
⑨ Entrée de la ville haute
⑩ Kástro

À la découverte de Mystrás

Aujourd'hui en ruine, Mystrás est partagée entre une ville haute et une ville basse, reliées par la porte de Monemvasía. On accède au site soit au pied de la ville basse, soit par le château dominant la ville haute. Prévoir une demi-journée pour visiter les monastères, églises, palais et maisons que l'on rencontre au détour des ruelles. L'alignement nord-ouest-sud-est, assez inhabituel, est conditionné par la topographie.

🔒 Mitrópolis

Mitrópolis, près de l'entrée de la ville basse, est la plus ancienne église de Mystrás. Bâtie en 1291, elle est, comme

La *Nativité*, fresque du XIVe siècle ornant le dôme sud de l'église Moní Perivléptou

maintes églises byzantines des Balkans, construite autour d'une nef voûtée centrale flanquée de deux ailes. Les dômes, ajoutés au début du XIVe siècle, témoignent d'une tentative maladroite d'égaler la beauté des églises de Pantánassas et d'Afentikó. Les fresques (XIVe siècle), sur la partie nord-est de la voûte, représentent le martyre du saint patron du lieu, Agios Dimítrios, ainsi que des scènes de miracle dues au Christ, dont *la Guérison des lépreux*. Dans l'aile sud-ouest, on peut admirer *les Noces de Cana* et, dans le narthex, un Jugement dernier, thème repris dans le diaconicon (sacristie).

Le dernier empereur byzantin, Constantin Paléologue, y fut couronné en 1449, comme l'indique une plaque montrant un aigle à deux têtes.

🔒 Moní Perivléptou

Plaqué contre la roche, ce monastère (XIVe siècle) comprend une église en forme de croix grecque. Sous la coupole trône un Christ Pantokrátor, flanqué de la Vierge et des Apôtres, placés par ordre d'importance décroissante. Sous les voûtes encadrant la coupole, des peintures raffinées du XIVe siècle représentent douze scènes de la vie du Christ, dont la *Nativité* et le *Baptême* au sud, la *Transfiguration* et l'*Entrée à Jérusalem* (avec des enfants qui s'amusent) dans l'aile occidentale, *Thomas l'Incrédule* et la *Pentecôte* au nord, décorant le mur au-dessus de l'entrée.

◁ **La *Guérison du paralytique*, fresque du Moní Pantánassas, à Mystrás**

Collines abritant les vestiges byzantins de Mystrás, vues du sud

🔒 Moní Pantánassas

Bâtie en 1428, l'église de ce couvent fut la dernière que l'on construisit à Mystrás. Avec son abside décorée et son clocher en briques à arcades, elle rappelle l'église Afendikó du monastère du Vrontóchion. Les peintures supérieures, datées de 1430, sont de très bonne facture, en particulier *la Résurrection de Lazare* sous la voûte nord-est. Dans la partie sud-ouest, la *Nativité* et l'*Annonciation* ont la particularité de mettre en scène des animaux. L'aile sud-est abrite une *Descente aux Enfers*, représentant le Christ sortant Adam et Ève de leur cercueil, qui fait face à une *Entrée à Jérusalem* très vivante.

🔒 Vrontóchion

Construit au XIIIᵉ siècle sur ordre de l'abbé Pachómios, Vrontóchion était le centre culturel de la ville de Mystrás. Au XVᵉ siècle, le philosophe néoplatonicien Geórgios Gemistós ou Plethon (1355-1452) y enseigna. L'ensemble comprend deux églises : la plus ancienne, Agioi Theódoroi (1295), possède le dôme le plus grand de Mystrás, supporté par huit arches. Construite au XIVᵉ siècle, l'église d'Afendikó (ou Panagía Odigítria) est dotée de six coupoles couvertes de fresques. Dans la galerie de la coupole ouest, on peut admirer une *Vierge priant* et des *Prophètes* ; dans la partie sud de la voûte, un *Baptême* foisonnant met en scène des monstres aquatiques. Au-dessus de l'autel, des apôtres accueillent l'aura de lumière émanant du Christ dans une *Ascension*. Les peintures les mieux préservées sont celles de la baie nord du narthex.

🏛 Palais du Despote

Il comprend deux ailes aujourd'hui reconstruites. L'aile nord-est fut bâtie par les Francs ; l'aile nord-ouest, érigée après 1348, exemple rare d'architecture byzantine civile, abritait la salle du trône des dynasties Cantacuzène et Paléologue. La place centrale fut le cœur de la vie publique jusqu'à l'époque ottomane.

Les ruines du palais du Despote, vues du sud

⛰ Kástro

Flanqué à l'ouest et au sud de ravins vertigineux et couronnant la partie supérieure de la ville haute, le kástro (château fort) est accessible par un sentier partant de la partie nord de la ville haute, au-dessus de l'église Agía Sofía. Œuvre de Guillaume de Villehardouin en 1249, le kástro trahit ses origines franques, malgré les modifications opérées ensuite par les Byzantins et les Turcs. La double enceinte entourant l'ensemble du château peut être parcourue à pied, et offre au visiteur une belle vue sur la ville basse. Dans la deuxième partie de *Faust*, Goethe y situa la rencontre entre Hélène de Troie, ressuscitée après 3 000 ans, et Faust.

L'église d'Afendikó, joyau du monastère du Vrontóchion

Le Máni (Magne) extérieur ㉔
Εξω Μάνη

R ude et isolée au nord par une chaîne
de montagnes, le Máni fut la dernière région
de Grèce à embrasser le christianisme au IXe siècle :
cependant, l'enthousiasme avec lequel les habitants
se convertirent est encore perceptible tant sont
nombreuses les chapelles construites à cette époque.
Rarement envahi, le Máni se distingua du reste du
pays par une organisation sociale féodale. Le ravin
d'Oítylo sépare le Máni intérieur *(p. 198-199)*, du
Máni extérieur, ou Messénie, fertile et magnifique.

MODE D'EMPLOI

Péloponnèse. **Carte routière** C5.
🚂 🚌 Kalamáta.

CARTE DE SITUATION

Exochóri
Kardamýli
ANAVRYTÍ ET PALAIOPANAGIÁ
PIGÁDIA ET KALAMÁTA
Stoúpa
MÁNI EXTÉRIEUR
MONT TAYGETOS
GERÁKI ET MONEMVASÍA
Agios Nikólaos
Langáda
Gýtheio
Oítylo
Néo Oítylo

clan Stefanópoulos fuyant les
Turcs en 1675. Ce départ fut
réalisé grâce au concours des
Génois. Une fois en Corse, les
Oítylotes fondèrent les villages
de Paomia et de Cargèse. Leur
présence sur l'île de Beauté
alimente l'hypothèse fantaisiste
des éventuelles origines
maniotes de Napoléon.

Aux environs
Au sud-ouest d'Oítylo, un
large sentier mène à l'église
de **Moní tou Dekoúlou**,
nichée dans une petite oasis.
Construite au XVIIIe siècle,
elle abrite un petit *témblon*
(panneau cachant l'autel)
et de superbes peintures bien
conservées par la pénombre,
qui ne sont visibles qu'à l'aide
d'une torche. La visite du
monastère a lieu le matin.
Le village de **Néo Oítylo**,
à 4 km au sud du monastère,
possède une charmante petite
plage de galets.

Oítylo
Bien que rattaché
administrativement à la
Laconie, le village d'Oítylo
(prononcer « aítilo ») appartient
par tradition au Máni
extérieur. On y jouit d'une
superbe vue sur la baie de
Limeníou et, au-delà du ravin
qui sert de frontière historique
entre les deux Máni, sur
le château de Kelefá *(p. 198)*.
Le village, qui dispose
d'importantes ressources en
eau, est situé dans une région
à la végétation luxuriante,
ponctuée de cyprès et
d'arbres fruitiers. À la
différence des autres villages
maniotes, Oítylo ne connaît
pas la récession
économique.
Ancienne
capitale régionale
(du XVIe au XVIIIe
siècle), la ville
compte maintes
belles demeures
du XIXe siècle.
On y pratiquait
le commerce
des esclaves
entre Vénitiens
et Turcs. Sur la place du
village, une plaque rédigée
en français et en grec rappelle
l'épisode du départ pour
la Corse de 730 Oítylotes,
dont 430 appartenaient au

LES GUERRES FÉODALES

À partir du XVe siècle, de
nombreuses familles byzantines
s'installèrent dans le Máni, où
elles constituèrent bientôt une
aristocratie guerrière, les
Nykliens. Dans cette contrée
inhospitalière, la lutte entre
les clans était sévère. Les
Nykliens s'arrogèrent le droit
de construire des tours de pierre
(p. 20), qui atteignaient quatre
ou cinq étages. Elles ponctuaient
de leur présence chaque
village du Máni.
Une fois entamées,

Pétros Mavromichális

les hostilités entre deux clans, véritables vendettas, pouvaient
durer des années, parfois entrecoupées de trêves à l'époque
des récoltes. Chaque camp se bombardait d'une tour à
l'autre, celles-ci étant construites pour être à portée de feu
de l'ennemi ! La victoire couronnait la destruction totale ou la
soumission sans condition de l'adversaire. Historiquement,
les Mavromichális d'Areópoli, les Grigorákis de Gýtheio et
les Troupákis de Kardamýli constituèrent les clans les plus
importants d'une région que nul occupant ne parvint
véritablement à pacifier. Ainsi, les Ottomans ne gouvernèrent
jamais directement le Máni, déléguant leur autorité à un
Nyklien, nommé *bey* par le Sultan. C'est à l'époque du
dernier d'entre eux, Pétros Mavromichális, que les clans
s'unirent et déclenchèrent l'insurrection nationale du
17 mars 1821 *(p. 40-41)* qui allait mener à l'indépendance.

**Le château de Kelefá vu du village
d'Oítylo**

Fenêtre ornée de reliefs en marbre, à Agios Spyrídon

Kardamýli

Kardamýli est le fief des Troupákis, rivaux des Mavromichális. Surnommés Moúrtzinos ou bouledogues en raison de leur ténacité, les membres de ce clan prétendaient descendre de la dynastie byzantine des Paléologues. Kardamýli vivait jadis du négoce de l'huile d'olive *(p. 283)*, activité éclipsée aujourd'hui par le tourisme. À l'intérieur des terres se dresse une acropole antique et médiévale, qui comprend deux chambres funéraires mycéniennes et deux tours construites par les Troupákis, jouxtant l'église d'**Agios Spyrídon**. Bâtie au XVIIIe siècle avec des matériaux d'époque hellénistique, celle-ci est dominée par un clocher à étages. Sa fenêtre sud et sa porte d'entrée sont ornées de reliefs en marbre.

Aux environs
Deux sentiers partent de Kardamýli, le plus important longe les **gorges du Vyrós**, où s'accrochent deux monastères ; l'autre mène aux villages de Gourniá et d'Exochóri. Toute proche, **Stoúpa** se distingue par ses deux plages de sable ; l'écrivain Níkos Kazantzákis (1883-1957), qui y vécut, s'inspira d'un valet de ferme local pour son personnage de Zorba le Grec. **Agios Nikólaos**, au sud, est, avec ses quatre tavernes, l'un des ports les plus séduisants du Maní. Sa plage la plus proche se trouve à Agios Dimítrios, à 3 km au sud.

Le mont Taÿgetos
Avec son sommet caractéristique en pyramide se détachant sur une arête effilée, le mont Taÿgetos (ou Taygète), qui culmine à 2 404 m, sépare la Messénie de la Laconie. Constitué de calcaire, le massif aux pentes recouvertes de

Le Taÿgetos, vu des gorges du Vyrós

résineux, joue le rôle de château d'eau de la région, et offre de multiples possibilités d'excursions dans une nature totalement préservée.

Anavrytí et Palaiopanagiá, à l'est, Pigádia et Kardamýli, à l'ouest, sont autant de bases de départ d'excursions. On peut notamment traverser le massif par les gorges du Vyrós et du Ríntomo qui débouchent à l'ouest ; le refuge Varvára-Deréki, au-dessus de Palaiopanagiá, est le point de départ idéal pour entreprendre l'ascension du mont Taÿgetos.

Le massif du mont Taÿgetos, avec au premier plan une oliveraie

Le Máni (Magne) intérieur 🄬
Μέσα Μάνη

L e Máni intérieur, ou Laconie, comprend deux
régions, le Máni « ombragé », à l'ouest, et le Máni
« ensoleillé », à l'est. Le premier est réputé pour ses
grottes et ses églises, le second pour la majesté de ses
villages perchés à flanc de montagne, dominant la mer.
Sa splendeur passée évanouie, le Máni intérieur *(p. 194)*
souffre aujourd'hui de dépeuplement, son seul avenir
résidant dans le tourisme. Les Athéniens d'ascendance
maniote ont toutefois fait un effort pour restaurer les
tours *(p. 20)* en cabanons de chasse pour l'automne.

MODE D'EMPLOI

Péloponnèse. **Carte routière** C5.
🚌 *Gýthion.* 🚌 *Areópoli.*
🅸 *Vasiléos Georgíou 20,*
Gýtheio (27330 24484). **Musée**
du Mani : Îlot de Marathonísi.
🄲 *27330 22676.* ⭘ *t.l.j.* ▣
Grottes de Pýrgos Diroú : 12
km au sud d'Areópoli. 🄲 *27330*
52223. ⭘ *oct.-mai : 8 h-15 h ;*
juin-sept : 8 h 30 - 17 h 30 t.l.j.

CARTE DE SITUATION

Oítylo •   • Kelefá   Gýthion
     Passavá
MÁNI
Areópoli •   *INTÉRIEUR*
    • Pýrgos Diroú
   • Charoúda

     • Vámyaka
Stavrí •   • Káto Gardenítsa
    • Áno Mpoulárioi
Geroliménas •
     Váthela •

CAP TÆNARON

Gýthion
Véritable porte de la péninsule
du Maní, Gýthion est une
des villes côtières les plus
pittoresques du sud du
Péloponnèse. Port de la cité
de Sparte dans l'Antiquité
(p. 189), elle offre pour tout
vestige archéologique un
théâtre romain situé au nord
de la ville. Jadis, Gýthion
fondait sa prospérité sur
l'exportation de coquillages
qui servaient à teindre en
pourpre les toges des Romains.
Jusqu'à la Seconde Guerre
mondiale, la ville exporta des
glands destinés à la tannerie
et récoltés par les femmes et
les enfants dans les vallées
voisines. Le cœur de Gýthion
est Plateía Mavromicháli, une
place dotée de part et d'autre
d'un appontement bordé par
des maisons du XIXᵉ siècle.
Orientée vers l'est, la ville
bénéficie du lever du soleil sur
le cap Maléas et le golfe de
Laconie, tandis qu'au nord
domine la silhouette enneigée
du mont Taÿgetos.

Relié au front de mer par
une chaussée, l'îlot de
Marathonísi serait l'île de
Kranaï, citée par Homère, où
Pâris et Hélène auraient passé
leur première nuit *(p. 52)*.
Le site est dominé par la tour
Grigorákis, une forteresse du
XVIIIᵉ siècle qui abrite
aujourd'hui le **musée du**
Maní. Le rez-de-chaussée
évoque le Maní médiéval,
tandis qu'à l'étage on peut
suivre l'histoire de la tour.

Aux environs
À 12 km au sud-ouest, le
château de Passavá, édifié
en 1254 par la famille franque
de Neuilly, contrôlait le défilé
entre Kelefá et Oítylo.
Son nom dérive du français
passe en avant, la devise de
la famille. L'édifice actuel
fut bâti par les Ottomans
au XVIIIᵉ siècle. Ces derniers
abandonnèrent le château
en 1780, lorsque Tzanetbey
Grigorákis se vengea
du meurtre d'un de ses oncles
en faisant mettre à mort
1 000 villageois musulmans.

Areópoli
Fief historique des
Mavromichális *(p. 194)*,
Tsímova fut ensuite rebaptisé
Areópoli, la ville d'Arès (dieu
de la guerre), lors de la guerre
d'indépendance *(p. 40)*. Pétros
Mavromichális y déclencha la
révolte des Maniotes contre les
Turcs. Areópoli est aujourd'hui
la principale ville du Maní. Son
vieux quartier historique abrite
deux églises : **Taxiarchón,** qui
a le plus haut clocher du Maní
ainsi qu'une abside tapissée
de bas-reliefs
représentant le
zodiaque, et **Agios**
Ioánnis, ancienne
chapelle du clan
Mavromichális, ornée
de fresques naïves.

Aux environs
À l'ouest de Passavá,
le château ottoman
de **Kelefá**, bâti
en 1670 au nord
d'Areópoli, est la
seconde sentinelle du
Maní, qui protégeait
les baies d'Oítylo et
de Liméni des
incursions
vénitiennes *(p. 38)*.
Les bastions de

Alignement de maisons du XIXᵉ siècle, dans le port de Gýthion

◁ **Les maisons fortes du village de Vátheia, joyau architectural du Maní**

l'enceinte sont intacts. Plusieurs chemins mènent au château depuis Areópoli, Oítylo et la route reliant Areópoli à Gýtheio (signalé par un panneau).

Les grottes de Pýrgos Diroú
Ce sont les grottes parmi les plus vastes de Grèce. En été, la visite permet de longer pendant 30 mn la rivière souterraine qui traverse les cavernes de Glyfáda, dans laquelle se reflètent de nombreux stalactites. On atteint ensuite la sortie au bout de 15 mn de marche. La grotte d'Alepótrypa, fermée au public, est très spectaculaire avec ses cascades et son lac souterrain. Jusqu'à ce qu'un séisme en interdise l'accès, la grotte était habitée par des peuples néolithiques, dont un **musée** local expose les objets et retrace la vie quotidienne.

La « côte ombragée »
Longue de 17 km, elle s'étend de Pýrgos Diroú à Geroliménas. Cette contrée, autrefois la plus densément peuplée du Máni, est réputée pour ses nombreuses églises byzantines construites entre le Xe et le XIVe siècle. On peut y admirer les ruines de nombreuses maisons fortes maniotes.

Parmi les plus belles églises, **Taxiarchón**, à Charoúda, construite au XIe siècle, offre de superbes peintures du XVIIIe siècle. Une route mène, au sud, à Vámvaka, où le dôme de l'église **Agios Theódoros** est soutenu par des poutres

Tour d'angle du château ottoman de Kelefá, près d'Areópoli

sculptées et le linteau en marbre est orné d'oiseaux.

Káto Gardenítsa abrite l'église **Agía Soteíra** (XIIe siècle) avec son iconostase recouverte de fresques et son narthex à coupole ; l'église **Episkopí** (XIIe siècle), près de Stavrí, contient des peintures du XVIIIe siècle. Près du village d'Ano Mpoulárioi, l'église sans portes d'**Agios Panteleímon** recèle de splendides peintures,

les plus anciennes du Máni (Xe siècle). Dans le village même, l'église **Agios Stratigós** (XIe siècle) abrite des fresques des XIIe et XIIIe siècles, dont un cycle des *Actes du Christ*.

Vátheia, à 10 km à l'est de Geroliménas, est un village serti dans un site impressionnant, et qui domine la mer et le cap Tænaro. Ses maisons fortes incarnent l'âme du Máni.

Les maisons fortes du village de Vátheia, vues du sud-est

Koróni 26
Κορώνη

Péloponnèse. Carte routière C5.
🚶 *1 400.* 🚌

Koróni, un des deux « yeux de Venise » dans la région (avec Methóni), contrôlait la route maritime entre l'Adriatique et la Crète. La ville est construite au pied d'un château fort vénitien érigé à partir de 1206, qui abrite aujourd'hui le couvent **Timíou Prodrómou**. On peut y admirer une chapelle byzantine et les fondations d'un temple antique dédié à Artémis. Depuis les cellules et la chapelle, on jouit d'un beau point de vue.

La ville, quadrillée de rues en escalier, a peu changé depuis sa fondation en 1830. Les maisons ont encore des balcons en fer forgé, des portes renforcées et des tuiles « à becs ».

Methóni 27
Μεθώνη

Péloponnèse. Carte routière B5.
🚶 *1 300.* 🚌

C'est de Methóni que, à partir de 1209, Venise contrôlait le passage des pèlerins vers la Terre sainte. Bordée par la mer sur trois côtés, sa **forteresse** est séparée de la ville par un fossé creusé par les Vénitiens. Le pont d'accès fut construit par les Français en 1828. Le site associe des éléments d'architecture vénitienne, ottomane et française. Il abrite les vestiges de deux *hammam*s, d'une église vénitienne et d'un minaret. L'îlot fortifié de Bourtzi fait face au site.

⚓ **Forteresse**
🕐 *9 h-19 h t.l.j. (9 h-15 h en hiver).*

Pýlos (Navarin) 28
Πύλος

Péloponnèse. Carte routière C5.
🚶 *2 500.* 🚌

La ville de Pýlos s'appelait jadis Avaríno (du nom de la tribu barbare des Avars qui envahit la région au VIe siècle, puis Navarin. Elle présente, comme Methóni, un « caractère français ». L'activité tourne autour de Plateía Trión Navárchon et du front de mer.

À l'ouest, le château de **Niókastro**, d'origine véneto-ottomane, fut restauré par les Français en 1828. L'ancienne caserne abrite aujourd'hui les gravures de René Puaux (1878-1938). Dans les cachots de l'ancien donjon est installé un institut d'archéologie sous-marine. Des toits, vue imprenable sur le pont, la baie de Navarin et l'île de Sfaktiría, lieu d'une victoire mémorable d'Athènes sur Sparte. Si le mur d'enceinte

LA BATAILLE DE NAVARIN

C'est un engagement naval imprévu qui décida de la victoire des insurgés grecs contre la domination ottomane *(p. 40-41)*. La bataille de Navarin eut lieu le 20 octobre 1827, opposant les flottes turque et alliée (anglo-franco-russe). L'issue de l'affrontement contraignit le Sultan à demander l'armistice. Forte de 27 bâtiments commandés par les amiraux Codrington, de Rigny et Heyden, la flotte alliée entra dans la rade de Navarin où l'armada d'Ibrahim Pacha, forte de 89 bâtiments, était ancrée. Les Alliés entendaient simplement intimider le Pacha et provoquer sa fuite. Mais, pris à partie par l'artillerie turque, ils furent contraints d'engager la bataille. Celle-ci tourna à leur avantage. À la nuit tombante, la flotte turque était décimée, les pertes alliées demeurant négligeables : l'indépendance grecque était acquise.

Scène de la *Bataille de Navarin*, **détail d'une toile peinte par Louis Ambroise Garneray (1783-1857)**

L'îlot fortifié de Bourtzi, avec sa tour octogonale du XVIe siècle, au large de Methóni

L'église de Sotíros avec ses arcades, à Pýlos, fit office de mosquée à l'époque ottomane

est très abîmé, il est encore possible de se promener le long du parapet qui commence au niveau de l'imposant bastion ouest et s'achève au-dessus du portail est. L'église à dôme de **Sotíras**, qui fit jadis office de mosquée, est le seul vestige médiéval au-delà du pont.

♠ Niókastro

Centre-ville. 27230 22010. 8 h 30-15 h mar.-dim. jours fériés. limité.

Aux environs
Excursions en bateau vers les sites historiques de **Sfaktiría**, où est perpétué le souvenir des victimes de la bataille de Navarin, et des combattants grecs et étrangers morts pour la Grèce.

À l'extrémité de la baie de Navarin, à 11 km au nord de Pýlos, on trouve de belles plages, dont celle du lagon de **Voïdokoiliá**, où Télémaque, fils d'Ulysse, débarqua pour demander au roi Nestor des nouvelles de son père. À travers les dunes, un chemin mène à **Spiliá tou Néstora,** une grotte où, selon Homère, Nestor et Nélée gardaient leurs vaches. Un sentier étroit mène à Palaiókastro, une ancienne acropole devenue château franco-vénitien construit sur des fondations mycéniennes.

Palais de Nestor ㉙
Ανάκτορο του Νέστορα

16 km au nord-est de Pýlos, Péloponnèse. **Carte routière** B5. 27630 31437. **Site** 8 h 30-15 h t.l.j. **Musée** 27630 31358. jours fériés. limité.

Découvert en 1939, le palais du roi de Mycènes Nestor (XIIIᵉ siècle av. J.-C.) fut fouillé par Carl Blegen à partir de 1952. On exhuma des centaines de tablettes en écriture linéaire B, ainsi qu'une baignoire et des amphores d'huile d'olive, qui alimentèrent sans doute l'incendie qui eut lieu en 1200 av. J.-C. Aujourd'hui, seuls les murs en ruine et quelques bases de colonnes suggèrent le bâtiment à deux étages articulés autour d'un hall central. Le **musée**, à Chóra (3 km), expose des fresques trouvées sur place.

Baignoire du XIIIᵉ siècle av. J.-C., découverte dans le palais de Nestor

Ancienne Messène ㉚
Αρχαία Μεσσήνη

34 km au nord-ouest de Kalamáta, Péloponnèse. **Carte routière** C5. 27240 51201. **Site** t.l.j. **Musée** 8 h-14 h 30 mar.-dim. jours fériés.

L'ancienne Messène, appelée aujourd'hui Ithómi, du nom de la montagne qui la surplombe, est un site encore méconnu, en cours de fouilles. Les murs de la cité, d'une longueur de 9 km, remontent au IVᵉ siècle av. J.-C. Ils délimitent une aire comprenant les fondations d'un temple dédié à Zeus et une acropole bâtie sur le mont Ithómi, au nord-est. Au nord, l'imposante double porte d'Arcadie est flanquée de tours carrées. Au cœur de l'aire de fouilles, le petit village de Mavrommáti est approvisionné en eau par la fontaine Klepsýdra. En contrebas, un odéon, un *bouleuterion* (salle de conseil), des stoas et un escalier monumental voisinent avec les fondations d'un temple d'Asclépios et un stade bien préservé.

Entre le village et la porte d'Arcadie, un petit musée abrite des sculptures et des miniatures en bronze trouvées sur le site.

Ruines de la porte d'Arcadie, avec son linteau effondré, ancienne Messène

LE CENTRE ET L'OUEST DE LA GRÈCE

ÉPIRE · THESSALIE · STEREÁ ELLÁDA (GRÈCE CENTRALE)

L e centre et l'ouest de la Grèce renferment quelques-unes des régions les plus méconnues et les mieux préservées du pays. Si l'Épire a toujours développé une culture distincte et souvent autonome, la Stereá Elláda joua, avec les Thermopyles et la vallée de Tempé, un rôle historique de verrou, protégeant la péninsule grecque des invasions provenant du nord-est.

Cette partie de la Grèce s'articule autour de la plaine centrale de Thessalie (une ancienne mer intérieure) ; les sites les plus intéressants sont situés à la périphérie de celle-ci. Isolée par le massif du Pinde, l'Épire, à l'ouest, possède la plus forte identité régionale : elle n'a

Femme de Métsovo, Pinde septentrional

joué qu'un rôle marginal dans l'histoire de la Grèce antique et a joui d'une large autonomie sous l'occupation ottomane. C'est pourquoi la capitale régionale, Ioánnina, mêle architecture turque et traditions spécifiquement locales, notamment en matière d'orfèvrerie et de travail du bois.

Plus à l'est, le col de Katára, gardé depuis l'époque ottomane par la ville de Métsovo, permet de déboucher à travers les montagnes, sur les monastères byzantins des Météores perchés sur d'impressionnants pitons rocheux.

La Stereá Elláda comprend l'un des sites antiques les plus importants de Grèce : le sanctuaire de Delphes. Le monastère d'Osios Loúkas, tout proche, est sans doute l'édifice byzantin le plus remarquable, orné de majestueuses mosaïques du XVIe siècle.

Si le golfe de Corinthe abrite plusieurs stations balnéaires, les villes de Lamía, Arta, Tríkala et Mesolóngi (où mourut le poète anglais lord Byron) sont épargnées par le tourisme et présentent, avec leurs marchés, leurs tavernes, leurs églises et la *vólta* du soir, un visage authentique de la Grèce.

Megálo Pápigko, un des nombreux villages traditionnels et isolés des Zagória, en Épire

◁ Le monastère byzantin d'Osios Loúkas avec, au premier plan, son clocher

À la découverte du centre et de l'ouest de la Grèce

L a Grèce du centre et de l'ouest, qui s'étend de l'Attique au sud de la Macédoine, possède tous les caractères qui font le charme du pays : des plages de sable aux villes chargées d'histoire de Ioánnina et de Métsovo, avec leurs guildes d'artisans et leur héritage ottoman. Le Pílio (Pélion) offre un parfait compromis touristique entre stations balnéaires, paysages côtiers et sites antiques, telle Delphes, et monastères byzantins, tels les Météores. Les amateurs de randonnées pédestres préféreront le nord : dans le massif du Pinde cohabitent les gorges du Víkos et quelques-uns des sommets les plus élevés de Grèce. La flore et la faune y sont splendides, en particulier au printemps. Les amoureux de la nature apprécieront les marécages de Mesolóngi ou le golfe d'Amvrakikós, près d'Arta.

LÉGENDE

- Route à chaussées sépa
- Route principale
- Route secondaire
- Route pittoresque
- Cours d'eau
- � Point de vue

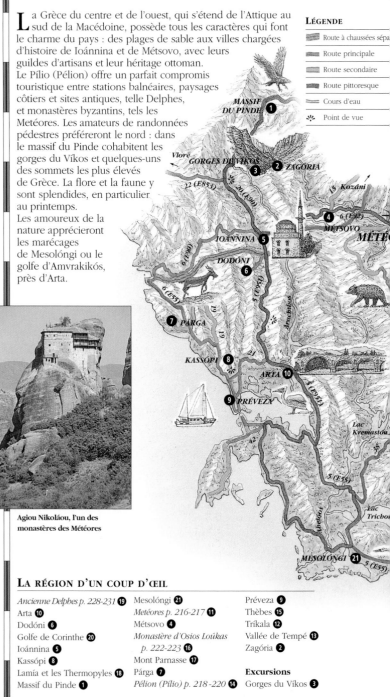

Agiou Nikoláou, l'un des monastères des Météores

LA RÉGION D'UN COUP D'ŒIL

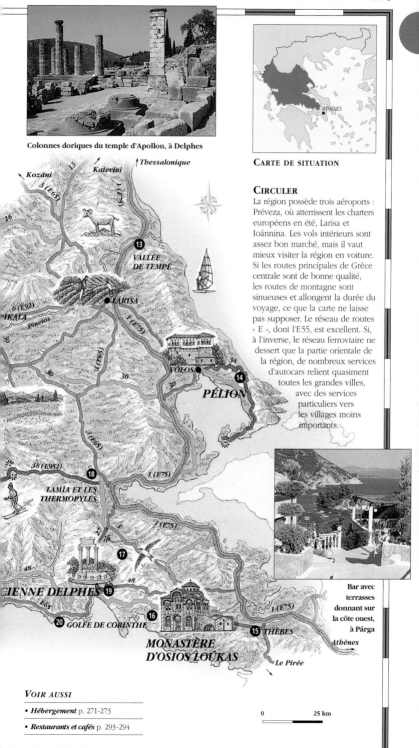

Colonnes doriques du temple d'Apollon, à Delphes

CARTE DE SITUATION

CIRCULER

La région possède trois aéroports : Préveza, où atterrissent les charters européens en été, Larisa et Ioánnina. Les vols intérieurs sont assez bon marché, mais il vaut mieux visiter la région en voiture. Si les routes principales de Grèce centrale sont de bonne qualité, les routes de montagne sont sinueuses et allongent la durée du voyage, ce que la carte ne laisse pas supposer. Le réseau de routes « E », dont l'E55, est excellent. Si, à l'inverse, le réseau ferroviaire ne dessert que la partie orientale de la région, de nombreux services d'autocars relient quasiment toutes les grandes villes, avec des services particuliers vers les villages moins importants.

Bar avec terrasses donnant sur la côte ouest, à Párga

VOIR AUSSI

- *Hébergement* p. 271-273

- *Restaurants et cafés* p. 293-294

0   25 km

Le lac de Drakolímni, derrière les falaises escarpées d'Astráka

Le massif du Pinde ❶
Οροσειρά Πίνδου

Épire. **Carte routière** B2.
✈ 🚌 Ioánnina. 🛈 Dodónis 39,
Ioánnina (26510 41868). ☐ sam.-dim.

L e Pinde s'étire
de la frontière gréco-
albanaise au sud de Métsovo.
Cet ensemble de massifs
montagneux se prolonge,
à l'est, vers la Macédoine et,
à l'ouest, en direction de la mer
Ionienne. Il abrite deux parcs
nationaux, les deuxièmes
gorges de Grèce par leur
longueur et le deuxième point
culminant du pays, l'Oros
Smólikas, à une altitude
2 640 m. Le parc national
du Pinde s'étend à l'ouest
de la Macédoine, entre
Métsovo et Vovoúsa, tandis
que le parc national Víkos-
Aóos, situé plus au sud,
comprend les gorges du Víkos
(p. 208) et de l'Aóos.
Les sommets sont enneigés
d'octobre à mai, époque où
la fonte des neiges irrigue
le sol. Les champs se couvrent
alors de fleurs – lilas crocus,
gentianes, herbes-du-Parnasse
et orchidées (p. 23). Grâce
à la politique de protection
développée par le parc,
le visiteur peut parfois admirer
des chevreuils, des sangliers
et des chats sauvages.
L'Oros Smólikas est
accessible en été par les
randonneurs bien équipés
prêts à passer la nuit sous
la tente ou dans un refuge.
On peut accéder, un peu plus
facilement, au Gamíla (2 500 m)
et à l'Astráka (2 440 m) par les
villages zagoriens situés près
des gorges du Víkos. Deux
lacs de montagne appelés tous
deux Drakolímni méritent
vraiment le (difficile !) détour :
le premier est situé en dessous
du Gamíla, près d'une chute
d'eau sur la rivière Aóos ; le
second, derrière le Smólikas.
Même s'il existe de bons
guides, des cartes détaillées
de la région, des refuges
ou des gîtes dans les villages
du Pinde, ces excursions sont
réservées aux personnes
expérimentées et en bonne
condition physique. Le temps
peut changer très vite, et bien
des endroits sont éloignés de
tout abri – ce qui d'ailleurs fait
le charme de la contrée. Celle-
ci offre un visage méconnu
de la Grèce, celui d'une nature
âpre et sauvage, de vallées
isolées où les routes et
les visiteurs sont rares.

LA FAUNE SAUVAGE DU PINDE

Les touristes qui passent leurs vacances sur
le littoral grec sont souvent surpris d'apprendre
qu'il existe des loups et des ours sauvages
en Grèce. On peut tout à fait tomber, au
détour d'un chemin, sur un loup argenté ou
sur un ours brun. La chaîne du Pinde,
en particulier sa partie nord, frontalière
de l'Albanie, abrite la majeure partie de la
population de ces deux espèces
menacées, dont on ne peut établir
le nombre avec précision.
Craignant l'homme, chassés
pendant des siècles par
les fermiers et les bergers,
les ours sont discrets. Les
randonneurs doivent avoir
beaucoup de chance pour en
rencontrer un. Inoffensifs
envers les visiteurs, les loups
sont plus faciles à observer ;
leur hurlement s'entend
parfois au lever et au coucher
du soleil, parfois en réponse
à des « imitateurs ».

**Le loup argenté
d'Europe, une espèce
rare de la région**

**L'un des 80 ours bruns
européens du Pinde**

Zagória ②
Ζαγόρια

Épire. **Carte routière** B2.

À 25 km au nord de Ioánnina, le cadre des Zagória (p. 210) réunit certains des plus beaux paysages d'Europe. Bravant des sols arides et peu fertiles ces 45 villages traditionnels épirotes s'accrochent encore aux flancs boisés des montagnes. La plupart d'entre eux abritent des *archontiká* (p. 21) datant des XVIIIᵉ et XIXᵉ siècles, une période de prospérité liée à l'autonomie dont jouissaient les Zagória dans l'Empire ottoman.

La population est constituée en majorité de bergers valaques (p. 209) et sarakatsans. Pendant l'hiver, les bergers se consacraient à l'artisanat : organisés en guildes, ils se faisaient maçons et charpentiers itinérants et parcouraient les Balkans pour vendre leur production.

Ce mode de vie traditionnel très rude est en train de disparaître : en effet, les jeunes préfèrent s'orienter vers des métiers liés au tourisme. Plusieurs ponts pavés à arc témoignent des qualités de bâtisseur des habitants de cette partie de l'Épire. On peut en admirer deux, en particulier,

Le village de Vítsa, gorges du Víkos

situés aux deux extrémités du village de **Kípoi**. Le sud-ouest des Zagória est la zone la plus visitée, grâce au bus qui relie Ioánnina à Monodéndri, transportant randonneurs et alpinistes. Maints villages de la région, dont **Vrysochóri**, ont abrité des résistants pendant la Seconde Guerre mondiale. Brûlés par les Allemands en représailles, ils ont été peu à peu rebâtis.

Près du village de **Vradéto**, on peut suivre un chemin pavé du XVᵉ siècle, au terme duquel s'offre une vue

saisissante des gorges du Víkos (p. 208). **Monodéndri**, en face de Vradéto, est le point de départ habituel de la visite des gorges, que l'on peut aussi effectuer à partir de **Vítsa**. Le nom des villages de **Megálo Pápigko** et **Mikró Pápigko**, séparés de 4 km l'un de l'autre, correspond à leur taille, quand bien même le « grand » Pápigko n'abrite guère plus que quelques maisons entourées de rues pavées et quelques restaurants. Des chambres sont disponibles dans des maisons rénovées.

Plus au sud, encerclé par les montagnes, le pittoresque village de **Tsepélovo** est relié à Ioánnina par un service de bus. Il possède des chambres d'hôte dans une maison restaurée, quelques pensions et tavernes. Ses rues pavées de pierre et ses toits de tuiles sont typiques de la région des Zagória.

Pont pavé, près du village de Kípoi

LES VILLAGES DES ZAGÓRIA

Disséminés dans le nord du Pinde, les villages des Zagória occupent une zone située au sud-ouest de l'Aóos, entre Ioánnina et Kónitsa.

Kónitsa

Aóos

GAMILA
▲
2 497 m

Vrysochóri

Kalývia

Megálo Pápigko

ASTRAKA
▲
2 436 m

Mikró Pápigko

Víkos

Arísti

Gorges du Víkos

Vodomátis

Z A G O R I A

Kakaviá

Kalpáki

Elafótopos

Vradéto

Tsepélovo

Monodéndri

20 (E90)

Vítsa

Kípoi

Negádes

0   2 km

LÉGENDE

▭ Route principale
▭ Route secondaire
▭ Route en mauvais état
– – Sentier pédestre

Ioánnina

Excursion dans les gorges du Víkos ❸

Longer les gorges du Víkos est peut-être le plus beau trek de Grèce. Taillées par la Voïdomátis, les falaises de calcaire très escarpées s'élèvent jusqu'à 915 m. Les gorges traversent le parc national de Víkos-Aóos, créé en 1975. Des marques et des balises jalonnent l'itinéraire qui serpente entre les blocs de pierre déposés dans le lit de la rivière avant de remonter par des forêts de châtaigniers,

Une tortue grecque

de hêtres et d'érables. On peut observer plusieurs espèces d'oiseaux de proie, dont le percnoptère d'Égypte, planant dans les courants ascendants, des lézards et des tortues. Bien que le principal itinéraire de visite des gorges parte de Monodéndri, un autre plus court (4 km) permet aussi d'admirer les gorges entre les villages de Mikró Pápigko et de Víkos.

Aiguille rocheuse ④
Pour atteindre les deux villages de Pápigko, traversez les gorges au niveau des pitons rocheux. Un sentier continue à l'ouest vers Vítsiko.

Agía Triáda ③
Après 3 heures de marche, on accède à Agía Triáda, chapelle bâtie à côté d'un puits.

Megálo Pápigko ⑤
Village protégé aux maisons de pierre, Megálo Pápigko est perché à 950 m, sous les falaises de Pýrgi.

Belvédère d'Oxiá ②
De Monodéndri, une route rejoint le belvédère d'Oxiá, l'un des plus impressionnants de la région avec celui de Mpelóï, qui lui fait face.

Monodéndri ①
Ce village est le point de départ habituel des randonnées dans les gorges. Le sentier est indiqué depuis l'église située sur la place au bas du village.

LÉGENDE

- - Sentier de randonnée
═══ Route secondaire
═══ Route en mauvais état
🏛 Monastère
❉ Point de vue
🅿 Parc de stationnement

0   5 km

CARNET DE ROUTE

Point de départ : Monodéndri.
Accès : 40 km au nord-ouest de Ioánnina, par autocar ou en voiture.
Longueur : 14 km vers Megálo Pápigko.
Difficulté : peu élevée ; bonnes chaussures de marche conseillées.
Durée : 6 à 7 heures.

Métsovo ❹
Μέτσοβο

Épire. Carte routière B2. 🏠 *3 500.*
🚌 ℹ️ *26560 41233.*

Crosses de berger, vêtements et orfèvrerie : un magasin de Métsovo

Situé près du col de Katára (sur la route qui traverse la chaîne du Pinde), Métsovo est un gros bourg de montagne bien vivant. Modeste village, à l'origine, peuplé de bergers valaques, il devint un important centre commercial après avoir acquis des privilèges fiscaux à l'époque ottomane *(p. 38-39)*. Depuis lors, les familles de la bourgeoisie n'ont pas cessé de mettre leur village en valeur, encourageant l'artisanat local.

On aura une idée de la prospérité de ces familles, en visitant l'**Archontikó Tosítsan**, une demeure du XVIIIᵉ siècle rebâtie et convertie en musée, qui appartient à la famille Tosítsan *(p. 20-21)*. Bâtie sur trois étages, elle abrite au rez-de-chaussée une armurerie et une salle d'eau ; aux étages supérieurs, une grande salle de réception décorée de panneaux de bois côtoie plusieurs chambres à coucher ornées de *kilim*, de fabrication locale. Des pièces d'orfèvrerie,

des broderies et des costumes épirotes sont également exposés. Les visiteurs doivent attendre à l'entrée le début de la visite guidée d'une demi-heure.

Autre bienfaiteur de Métsovo, l'homme politique et écrivain Evángelos Avérof (1910-1990), fondateur de la **galerie Avérof**. Celle-ci abrite l'essentiel de sa collection personnelle, soit 200 tableaux et sculptures rassemblés tout

Intérieur de l'Archontikó Tosítsa, à Métsovo

au long de sa vie dans le but d'ouvrir un musée d'art grec contemporain dans sa ville natale. Cette collection fut enrichie ensuite d'œuvres d'artistes grecs des XIXᵉ et XXᵉ siècles.

Les traditions artisanales sont demeurées vivaces, depuis la taille de bâtons de bergers (qui débuta lorsque Métsovo commença à s'enrichir grâce à la garde de troupeaux) jusqu'à la broderie, en passant par la production de lait et de fromages. Quelques vieux villageois (mais très peu de femmes) portent encore le costume traditionnel ; on peut les rencontrer assis sous des abris ou à la terrasse des cafés du village. Les abris sont utilisés en hiver, lorsque le village, construit à 1 156 m d'altitude, se transforme en station de sports d'hiver. Le caractère montagnard du lieu apparaît également dans le style des vêtements vendus dans les magasins de souvenirs.

🏛️ **Archontikó Tosítsa**
Dans la rue principale. ℹ️ *26560 41084.* 🕐 *lun.-mer, ven.-dim.* 🚫

🏛️ **Galerie Avérof**
Place centrale. ℹ️ *26560 41210.* 🕐 *mer.-lun.* 🚫

Aux environs
À 15 mn de marche, par un itinéraire indiqué dès le centre-ville, on parvient au **Moní Agíou Nikoláou** (XIVᵉ siècle). Ce monastère n'est plus habité que par des gardiens. Ceux-ci sont toujours ravis de montrer aux rares visiteurs les fresques postbyzantines qui décorent l'église, les cellules des moines ainsi que leur propre production de fleurs, de fruits et de légumes.

LES BERGERS VALAQUES

Les bergers valaques, nomades, dont la provenance est inconnue, peuplent aujourd'hui l'ensemble de la chaîne du Pinde, en particulier Métsovo et ses environs. Leur langue, uniquement orale, qui est un dialecte d'origine latine, indique que ce peuple descendrait peut-être de colons romains ayant migré d'Illyrie vers les Balkans septentrionaux. Traditionnellement, ils mènent une vie de transhumance, passant l'été avec leurs troupeaux dans les alpages et l'hiver dans la plaine de Thessalie pour éviter à leurs bêtes les rigueurs de la montagne. Leur mode de vie austère tend aujourd'hui à disparaître, même si quelques bergers valaques sont encore en activité dans les villages de Métsovo et de Vovoús en Épire, et d'Avdélla, Samarína et Smíxi à l'ouest de la Macédoine, leurs quartiers d'été traditionnels. L'hiver, ils s'installent autour de Kástoria *(p. 240)*.

Berger valaque de la Zagória

Ioánnina ❺

Ιωάννινα

Calice en argent de Ioánnina

Capitale de l'Épire, Ioánnina prospéra à l'époque ottomane *(p. 38-39)* sous l'impulsion de grandes corporations d'artisans, en particulier celle des orfèvres. L'influence ottomane apparaît nettement autour de la citadelle (kastro) dominant le lac Pámvotis, qu'une douve séparait autrefois de la terre ferme. Bâti au XIII⁰ siècle, ce quartier fut reconstruit en 1815 par Ali, le pacha ottoman qui laissa la plus forte empreinte sur la région. Dans l'enceinte de la citadelle règne une quiétude toute villageoise, que trouble uniquement l'animation du bazar et du quartier moderne de cette ville toujours active.

Ioánnina et l'île de Nisí, vues du nord

La mosquée Aslan Pacha, qui abrite le musée d'Art populaire

provenant des fouilles de Dodóni. On peut y découvrir un aigle en bronze du Vᵉ siècle av. J.-C., des statuettes de jeunes enfants et des tablettes de plomb sur lesquelles sont gravées des questions destinées à l'oracle.

🏛 Musée municipal

Mosquée Aslan Pacha. 📞 *26510 26356.* ⏰ *t.l.j.* 🚫 *jours fériés.* 📷

Blotti dans l'angle nord de la forteresse, ce petit musée occupe la mosquée Aslan Pacha, construite en 1618. La décoration de la coupole de la mosquée est remarquable. Les armes et les costumes exposés évoquent le passé récent de Ioánnina. Le musée présente également des meubles turcs incrustés de nacre ainsi que des tapis de prière juifs et des tapisseries provenant de la synagogue de la ville.

🏛 Musée byzantin

Dans la citadelle. 📞 *26510 25989.* ⏰ *8 h 30-17 h t.l.j. (12 h 30-15 h lun.).* 🚫 *jours fériés.* 📷

Ce musée moderne est installé dans la citadelle. Il expose quelques vestiges provenant de fouilles archéologiques de la région, mais surtout une importante collection d'icônes réalisées durant la période qui va du XVIᵉ au XIXᵉ siècle. Un bâtiment séparé – l'ancien trésor – abrite quelques-uns des articles d'orfèvrerie qui firent la réputation de la ville ainsi qu'un atelier reconstitué.

🏛 Musée archéologique

Plateía 25 Martiou 6. 📞 *26510 33357.* ⏰ *8 h 30-15 h mar.-dim.* 📷

Ce musée est installé dans un petit parc au sud de la citadelle. Il abrite une petite collection d'objets, notamment certains

🏛 Musée d'art populaire

Michaïl Angélou 42. 📞 *26510 20515.* ⏰ *mar.-dim.* 🚫 *jours fériés.* 📷

Ce musée est installé dans une vaste demeure, presqu'en face du Musée archéologique. Il expose des pièces d'orfèvrerie, des costumes traditionnels et des étoffes peignées réalisées par les nomades sarakatsans, bergers épirotes, moins nombreux que les Valaques *(p. 209)*.

ALI PACHA

Ali Pacha, né en Albanie en 1741, fut nommé par le Sultan pacha d'Épire en 1788. Il s'installa à Ioánnina. Malgré les nombreux crimes et assassinats dont il se rendit coupable, il se révéla un administrateur remarquable et fit la fortune de la ville. Vers 1820, il régnait sur un territoire s'étendant de l'Albanie au Péloponnèse. Quand le sultan Mahmoud II apprit qu'Ali Pacha entendait constituer un État gréco-albanais indépendant, il envoya des troupes pour le châtier. Après avoir soutenu un long siège dans sa citadelle de Ioánnina, Ali Pacha accepta une entrevue avec les assiégeants sur l'île de Nisí. Il y fut assassiné le 24 janvier 1822.

Ali Pacha (au centre), tapisserie de Moní Agíou Panteleímonos, à Nisí

🚢 Nisí

À 15 min en bateau du nord-est
de la forteresse.

Des moines, installés au
XIIIᵉ siècle, furent les premiers
habitants de l'île. L'unique
village de Nisí doit son activité
à l'arrivée de clans maniotes
au XVIIIᵉ siècle *(p. 194)*.
L'édifice principal du village est
le Moní Agíou Panteleímonos.
La pièce de ce monastère,
où Ali Pacha fut tué, conserve
encore les impacts de balles.
Les autres pièces abritent
des objets lui ayant appartenu,
des costumes et des gravures
d'époque.

Stalactites des grottes de Pérama

Aux environs

Gouffre le plus profond de
Grèce, les **grottes de Pérama**,
sont situées près du village
du même nom, à 4 km au
nord de Ioánnina. Elles furent
découvertes en 1940 par
un berger cherchant à fuir
les Allemands, mais ne furent
explorées que des années plus
tard. Des visites guidées sont
organisées le long des 1 700 m
de galeries, couvertes de
stalactites et de stalagmites
aux couleurs variées.

🚢 Grottes de Pérama

Pérama. 📞 26510 81521. 🔵 t.l.j.

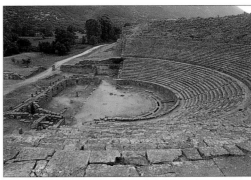

Le théâtre de Dodóna, l'un des plus grands de Grèce

Dodóna ❻
Δωδώνη

Épire. **Carte routière** B3. 📞 26510
82287. 🔵 t.l.j. 🔴 jours fériés.
📷 ♿

Le sanctuaire oraculaire
de Dodóna fut bâti en
1000 av. J.-C. environ. C'est
le plus ancien de Grèce et le
deuxième par son importance,
après celui de Delphes
(p. 228-229). Le sanctuaire
est niché dans un vallon
verdoyant au pied du mont
Tómaros, à 22 km au sud-
ouest de Ioánnina.

L'oracle était rendu autour
d'un chêne sacré entouré de
bassins de bronze suspendus
à des trépieds. Il était desservi
par des prêtres qui
interprétaient les sons produits
par les bassins de bronze et
le bruissement des feuilles de
chêne tombant sur l'un d'entre
eux. Les consultants gravaient
sur des tablettes de plomb
leurs questions que la
prêtresse
transmettait
à Zeus.
Le Musée
archéologique
de Ioánnina
expose
certaines de ces
tablettes. D'après
la légende, le
prestige de l'oracle
était tel que Jason,
dans sa quête de
la Toison d'or
(p. 220), traversa le Pílio
afin de prélever une branche
du chêne sacré pour l'attacher
à son navire, l'*Argo*. Vers
le IIIᵉ siècle av. J.-C., pour le
protéger des pèlerins, on édifia

**Justinien, dernier empereur
romain à visiter à Dodóna**

autour du chêne un portique,
qui menait également à un
petit temple dont il ne reste
plus que les fondations.
Le chêne fut déraciné en 393,
sur ordre de l'empereur romain
Théodose (379-395) dans
le cadre de sa politique
d'éradication systématique du
paganisme. L'empereur croyait,
dit-on, en l'existence d'un
trésor enterré sous le chêne.

L'attraction principale du site
de Dodóna est un théâtre,
l'un des plus vastes de Grèce,
d'une capacité de 17 000
spectateurs. Ses murs
imposants, qui s'élèvent
jusqu'à 21 m de haut,
s'appuient sur deux tours
habitées aujourd'hui par
des faucons. Les Grecs
l'utilisaient pour des
représentations théâtrales,
les Romains en firent une
arène qui accueillait des
combats d'animaux.
Les enclos triangulaires situés
de part et d'autre de la scène
abritaient peut-être des
taureaux et des
grands chats
sauvages.
En 1960,
le théâtre fut
restauré
pour organiser
des spectacles
en plein air.
On peut voir
également
les vestiges
d'un stade,
d'une acropole
et d'une basilique byzantine.
Dodóna tomba en ruine
au VIᵉ siècle av. J.-C. quand
l'empereur Justinien fonda
la ville de Ioánnina, qui était
plus facile à défendre.

Párga, dont la structure épouse la forme d'un amphithéâtre, domine la baie qui porte son nom

Párga ❼
Πάργα

Épire. **Carte routière** B3. 🏛 *2 000.*
🚌 ℹ️ *Alexandrou Pága 18 (26840 31222).* ● *t.l.j. en été* ⛵ *mar.*

P árga, principale station balnéaire d'Épire, est très fréquentée par les touristes en été. Elle a néanmoins conservé tout son charme. Une forteresse vénitienne, construite à la fin du XVIᵉ siècle à la place d'un édifice ottoman antérieur, domine le port, à l'ouest. Les Turcs reprirent le contrôle de la ville sous le gouvernement d'Ali Pacha (*p.210*), qui l'acheta aux Anglais en 1819 : de nombreux habitants de la ville émigrèrent alors à Corfou. La ville redevint grecque en 1913.

Párga offre deux petites plages accessibles à pied depuis le centre-ville et deux plus grandes à environ 2 km : Váltos, au nord, et Lychnos, au sud-ouest. Face au front de mer, jalonné de terrasses de restaurants de poisson, on aperçoit, vers le sud, de nombreuses petites îles.

Aux environs
À 37 km au sud de Párga s'élève le

Deux prêtres orthodoxes, à Párga

Necromanteion d'Efyra
(Oracle des morts), entrée des Enfers, selon la mythologie des Anciens Grecs. Des marches conduisent aux galeries souterraines où, au IVᵉ siècle av. J.-C., les visiteurs, drogués et abusés par des phénomènes d'illusion, étaient censés interroger les morts.

🏛 **Necromanteion d'Efyra**
◯ *8 h-15 h t.l.j.* 🖼

Kassópi ❽
Κασσώπη

Zálongo, Épire. **Carte routière** B3.
🚌 ◯ *t.l.j.*

L es Kassopiens formaient une tribu installée dans la région au IVᵉ siècle av. J.-C. Les vestiges de leur capitale gisent sur un plateau dominant la mer Ionienne. Du village de Kamarína, on accède au site de Kassópi par un sentier agréable qui traverse une pinède. Les ruines, peuplées de lézards et d'oiseaux, sont bien visibles. Un plan du site donne au visiteur une idée de la splendeur passée de cette ville antique.

Au sud-est, **Moní Zalóngou**, abrite un monument dédié aux femmes de Soúli, qui, en 1806, se jetèrent du haut des falaises plutôt que se rendre aux troupes turco-albanaises.

Ruines antiques de Kassópi

Préveza ❾
Πρέβεζα

Épire. **Carte routière** B3. 🏛 *13 000.*
✈️ ⛴ 🚌 ℹ️ *Eleftheriou Venizélou (26820 21078).* ● *t.l.j. (poissons).*

S ouvent perçue comme une simple étape, Préveza mérite une visite approfondie, en particulier le long de son front de mer animé, avec ses nombreux cafés et tavernes. La ville est bordée par le pittoresque canal de Cléopâtre, à l'embouchure du golfe d'Amvrakikós, théâtre de la bataille d'Actium (31 av. J.-C.), entre Octave et Marc-Antoine, qui scella le destin de Rome.*(p. 34)*. Deux forts en ruine évoquent l'occupation vénitienne de 1499 à 1798, avant que la ville ne passe aux mains d'Ali Pacha *(p. 210)*.

Aux environs
À 7 km au nord de Préveza gisent les ruines de **Nikópoli** (ville de la Victoire), qui fut construite par l'empereur romain Octave au lieu même où il avait établi son campement avant de remporter sa victoire à Actium. Pillée plus tard par les Goths, elle fut finalement détruite par les Bulgares en 1034.
Une enceinte et un théâtre constituent les principaux vestiges. Un musée expose des objets trouvés sur le site aujourd'hui recouvert.

Nikópoli
26820 41336. 8 h 30-15 h t.l.j.
jours fériés. (musée seul.)

Arta ❿
Άρτα

Épire. **Carte routière** B3. 33 000.
26810 78551. lun.-sam (légumes).

Arta, deuxième ville d'Épire derrière Ioánnina, est pourtant épargnée par le tourisme. Elle offre la possibilité de visiter un traditionnel marché aux légumes. Ce marché aux allures de bazar fut créé par les Ottomans, qui occupèrent la ville de 1449 à 1881.
La **forteresse**, aujourd'hui fermée au public, date du XIIIe siècle, époque où la ville était la capitale du despotat d'Épire. S'étendant de Thessalonique jusqu'à Corfou, cet état byzantin indépendant fut fondé en 1204, après la prise de Constantinople par les Croisés *(p. 37)*. Il dura jusqu'au début de l'occupation turque.

Maisons à charpente apparente du vieux quartier de Tríkala

Plusieurs églises byzantines des XIIIe et XIVe siècles jalonnent les ruelles qui mènent à la forteresse, la plus spectaculaire d'entre elles étant **Panagía Parigorítissa**. Construite entre 1283 et 1296, cet édifice à trois niveaux est couronné de tours et de dômes. **Agía Theódora**, rue Pýrrou, abrite la tombe de la sainte femme d'un despote épirote du XIIIe siècle, Michel II. En arrivant de l'ouest, la route principale d'accès à la ville enjambe la rivière Arachthos par un **pont** datant du XVIIe siècle. Selon la tradition, le commandataire du pont rêvait chaque nuit que le chantier était emporté par la rivière. Un oiseau l'avertit que seul un sacrifice humain lui éviterait cette catastrophe : le commandataire fit donc emmurer son épouse dans les fondations du pont.

Les Météores ⓫

P. 216-217.

Tríkala ⓬
Τρίκαλα

Thessalie. **Carte routière** C2.
68 000. lun.-sam.

Ville dont le dieu-médecin Asclépios fut le souverain, Tríkala est aujourd'hui le grand marché agricole de la plaine fertile de Thessalie. C'est une cité prospère, qui recèle de nombreux vestiges de l'époque ottomane.
Parmi ceux-ci, le **marché,** près de la place centrale, et le **Koursoúm Tzamí,** une mosquée élégante construite en 1550 au sud de la rivière Lithaíos. Autour de la **forteresse,** le vieux quartier de Varósi abrite plusieurs églises byzantines *(p. 18 -19)*.
La forteresse est bâtie sur l'ancienne acropole du IVe siècle av. J.-C. Verdoyant, le site domine la rivière.

Vallée de Tempé ⓭
Κοιλάδα των Τεμπών

Thessalie. **Carte routière** C2.

Lorsque l'on approche de la Macédoine par l'E 75, la route longe le cours du Pineíos et la vallée de Tempé, où Apollon se serait purifié après avoir sacrifié le serpent Python. Près des **Crocs du loup** ou **Lykostómio** (point le plus étroit des gorges), on peut admirer la **cascade de Daphné :** là, un pont permet d'accéder à **Agía Paraskeví,** une église taillée dans le roc. Le **Kástro Gónnon,** au nord de la vallée, fut construit par Persée, le dernier roi de Macédoine *(p. 32-33)*, pour contrôler ce qui fut longtemps uns des seuls points de passage entre le nord et le sud de la Grèce.

Pont de pierre à arcs, à Arta, qui donne accès à la ville par l'ouest

Les Météores ⓫

Μετέωρα

Icône de Notre-Seigneur, Varlaám

Cellules
des moines

Les Météores (ou « rochers suspendus »), bâtis sur des rochers de grès à pic, servirent pour la première fois de refuge en 985, lorsqu'un ermite nommé Barnabas s'installa dans une grotte. Au milieu du XIVe siècle, Neílos, le prieur du couvent de Stágai, construisit une petite église. Puis, en 1382, le moine Athanásios, du mont Athos, fonda le monastère de Megálo Metéoro sur l'un des nombreux promontoires rocheux.

Les 23 monastères édifiés ensuite tombèrent en ruine à la fin du XVIIIe siècle. Dans les années 1920, on tailla des marches dans le roc pour rendre accessibles les six derniers monastères. Quelques couvents sont de nouveau habités.

Murs extérieurs

EMPLACEMENT DES MONASTÈRES DES MÉTÉORES

Rousánou

Moní Rousánou, perché sur un étroit piton rocheux, est sans doute le monastère le plus extraordinaire des Météores. Son église de Metamórfosis (1545) est réputée pour ses peintures murales de l'école crétoise exécutées vers 1560.

VARLAÁM

Fondé en 1518, le monastère de Varlaám porte le nom du premier ermite qui vécut sur le piton en 1350. Le *katholikón* fut édifié en 1542 et abrite des fresques du peintre d'icônes thébain Frágkos Katelános.

Megálo Metéoro

Appelé aussi Grand Météoro, ce monastère est le plus ancien et le plus élevé des monastères des Météores (623 m). À l'entrée, on peut voir une grotte où vécut Athanásios. Son corps est enterré dans l'église principale.

◁ **Moní Rousánou, au premier plan sur la gauche, et Moní Varlaám, à l'arrière-plan**

Katholikón

Dédié à Agioi Pántes (Tous les saints), l'église est décorée de fresques, dont celles de Theofánis (à droite) et Nektários, les fondateurs.

Le réfectoire abrite un petit musée des icônes.

Tour de hissage

Vivres et personnes étaient hissés par un mécanisme de treuil construit en 1536.

Filet descendant de la tour

Entrée

MODE D'EMPLOI

Thessalie. **Carte routière** B2. 🚌
🛈 *Pindou et Ioannina, Kalampáka (24320 76100).* **Megálo Metéoro**
📞 *24320 22278.* ⬤ *mer.-lun.*
Varlaám 📞 *24320 22277.*
⬤ *sam.-jeu.* **Agiou Nikoláou**
⬤ *avr.-oct. : t.l.j.* **Rousánou**
📞 *24320 22649.* ⬤ *t.l.j.* **Agías Triádas** ⬤ *t.l.j.* **Agiou Stefánou**
📞 *24320 22279.* ⬤ *9 h-16 h lun.-mer., ven.-dim.* ⬤ *tous les monastères : 13 h-15 h.* 🚫 *dans tous les monastères.* ✝

LA CONSTRUCTION DES MONASTÈRES

On ignore comment les premiers moines sont parvenus aux sommets. Probablement, en escaladant la paroi au moyen de pitons métalliques, avec les matériaux de construction fixés sur leur dos. Ou bien en faisant passer par-dessus les sommets, grâce à des cerfs-volants, des cordelettes qui auraient servi à hisser des échelles de corde.

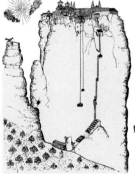

Pélion (Pílio) ⑭
Πήλιο

**Fresque de l'église
Taxiárchis à
Miliés**

Région d'origine des Centaures de la mythologie, la péninsule du Pélion, avec ses forêts de châtaigniers, de chênes et de hêtres, est l'une des plus belles régions de Grèce continentale. L'air de la montagne est chargé du parfum des plantes aromatiques qui, dans l'Antiquité, étaient réputées pour leurs vertus médicinales. Au XIIIᵉ siècle, des Grecs fuyant les Turcs s'y installèrent *(p. 38-39)*, mais, une fois soumis à ceux-ci, ils furent lourdement imposés. La plupart des villages sont construits à proximité des monastères. L'épaisseur des murs et l'étroitesse des fenêtres des maisons traditionnelles étaient censées renforcer la sécurité des habitants du Pélion. Cette région, qui vit presque en autarcie, est une des seules à produire une cuisine aussi typée.

Makrinítsa
Les rues pavées de pierres de ce village traditionnel sont interdites aux voitures (p. 220).

Agía Kyriakí
Dominé par le village de Tríkeri, ce petit port de pêche ne dispose ni de plage ni d'hôtel, mais toutefois abrite un chantier naval et d'excellentes tavernes à poisson qui enchantent les rares touristes.

Anakasiá, aujourd'hui simple banlieue de Vólos, abrite un musée consacré au peintre Theófilos Chatzimichail.

Vólos est la capitale régionale par laquelle passe la seule route vers la péninsule. Elle abrite un intéressant musée archéologique *(p. 220)*.

THEÓFILOS CHATZIMICHAIL

Né à Lésvos en 1873, Theófilos se réfugia au Pélion en 1894, alors qu'il était accusé du meurtre d'un Turc à Smyrne. Il préférait peindre sur les murs, mais il peignait également la céramique, les coques en bois des bateaux de pêche, les comptoirs des *kafeneío* (cafés) ou les voitures à chevaux. Il réalisa de nombreuses fresques chez des particuliers dans tout le Pélion, notamment dans

**Konstantínos Palaiológos
(1899), peinture de Theófilos**

la maison Kontós à Anakasiá. Bien qu'isolé et raillé par la population pour ses mœurs non conformistes (il s'habillait à la manière de ses héros de l'Antiquité, tel Alexandre le Grand), cet artiste aimait passionnément la Grèce. Après le rattachement de Lésvos à la Grèce en 1912, il retourna dans son île, malade et pauvre. Son destin bascula quand il rencontra Stratís Eleftheriádis, qui devint son mécène jusqu'à sa mort en 1934.

LÉGENDE

▬▬	Route principale
▬▬	Route secondaire
▬▬	Route en terre
- - -	Itinéraire des ferries
🛈	Informations touristiques
☀	Point de vue

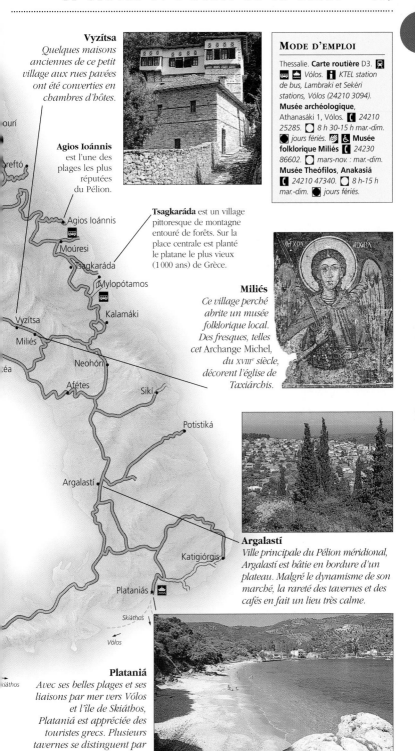

Vyzítsa
Quelques maisons anciennes de ce petit village aux rues pavées ont été converties en chambres d'hôtes.

Agios Ioánnis
est l'une des plages les plus réputées du Pélion.

Tsagkaráda est un village pittoresque de montagne entouré de forêts. Sur la place centrale est planté le platane le plus vieux (1 000 ans) de Grèce.

Miliés
Ce village perché abrite un musée folklorique local. Des fresques, telles cet Archange Michel, du XVIIIe siècle, décorent l'église de Taxiárchis.

Argalastí
Ville principale du Pélion méridional, Argalastí est bâtie en bordure d'un plateau. Malgré le dynamisme de son marché, la rareté des tavernes et des cafés en fait un lieu très calme.

Plataniá
Avec ses belles plages et ses liaisons par mer vers Vólos et l'île de Skiáthos, Plataniá est appréciée des touristes grecs. Plusieurs tavernes se distinguent par la qualité de leurs poissons.

MODE D'EMPLOI

Thessalie. **Carte routière** D3.
Vólos. KTEL station de bus, Lambraki et Sekéri stations, Vólos (24210 3094).
Musée archéologique, Athanasáki 1, Vólos. 24210 25285. 8 h 30-15 h mar.-dim. jours fériés. **Musée folklorique Miliés** 24230 86602. mars-nov. : mar.-dim. **Musée Theófilos**, Anakasiá 24210 47340. 8 h-15 h mar.-dim. jours fériés.

Labels de carte : ourí, reftó, Agios Ioánnis, Moúresi, Tsagkaráda, Mylopótamos, Kalamáki, Vyzítsa, Miliés, éa, Neohóri, Afétes, Sikí, Potistiká, Argalastí, Katigiórgis, Plataniás, Skiáthos, Vólos, kiáthos

À la découverte du Pélion

En voiture, une journée suffit pour visiter le nord du Pélion par la route Vólos-Afétes, via Tsagkaráda, en direction du sud-est. La contrée, montagneuse, culmine au mont Pélion, à 1 650 m d'altitude. Très boisée, elle produit également des pommes, des poires, des pêches et des olives. Moins spectaculaire, le sud du Pélion est tout aussi montagneux et sillonnée de routes en cul-de-sac qui débouchent sur des villages isolés : les trajets prennent beaucoup de temps.

Maisons traditionnelles restaurées, sur les collines de Makrinítsa

Vólos
Depuis sa destruction par un séisme en 1955, Vólos a connu un important développement économique. On a du mal à imaginer dans cette ville l'ancienne Iolkós, patrie de Jason, le héros parti à la recherche de la Toison d'or. L'histoire de Vólos est reconstituée dans le **Musée archéologique**. Sis au milieu d'un jardin fleuri, ce musée renferme une importante collection de stèles funéraires peintes du IIIe siècle av. J.-C, provenant de Dimitriás,

de l'autre côté du golfe de Vólos, ainsi que des poteries découvertes dans les sites néolithiques voisins de Sésklo et de Dimíni.

Les villages du Nord
De Vólos, la route part vers le sud-est, en passant par Ano Lechónia, et traverse « la Côte d'Azur » de Vólos ; elle contourne ainsi la zone

montagneuse formée par le Pélion septentrional. En été, les week-ends, un train relie Káto Lechónia à Miliés en empruntant l'ancienne ligne du Pélion. Au niveau des stations balnéaires de **Miliés** et **Vyzítsa** (qui est classée zone d'habitat traditionnel par l'État grec), la route mène au nord, vers Tsagkaráda et **Agios Ioánnis**. Celle-ci est la principale station balnéaire de la côte Est. Sa plage est le plus souvent surpeuplée en été, mais les plages voisines de Papá Neró et Pláka, facilement accessibles au terme d'une petite marche, valent le détour. **Moúresi**, un village voisin, abrite certains des meilleurs restaurants du Pélion.

En retournant à Vólos, on prendra la direction de **Makrinítsa,** un village de montagne traditionnel fondé au XIIIe siècle par des réfugiés du premier sac de Constantinople *(p. 37).* Ce village abrite de beaux édifices religieux, en particulier Agios Ioánnis et Moní Theotókou, et quelques vieilles demeures dont certaines proposent des chambres d'hôtes. Près d'Agios Ioánnis, un café est décoré de peintures de Theófilos *(p. 218).* **Anakasiá** est la dernière étape avant Vólos. Le village est peu fréquenté, mais il abrite un musée intéressant consacré à Theófilos.

JASON ET LES ARGONAUTES
Selon la légende, la Toison d'or était la fourrure d'un bélier ailé envoyé par Hermès, le messager des dieux, à Hellé et Phrixos pour les éloigner de la vindicte d'Ino, leur belle-mère. Mais seul Phrixos réussit à fuir et à rejoindre la Colchide (l'actuelle Géorgie), où il immola le bélier et en offrit la dépouille au roi Aiétès, qui la suspendit à un arbre sacré. Plus tard, Jason, cousin de Phrixos et fils du roi Éson, réclama le trône d'Iolkós (Vólos) à son oncle, l'usurpateur Pélias. Peu pressé de le lui restituer, ce dernier chargea Jason d'aller quérir en Colchide la Toison d'or, qui rendait invincible celui qui la portait. À la tête de 50 compagnons embarqués sur l'*Argos,* Jason s'empara de la toison grâce au concours de Médée, fille d'Aiétès, et la rapporta à Iolkós.

Détail de la *Toison d'or* (v. 1905), par Herbert Draper (1864-1920)

Pêcheur reprisant ses filets sur le front de mer de Vólos

Détail du sarcophage, extérieur du Musée archéologique de Thèbes

Thèbes ⑮
Θήβα

Stereá Elláda. **Carte routière** D4.
🚶 20 000. 🚉 🚌 ℹ️ *place centrale (26620 22621).*

Au IVᵉ siècle av. J.-C., Thèbes fut, pendant quelques années, la plus puissante cité de Grèce.
Elle joua un rôle essentiel dans le jeu des alliances entre cités grecques, jusqu'à sa défaite infligée par Philippe II de Macédoine. L'acropole de Thèbes a été recouverte pendant des siècles, mais les fouilles ont exhumé des murs mycéniens, des bijoux, des poteries et des tablettes couvertes d'écriture linéaire B aujourd'hui exposées au **Musée archéologique.** L'une des attractions du musée est la collection de sarcophages mycéniens, semblables à ceux découverts en Crète. La cour du musée et son jardin jouxtent une tour franque du XIIIᵉ siècle, dernier vestige du château détruit en 1311 par les Catalans.

Non loin du musée, vers l'est, un pont marque le site de la fontaine d'Œdipe, où ce roi légendaire se serait lavé les mains après avoir tué Laïos, son père.

LA LÉGENDE D'ŒDIPE

Œdipe était le fils de Laïos et de Jocaste, souverains de Thèbes. Avant sa naissance, l'oracle de Delphes *(p. 228)* avait prédit qu'il tuerait son père et épouserait sa mère. Par précaution, Laïos abandonna Œdipe, mais l'enfant fut recueilli par le roi et la reine de Corinthe. Quelques années plus tard, apprenant la prophétie et pour éviter de nuire à ceux qu'il prend pour ses parents, Œdipe fuit Corinthe. Mais en chemin, il se querelle avec un vieillard, qui n'est autre que Laïos, son père, et le tue. Arrivé devant Thèbes, il affronte le Sphinx, qui garde les portes de la ville, et résout sa célèbre énigme, ce qui provoque la mort du Sphinx. Reconnaissants, les Thébains font d'Œdipe leur roi, avec Jocaste pour épouse. Ayant enfin découvert la vérité, Œdipe se crève les yeux. Il est chassé de Thèbes et finit ses jours en exil.

Œdipe et le Sphinx, vase du Vᵉ siècle av. J.-C.

🏛 **Musée archéologique**
Plateía Threpsiádou 1. 📞 22620 27913. 🕐 *avr-oct. : lun., jeu. et ven. 8 h-19 h, sam.-dim. 8 h30-15 h ; nov.-mars : 8 h 30-14 h 30.* 📷 ♿

Aux environs
À 10 km au nord gisent les ruines de **Gla**, ancienne place forte mycénienne. Plus étendue que Mycènes elle-même *(p. 178-180)*, son enceinte mesurait 3 km de long et jusqu'à 5 m de haut. Elle entourait une colline qui abritait un palais et une agora.

Monastère d'Osios Loúkas ⑯

P. 222-223.

Mont Parnasse ⑰
Όρος Παρνασσός

Stereá Elláda. **Carte routière** C3.
🚌 *Delfoí.* ℹ️ *Vasiléon Pávlou et Freideríkis 44, Delfoí (22650 82900).*
🕐 *7 h 30-14 h t.l.j.*

Ce massif montagneux calcaire culmine à 2 457 m d'altitude. Il domine la partie orientale de la région de Stereá Elláda. Les contreforts inférieurs sont recouverts de pins de Céphalonie, dont les sous-bois, en été, se couvrent de fleurs aux couleurs vives. La faune comprend des gypaètes, des aigles royaux ainsi que des loups qui, en hiver, descendent du Pinde *(p. 206)*.

Le village d'**Aráchova**, réputé pour son vin, ses fromages et ses tapis en peau de mouton, est la meilleure base de départ pour visiter la région. Les nombreux sentiers qui en partent sont bien balisés, mais il est conseillé d'emporter une carte détaillée de la région. On n'accède au sommet principal du Parnasse, le Liákoura, qu'au terme d'une longue marche qui implique de passer une nuit à la belle étoile.

La station de ski de **Fterólaka** n'est qu'à 26 km d'Aráchova. Ouverte de décembre à avril, elle permet d'accéder en télésiège à un sommet (1 900 m) d'où partent des pistes de ski. En été, Fterólaka sert également de centre d'excursions.

Collines recouvertes de résineux, dans le massif du Parnasse

Monastère d'Osios Loúkas ⑯

Μονή Οσίου Λουκά

**Mosaïque
de la Madone**

Consacré à saint Luc, un ermite et guérisseur local, le monastère d'Osios Loúkas est, d'un point de vue architectural, l'un des plus importants édifices médiévaux de Grèce. Construit vers 1011 par l'empereur Romanós, ce dernier agrandit une ancienne église de 944. Le plan octogonal de l'église principale devint une référence pour l'architecture byzantine tardive *(p. 18-19)* et les mosaïques témoignent de l'apogée de l'art byzantin. Sous l'Empire ottoman *(p. 38-39)*, Osios Loúkas fut le site de nombreuses batailles, comme en témoignent les canons dans la cour. En 1821, l'évêque Isaías y déclara son soutien à la cause de l'indépendance nationale.

Le Theotókos, construit au début du XIᵉ siècle, est une chapelle consacrée à la Mère de Dieu (traduction littérale de Theotókos).

Le transept nord est décoré de mosaïques en forme de médaillons représentant des saints.

Les cellules monastiques ont des plafonds voûtés.

L'extérieur mélange pierres de Póros taillées et de briques rouges.

Porte ouest

Le narthex est le hall d'entrée ouest ; il accueille des mosaïques représentant la Passion du Christ.

Le monastère vu de l'ouest, face aux pentes du mont Elikónas

★ **Le lavement des pieds des apôtres**
Exécutée sur un fond d'or, selon un style en usage au VIᵉ siècle, cette mosaïque du XIᵉ siècle est le chef-d'œuvre du narthex. Elle représente le Christ enseignant l'humilité à ses apôtres.

À NE PAS MANQUER

★ **Le lavement des pieds des apôtres**

★ **La crypte**

MODE D'EMPLOI

8 km à l'est de Dístomo.
Carte routière C4. 22670
22797. **Site et musée**
mai-sept. : 8 h-14 h t.l.j.,
oct.-avril : 8 h-17 h t.l.j.

La coupole
La coupole principale est décorée d'une imposante fresque représentant le Christ entouré de saints et d'anges. Peinte au XVIe siècle, elle remplaça des mosaïques abîmées.

L'abside est décorée d'une mosaïque de la Vierge à l'Enfant antérieure au séisme de 1659.

Le katholikón, ou église principale, fut édifié en 1011, selon un plan octogonal.

★ La crypte
Bâtie au Xe siècle, elle faisait partie de l'église originelle. Elle contient la dépouille de saint Luc et des fresques, dont cette Descente de croix.

SAINT LUC

Né sur l'île d'Égine en 906, Osios Loúkas (saint Luc) était un enfant mystique qui, adolescent, quitta son foyer pour rechercher l'isolement en Grèce centrale, où il acquit une réputation de guérisseur. Vers 940, il s'arrêta sur les pentes du mont Elikónas, à l'endroit qui domine aujourd'hui une paisible vallée plantée de maïs, d'amandiers et d'oliviers. Il s'y installa avec quelques disciples, ajoutant bientôt le don de prophétie à ses multiples qualités. Il mourut en 953, alors que la première église et les cellules monastiques avaient déjà été édifiées.

La chapelle sud-ouest abrite des fresques du XIe siècle.

Le réfectoire servait également d'atelier ; il abrite désormais un musée de sculptures byzantines.

Maisons du front de mer à Galaxídi, sur le golfe de Corinthe

Lamía et les Thermopyles **⑱**
Λαμία καί Θερμοπύλαι

Stereá Elláda. **Carte routière** C3.
🚶 68 000. **🚌 ℹ️** Leof. Kallidion 14,
route de Kardenissi, (22310 32289).
🚢 sam.

L amía est un modèle
de ville grecque moyenne :
méconnue, elle n'en recèle pas
moins beaucoup d'attraits,
notamment son marché
du samedi. Du **kástro**
catalan datant du XIVe siècle
et construit sur le site de
l'acropole antique, on jouit d'une
splendide vue sur la ville et la
campagne environnante. Le nom
de Lamía est associé à la guerre
Lamiaque (323-322 av. J.-C.)
pendant laquelle Athènes tenta
de s'affranchir du joug
macédonien après la mort
d'Alexandre le Grand *(p. 32-33)*.
Cet épisode est illustré au **musée
de Lamía**, qui expose aussi
quelques vestiges architecturaux
provenant de Delphes *(p. 228-
231)*. À l'est de Lamía, la route
d'Athènes croise la **défilé**

des Thermopyles. C'est là
qu'en 480 av. J.-C. Léonidas Ier,
roi de Sparte, à la tête de 300
hoplites et de quelques
milliers de Grecs, affronta
l'« innombrable » armée perse
de Xerxès, évaluée par
Hérodote à 2 641 610 hommes!
Malgré la résistance acharnée de
Léonidas, les Perses réussirent à
prendre les Grecs à revers et
à forcer le passage. Seuls deux
Grecs survécurent au massacre.
Peu après, les
Perses envahirent
la Grèce centrale
et prirent
Athènes. Mais
un an plus tard, leur
armée fut vaincue
par les Grecs réorganisés
à la bataille de Platées,
en Béotie *(p. 29)*.
Une impressionnante
statue de Léonidas, fondue
en 1955, fut érigée en face
du tumulus funéraire dédié
aux guerriers grecs.
À gauche du tumulus

**Statue du roi
Léonidas, au défilé des
Thermopyles**

naissent les fameuses sources
d'eau chaude qui donnèrent
leur nom aux Thermopyles
(les « Portes chaudes »).
Le paysage actuel a
beaucoup changé depuis
l'époque antique ; le rivage
s'est étendu au nord grâce à
l'apport des sédiments charriés
par le fleuve Spercheiós, qui
ont fait reculer la mer de 5 km.

🏛 Musée de Lamía
Kástro. **📞** 22310 29993. **⏰** mar.-
dim. **⬤** jours fériés. **📷 ♿**

Ancienne Delphes **⑲**

P. 228-231.

Golfe de Corinthe **⑳**
Κορινθιακός Κόλπος

Stereá Elláda. **🚌** Náfpaktos.

L e nord du golfe de Corinthe
abrite aussi bien des stations
balnéaires bondées que des
petits ports ou des villages
oubliés. Toutes les localités sont
bien desservies par le réseau
routier. Partout, on jouit d'un
panorama exceptionnel sur les
montagnes du Péloponnèse, qui
s'élèvent de l'autre côté du
golfe. De Delphes, après **Itéa**,
un port actif, la route principale,
qui mène vers le sud, traverse la
plus vaste concentration
d'oliveraies de Grèce. L'église
Agios Nikólaos, à 17 km à
l'ouest, se dresse sur une colline
entourée par les vieux bâtiments
en pierre de **Galaxídi**. L'histoire
de la cité est contée au musée
nautique, tandis que
les belles demeures du
XIXe siècle qui bordent le
front de mer témoignent de
la prospérité passée
de la ville. Malgré
la déforestation
provoquée autrefois
par l'industrialisation
intensive, un
programme de
reboisement entamé
au début du XXe siècle a
réussi à rendre à la région
sa beauté originelle.
La principale ville suivante
est **Náfpaktos**. Moins
belle que Galaxídi,
elle n'en est pas moins
une cité de caractère.
Une forteresse

vénitienne domine la ville. L'enceinte descend jusqu'à la plage, entourant presque tout le port. Les Vénitiens avaient baptisé la ville Lepanto (Lépante). C'est ici que, en 1571, eut lieu la célèbre bataille navale *(p. 38)* au cours de laquelle la flotte chrétienne, regroupant Vénitiens, Espagnols et Gênois, défit celle des Turcs. D'après la légende, c'est pendant cet affrontement que l'écrivain Miguel de Cervantes (1547-1616) perdit la main gauche.

À **Antírrio**, la côte touche presque celle du Péloponnèse. Un ferry assure la traversée d'un détroit appelé les Petites Dardanelles, vers Río, sur la rive sud. Aussi, un nouveau pont suspendu a été construit. À proximité du port, se trouve la citadelle franco-vénitienne du Kástro Roúmelis. On peut apercevoir un autre château, qui se dresse de l'autre côté de la mer, dans le Péloponnèse.

📷 **Musée nautique**
Mouseíou 4, Galaxídi. 📞 22650 41558. ⬜ t.l.j. ⬤ jours fériés. 🎥

Mesolóngi ㉑
Μεσολόγγι

Stereá Elláda. **Carte routière** B3.
🏛 *12 000.* 🚌🚊 *mar. et sam.*

Mesolóngi signifie « au cœur du lagon ». La ville occupe un site de pêche idéal, bien que cette activité soit en déclin. Elle fut un grand foyer de résistance aux Turcs lors de la guerre d'indépendance de 1821 *(p. 40-41)*. Après qu'Aléxandros Mavrokordátos, l'un des chefs de la rébellion, en eut fait son quartier général en 1821, la ville suscita l'intérêt des romantiques et des philhellènes européens, en particulier le poète anglais lord Byron *(p. 149)*, partisan passionné de l'indépendance grecque. Byron arriva en janvier 1824 et mourut de fièvre en avril. Son cœur est enterré sous sa statue dans le jardin des Héros. La porte de l'Exode perpétue le souvenir des 9 000 insurgés qui obtinrent la capitulation de la garnison turque après deux ans de combats (1826-1828).

Un petit musée retrace l'histoire de la ville.

Statue de lord Byron à Mesolóngi

Longtemps le sel fut le seul moyen de conserver les aliments. La production de sel est une activité essentielle du bassin méditerranéen ; en Grèce, elle se concentre autour de Mesolóngi et du golfe d'Amvrakikós. L'eau de mer est capturée dans les bassins (les salines) par des chenaux. La teneur en sel de l'eau des bassins attire nombre d'oiseaux. Ceux-ci se nourrissent des crevettes qui y prospèrent. Parmi les espèces remarquables, on distingue l'avocette, la grande aigrette, l'échasse blanche avec ses longues pattes rouges, le pluvier neigeux, le courlis de terre et l'alouette pispolette.

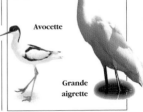

Avocette

Grande aigrette

Le port fortifié de Náfpaktos, sur le golfe de Corinthe

L'ancienne Delphes ⑲

Δελφοί

S elon la légende, lorsque Zeus lâcha deux aigles aux deux extrémités du monde, leurs trajectoires se croisèrent au-dessus de Delphes, marquant ainsi le centre du monde. C'est à cet endroit que fut construit le sanctuaire d'Apollon. Celui-ci devint le siège de l'oracle que les pèlerins vinrent consulter dès le VIIIe siècle av. J.-C., pour des motifs d'ordre public et privé. À partir du VIe siècle av. J.-C., Delphes devint une importante cité. Le sanctuaire connut alors une période faste, qui s'acheva lors de la conquête romaine en 191 av. J.-C. L'oracle fut aboli en 393 en raison de la politique de christianisation de l'Empire byzantin entreprise sous le règne de Théodose.

Caryatide du trésor de Siphnos

CARTE DE SITUATION

Le trésor des Athéniens fut édifié après la bataille de Marathon *(p. 145)* et reconstruit en 1906.

Bouleutérion, siège du Conseil de Delphes

Vers le musée (p. 231)

Trésor de Siphnos

VOIE SACRÉE

VOIE SACRÉE

L'ORACLE DE DELPHES

En consultant l'oracle de Delphes, les anciens Grecs interrogeaient le dieu Apollon lui-même. Celui-ci répondait par la voix d'une prêtresse sacrée ayant dépassé cinquante ans, la pythie. Pour consulter l'oracle, les fidèles acquittaient une taxe, le *pelanos* et sacrifiaient un animal sur l'autel. Les questions étaient transmises à la pythie par un prêtre. Montée sur un trépied, celle-ci entrait en transe, sous l'effet d'un breuvage sacré et d'émanations toxiques issues du sol. Les prêtres interprétaient ses incantations, de manière parfois ambiguë : au roi Crésus de Lydie (r. 560-546 av. J.-C.) qui demandait s'il pouvait entamer une guerre contre Cyrus le Grand, roi de Perse, on répondit que s'il traversait une rivière il détruirait un empire. Lorsque ses troupes franchirent l'Halys, il détruisit effectivement un empire, mais c'était le sien.

L'entrée principale servait de place du marché (agora) où étaient vendus des objets religieux.

Le rocher de la Sibylle, prophétesse qui, selon la légende, passait pour avoir prophétisé bien avant Apollon lui-même.

★ **La Voie sacrée** *Cette voie, qui mène au temple d'Apollon, était bordée de 3 000 statues et trésors, érigés par les cités grecques pour abriter les offrandes de leurs concitoyens.*

◁ **Le théâtre de Delphes vu du haut des gradins**

LE SANCTUAIRE D'APOLLON

Le sanctuaire s'insérait au cœur d'un vaste complexe comprenant un stade et une source sacrée *(p. 230-231)*. On y accède par une agora d'où part la Voie sacrée qui serpente entre les ruines des trésors et des bâtiments.

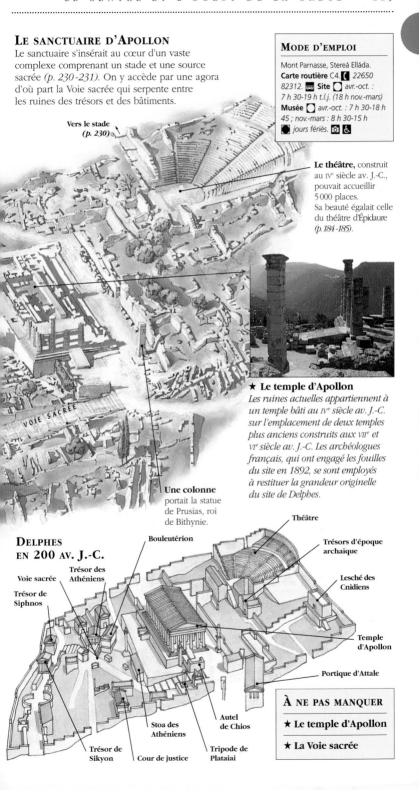

Vers le stade *(p. 230)*

Le théâtre, construit au IVᵉ siècle av. J.-C., pouvait accueillir 5 000 places. Sa beauté égalait celle du théâtre d'Épidaure *(p. 184-185)*.

★ Le temple d'Apollon
Les ruines actuelles appartiennent à un temple bâti au IVᵉ siècle av. J.-C. sur l'emplacement de deux temples plus anciens construits aux VIIᵉ et VIᵉ siècle av. J.-C. Les archéologues français, qui ont engagé les fouilles du site en 1892, se sont employés à restituer la grandeur originelle du site de Delphes.

VOIE SACRÉE

Une colonne portait la statue de Prusias, roi de Bithynie.

DELPHES EN 200 AV. J.-C.

Voie sacrée

Trésor de Siphnos

Trésor des Athéniens

Bouleutérion

Théâtre

Trésors d'époque archaïque

Lesché des Cnidiens

Temple d'Apollon

Portique d'Attale

Trésor de Sikyon

Cour de justice

Stoa des Athéniens

Autel de Chios

Tripode de Plataiai

À NE PAS MANQUER

★ Le temple d'Apollon

★ La Voie sacrée

À la découverte de Delphes

Les fouilles, qui ont débuté en 1892, ont mis au jour des vestiges bien plus importants que ne l'imaginaient les archéologues. Célèbre par son sanctuaire d'Apollon, Delphes abrite, au sud, un autre sanctuaire (dénommé Marmaria) dédié à Athéna ainsi qu'une rotonde (ou *tholos*), entourés d'une enceinte. Au nord du théâtre s'étend le stade où se déroulaient les concours Pythiques. Ceux-ci constituaient, avec les jeux Olympiques, le principal événement sportif du calendrier grec antique *(p. 173)* et un puissant facteur d'unification culturelle et religieuse de la civilisation hellène déchirée par les rivalités entre cités.

Caryatide du trésor de Siphnos

Le stade, vu des ruines de l'arc de triomphe devant l'entrée

Marmaria

Au sud-est du temple d'Apollon, un sentier conduit à l'enceinte de Marmaria («carrière de marbre»), nom qui désigne le sanctuaire d'Athéna Pronaia. À l'entrée gisent les vestiges d'un temple du IVᵉ siècle av. J.-C. dédié à Athéna. À l'autre extrémité du sanctuaire, on trouve les ruines de l'ancien temple d'Athéna, qui fut bâti à la fin du VIᵉ siècle av. J.-C. Entre ces deux temples s'élève la *tholos,* dont la destination demeure indéterminée. Cette rotonde édifiée au début du IVᵉ siècle av. J.-C était entourée d'un péristyle dorique de vingt colonnes, dont trois furent relevées en 1938. Elles ne font hélas! que suggérer l'incomparable grâce de cet édifice, qui exerça une influence majeure sur toute l'architecture romaine.

Le stade

Construit en pierre extraite de la roche qui domine le sanctuaire, ce stade est l'un des mieux conservés de Grèce. Long de près de 200 m, il accueillait, tous les quatre ans, à partir de 582 av. J.-C., les 7 000 spectateurs conviés aux concours Pythiques. Ceux-ci constituaient le prolongement sportif des fêtes musicales, incluant concours poétiques et musicaux, qui étaient organisés tous les huit ans dans le théâtre, pour commémorer la victoire d'Apollon sur le serpent Python *(p. 228)*. Les vainqueurs des épreuves d'athlétisme, qui constituaient l'essentiel de ces concours Pythiques, recevaient des trophées honorifiques : une couronne de laurier et le droit de se faire édifier une statue dans le sanctuaire.

La structure actuelle, dont la plupart des sièges sont intacts, est construite en pierre calcaire du Parnasse et date de l'époque romaine. La tribune la mieux conservée est située du côté nord. Elle était réservée aux présidents des concours et aux invités de marque.

La fontaine Castalie

Les visiteurs du sanctuaire d'Apollon – athlètes, pèlerins ou délégués des cités – devaient

La *tholos* à côté du sanctuaire d'Athéna Pronaïa, enceinte de Marmaria

probablement, avant d'y
pénétrer, se purifier dans
les eaux claires et fraîches
de la fontaine Castalie,
notamment en se lavant les
cheveux. La pythie *(p. 228)*
elle-même se pliait à ce rite
avant d'énoncer ses
prophéties. Les vestiges
de cette fontaine datent de la
fin de l'époque hellénistique
ou du début de l'époque
romaine. Les niches creusées
dans le rocher qui
surplombe la fontaine
abritaient les offrandes votives
dédiées à la nymphe Castalie.

On dit que le poète
romantique anglais lord Byron
(p. 149) plongea un jour
dans la fontaine, convaincu
de renforcer ainsi son
inspiration poétique.

Les niches de la source Castalie

⋔ Le gymnase
Le bâtiment comprenait des
bains froids alimentés par les
eaux de la fontaine Castalie, à
l'usage des athlètes s'entraînant
pour les concours Pythiques
(jusqu'à ce que les Romains
leur ajoutent des bains chauds
au IIᵉ siècle av. J.-C.).
Les bassins d'eau froide,
d'un diamètre de 9 m,
sont encore visibles.
À l'est, une palestre (aire
d'entraînement) était
entourée de vestiaires
et de salles d'exercices.
Outre la piste en plein
air, les installations
comprenaient une piste
couverte de 180 m
destinée à accueillir
les épreuves en cas
d'intempéries. Le
gymnase, qui pouvait
servir de salle de travail
aux poètes et aux
philosophes, est bâti sur
plusieurs niveaux en
raison de la nature
accidentée du terrain.

⋔ Le musée de Delphes
Les collections de sculptures
et d'éléments architecturaux
antiques exposées dans le
musée de Delphes ne le cèdent
en importance qu'à celles du
musée de l'Acropole
d'Athènes *(p. 94-101)*.
Le visiteur est accueilli par
l'omphalos, la «pierre-
nombril». Celle-ci
est une copie
hellénistique ou
romaine de la
pierre originale
qui marquait le point où les
deux aigles lâchés par Zeus
aux deux extrémités du
monde s'étaient croisés,
définissant ainsi le centre
du monde *(p. 228)*.

Le musée abrite 13 salles
d'exposition. L'une d'entre
elles présente une belle
reconstitution à l'échelle
du sanctuaire d'Apollon,
en calcaire, marbre bleu,
or et terre cuite. Cette
maquette, entourée de
frises et de statues, donne
une idée de la splendeur
passée du site.

Des chapelles votives,
ou trésors, jalonnant la
Voie sacrée *(p. 228)*, abritaient
les offrandes (monnaies
ou œuvres d'art) des cités
qui remerciaient l'oracle pour
la justesse de ses prédictions.
Le trésor de Thèbes, par
exemple, fut édifié à la suite
de la victoire de Thèbes contre
Sparte à Leuctres en 371 av. J.-C.
Deux salles présentent
les sculptures retrouvées
dans les trésors de Siphnos et
d'Athènes. Une majestueuse

*L'Aurige de
Delphes,* en bronze

frise représentant le combat des
dieux et des géants témoigne de
la richesse de la cité de Siphnos.

On peut voir aussi un
sphinx ailé, haut de
2,3 m, offert par la cité
de Naxos en 560 av. J.-C.,
qui couronnait une
colonne de 10 m
de haut. La pièce
la plus célèbre du
musée est l'*Aurige
de Delphes*. Cette
statue en bronze, de
la taille d'un homme,
fut commandée par
Polyzalos, prince
grec de Sicile, pour
commémorer la
victoire de son char
aux Jeux en 478 av.
J.-C. À signaler aussi
le *groupe des
thyades* (prêtresses
de Dionysos) qui
surmontait une
colonne. Celle-ci
aurait supporté le
siège à trépied sur
lequel la pythie
délivrait ses
fameuses
prophéties. D'après
certains spécialistes,
ces trois femmes exécutaient
une danse en l'honneur de
Dionysos *(p. 52)*. Ne manquez
surtout pas l'Omphalos,
le " nombril " du monde.
C'est la copie hellénistique ou
romaine de la pierre qui
signalait l'endroit sur lequel
auraient convergé les aigles
de Zeus, désignant ainsi le
sanctuaire de Delphes comme
le centre de la terre
(voir p. 228).

Détail de la frise du trésor de Siphnos, exposée au musée de Delphes

LE NORD DE LA GRÈCE

MACÉDOINE · THRACE

Patrie d'Alexandre le Grand et cœur de l'ancien empire hellénistique, la Macédoine est la plus vaste région administrative de Grèce. Elle a pour capitale Thessalonique, deuxième ville du pays. Plus sensible à l'influence de la Turquie, la Thrace n'en recèle pas moins, comme la Macédoine, des paysages magnifiques et peu fréquentés, aux nombreuses montagnes et cours d'eau.

La Macédoine tire son nom de la tribu des Macédoniens qui s'établit dans la région au IVe siècle av. J.-C.

On peut se familiariser avec l'épopée macédonienne à Vergína, qui abrite le tombeau de Philippe II, à Pélla, où naquit Alexandre, ou à Díon, la cité de Philippe, au pied du mont Olympe. Au IIIe siècle, sous le règne de l'empereur romain Galère, on éleva des monuments splendides, tel l'arc de Thessalonique.

De la période byzantine datent d'intéressants édifices, comme ces nombreuses églises qui ponctuent les campagnes du Nord. L'empreinte musulmane demeure vivace, particulièrement en Thrace, où fleurissent bazars à l'orientale et minarets.

Tête de Sérapis, Musée archéologique de Thessalonique

La Macédoine et la Thrace jouissent d'un climat plus frais et plus humide que le reste du pays, qui favorise la floraison de la végétation. Aux confins de la Grèce centrale et de la Macédoine se dresse le mont Olympe, point culminant de la Grèce. Au nord-ouest du pays, la région des lacs Préspa est réputée pour ses réserves ornithologiques. Le tabac de Thrace et le vin de Naousa sont les productions les plus remarquables.

Le mont Athos est situé à l'extrême pointe de la péninsule de Chalcidique. À la suite de la visite de la Vierge Marie que l'empereur byzantin Monomáchos prétendait avoir reçue, ce dernier interdit le site aux femmes et aux enfants. Ce décret est toujours appliqué aujourd'hui.

Villageois dans une taverne de la vallée du Néstos

◁ **Le monastère de Grégoríou, dans la péninsule sacrée du mont Athos**

À la découverte du nord de la Grèce

L e nord de la Grèce offre de multiples plaisirs : la frénésie de la Thessalonique moderne, le calme des plages de Chalcidique ou la découverte d'un ancien site macédonien. Les amoureux de la nature savoureront le parc national qui entoure les lacs Préspa, aux confins de l'Albanie, le delta de l'Evros et la forêt de Dadiá, toute proche de la Turquie. Les randonneurs emprunteront les sentiers du mont Olympe. Kastoriá et Kavála, deux villes peu fréquentées, qui méritent une visite approfondie, constituent de parfaites bases d'excursions. Kavála donne accès à la Thrace, une région fascinante mais délaissée par le tourisme dont les trois villes principales – Xánthi, Komotiní et Alexandroúpoli – concentrent les influences grecque et turque. Alexandroúpoli, en particulier, est une belle station familiale, qui offre plages et cafés devant la mer.

Un étal typique du marché aux fruits et aux légumes de Xánthi

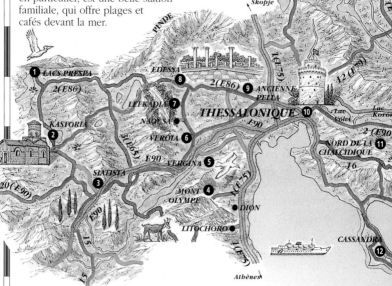

Bambous près de Mikrolímni, un des lacs Préspa

LA RÉGION D'UN COUP D'ŒIL

CIRCULER

L'aéroport de Thessalonique dessert l'étranger et l'intérieur du pays. Ceux de Kastoriá, Kozáni et Alexandroúpoli sont réservés aux vols intérieurs. Des ferries relient Thessalonique aux Sporades, et Kavála et Alexandroúpoli aux îles du nord de la mer Égée. Des trains rapides relient Thessalonique à Athènes, et la Thrace à Istanbul, en Turquie. La grande route E75 s'étire d'Athènes à Thessalonique, tandis que Thessalonique est reliée à la Thrace par la E90. Un service de cars dessert Thessalonique, Alexandroúpoli et Kastoriá.

CARTE DE SITUATION

0   50 km

VOIR AUSSI

- *Hébergement* p. 273-275

- *Restaurants et cafés* p. 294-295

Le port de Kavála, dans l'est de la Macédoine

LÉGENDE

	Route à chaussées séparées
	Route principale
	Route asphaltée
	Route pittoresque
	Cours d'eau
✳	Point de vue

Les superbes paysages des lacs Préspa

Lacs Préspa ❶
Εθνικός Δρυμός Πρεσπών

Macédoine. **Carte routière** B1.
🚋 *Flórina.* 🛈 *Agios Germanós*
(23850 51452). ⭘ 9 h 30-14 h t.l.j.

C'est le seul parc national de Grèce, qui est en grande partie recouvert d'eau. Cette région, la plus sauvage du pays, était peu visitée, récemment encore, en raison de son éloignement et de sa relative inaccessibilité. La frontière avec l'Albanie borde le sud-ouest du lac Megáli Préspa et rejoint, au nord, celle avec l'ancienne république yougoslave de Macédoine, aujourd'hui indépendante. La partie grecque du lac, le lac Mikrí Préspa et la campagne environnante forment, depuis 1957, un parc national de 255 km². La faune sauvage y est si riche et si diverse qu'un « parc dans le parc » de 49 km², une zone de protection totale des espèces, fut créé sur les rives du lac Mikrí Préspa. Les limites de cette zone sont clairement indiquées par des panneaux.

Ce parc abrite plus de 1 300 espèces de plantes, dont une endémique, *Centaurea prespana*, qui produit des fleurs rappelant la marguerite. On dénombre 40 espèces de mammifères, notamment des ours, des loups, des loutres, des chevreuils, des sangliers et des chats sauvages. La région est également l'une des dernières aires de peuplement du pélican dalmate, dont il ne subsiste qu'environ 1 000 individus dans le monde : 150 d'entre eux nichent dans le lac Préspa. Parmi les

Faune et flore sauvages des marais

C ontrastant avec les paysages arides et rocailleux du reste de la Grèce, le nord du pays recèle quelques zones humides très riches en espèces animales et végétales. Les roseraies abritent des zones de reproduction d'oiseaux et d'amphibiens, le centre du lac étant peuplé de nombreuses espèces d'insectes et de poissons. Les marais sont le paradis des fleurs et des oiseaux chanteurs ; les salines et les étangs artificiels celui des échassiers.

Le lac Korónia est visible de tous les villages environnants, dont la plupart accueillent des colonies de cigognes. Au printemps, tortues et crapauds abondent dans les basses eaux du rivage.

Les pluviers neigeux nichent sur les rives humides des lacs Préspa.

Macédoine

Thessalonique •

Kastoriá

Les lacs Préspa accueillent une colonie de pélicans dalmates. Ces derniers bénéficient d'une protection en période de ponte et de couvaison.

Le delta de l'Axiós abrite des libellules ainsi que diverses espèces de fleurs, notamment des orchidées.

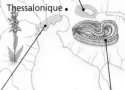

Les serpents sont nombreux dans le nord de la Grèce, en particulier autour du lac Korónia.

oiseaux, mentionnons les hérons, les cormorans, les aigrettes, les cigognes, les aigles dorés et les harles bièvres.

Plusieurs petits villages sont établis près des rives du lac, comme **Psarádes**, au bord du Megáli Préspa : de là, on peut embarquer sur le lac en compagnie

Le village de Psarádes, sur les rives du lac Megáli Préspa

des pêcheurs, pour y admirer des ermitages, des icônes peintes sur les rochers de la rive et deux églises, l'une du XVᵉ siècle, **Panagía i Eleoúsa**, et l'autre du XIIIᵉ siècle **Metamórfosi**. À l'est du Mikrí Préspa et au nord du village de **Mikrolímni**, les prairies sont peuplées de nombreuses espèces d'oiseaux. Au sud-ouest de Mikrolímni, un sentier mène à la station d'observation biologique permanente d'Ellinikí Etaireía.

En été, il est possible de plonger dans les eaux fraîches du lac depuis la plage de sable du Megáli Préspa.

Fresque de l'église de Metamórfosi

Aux environs
Au nord-est du parc, le village d'**Agios Germanós** abrite des maisons traditionnelles, une église byzantine du XIᵉ siècle et le **centre d'informations de Préspa** où est organisée une exposition permanente sur la faune et la flore du parc. Si l'on en fait la demande suffisamment à l'avance, on peut visiter le parc en compagnie de guides.

À la sortie du village, une route conduit au sommet du Kaló Neró, qui culmine à 2 160 m d'altitude, et une autre à celui du Mázi, à 2 060 m, d'où l'on jouit d'une vue saisissante sur les lacs situés en contrebas.

Les falcinelles ont trouvé dans le nord de la Grèce l'un de leurs derniers refuges en Europe. Vu en plein soleil, leur plumage semble émettre des reflets métalliques.

Les hérons pourprés nichent dans les roseraies du delta de l'Evros.

Le delta de l'Evros est d'accès relativement difficile et, de plus, proche de la frontière turque. De nombreuses espèces d'oiseaux aquatiques y nichent, dont les aigrettes, aisément observables.

Les lagons, bassins et marais de **Pórto Lágos** sont un havre pour les tadornes casarcas.

Xánthi

Kavála

Thrace

Alexandroúpoli

Le delta du Néstos est, sur le plan de la faune et de la flore, l'une des zones les plus riches de Grèce. Les oiseaux affectionnent les roseraies et les bouquets d'arbres, surtout les hérons et les aigrettes.

LÉGENDE

▢	Lacs Préspa
▢	Delta de l'Axiós
▢	Lac Korónia
▢	Delta du Néstos
▢	Pórto Lágos
▢	Delta de l'Evros
—	Frontière d'État

0   50 km

Kastoriá ❷
Καστοριά

Macédoine. **Carte routière** B2. 🏚
17 000. ✈ 10 km au sud de Kastoriá.
📠 ℹ *Plateía Olympiakí Flóga
(24670 21490).* 🏠 mer.

Kastoriá signifie « l'endroit
des castors », en grec. Ces
animaux étaient nombreux dans
le lac Kastoriá (appelé aussi lac
Orestiáda) sur le bord duquel est
située la ville du même nom. Il
s'agit d'un des sites les plus beaux
de Grèce. On a découvert en
1940 des vestiges de peuplement
préhistorique. En 200 av. J.-C.,
les Romains s'emparèrent de
la ville, alors baptisée Keletron.
À partir du XVIIᵉ siècle, les castors
attirèrent les fourreurs. En dépit
de la disparition de cette espèce
dès le XIXᵉ siècle, le commerce
des fourrures subsista,
notamment par
l'importation de peaux,
essentiellement du vison,
transformées en manteaux
par les fourreurs locaux.
Cette tradition
artisanale s'est
maintenue jusqu'à
aujourd'hui, la ville
commercialisant
sa production ici,
à Thessalonique
et à Athènes.
   Le commerce des
fourrures fit la
fortune de la cité,
comme
en témoignent
les belles demeures
des XVIIᵉ et XVIIIᵉ siècles *(p. 20)*,
la plupart situées au sud-est de
la ville. Les maisons Skoutári et
Nanzí, à trois étages, possèdent
des cours intérieures. Dans les
deux cas, le rez-de-chaussée est
en pierre, et les étages en bois.
Ceux-ci abritent de belles
chambres dotées d'armoires,
de cheminées et de mezzanines.
Alors que le rez-de-chaussée
leur servait à stocker leurs
marchandises, les habitants
vivaient principalement au
dernier étage, surplombant la rue.
   Le **Musée folklorique** local
occupe la maison Aïvazí.
Construite au XVᵉ siècle, celle-ci
fut habitée jusqu'en 1972. On
peut y admirer des objets liés à
l'activité des négociants en
fourrures. Le salon de l'étage
supérieur rassemble des ouvrages
d'ébénisterie typiques.

**La maison Skoutári, construite
au XVIIIᵉ siècle, à Kastoriá**

Les cuisines et la cave à vins ont
été restaurées. Une autre
particularité de la ville est le
nombre élevé de ses églises
byzantines : on en dénombre 54,
la plupart datant de l'époque
médiévale ou de l'Antiquité
tardive, comme **Panagía
Koumbelídiki**, construite au XIᵉ
siècle, située à l'extrémité
sud de Mitropóleos. Cette
église tire son nom de la
présence d'un dôme
(*kubbe*, en turc).
   Quelques petites
églises, en réalité
d'anciennes
chapelles privées,
sont enfouies dans
le dédale des
ruelles de Kastoriá.
Si la plupart
d'entre elles sont
aujourd'hui
fermées au public,
une partie de leurs
icônes est exposée
au **Musée
byzantin**, parfois
appelé à tort Musée archéologique.
   Les collections, peu
nombreuses et décrites
uniquement en grec, recèlent
pourtant quelques merveilles.

**Abside et coupole de
Panagía Koumbelídiki**

📷 Musée folklorique
Kapetán Lázou 10.
📞 *24670 28603.*
🕐 *10 h-12 h; 14 h-17 h. t.l.j.*
🚫 ⬤ *jours fériés.*

📷 Musée byzantin
Plateía Dexamenís.
📞 *24670 26781.*
🕐 *9 h 30-15 h. mar.-dim.*
⬤ *jours fériés.*

Siátista ❸
Σιάτιστα

Macédoine. **Carte routière** B2.
🏚 5 000. ℹ *Plateía Tsistopoúlou
(24650 21280).*

Siátista fut fondée vers 1430,
après le seconde prise de
Thessalonique par les Turcs.
Comme Kastoriá, la ville a bâti
sa fortune sur le commerce
des fourrures. Les peaux de
zibeline et de martre étaient
principalement importées
de Russie, puis transformées
en vêtements à Siátista. Ces
derniers étaient alors exportés
vers l'Europe de l'Ouest.
   Comme à Kastoriá, la
prospérité passée s'inscrit
sur les façades des maisons
bourgeoises *(p. 20)*, où l'on
ressent encore une forte
influence ottomane. La maison
Nerantzopoúlou est l'une
de celles que l'on peut visiter.
On peut également y obtenir
de précieux renseignements
sur l'histoire d'autres maisons
telles que **Manoúsi**
et **Poulkídou**.

🏛 Maison Nerantzopoúlou
Plateía Chorí. 🕐 *mar.-dim.*
⬤ *jours fériés.*

Siátista, avec à l'arrière-plan le massif d'Askion, Macédoine occidentale

Les impressionnantes crêtes du massif de l'Olympe, au-dessus du village de Litóchoro

Le mont Olympe ❹
Ὄλυμπος

17 km à l'ouest de Litóchoro,
Macédoine. **Carte routière** C2.
Litóchoro. 🛈 EOS : Evángelou
Karavákou 20, Litóchoro (23520 82444).

L'Olympe forme un ensemble montagneux de 20 km de long. Son point culminant, le Mýtikas, atteint 2917 m. La région fait partie du parc national de l'Olympe.

Ce parc est peuplé de 1 700 espèces de plantes différentes, la plupart spécifiques à la région. Des chamois, des sangliers et des chevreuils peuplent également ce massif montagneux.

Mosaïque romaine de l'ancienne Díon

Le point de départ des randonnées est **Litóchoro**, un village très vivant doté de plusieurs hôtels et tavernes. On peut s'y procurer des cartes détaillées du parc. On n'atteint le sommet du Mýtikas qu'au terme de six heures de marche. Il convient donc d'emporter sa tente ou de passer la nuit dans l'un des deux refuges de montagne.

Aux environs

À 10 km au nord de Litóchoro le village de Díon recèle un excellent musée où sont exposées les découvertes effectuées sur le site de l'**ancienne Díon**. Près du village actuel, celui-ci bénéficie d'une belle situation, entre la côte et les contreforts de l'Olympe ; étymologiquement, son nom dérive de *díos*, « de Zeus ». La cité, sacrée pour les Macédoniens, était peuplée de près de 15 000 habitants au IVᵉ siècle av. J.-C. Ses plaines avoisinantes servaient de camp militaire et de lieu de rassemblement par Philippe II de Macédoine (*p. 32-33*). Malgré sa vocation militaire, Díon n'en recèle pas moins un sanctuaire de Zeus, un théâtre et un stade. L'essentiel des vestiges que l'on peut voir aujourd'hui appartient à une colonie que les Romains établirent à Díon au IIᵉ siècle av. J.-C.

À signaler de belles mosaïques du IIᵉ siècle, des bains bien préservés, les vestiges d'un théâtre et d'un sanctuaire dédié à la déesse égyptienne Isis, révérée par les Romains, en compagnie d'autres divinités étrangères.

Le **musée de Díon,** situé dans le village, diffuse des films des fouilles en plusieurs langues. Il mérite le détour avant d'entamer la visite du site. On peut y voir des jouets, des ustensiles de cuisine et des bijoux, tous originaires du sanctuaire d'Isis.

🏛 **Ancienne Díon**
À l'est de Díon. ⬜ t.l.j.
⬤ jours fériés. 📷 sauf le dim.

🏛 **Musée de Díon**
Díon. ☎ 23510 53206. ⬜ t.l.j.
⬤ jours fériés
📷 sauf le dim.

LA PATRIE DE ZEUS

Zeus, le dieu suprême du panthéon grec, maître de la destinée des hommes, était censé vivre en compagnie des autres immortels sur le mont Olympe. Il était également le maître du climat et de la foudre. De nombreux mythes relatent ses amours extraconjugales avec des mortelles et les aventures de ses nombreux descendants, dieux, déesses ou héros (*p. 52-53*). Son culte était célébré à Olympie et à Dodóni, en Épire, lieu du plus ancien oracle de Grèce.

Vergína ❺
Βεργίνα

12 km au sud-est de Véroia, Macédoine.
Carte routière C2. 🚌 **Musée** 📞
23310 92347 ⏱ *juin-oct. : 12 h-19 h
lun.;8 h 30-19 h mar.-dim. ; nov.-mai :
8 h 30-15 h mar.-sam (à 19 h dim.)*
🎫 *tickets donnant aussi accès aux
Tombes royales.*

L ors de fouilles en 1977, à
proximité du village de
Vergína, un professeur d'archéologie, Manólis Andrónikos,
découvrit un tombeau. Il
exhuma des ossements, en
particulier un crâne,
vraisemblablement celui du
roi Philippe II de Macédoine.
Les os étaient rassemblés
dans une châsse en or, ornée
du soleil de Macédoine. C'est
ainsi que les archéologues
localisèrent Aigai, l'ancienne
capitale de la Macédoine.
Ce tombeau ainsi que d'autres
tombes royales des environs
ont livré de nombreux objets,
certains en or, qui sont
exposés ici. Cette découverte
est d'une importance
archéologique considérable,
la plus intéressante depuis
celle de Mycènes par
Schliemann *(p. 178 -180)*.
Près du chemin qui mène à la
tombe de Philippe, des
fouilles récentes ont mis au
jour d'autres **tombes**

**Tête de jeune homme en terre
cuite, musée de Véroia**

macédoniennes. Malgré
l'obscurité qui y règne,
on distingue des portes
et un trône en marbre.
Le **palais de Palatítsia** est
installé sur une butte.
Il aurait été habité à partir
de 1000 av. J.-C. Toutefois,
l'édifice actuel, qui est réduit
à ses fondations, date du
IIIe siècle av. J.-C. À 100 m
en contrebas du palais gisent
les ruines d'un théâtre,
où Philippe II aurait été
assassiné.

🏛 **Tombes royales,
tombes macédoniennes,
palais de Palatítsia**
📞 *23310 92394.*
⏱ *8 h 30-15 h mar.-dim.*
⛔ *jours fériés.* 🎫

LA FAMILLE ROYALE MACÉDONIENNE

Le coffret funéraire en or trouvé à Vergína était orné du
blason représentant le soleil de Macédoine, emblème de
la dynastie des Argéades fondée en 640 av. J.-C. par l'ancêtre
de Philippe II de Macédoine, Perdiccas Ier. Philippe fut
le premier souverain à unifier la Grèce antique. Parfois
appelé à tort Étoile de Macédoine, le soleil orne plusieurs
drapeaux de la région. Alexandre l'avait, en effet,
choisi pour emblème de son empire *(p. 32-33)*. Âgé
de seulement 20 ans quand son père fut assassiné à Aigai
en 336 av. J.-C., il hérita
d'un royaume puissant
et nourrit l'ambition
d'abattre l'empire perse.
En 334 av. J.-C., il franchit
les Dardanelles avec
40 000 hommes et battit
les Perses à trois reprises,
avant de poursuivre ses
conquêtes jusqu'à
la vallée de l'Indus!
Il mourut à 33 ans et
son gigantesque empire
fut partagé entre ses
généraux, les diadoques.

**Châsse funéraire dévoilant
le soleil de Macédoine**

Véroia ❻
Βέροια

Macédoine. **Carte routière** C2.
🏛 *48 000.* 🚌 🚉 🚌 *mar.*

P rincipale ville de la
région, Véroia est surtout
réputée pour sa cinquantaine
d'églises rappelant des
granges construites au XVIIe
et au XVIIIe siècle.
Le **Musée archéologique**
abrite des collections
intéressantes d'objets
provenant des fouilles.
Les jours de marché, le bazar
s'anime : Véroia est la capitale
de la culture des pêches.

🏛 **Musée archéologique**
Anoixéos 47. 📞 *23310 24972.*
⏱ *8 h-15 h mar.-dim.*
⛔ *jours fériés.* 🎫

**Le parc Agios Nikólaos, à Náousa,
près de Lefkádia**

Lefkádia ❼
Λευκάδια

Macédoine. **Carte routière** C2.
📞 *23320 41121.* 🚌 ⏱ *8 h 30-
15 h mar.-dim.* ⛔ *jours fériés.*

L es quatre tombes
macédoniennes de Lefkádia
reposent dans un endroit
paisible. Souvent, le gardien
est installé près de l'une des deux
tombes qui font l'objet d'un
descriptif. La 1re, la **tombe des
Juges**, ou Grande Tombe, est
la plus grande jamais
découverte en Macédoine,
avec sa chambre carrée de 9 m
de côté récemment restaurée.
Des fresques sur la façade
représentent Aiakos et
Rhadamanthe, deux juges

Mosaïque représentant une scène de chasse, maison de la Chasse au lion dans l'ancienne Pélla

des Enfers. Au-delà se trouve la **tombe d'Anthemíon**, dite tombe des Fleurs, en raison de celles qui ornent son plafond. Les clés de la **tombe de Lyson et Kalliklès** sont parfois disponibles auprès du gardien. On y accède par le toit par une échelle. La 4e tombe, de **Kinch**, du nom du Danois qui la découvrit, ou **tombe de Niafsta,** l'un de ses occupants, n'est pas ouverte au public.

Aux environs

Fameuse pour son parc, Agios Nikólaos, appelé aussi Chília Déndra (1 000 arbres), **Náousa** est la ville des Boutari, une célèbre famille de viticulteurs. La cité est bâtie sur une colline qui domine la plaine, à l'est de Thessalonique. Comme Edessa, Náousa est parcourue par des eaux vives : les tavernes des berges proposent des truites fraîches et un petit vin régional.

Edessa ❽
'Εδεσσα

Macédoine. **Carte routière** C1.
🏠 *16 000.* 🚌 🚉 🅿 *Parko Katarrákton (23810 20300).* ⬤ *10 h-18 h t.l.j.* 🛍 *jeu.*

E dessa, capitale de la région de Pélla, est une station balnéaire très prisée. Elle est célèbre par ses ruisseaux qui se précipitent en cascades vers la vallée. La plus grande cascade, celle du **Káranos**, haute de 24 m, cache une grotte. Les jardins et parcs environnants abritent cafés et restaurants.

Ancienne Pélla ❾
Πέλλα

38 km au nord-ouest de Thessalonique, Macédoine. **Carte routière** C1. 🚌
📞 *23820 31160.* **Site** ⬤ *8 h 30-15 h t.l.j.* **Musée** ⬤ *8 h 30-15 h mar.-dim.* ⬤ *jours fériés.* 📷 ♿

C e petit site archéologique, un peu à l'écart de la route principale, fut autrefois la florissante capitale de la

La cascade du Káranos, à Edessa

Macédoine antique. La cour s'y installa, en provenance d'Aigai (proche de l'actuelle Vergína), en 410 av. J.-C., à l'instigation du roi Archelaos, qui régna de 413 à 399 av. J.-C. C'est ici que naquit Alexandre le Grand en 356 av. J.-C. et qu'il fut éduqué par le célèbre philosophe Aristote. On perçoit les contours de la ville antique sur un plan des lieux, qui indique la situation des commerces et de la grande rue. Théoriquement, le palais occupait le nord du site principal.

Le site et le musée abritent quelques-unes des plus belles mosaïques de Grèce. Les pierres n'ont pas été déchâssées mais conservées en l'état. Datées du IIIe siècle av. J.-C., ces mosaïques représentent des scènes de chasse très vivantes. L'une des plus connues représente Dionysos chevauchant une panthère. Elle est protégée des intempéries par une toiture qui couvre la maison de la Chasse au lion. Construit au IVe siècle av. J.-C., ce bâtiment comprenait à l'origine 12 pièces et 3 cours intérieures, l'ensemble mesurant 90 m de long sur 50 m de large.

Thessalonique (Thessaloníki) **⑩**
Θεσσαλονίκη

Lion sculpté,
Musée
archéologique

Thessalonique est la deuxième ville de Grèce. Fondée en 315 av. J.-C. par le roi Kassandros, elle devint, en 146 av. J.-C., la capitale de la province de Macedonia Prima. En 395, la ville fut intégrée à l'Empire byzantin. En 1430, elle fut prise par les Turcs qui la conservèrent jusqu'en 1912. Thessalonique est aujourd'hui une ville très active, à caractère cosmopolite, qui abrite une vie culturelle intense et un important centre religieux. Elle recèle de nombreuses églises *(p. 248)*, dont Agía Sofía et Agios Dimítrios, la plus grande de Grèce.

Cafés et fontaines, dans le parc proche de Plateía Chánth

À la découverte de Thessalonique

Deuxième agglomération grecque, située sur le golfe Thermaïque, Thessalonique est dotée d'un port actif, qui contribue à sa vitalité. Son agréable promenade en front de mer, la *paralía*,

son grand parc ombragé, ses nombreuses églises *(p. 248)* et ses divers musées, dont le Musée archéologique *(p. 246-247)*, retiennent l'attention. Depuis quelques années, elle a développé ses relations internationales et est devenue une importante ville de foire.

Le grand feu d'août 1917 détruisit presque la moitié des bâtiments sis à l'intérieur de l'enceinte médiévale, dont l'intégralité du quartier juif. La plupart de ceux qui résistèrent étaient situés dans l'ancien bazar turc et ont été restaurés récemment. C'est le cas du **Bezestèni**, aujourd'hui un magasin de peluches et du **Modiáno**, un marché couvert de viande et de primeurs qui tient son nom de la famille juive qui le possédait. À l'ouest du Modiáno, on trouve les meilleurs *ouzerí* ; quant à Plateía Aristotélous, elle est jalonnée de bars et de cafés.

∩ Arc de Galère
Egnatía.
Le principal legs des Romains à la ville se dresse à l'extrémité est d'Egnatía, l'artère principale, une ancienne voie romaine : il s'agit de l'arc de Galère, construit en 303 à l'instigation de l'empereur Galère, le César de l'Orient, pour célébrer sa victoire contre les Perses en 297. Les reliefs illustrent les exploits du souverain. Autrefois, un second arc s'élevait,

Reliefs de l'arc de Galère

parallèlement au premier, non loin d'un palais dont on peut voir quelques vestiges sur Plateía Navarínou.

🏛 Tour Blanche
Sur le front de mer. 📞 2310 267832. ◯ 8 h 30-15 h mar.-dim.
🎫
Le monument le plus célèbre de Thessalonique est la tour Blanche, sur la *paralía*. Édifiée en 1430, les Turcs ajoutèrent trois tours identiques à l'enceinte byzantine de 8 km déjà existante. Elle abrite aujourd'hui, sur plusieurs étages, une collection d'icônes byzantines et d'objets historiques. Un escalier en pierre mène à la terrasse d'où l'on jouit d'une belle vue sur la *paralía*.

🏛 Rotónda
Filíppou.
La Rotónda se dresse au nord de l'arc de Galère. Cet impressionnant édifice fut, semble-t-il, construit pour servir de mausolée à Galère, empereur romain de la tétrarchie de 305 à 311. Aujourd'hui fermée au public, elle servit dans le passé d'église – connue aussi sous le nom d'Agios Geórgios – et mosquée. Le minaret voisin est le seul subsistant à Thessalonique.

🏛 Musée de la Culture byzantine
Leofórou Stratoú 2. 📞 2310 868570. ◯ 10 h 30-17 h lun., 8 h 30-15 h mar.-dim. ● jours fériés. 🎫 ♿
Situé près du Musée archéologique *(p. 246-247)*, ce petit édifice moderne ouvrit ses portes en 1995. Il contient des icônes byzantines (XVᵉ-XIXᵉ siècle) et des bijoux. Toutes les expositions sont agencées avec soin et il y a des projets d'agrandissement.

La tour Blanche, sur le front de mer

ottoman.
Les collections rassemblent des photos, des journaux, des armes, divers documents et objets de la période 1878-1912. Des tableaux illustrent la vie quotidienne d'antan. Sur l'un d'eux, un soldat turc fait irruption dans une salle de classe où se cache Pávlos Melás, qui se battit pour libérer la Macédoine des Turcs. Le musée possède d'ailleurs sa dague et son fusil.

🖼 Musée du Conflit macédonien

Proxénou Koromilá 23. 📞 2310 229778. ◯ 9 h-14 h mar.-ven.; 10 h-14 h sam. ● jours fériés.
Ce musée loge dans une demeure du XIXᵉ siècle, siège du consulat grec à Thessaloníki, sous l'Empire

🖼 Musée ethnologique et folklorique

Vasilíssis Olgas 68.
📞 2310 830591.
◯ 9 h-15 h ven.-mer., 10 h-22 h mer.
Ce musée est lui aussi logé dans un bâtiment du XIXᵉ siècle, situé à 20 min à pied du Musée

archéologique sur Vasilíssis Olgas. Il expose des costumes traditionnels et des maquettes représentant des activités quotidiennes comme la cuisson du pain, les labours, la vannerie, le battage du blé ou des jeux d'enfants. La vie des bergers sarakatsans y est décrite en détail. Une exposition est consacrée exclusivement à la fête traditionnelle annuelle du « marcher sur le feu » qui se tient à Lagkadás, à 20 km au nord-est. En outre, le musée recèle de nombreuses archives photographiques concernant la vie quotidienne au début du XXᵉ siècle.

MODE D'EMPLOI

Macédoine. **Carte routière** C2.
🏠 1 000 000. ✈ 25 km au sud-est de Thessaloníki. 🚢 depuis Koundouriótou. 🚉 Monastiríou.
🚌 Plateía Dikastiríon (service local) 28 Octovríou (intervilles).
🛈 terminal des ferries (2310 500310). 🎭 Festival culturel de Thessalonique (cinéma) : oct.

LE CENTRE DE THESSALONIQUE

Agía Sofía ③
Arc de Galère ②
Musée archéologique ⑦
Musée du Conflit macédonien ⑤
Plateía Aristotélous ④
Rotónda ①

Tour Blanche et Paralía ⑥

Kástro
Agios Nikólaos Orfanós
Agía Aikateríni
Acheiropoíitos

FILIPPOU
AGÍAS SOFÍAS
IÁSONOU
EGNATIA
PATRIARCHOU IOAKEIM
EGNATIA

Agios Dimítrios
Modiano
Gare routière
ERMOU
PLATEÍA AGIAS SOFÍAS ③
SVOLOU
SVOLOU
GOUNARI
DIMITRIOU
ETHNIKIS AMYNIS
ANGELAKI
MANOLI ANDRONIKOU

ARISTOTELOUS
AGÍAS SOFÍAS
ΝΤΙΛ
ETAIRIAS
FILIKIS

Agioi Apóstoloi
TSIMISKI
PALAION PATRON GERMANOU
PAVLOU MELA

Musée de la Culture byzantine
PLATEÍA CHANTH
STRATOU
TSIMISKI

④
PLOUTARCHOU
KAROLOU
PROXENOU KOROMILA
MITROPOLEOS

MITROPOLEOS
ETHNIKIS AMYNIS
⑦
MANOLI ANDRONIKOU

Gare
Information touristique
Port
ATHÈNES

⑤
NIKIS

FANARIOTON
GERMANOU

⑥
NIKIS

Musée ethnologique et folklorique
Aéroport

LÉGENDE

✝ Église

Musée archéologique de Thessalonique
Αρχαιολογικό Μουσείο Θεσσαλονίκης

Ce musée moderne, ouvert en 1963, abrite plusieurs pièces exceptionnelles. Il présente des objets découverts lors des fouilles entreprises dans la ville ou dans les autres sites macédoniens. La visite est organisée de manière chronologique. Les salles qui donnent sur la cour intérieure abritent de fabuleux objets en or macédoniens, dont certains furent découverts dans des cimetières. Le rez-de-chaussée de l'annexe accueille une petite exposition qui retrace la préhistoire de Thessalonique.

Vase en verre
Ce vase rose est un bel exemple de verre coloré, technique qui apparut à l'époque romaine. Les verriers expérimentèrent une vaste palette de couleurs et de formes, dont de nombreux spécimens furent trouvés dans les tombes romaines de Thessalonique.

Vase en céramique
Ce vase découvert dans une tombe datant du IIe siècle av. J.-C. à Thessalonique, provenait d'Égypte ptolémaïque. C'est le seul vase de ce genre en Grèce. Dans la partie inférieure, parmi d'autres thèmes, la déesse Artémis dans les bois.

SUIVEZ LE GUIDE !
Une fabuleuse collection d'objets en or macédoniens est exposée dans les salles qui bordent la cour intérieure. Ces dernières sont entourées d'une seconde série de salles, consacrées aux origines de Thessalonique et du royaume de Macédoine. Le sous-sol de l'annexe abrite la collection préhistorique.

★ Mosaïques de sol d'une maison de Thessalonique
Cette mosaïque représente des scènes de la mythologie marine romaine. Ici, une Néréide et un dauphin.

Entrée principale

Cour extérieure couverte de mosaïques romaines

Sarcophage de marbre
Ce sarcophage romain du IIe ou du IIIe siècle est décoré d'un relief saisissant représentant un combat d'Amazones. Cette peuplade mythique de femmes guerrières étaient un des sujets de prédilection des artistes de l'époque (p. 55).

Statue d'Harpocrate

Cette statue en marbre d'Harpocrate, fils d'Isis et Osiris, fut découverte à Thessalonique sur le site d'un sanctuaire dédié à Sérapis et à d'autres divinités égyptiennes. On la date généralement de la fin du IIᵉ siècle.

MODE D'EMPLOI

Manóli Andrónikou et Leof Stratoú.
2310 830538. 3. *Pendant les travaux, seules quelques salles sont ouvertes au public. Téléphoner pour en savoir plus. vacances scolaires.*

Tête de Sérapis

Cette tête en marbre de la période romaine fut découverte dans le même sanctuaire que la statue d'Harpocrate. Le culte de cette divinité d'origine égyptienne se répandit dans le monde gréco-romain.

★ Bracelet en or d'Europos

Ce bracelet qui date du IIIᵉ siècle av. J.-C. est l'un des joyaux de la collection d'objets macédoniens en or. À ses côtés, on peut voir d'autres découvertes, en or toujours, allant du VIᵉ au IIᵉ siècle av. J.-C.

LÉGENDE

☐ Collection préhistorique

☐ L'or de la la Macédoine

☐ Le Royaume de Macédoine

☐ La fondation de Thessalonique

☐ Salle Manólis Andrónikos

☐ Hall d'entrée

À NE PAS MANQUER

★ Bracelet d'Europos

★ Mosaïques de sol d'une maison de Thessalonique

★ Cratère de Dervéni

★ Cratère de Dervéni

Daté de 300 av. J.-C., ce vase en bronze destiné à mélanger le vin à l'eau mesure 1 m de haut. La décoration représente des ménades, dont l'une danse avec des satyres. Les volutes de la partie supérieure comprennent des têtes d'Héraclès.

À la découverte des églises de Thessalonique

Thessalonique est la ville grecque qui abrite le plus
d'églises byzantines. Sur les centaines de basiliques du
Vᵉ siècle qui parsemaient autrefois la Grèce, il n'en subsiste
que deux à Thessalonique : Agios Dimítrios et Acheiropoiítos.
Bâtie au VIIIᵉ siècle, Agía Sofía est remarquable, à la fois
pour ses mosaïques et pour son influence sur l'histoire de
l'art byzantin. Trois églises du XIVᵉ siècle – Agios Nikólaos
Orfanós, Agioi Apóstoloi et Agía Aikateríni – illustrent
cette autre période d'innovations architecturales.

L'église Agía Sofía

Mosaïque représentant la vision d'Ézéchiel, à Osios

🛉 Agios Dimítrios

Agiou Dimítriou. ◯ 6 h-21 h 30 t.l.j.
Crypte ◯ 10 h 30-20 h dim.; 12 h 30-
19 h, lun., 8 h-20 h mar.-sam. ♿
La plus grande église de Grèce
fut entièrement reconstruite
après l'incendie de 1917 qui
détruisit la structure de la
basilique qui datait du VIIᵉ et du
XIIIᵉ siècle. La partie la plus
ancienne est la crypte du
IIIᵉ siècle. Thermes romains à
l'origine, c'est là que, selon la
légende, Démétrius, saint patron
de la ville, fut emprisonné,
torturé, puis assassiné en 305.
Soldat romain converti au
christianisme et refusant de
renoncer à sa foi, l'empereur
Galère, qui persécutait les
chrétiens, le martyrisa. Six
petites mosaïques (Vᵉ-VIIᵉ siècle)
qui échappèrent à l'incendie
sont visibles sur les colonnes
encadrant l'autel et en haut de
la partie ouest de l'église. Parmi
les plus raffinées de Grèce,
elles figurent Démétrius en
compagnie de petits enfants.

🛉 Osios Davíd

Kástro. ◯ t.l.j.
Cette chapelle fut édifiée à la
fin du Vᵉ siècle. Derrière l'autel
se trouve la *Vision d'Ézéchiel*,

une mosaïque
représentant,
fait exception-
nel, un Christ
imberbe.
C'est l'une
des plus belles
mosaïques de
la ville. Elle
doit son bon
état de
conservation à
la couche de
plâtre qui la
recouvrait,
laquelle ne fut
enlevée qu'en
1921. D'autres
fresques, en
particulier le *Baptême du Christ*
et la *Nativité*, datent du XIIᵉ
siècle. Elles sont également
remarquables. Cette église est
généralement fermée, mais le
gardien accepte avec joie
d'ouvrir la porte aux visiteurs.

🛉 Agía Sofía

Plateía Agías Sofías. ◯ t.l.j.
Tout comme la mosquée qui
porte le même nom à Istanbul,
Agía Sofía est dédiée à la sainte
sagesse (*sofía*) de Dieu. Édifiée
au milieu du VIIIᵉ siècle, elle fut
transformée en mosquée en 1585,
puis à nouveau consacrée
comme église en 1912. Elle
échappa à l'incendie de 1917.
L'intérieur abrite des fresques et
des mosaïques remontant aux
IXᵉ et Xᵉ siècles, dont la plus
remarquable, située dans la
coupole, représente l'*Ascension
du Christ* : elle mesure 30 m de
haut et 10 m de diamètre. Le
portique de l'entrée fut détruit
en 1941 par l'aviation italienne.
Cet édifice imposant est installé
dans un agréable jardin.

🛉 Agios Nikólaos Orfanós

Kástro. ◯ mar.-dim. clef disponible
chez le gardien : Irodhotou 17,
en face de l'église. ♿
Située dans un îlot de verdure
entre les ruelles de la vieille
ville (*kástra*), cette petite église
triabsidale du XIVᵉ siècle
dépendait autrefois du
monastère voisin, Moní
Vlattádon. Agios Nikólaos
Orfanós possède aujourd'hui la
collection la plus belle et la
mieux préservée de fresques
byzantines tardives.
Disposées le long de la cella
centrale et dans les ailes, les
fresques représentent des
scènes de la Passion, telles
que le Christ portant la croix
et Ponce Pilate pendant le
jugement de Jésus.

Agios Dimítrios, la plus grande église de Grèce

La plage de sable de Kallithéa, à Kassándra

Nord de la Chalcidique ⓫
Βόρεια Χαλκιδική

Macédoine. **Carte routière** D2. 🚌 Polýgyros.

L e nord de la Chalcidique est une région calme, verdoyante et vallonnée, souvent délaissée par les touristes, qui lui préfèrent les plages méridionales. Le site des **grottes de Petrálona**, situées près du mont Katsíka, à 55 km au sud de Thessaloníki, mérite le détour. L'année qui suivit la découverte par les villageois en 1960, un squelette datant de l'époque préhistorique fut retrouvé dans la grotte. Il s'agit sans doute des restes d'une femme âgée de vingt-cinq ans. Après l'avoir reconstitué, on a estimé l'âge du squelette à 250 000 ans, peut-être même à 700 000, ce qui en fait le plus ancien jamais découvert en Grèce. L'habitat des plus anciens occupants du pays a été reconstitué au milieu des stalactites et des stalagmites. Des ossements, des dents et des outils sont exposés dans les grottes.

Au nord-est de Petralona s'étend le petit village de **Stágeira**, patrie d'Aristote (384-322 av. J.-C.). Sur une colline à la sortie du village se dresse une grande statue en marbre du célèbre philosophe. On y jouit d'une vue splendide sur la campagne environnante.

🔆 Grottes de Petrálona
Mont Katsíka, à 55 km au sud-est de Thessaloníki. ⬜ t.l.j. ⬤ jours fériés. 🖼

Kassándra ⓬
Κασσάνδρα

Sud de la Chalcidique, Macédoine. **Carte routière** D2. 🚌 Kassándreia.

Statue d'Aristote, à Stágeira

L a majeure partie de la population de cette presqu'île a été massacrée pendant la guerre d'indépendance de 1821. La région n'a jamais retrouvé son lustre d'antan. De la Kassándra des origines il ne subsiste que quelques petits villages de pêcheurs. Depuis trente ans, cependant, des stations balnéaires se sont développées. **Néa Poteídaia**, qui marque le début de la Kassándra, est située sur un goulet de la presqu'île. Elle offre une plage de sable et des marinas luxueuses. Sur la côte ouest,

signalons les plages et les infrastructures touristiques de **Possídi**, située sur un promontoire et environnée de criques. Sur la côte est, **Néa Fókaia** est un port de pêche, qui se tourne activement vers le tourisme. **Kallithéa**, au sud, est la plus grande station balnéaire de la presqu'île.

Sithonía ⓭
Σιθωνία

Sud de la Chalcidique, Macédoine. **Carte routière** D2. 🚌 Agios Nikólaos.

S i la presqu'île de Sithonía est un peu plus large que celle de Kassándra, elle abrite moins de stations balnéaires. Elle commence à **Metamórfosi,** qui offre une plage de sable ombragée de pins. **Vourvouroú** est, au nord, l'un des villages par lesquels on débute la visite de la péninsule. La côte est occupée par quelques villas, hôtels et restaurants.

Vers le sud, la côte est encore très sauvage, jusqu'au port de **Sárti**. À l'extrémité de Sithonía se trouve **Kalamítsi**, qui n'est guère plus qu'une plage avec quelques bars, tandis que **Pórto Koufó**, au sud de la côte ouest, est un port de pêche pittoresque niché au fond d'une baie. La station touristique de **Pórto Karrás**, à mi-chemin de la côte ouest, fut bâtie par une famille de viticulteurs, les Karrás. Elle possède trois hôtels, une marina, un centre commercial, des activités nautiques variées, un haras, un parcours de golf et des cours de tennis.

Caïques amarrés à Pórto Koufó, dans la presqu'île de Sithonía

Le mont Athos ⓮
Ἅγιον Ὄρος

Moine du mont Athos

Pour les Grecs, le mont Athos est la Sainte Montagne. C'est le point culminant (2 030 m) de la Chalcidique. Le mont Athos forme une république autonome administrée par les 1 700 moines répartis dans 20 monastères. Seuls les hommes adultes ont accès au site, mais il est possible d'admirer les monastères depuis un bateau. Ceux-ci abritent de beaux exemples d'architecture byzantine et permettent d'appréhender la réalité de la vie monastique.

LES MONASTÈRES DU MONT ATHOS

– – – Route maritime

Ouranoúpoli
La ville principale d'Athos est le point de départ des visites en bateau.

Moní Zográfou fut fondé en 971, mais les bâtiments actuels datent des XVIIIe et XIXe siècles.

Moní Kastamonítou fut fondé au XIe siècle par un ermite venu d'Asie Mineure.

LE MONT ATHOS VU DE L'OUEST
Cette illustration représente la vue que l'on a du mont Athos depuis la mer. Le monastère le plus au nord est Zográfou et le plus au sud, Agíou Pávlou. Les monastères de la côte sont traités p. 254.

Moní Xiropotámou fut fondé au Xe siècle, mais les bâtiments actuels datent du XVIIIe siècle.

Moní Xenofóntos fut fondé au Xe siècle. Une seconde chapelle lui fut ajoutée en 1837, qui comprenait des fresques du XIVe siècle.

 Ouranoúpoli

0   15 km

Docheiaríou
Ce monastère du Xe siècle abrite un morceau de la vraie croix et une icône miraculeuse de la Vierge.

Agios Panteleímon
Ce monastère du XIe siècle à l'enceinte imposante, encore appelé Rosikón (« des Russes »), abrite des églises à bulbes qui témoignent de l'influence de l'orthodoxie russe.

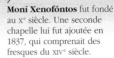 ◁ **Le monastère d'Agios Panteleímon, au mont Athos**

Moní Agíou Pávlou
Ce monastère abrite 90 moines, originaires de Zákynthos et de Kefalloniá. Sa bibliothèque contient 13 000 livres et manuscrits .

Moní Símonos Pétras tient son nom de saint Simon qui fonda le monastère au XIVᵉ siècle, après avoir remarqué qu'une petite lumière miraculeuse éclairait le site un soir de Noël.

Moní Dionysíou est perché à 80 m au-dessus de la mer. Ses murs abritent une église du XVIᵉ siècle, Agios Ioánnis Pródromos.

Mont Athos

Néa Skíti appartient à Moní Agíou Pávlou.

Dáfni est le port d'Athos, habité par 16 moines. Un bus le relie à la capitale, Karyés, à 15 min. de distance.

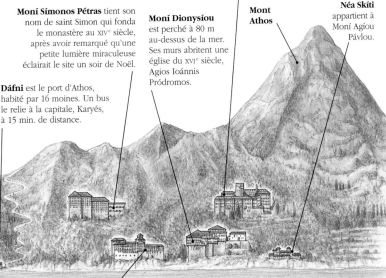

Moní Grigoríou
Fondé au XIVᵉ siècle, ce monastère habité aujourd'hui par 40 moines fut, à l'exception de quelques reliques, entièrement détruit par un incendie en 1761.

VISITER LE MONT ATHOS

Les visites du Mont Athos sont très réglementées. Seuls les hommes sont admis, au rythme de 10 non-orthodoxes par jour, pour un séjour maximal de quatre nuits. Envoyez d'abord un fax avec vos dates de séjour, et une deuxième option, avec une copie de votre passeport, au Bureau des Pèlerins de Thessalonique (231- 022 2424). Il faut s'y prendre longtemps à l'avance. Une fois votre séjour confirmé, faites des réservations auprès des monastères que vous souhaitez visiter (le Bureau vous fournira les numéros). Le jour de

Le réfectoire de Vatopedíou

la visite, rendez-vous avant 8 h 30 au Bureau des Pèlerins d'Ouranopolis, avec votre confirmation et votre passeport, pour recevoir votre *Diamenterion* (laissez-passer). Les bateaux quittent le port à 9 h 45. Pour plus d'informations, contactez le Bureau des Pèlerins : 109 Egnatia, 54622 Thessalonique, Grèce (tél : 231- 025 2578).

À la découverte du mont Athos

Il n'est pas possible de voir les 20 monastères du mont Athos depuis les bateaux qui partent d'Ouranoúpoli, même si certains capitaines proposent de faire le tour de la péninsule. Quelques monastères sont cachés dans la montagne, d'autres s'accrochent aux reliefs de la côte est. À côté des monastères grecs orthodoxes, le mont Athos abrite des communautés russe (Agíou Panteleímonos), bulgare (Zográfou) et serbe (Chilandaríou). Les moines préfèrent souvent vivre dans les ermitages isolés et les villages de l'intérieur, qui constituent une alternative paisible à l'activité des grands monastères.

Les monastères de la côte est

Le premier monastère fondé sur le mont Athos fut **Megístis Lávras** (la Grande Lavra). Il est établi à l'extrémité sud-est de la péninsule, sur un affleurement rocheux *(p. 36-37)*. Fondé en 963 par Athanásios l'Athonite, c'est le seul monastère qui ait échappé aux incendies. Il possède les plus grands fonts baptismaux du mont Athos, installés à l'extérieur, à l'ombre d'un cyprès qui aurait été planté il y a 1 000 ans par Athanásios lui-même.

À mi-chemin de la côte est se trouvent les monastères d'Ivíron et de Stavronikíta. **Moní Ivíron** fut fondé à la fin du Xe siècle par un moine originaire d'Ibérie (en Géorgie actuelle), d'où son

Peintures à Megístis Lávras

nom. Le *katholikón* (église principale) fut construit au début du XIe siècle et restauré en 1513. La cour comprend 16 chapelles, dont l'une abrite une icône miraculeuse de la Vierge Marie. **Stavronikíta**, au nord, est perché au sommet d'un promontoire rocheux. Il est mentionné dans un document de 1012.

Moní Vatopedíou, fondé dans la seconde moitié du Xe siècle, est l'un des plus grands monastères, et le mieux préservé, du mont Athos. Il est bâti sur un petit promontoire situé à l'extrémité nord de la côte est. Il abrite un *katholikón* du Xe siècle et des icônes du XIVe siècle, parfois retouchées au fil des siècles.

LA VIE ORTHODOXE AU MONT ATHOS

Des moines travaillant dans leur potager

Selon le système byzantin de décompte des heures utilisé à Athos, minuit correspond au coucher du soleil, et le premier office a lieu une heure avant – soit vers 3 h ou 4 h du matin. Un moine parcourt le monastère en frappant un *símandro* (planche sculptée) d'un maillet pour réveiller les autres moines et les inviter à la prière. Ceux-ci mangent deux fois par jour des produits qu'ils cultivent eux-mêmes. L'année comporte 159 jours de jeûne où un seul plat est autorisé, qui ne comporte ni poisson, ni œuf, ni fromage, ni lait, ni même huile. Les repas ont lieu après les offices du matin et du soir, le reste du temps se passe en prière, travail et repos.

Le monastère de Megístis Lávras, avec au centre son *katholikón* de couleur rouge

Kaválá ⑮
Καβάλα

Macédoine. **Carte routière** D1.
🏛 *56 000.* ✈ *35 km au sud-est de Kaválá.* 🚢 🚌 🚎 *t.l.j.*

L'histoire de Kaválá remonte à sa fondation, au vɪᵉ siècle av. J.-C., par des colons venus de Thássos et d'Erétrie. Conquise par les Romains en 168 av. J.-C., cette ville fut la première d'Europe visitée par saint Paul en 50 ou 51 de notre ère, en route vers Philippi. La cité porte l'empreinte de l'occupation ottomane, qui s'étendit de 1371 à 1912. Au xvɪᵉ siècle, les Turcs y édifièrent un aqueduc. Mehmet Ali (1769-1849), pacha d'Égypte, naquit à Kaválá. Sa **maison natale**, ouverte aux visiteurs et bien préservée, est entourée d'un jardin où trône sa statue équestre en bronze. Kaválá est une ville animée, dotée d'un port industriel et d'un embarcadère pour les îles du nord-est de l'Égée. L'activité se concentre autour du port, que surmonte la forteresse. À l'est se trouve un marché aux poissons, aux fruits et aux légumes et, à l'ouest, le **Musée archéologique.** Celui-ci rassemble des objets trouvés à Avdira *(p. 256)*, notamment un sarcophage peint, une mosaïque représentant un dauphin, une couronne de lauriers en or du ɪɪɪᵉ siècle av. J.-C. découverte à Amphipolis, à l'ouest de Kaválá, des masques en argile du ɪvᵉ siècle av. J.-C., et le buste d'une déesse inconnue.

Le **Musée municipal,** logé dans une demeure néoclassique du xɪxᵉ siècle, se trouve à l'ouest de l'hôtel de ville. Il contient des costumes, des objets domestiques et des œuvres d'artistes locaux, en particulier celles du sculpteur thasiote Polýgnotos Vágis (1894-1965).

Le port et la ville de Kaválá

Sculpture de Polýgnotos Vágis

🏛 Maison de Mehmet Ali
Theodórou Poulídou 63. ☏ *2510 220061.* ☐ *jusqu'en 2007.*

🏛 Musée archéologique
Erythroú Stavroú 17. ☏ *2510 222335.* ☐ *mar.-dim.* ● *jours fériés.* ♿ ♿

🏛 Musée municipal
Filíppou 4. ☏ *2510 222706.* ☐ *lun.-sam.* ● *jours fériés.*

Vallée du Néstos ⑯
Κοιλάδα του Νέστου

Macédoine, à la frontière de la Thrace. **Carte routière** D1. 🚂 🚌 *Xánthi (interruption possible entre nov. et avr.).*

L e fleuve Néstos, qui naît dans les monts Rodópi, en Bulgarie, se jette dans la mer Égée à la hauteur de l'île de Thássos, frontière entre la Macédoine et la Thrace. Son cours emprunte des gorges encaissées ; il est nourri de rivières et torrents jusqu'à la route de montagne reliant Xánthi en Thrace à Dráma en Macédoine. Cette route, parfois fermée en hiver en raison des congères, est l'une des plus belles de Grèce. Elle traverse des villages perdus de montagne. Parmi ceux-ci, signalons **Stavroúpoli**, avec sa petite place et son café pittoresque.

Xánthi ⑰
Ξάνθη

Thrace. **Carte routière** E1. 🏛 *25 000.* 🚂 🚌 🚎 *sam.*

F ondé au xɪᵉ siècle, Xánthi connut la prospérité au siècle dernier avec le développement de l'industrie du tabac. On peut voir une exposition sur ce thème au **Musée folklorique**, qui occupe deux bâtiments consacrés à des collections de broderies, de bijoux et de costumes. La place principale de Xánthi est bordée de cafés et de fontaines. Elle donne sur un bazar particulièrement actif et coloré le samedi, lorsque des gens de toutes nationalités et de toutes religions s'y retrouvent.

🏛 Musée folklorique
Antiká 7. ☏ *25410 25421.* ☐ *8 h 30-14 h 30 mer.-ven; 10 h 30-15 h sam.-dim.* ♿

Paysages verdoyants de la vallée du Néstos

Le monastère d'Agios Nikólaos, sur les rives du lac Vistonída

Avdira

`Αβδηρα`

6 km au sud de l'actuelle Avdira,
Thrace. **Carte routière** E1. 🚌 📞
25410 51988
🕐 *8 h-14 h t.l.j.* ⚫ *jours fériés.*

La ville antique d'Avdira fut fondée au VIIᵉ siècle av. J.-C. par des réfugiés de Klazomenae, en Asie Mineure. Le site, assez dispersé, est à demi enfoui. L'essentiel des ruines visibles remonte à l'époque romaine, à l'exception de quelques vestiges archaïques et classiques, notamment l'acropole. Les vestiges de son enceinte fortifiée se dressent sur un petit promontoire, à proximité de tombes récemment découvertes. On peut également contempler une partie des murs de la ville.

Aux environs
Le **lac Vistonída,** qui borde la route Avdira-Maróneia, est un refuge pour la faune sauvage. Blotti dans l'une de ses pointes, Pórto Lágos *(p. 236-237)* est un vieux port qui abrite le monastère blanc d'Agios Nikólaos.

Komotiní ⑲
`Κομοτηνή`

Thrace. **Carte routière** E1. 🚉
38 000. 🚊 🚌 🚐 *mar.*

À seulement 25 km de la frontière bulgare au nord et à moins de 10 km de la frontière turque à l'est, le village de Komotiní présente un intéressant mélange d'influences grecque et turque. Fondé à la fin du IVᵉ siècle, il fut pris par les Turcs en 1363 et demeura dans l'Empire ottoman jusqu'en 1920. Ces cinq siècles d'occupation ont laissé des traces dans la ville et tout particulièrement depuis que les musulmans de la région ne furent pas concernés pas l'échange de population ayant eut lieu à la suite de la défaite grecque en Asie mineure en 1922. Elle abrite un marché très vivant où l'on vend du poisson, du bétail, du tabac, des fruits et des légumes locaux. Les nombreuses et vieilles échoppes en bois proposent toutes sortes de produits, du bric-à-brac aux antiquités de choix.

Le **Musée historique et**

Fleuron de pierre
tombale, Musée
archéologique
de Komotiní

folklorique présente un aperçu de la vie quotidienne au XIXᵉ siècle. Dans ses salles, situées dans une maison du XVIIIᵉ siècle, on peut admirer des costumes, des articles de cuivre, des objets d'usage domestique et une collection de broderies, parmi lesquelles, celles de Tsevrés, qui sont utilisées lors des mariages thraces traditionnels. Le **Musée archéologique** expose des objets découverts sur les sites voisins d'Avdira et de Maróneia, notamment des bijoux en or du IVᵉ siècle av. J.-C. provenant des tombes d'Avdira et un masque en terre cuite de Dionysos de même époque, mis au jour dans un sanctuaire à Maróneia. Le musée présente aussi des monnaies anciennes, des sarcophages peints, des ex-voto et des cartes.

🏛 **Musée historique et folklorique**
Agíou Geórgios. 🕐 *10 h-13 h t.l.j.*
⚫ *jours fériés.* 📷 ♿ *limité.*
🏛 **Musée archéologique**
Symeonídi 4. 📞 *25310 22411.*
🕐 *9 h-14 h 40 t.l.j.* ⚫ *jours fériés.* 📷

Le dôme et le petit minaret de
la mosquée turque de Komotiní

Maróneia ⑳
`Μαρώνεια`

5 km au sud-est de l'actuelle Maróneia,
Thrace. **Carte routière** E1. 🚌
actuelle Maróneia. 🕐 *t.l.j.* ⚫ *jours fériés.* 📷 ♿

La route qui conduit à l'ancienne Maróneia traverse des champs de tabac et de coton, des bois et des villages minuscules. Un panneau indique le port d'Agios Charálampos et le chemin vers le site, qui domine la mer. La ville connut son âge d'or entre le VIIIe et le XIVe siècle. Les oliviers recouvrent maintenant les vestiges dispersés entre le mont Ismaros et la mer ; seul un petit théâtre a été rénové. Plus loin sur la piste s'élève un sanctuaire peut-être dédié à Dionysos dont le fils, Maron, serait le fondateur légendaire de Marôneia.

Proche du site de Marôneia, le petit port d'**Agios Charálampos**, en plein développement, est niché entre des falaises rouges. Il est dominé par un grand hôtel, d'une taverne et de quelques maisons éparses.

Aux environs
Marôneia est un petit village rural d'époque médiévale et de caractère, dont quelques demeures de pierre attestent de la richesse passée.

Alexandroúpoli ㉑
Αλεξανδρούπολη

Thrace. **Carte routière** E1.
🏛 36 000. ✈ 🚆 🚌 ⛴ *mar.*

A lexandroúpoli n'a pas le charme des villes thraces de taille comparable. Elle ne fut construite qu'en 1878, sous le nom turc de Dedeagaç (« l'Arbre du saint homme »), en hommage aux quelques ermites qui s'y installèrent au XVe siècle. Avant cette date,

Le phare d'Alexandroúpoli, construit sur le front de mer

l'endroit était un hameau de pêcheurs. En 1919, les Grecs donnèrent à la cité le nom de leur souverain du moment, Aléxandros.

La ville est aujourd'hui une station balnéaire active dotée d'un port de plaisance, d'un aéroport et de liaisons ferroviaires vers Istanbul à l'est, la Bulgarie au nord et Thessaloníki à l'ouest.

Le soir, la promenade qui longe la plage est le rendez-vous des flâneurs et des touristes étrangers. Le phare, construit en 1800, orne le front de mer. Principale curiosité de la ville, il reste allumé toute la nuit.

Lorsqu'on s'enfonce dans Alexandroúpoli, on découvre un dédale de ruelles abritant des magasins de souvenirs, des épiceries,

des cordonneries, des orfèvreries et des restaurants de poissons. Les meilleurs endroits pour se restaurer se trouvent près de Plateía Polytechneíou. Au nord de la place, passée la route principale, se dresse la cathédrale Agios Nikólaos, célèbre pour son **musée d'Art religieux**. Rarement ouvert, ce musée rassemble pourtant une riche collection d'icônes et d'objets religieux.

📷 **Musée d'Art religieux**
Palaiológou. ⬜ *variable.*
⬛ *jours fériés.*

Forêt de Dadiá ㉒
Δάσος Δαδιάς

27 km au nord de Féres, Thrace.
Carte routière F1. 🚆 🚌 *Féres.* ℹ
1 km au nord du village de Dadiá (25540 32209).

A u nord de la petite ville de Féres, dans la vallée de l'Evros, se trouve la pinède de Dadiá, qui couvre les collines d'Evros. L'endroit constitue l'un des meilleurs observatoires ornithologiques naturels d'Europe. On recense, en particulier, 39 espèces

Un vautour noir

d'oiseaux de proie, dont 26 vivent en permanence dans la région.

Au cœur de la forêt sont installés un centre d'informations ainsi que des huttes d'observation près des zones où l'on distribue de la nourriture aux oiseaux. Cette région est l'un des derniers sites de peuplement des vautours noirs en Europe. Parmi les autres espèces menacées de la pinède, mentionnons l'aigle impérial, l'aigle doré, le vautour griffon, l'épervier et le faucon pèlerin. Le meilleur moment pour observer les oiseaux se situe tôt le matin, à l'heure de la formation des premiers courants thermiques ascendants.

Vieille maison, à Marôneia

LES BONNES ADRESSES

HÉBERGEMENT 260-275

RESTAURANTS ET CAFÉS 276-295

HÉBERGEMENT

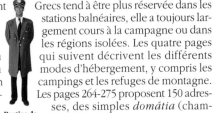

Même si ces dernières années ont vu l'émergence d'une nouvelle génération d'hôtels de charme, ils restent l'exception : l'hébergement en Grèce se résume encore souvent au strict minimum. Toutefois, grâce au boom touristique, le pays a connu un important développement de l'équipement hôtelier, qui offre l'avantage de proposer des prix moins élevés qu'ailleurs en Europe. Si l'hospitalité traditionnelle des

Portier de l'hôtel Grande-Bretagne, à Athènes

Grecs tend à être plus réservée dans les stations balnéaires, elle a toujours largement cours à la campagne ou dans les régions isolées. Les quatre pages qui suivent décrivent les différents modes d'hébergement, y compris les campings et les refuges de montagne. Les pages 264-275 proposent 150 adresses, des simples *domátia* (chambres) aux hôtels de luxe en passant par les chambres d'hôtes abritées dans des édifices restaurés.

L'hôtel Malvásia *(p. 270)*, à Monemvasía, restauré par l'EOT dans les années 1970

LES HÔTELS

La plupart des hôtels grecs sont des édifices quelconques en béton. Dans les stations balnéaires, les hauteurs ont été limitées pour éviter la prolifération des « tours », mesure souhaitée par le régime des colonels pour « moderniser » le tourisme grec entre 1967 et 1974. Les rares hôtels anciens – néoclassiques, par exemple – font aujourd'hui l'objet de programmes de réhabilitation. Les hôtels les plus récents, construits depuis 1980, proposent une architecture plus recherchée. Les hôtels de luxe, très prestigieux, répondent aux normes internationales.

LES CHAÎNES HÔTELIÈRES

Le poids de la tradition familiale sur l'économie grecque a sans doute constitué un obstacle majeur à la diffusion des chaînes hôtelières. **Grecote** est la chaîne la plus importante du pays. Ses 39 établissements sont répartis dans toute la Grèce. Certains d'entre eux offrent des prestations luxueuses comme des centres de remise en forme. Parmi les autres chaînes, **Chandrís** possède quelques hôtels dans la région d'Athènes, et **Diváni** est implantée dans la capitale et le reste du pays.

LES ÉDIFICES RESTAURÉS

Au cours des années 1970, l'EOT (l'Office du tourisme grec) a lancé un programme de restauration d'édifices anciens de style traditionnel situés dans des régions isolées du pays. Le succès de cette initiative est réel et le séjour dans ces maisons anciennes rénovées vaut vraiment le surcoût que l'on paye pour une chambre. Seule restriction, les considérations techniques liées à la préservation des bâtiments font que les salles de bains sont souvent collectives. Des bâtiments rénovés sont disponibles à Aréópoli

et Vátheia dans le Máni, à Makrinítsa dans le Pélion, à Megálo Pápigko en Épire et à Monemvasía. Quelques-uns, dont le complexe de Megálo Pápigko, ont été récemment privatisés, ce qui a des incidences variables sur la qualité de restations.

Depuis quelques années, des entrepreneurs privés ont investi dans la création d'hôtels dans des bâtiments vieux de plusieurs siècles. Cette initiative a bien réussi à Stemnítsa, Galaxídi, Nauplie, et dans plusieurs villages de la région des Zagória et du Pélion.

LES *DOMATIA*

C'est dans les *domátia*, ou chambres d'hôtes qu'il est le plus facile de trouver où dormir. Si par le passé celles-ci étaient installées au sein même du foyer familial, elles sont de plus en plus souvent dans des bâtiments distincts, dotés d'installations sanitaires modernes. Par comparaison, elles offrent un meilleur rapport qualité-prix que les hôtels de catégorie équivalente. Depuis quelques années, les *domátia* sont dotées de salles de bains

Façade de l'hôtel King Othon, à Nauplie *(p. 270)*

◁ Café du front de mer, à Koróni dans le Péloponnèse

La piscine de l'hôtel Aphrodite Astir Palace, à Vouliagméni *(p. 268)*

intégrées, d'un mobilier en pin et de kitchenettes. Les parties communes disparaissent et l'eau chaude se généralise !

LES CATÉGORIES

L'EOT a établi un système de classement des hôtels et des *domátia*. Les catégories d'hôtels vont de E (la plus basse) à A, et Deluxe. Les *domátia* sont classées de C à A. Ce classement n'est pas toujours fiable, du fait des divergences fréquentes entre les gérants et les autorités de l'EOT.

Les hôtels de classe E, aux infrastructures spartiates et très économiques, sont en voie de disparition. Dans les hôtels de classe D, seules quelques chambres avec salle d'eau sont disponibles. Dans la catégorie C, toutes les chambres doivent être équipées d'une salle d'eau, et l'hôtel d'une partie commune où sont servis des petits déjeuners.

Les hôtels de catégorie B assurent la pension complète, proposant un petit déjeuner substantiel et au moins un équipement sportif tel que court de tennis ou piscine. Les hôtels de catégorie A, situés en général sur le front de mer, offrent toutes les infrastructures classiques de loisirs, ainsi que des prestations spécifiques pour les hommes d'affaires (salle de conférences, communications modernes). Les hôtels de la catégorie « Deluxe » sont

Un panneau des chambres à louer

de véritables complexes de vacances autonomes offrant des services de qualité élevée. Les *domátia* de classe C sont souvent séparées des sanitaires et de la salle d'eau et présentent un décor monacal. Elles tendent à disparaître au profit de la classe B, qui garantit au visiteur une chambre avec salle de bains et une cuisine commune. Les *domátia* de classe A sont en général des appartements à part entière. Le mobilier y est de bonne qualité, la vue souvent agréable et chaque chambre d'hôte est dotée d'une cuisine équipée.

LES TARIFS

Les prix des **hôtels** correspondent au classement, mais ils varient en fonction de la saison ou du site. Les prix suivants sont pour une chambre double sans petit déjeuner ; ils concernent la saison estivale et incluent la TVA et les taxes locales. Pour 50 euros ou moins on peut se loger dans un hôtel de catégorie E ou D (ainsi que *domátio* classe C ou B). Le prix des hôtels de classe C (ainsi que *domátio* classe A) varie entre 60 et 135 euros. Les tarifs des hôtels de catégorie

B (3 étoiles) oscillent entre 100 et 150 euros et la catégorie A entre 150 et 300 euros. Les hôtels de luxe affichent des prix à partir de 180 euros. Les prix chutent parfois de 50 % au début du printemps ou à la fin de l'automne. Il peut y avoir une majoration si on séjourne moins de trois nuits.

LA SAISON TOURISTIQUE

Les hôtels situés à l'intérieur sont ouverts toute l'année, ceux du front de mer fonctionnent seulement de mai à octobre. Dans les stations de ski, les hôtels n'ouvrent en général qu'en hiver.

LA RÉSERVATION

Le mieux est de réserver par une agence de voyages. Pour une réservation directe, utiliser le fax, afin de conserver une trace de la transaction.

On vous demandera un numéro de carte bancaire ou le paiement du montant de la première nuit en chèques de voyages. Pour réserver une chambre d'hôtel par Internet : www.united-hellas.com, en anglais seulement.

Pour réserver une *domátio* par Internet : www.seedde.gr, en anglais également.

Le jardin d'hiver de l'hôtel Grande-Bretagne, à Athènes *(p. 267)*

Monastère du mont Athos *(p. 252)*, dans le nord de la Grèce

LES AUBERGES DE JEUNESSE

La FUAJ (Fédération unie des auberges de jeunesse) propose trois auberges de jeunesse homologuées sur le continent. Ces *xénon néótitos* se trouvent toutes à Athènes. Il en existe cependant de nombreuses autres, qui pour n'être pas affiliées, n'en offrent pas moins des conditions d'hébergement parfois excellentes.

Les auberges de jeunesse grecques sont beaucoup moins strictes que celles d'Europe du Nord. Même sans carte de la FUAJ, il est possible, en fonction des disponibilités, d'y séjourner moyennant un surcoût. Lorsqu'on voyage à deux, le prix d'une nuit en dortoir est moins intéressant que celui d'une *domátio* de catégorie inférieure.

LES REFUGES ALPINS

Les refuges (*katafýgia*) de montagne dépassent la quarantaine. Peu disposent de personnel permanent, à l'exception de deux sur le mont Olympe *(p. 241)* et d'un sur le mont Gamíla, dans la chaîne du Pinde. Mieux vaut donc téléphoner à l'**EOS** (Club alpin grec) pour savoir comment se procurer les clés. Le prix de la nuitée est élevé et ne devient vraiment intéressant qu'à l'occasion d'excursions en groupe.

Quelques-uns constituent néanmoins d'excellents camps de base pour des randonnées prolongées. Ils sont équipés de cuisines, de literie et de parties communes conviviales. Les autres refuges ne sont guère plus que des cabanes destinées aux bergers ou aux gardes forestiers chargés de surveiller les incendies. Par ailleurs, la plupart des refuges grecs furent construits à une époque où le tourisme vert était encore embryonnaire et sont souvent éloignés des itinéraires de prédilection des randonneurs.

LE TOURISME RURAL

Le tourisme rural en Grèce est né dans les années 1980 d'une initiative gouvernementale originale visant à permettre aux femmes de province d'acquérir une indépendance économique. Des *beds-and-breakfast* (chambres d'hôtes) furent ainsi installés dans des fermes, qui permettent au visiteur de participer, s'il le désire, à la vie quotidienne de ses hôtes. Quatre programmes ont été réalisés : à Agios Germanós (lacs Préspa), à Ampelákia (Thessalie), à Maróneia (Thrace) et à Aráchova (Grèce centrale). Ils sont gérés par la **Coopérative féminine de tourisme rural** et offrent également la particularité d'avoir établi dans chacun des villages concernés un restaurant de cuisine traditionnelle locale.

LES MONASTÈRES

Les monastères et couvents de Grèce, peu fréquentés par les touristes, faisaient, par tradition, fonction de *xenónes*, sortes d'auberges pour les pèlerins de rite orthodoxe en visite le week-end. Les pèlerins sont toujours prioritaires, mais il est possible d'y séjourner pour de courtes périodes.

L'hébergement est gratuit, et se fait dans des conditions très monacales. Il inclut toutefois un petit repas du soir et un café le matin ; il est de coutume de laisser, au départ, un don au *katholikón* (église principale) local.

Les monastères les plus habitués aux visiteurs de confession non-orthodoxe sont ceux du mont Athos, qui ne sont toutefois ouverts qu'aux hommes *(p. 253)*.

CAMPING

La Grèce continentale recèle environ 150 campings officiels. La plupart d'entre eux sont installés en bord de mer et dotés d'équipements convenables. Ceux qui sont encore gérés par l'EOT ou par les municipalités locales sont en train d'être vendus ; la plupart sont privés. À l'exception des plus vétustes d'entre eux, tous sont équipés de douches à énergie solaire, ombragés et pourvus d'une buvette ou d'un café. En général, on peut se connecter au réseau

Un refuge du mont Kóziakas, à Trίkala

électrique moyennant un supplément.

Les campings les plus luxueux sont de véritables villages de vacances en miniature, avec piscine, tennis, laveries, équipements bancaires et postaux, voire bungalows pour les touristes dépourvus de tente. Les terrains en service depuis longtemps présentent l'avantage d'être mieux protégés du soleil. Le sol, cuit par le soleil, est souvent très dur, aussi mieux vaut emporter un tapis de sol. L'annuaire de la **Panhellenic Camping Association** contient des informations mises à jour sur les campings grecs et leurs prestations.

Níkos Saxónis *(p. 272)*, à Mégalo Pápigko

POUR LES HANDICAPÉS

L es handicapés auront tout intérêt à contacter avant leur départ l'**office de tourisme de Grèce**. Il faut savoir que la Grèce est un pays très difficile en matière d'accessibilité et que même des agences spécialisées dans l'organisation de voyages clé en main pour les handicapés moteur refusent d'organiser des voyages en Grèce. L'EOT publie toutefois un questionnaire-type, qui peut être envoyé aux établissements hôteliers pour connaître la nature de leur équipement.

INFORMATIONS COMPLÉMENTAIRES

L e Hellenic Chamber of Hotels *(p. 299)* publie chaque année un précieux *Guide des hôtels*, en vente dans ses différents bureaux. Ce guide recense et décrit les

Camping sauvage dans l'une des vallées de la chaîne du Pinde

hôtels, indique leurs tarifs et leurs dates d'ouverture. Il publie aussi une brochure intitulée *Tourisme rural*. Deux organisations privées publient leur propre guide, le *Greek Travel Pages* (GTP) et le *Tourist Guide of Greece*, ouvrages bien moins complets que celui du HCH mais réédités plus fréquemment.

Le mensuel *Greek Travel Pages* est assez pauvre en informations, à l'exception de celles concernant les hôtels ayant inséré un encart publicitaire.

Choisir un hôtel

Les hôtels sélectionnés ici ont été choisis dans un vaste
éventail de prix pour leur emplacement ou la qualité de
leurs prestations. Ils sont présentés par région, en commençant
par Athènes ; à chaque page un onglet de couleur indique la
région concernée. On se reportera au plan détaillé d'Athènes
(p. 128-135) et à la carte routière du pays, à la fin du guide.

	NOMBRE DE CHAMBRES	RESTAURANT	JARDIN OU TERRASSE	PISCINE	CLIMATISATION
ATHÈNES					
AMPELOKIPOI : *Androméda* €€€€€ Timoléontos Vásou 22, 11521. **Plan 6 F4.** (210 641 5000. FAX 210 646 6361. Hôtel de luxe où une attention particulière a été portée au confort des chambres. La réception est l'œuvre de designers contemporains. 🔲 P ♿ 🖥	30	●			■
AREOS : *Park Hotel Athens* W *www.park.hotel.gr* €€€€€ Leofóros Alexándras 10, 10682. **Plan 3 A1.** (210 883 2711. FAX 210 823 8420. Situé en face du parc Areos, très calme, cet hôtel offre des chambres spacieuses, un toit en terrasse, un bar et un café ouvert 24 h/24. 🔲 P ♿ 🖥	143	●	■		■
EXARCHEIA : *Exarcheíon* €€€ Themistokléous 55, 10683. **Plan 2 F3.** (210 380 0731. FAX 210 380 3296. Cet hôtel est proche de Plateía Exarcheíon, très animée la nuit. Les chambres sont simples, mais il y a un toit en terrasse. Bon café au r.-d.-c. 🔲 ♿ 🖥	58				
EXARCHEIA : *Museum* €€€ Mpoumpoulínas 16, 10682. **Plan 2 F2.** (210 380 5611. FAX 210 380 0507. La façade moderne de cet établissement cache un confort tranquille. Situé en face du Musée archéologique national, il est fréquenté par les chercheurs. Les chambres sont propres et calmes. 🔲 P ♿ 🖥	58				■
ILISIA : *Hilton* €€€€€ Leofóros Vasilíssis Sofías 46, 11528. **Plan 4 D5.** (210 728 1000. FAX 210 728 1111. Le plus connu des hôtels modernes d'Athènes. Toutes les chambres ont un grand balcon, d'où l'on jouit d'une vue superbe sur la ville. 🔲 P ♿ 🖥	517	●	■	●	■
ILISIA : *Holiday Inn* €€€€€ Michalakopoúlou 50, 11528. **Plan 8 E1.** (210 727 8000. FAX 210 727 8600. L'efficacité des prestations de cet hôtel a fait son succès auprès des hommes d'affaires. Grandes chambres, bon restaurant et piscine sur le toit. 🔲 P ♿ 🖥	191	●	■	●	■
KAISARIANI : *Divani Caravel* €€€€€ Leofóros Vasiléos Alexándrou 2, 16121. **Plan 8 D1.** (210 720 7000. FAX 210 723 6683. Spécialisé dans l'accueil de congressistes, il est doté de grandes chambres et de plusieurs bars et restaurants dont le piano-bar Lord Byron. 🔲 P ♿ 🖥	470	●	■	●	■
KOLONAKI : *Periscope* €€€€€ Cháritos 22, 10675. **Plan 3 B5.** (210 729 7200. FAX 210 724 2268. Ce nouvel hôtel décoré dans un style minimaliste possède de beaux planchers en bois et des meubles gris, noirs et blancs. Gym, restaurant et bar à cocktail. 🔲 🖥	22				■
KOLONAKI : *St George Lycabettus* €€€€€ Kleoménous 2, 10675. **Plan 3 B4.** (210 729 0711. FAX 210 729 0439. Situé près du Lykavittós, ce petit hôtel de luxe offre des chambres avec vue. Le restaurant situé sur le toit est excellent. 🔲 P ♿ 🖥	167	●		●	■
KOUKAKI : *Marble House* W *www.marblehouse.gr* €€€ Zínni Anastasíou 35, 11741. **Plan 5 C4.** (210 923 4058. Installée dans une impasse paisible, cette pension de qualité moyenne est la meilleure de sa catégorie, pour sa propreté et la serviabilité de son personnel. Chambres avec salle d'eau et vigne vierge aux balcons. 🔲	16		■		
KOUKAKI : *Fíllipos* €€€€€ Mitsaíon 3, 11742. **Plan 6 D3.** (210 922 3611. FAX 210 922 3615. Appartenant aux propriétaires de l'Iródeion, cet hôtel moderne offre toutes les prestations de base. Quelques chambres ont un balcon. 🔲 ♿ 🖥	48				■
MAKRYGIANNI : *Ira* €€€€€ Falírou 9, 11742. **Plan 6 D4.** (210 923 5618. FAX 210 924 7344. Chambres et parties collectives immaculées. L'hôtel dispose d'un café et d'une terrasse sur le toit. 🔲 P ♿ 🖥	38		■		

Les prix correspondent à une nuit en chambre double en haute saison, service, taxes et petit déjeuner compris :
€ moins de 50 euros
€€ 50 à 90 euros
€€€ 90 à 130 euros
€€€€ 130 à 200 euros
€€€€€ plus de 200 euros

RESTAURANT
La salle à manger de l'hôtel est parfois réservée exclusivement à ses hôtes.

JARDIN OU TERRASSE
Hôtel avec jardin, cour intérieure ou terrasse, offrant souvent la possibilité de manger dehors.

PISCINE
Sauf indication contraire, les piscines des hôtels sont souvent de petite taille et découvertes.

CLIMATISATION
Hôtel dont toutes les chambres sont climatisées.

	Prix	NOMBRE DE CHAMBRES	RESTAURANT	JARDIN OU TERRASSE	PISCINE	CLIMATISATION
MAKRYGIANNI : *Athens Gate* Leofóros A Syngroú 10, 11742. **Plan 6 E3.** 210 923 8302. FAX 210 923 7493. Central et moderne, cet hôtel propose des chambres confortables et une terrasse d'où l'on voit l'Acropole et l'arc d'Hadrien.	€€€€€	100	●	■		■
MAKRIGIANNI : *Divani Palace Acropolis* Parthenónos 19-25, 11742. **Plan 6 D3.** 210 928 0100. FAX 210 921 4993. Entré récemment dans la catégorie Deluxe, cet hôtel est très proche de l'Acropole. Un fragment authentique des Longs Murs de Thémistocle est visible dans le hall de réception.	€€€€€	251	●	■	●	■
MAKRYGIANNI : *Iródeion* Rovértou Gkálli 4, 11742. **Plan 5 C3.** 210 923 6832. FAX 210 921 1650. Hôtel équipé de chambres spacieuses et modernes, d'un patio ombragé par des pistachiers et d'une terrasse donnant sur l'Acropole.	€€€€€	90	●	■		■
MAKRYGIANNI : *Royal Olympic* W *www.royalolympic.com* Athanasíou Diákou 28-34, 11743. **Plan 6 E3.** 210 922 6411. FAX 210 923 3317. Cet hôtel est doté de chambres superbes, qui donnent toutes sur l'Olympieion. Restaurant très apprécié pour ses grillades.	€€€€€	304	●	■		■
METAXOURGEIO : *Stanley* Aiólou 29, 10551. **Plan 2 D5.** 210 321 3175. FAX 210 325 4179. Le Stanley propose des chambres spacieuses et confortables avec balcons. Également un jardin sur le toit, une piscine, un bar très animé et un restaurant.	€€€€€	384	●	■	●	■
MONASTIRAKI : *Attalos* Athinás 29, 19554. **Plan 2 D5.** 210 321 2801. FAX 210 324 3124. Idéalement situé pour le shopping près de Monastiráki et d'Athínás, l'hôtel Attalos possède des chambres correctes, dont certaines avec balcon, et un jardin en terrasse avec vue sur l'Acropole.	€€€€€	80		■		■
MONASTIRAKI : *Hotel Cecil* W *www.cecil.gr* Athinás 29, 10554 **Plan 2 D5.** 210 321 7079. FAX 210 321 9606. Situé près du marché central, dans une bâtisse néoclassique, cet hôtel bon marché dispose d'une jolie terrasse sur les toits. Le personnel est très sympathique.	€€€	40		■		
NEOS KOSMOS : *Athenian Kallirhoe* Petmezá 15, 11743. **Plan 6 D4.** 210 921 5353. FAX 210 921 5342. Petit hôtel luxueux proche de l'Acropole. Chambres modernes et confortables.	€€€€€	68	●	■		■
NEOS KOSMOS : *Athenaeum Inter-Continental* Leofóros Andrea Syngroú 89-93, 11745. **Plan 6 E4.** 210 920 6000. FAX 210 920 6500. W *www.interconti.com* Entièrement décoré par des artistes grecs contemporains, cet hôtel de luxe offre un choix important de restaurants, bars et magasins, ainsi qu'un gymnase entièrement équipé.	€€€€€	520	●		●	■
NEOS KOSMOS : *Ledra Marriot* W *www.marriott.com* Leofóros Andrea Syngroú 115, 11745. **Plan 6 D4.** 210 934 0000. FAX 210 935 8603. En plus des prestations habituelles proposées dans les hôtels de luxe, le Marriot se distingue par la taille de ses chambres et de superbes restaurants dont le très « branché » Kona Kai polynésien.	€€€€€	259	●		●	■
OMONOIA : *Athens Acropolis* Peiraiós 1, 10552. **Plan 2 D3.** 210 523 1111. FAX 210 523 1361. Hôtel dont les installations communes (restaurants et bars) sont très reposantes. Les chambres sont silencieuses.	€€€€€	167	●	■		■
OMONOIA : *La Mirage* Maríkas Kotopoúli 3, 10431. **Plan 2 D3.** 210 523 4071. FAX 210 523 3992. Hôtel très apprécié par les noctambules attirés par Plateía Omonoías. Toutes les chambres disposent d'un double vitrage.	€€€	208	●			■

Légende des symboles, voir rabat de couverture

Les prix correspondent
à une nuit en chambre
double en haute saison, service,
taxes et petit déjeuner compris :
€ moins de 50 euros
€€ 50 à 90 euros
€€€ 90 à 130 euros
€€€€ 130 à 200 euros
€€€€€ plus de 200 euros

RESTAURANT
La salle à manger de l'hôtel est parfois réservée
exclusivement à ses hôtes.

JARDIN OU TERRASSE
Hôtel avec jardin, cour intérieure ou terrasse, offrant
souvent la possibilité de manger dehors.

PISCINE
Sauf indication contraire, les piscines des hôtels sont
souvent de petite taille et découvertes.

CLIMATISATION
Hôtel dont toutes les chambres sont climatisées.

	NOMBRE DE CHAMBRES	RESTAURANT	JARDIN OU TERRASSE	PISCINE	CLIMATISATION
OMONOIA : *Dorian Inn* €€€€€ Peiraiós 17, 10552. **Plan 2 D3.** 📞 210 523 9782. 📠 210 522 6196. Situé au cœur même du centre-ville, cet hôtel chic dispose d'un jardin en terrasse offrant une vue magnifique sur Athènes et l'Acropole. 🛏 **P** 🚹 🈂	146	●	■	●	■
OMONOIA : *Titánia* €€€€€ Panepistimíou 52, 10678. **Plan 2 E4.** 📞 210 330 0111. 📠 210 330 0700. L'entrée de cet hôtel bien agencé se fait par une galerie commerciale proche de Plateía Omonoías. Les chambres sont bien équipées ; le bar du toit en terrasse et le café du rez-de-chaussée, très fréquentés. 🛏 **P** 🚹 🈂	396	●			■
PLAKA : *Acropolis House Pension* €€ Kódrou 6-8, 10557. **Plan 6 E1.** 📞 210 322 2344. 📠 210 324 4143. Installée dans un immeuble rénové du XIXᵉ siècle, cette pension abrite des chambres spacieuses et aérées. Toutes les chambres ont un balcon. 🛏 🈂	19				■
PLAKA : *Adrian* €€€ Adrianoú 74, 10556. **Plan 6 E2.** 📞 et 📠 210 325 0461. Situé au cœur de Pláka, cet hôtel offre des chambres sobres et confortables ainsi qu'une terrasse très paisible. 🛏 🚹 🈂	22		■		■
PLAKA : *Aphrodite* €€€€ Apóllonos 21, 10557. **Plan 6 E1.** 📞 210 323 4357. 📠 210 322 5244. Bien placé, cet hôtel abrite des chambres propres et confortables, dont certaines offrent une vue superbe sur l'Acropole. 🛏 **P** 🚹 🈂	84	●	■		■
PLAKA : *Byron* €€€ Výronos 19, 10558. **Plan 6 E2.** 📞 210 323 0327. 📠 210 322 0276. Situé en bordure sud de Pláka, ce petit hôtel simple est très proche de l'Acropole. Quelques chambres disposent d'un balcon. 🛏	23		■		
PLAKA : *Eléctra Palace* w *www.electrahotels.gr* €€€€€ Nikódimou 18, 10658. **Plan 6 F1.** 📞 210 337 0000. 📠 210 324 1875. Entièrement rénové en 2004, cet hôtel élégant possède un spa, un gymnase et une terrasse sur les toits avec une belle vue de l'Acropole 🛏 **P** 🚹 🈂	106				■
PLAKA : *Hermes* w *www.hermes-athens.com* €€€€€ Apóllonos 19, 10557. **Plan 6 E1.** 📞 210 323 5514. 📠 210 322 2412. Cet hôtel récemment rénové offre de grandes chambres, certaines avec un balcon donnant sur une aire de jeux pour enfants. 🛏 🚹 🈂	45				■
PLAKA : *John's Place* €€€€ Patróou 5, 10557. **Plan 6 E1.** 📞 210 322 9719. L'un des meilleurs hôtels de sa catégorie. Les chambres sont petites mais bien tenues ; salles de bains et sanitaires sont communs.	15				
PLAKA : *Myrtó* €€€ Níkis 40, 10558. **Plan 6 F1.** 📞 210 322 7237. 📠 210 323 4560. Proche du centre – Plateía Syntágmatos et Pláka –, ce petit hôtel convient idéalement aux séjours de courte durée à Athènes. 🛏	12				■
PLAKA : *Omiros* €€€ Apóllonos 15, 10557. **Plan 6 E1.** 📞 210 323 5486. 📠 210 322 8059. Cet hôtel assez quelconque situé dans une rue calme de Pláka se distingue de ses concurrents par un adorable petit jardin en terrasse. 🛏 🚹 🈂	37		■		■
PLAKA : *Pláka* €€€€ Mitropoleos et Kapnikareas 7, 10556. **Plan 6 D1.** 📞 210 322 2096. 📠 210 322 2412. Situé au cœur de Pláka, cet hôtel très accueillant dispose d'une magnifique vue sur l'Acropole. 🛏 **P** 🚹	67	●	■		■

PLAKA : *Student and Travellers Inn* w *www.studenttravellersinn.com* € | 30
Kydathinaíon 16, 10557. **Plan** 6 E2. (210 324 4808. **FAX** 210 321 0065.
Des chambres simples, doubles, triples et quadruples, à partager ou non. Salle de
bains privée en option. C'est le quartier général des Auberges de Jeunesse en Grèce.

PSYRRI : *Hotel Arion* w *www.arionhotel.gr* € | 50
Agíou Dimitríou 18, 10554. **Plan** 2 D5. (210 324 0415. **FAX** 210 322 2412.
Situé au cœur de la ville, cet hôtel élégant et moderne propose des chambres bien
équipées. La terrasse sur le toit offre une belle vue de l'Acropole. Le personnel est
très sympathique. 🛏 🍽

PSYRRI : *Fresh Hotel* w *www.freshhotel.gr* € | 133
Sofoklénous 26 & Kleisthénous, 10552. **Plan** 2 D4. (210 524 8511. **FAX** 210 524 8517.
C'est le premier hôtel design du centre-ville d'Athènes :
minimalisme chic et coloré. 🛏 P 🚫 🍽

PSYRRI : *Ochre & Brown* w *www.ocheandbrown.com* € | 10
Leokoríou 7, 10554. **Plan** 1 C5. (210 331 2950. **FAX** 210 331 2945.
Situé près de la station de métro de Thiseío, cet hôtel design a privilégié
le bois, le cuir et le verre, avec quelques touches d'orange.
Salles de bains en marbre et accès internet. 🛏 P 🍽

STATHMOS LARISSIS : *Novotel Athènes* €€€€€ | 195 | ● | ■ | ● | ■
Michaíl Vóda 4-6, 10439. **Plan** 1 D1. (210 820 0700. **FAX** 210 883 7816.
Appartenant à la célèbre chaîne hôtelière française, le Novotel de la
capitale est moderne, doté de chambres bien équipées, d'un superbe
jardin en terrasse et d'une piscine. 🛏 P 🚫 🍽

STATHMOS LARISSIS : *Oscar* w *www.oscar.gr* €€€€ | 124 | ● | ■ | ● | ■
Filadelfeías 25, 10439. **Plan** 1 C1. (210 883 4215. **FAX** 210 821 6368.
Proche de la gare de Laríssis, cet agréable hôtel moderne dispose de
grandes chambres, d'une piscine sur le toit et d'un bon restaurant. 🛏 P 🍽

COLLINE DE STREFI : *Oríon* €€€€ | 23 | | ■ | | ■
Anexartisías 5 et E Mpenáki 105, 11473. **Plan** 3 A2. (210 382 7362. **FAX** 210 380
5193. Proche de la colline Stréfi, juste au-dessus de la trépidante Exárcheia,
cet hôtel est surtout fréquenté par des étudiants effectuant de courts séjours.

SYNTAGMA : *Metropolis* w *www.hotelmetropolis.gr* €€ | 25
Mitropóleos 46, 10563. **Plan** 6 D1. (210 321 7469.
Cet hôtel de 5 étages se distingue surtout par l'affabilité de son personnel et
sa vue sur la Mitrópoli (cathédrale). Chambres propres et vastes. 🛏 🚫 🍽

SYNTAGMA : *Amalía* w *www.amalia.gr* €€€€€ | 98 | ● | ■
Leofóros Vasilíssis Amalías 10, 10557. **Plan** 6 F1. (210 323 7301. **FAX** 210 322 3872.
De cet hôtel situé au centre, belle vue sur le Parlement et le jardin National.
Petites chambres, mais toutes les salles de bains sont en marbre. 🛏 🚫 🍽

SYNTAGMA : *Aretoúsa* w *www.arethusahotel.gr* €€€ | 87 | ● | ■
Mitropóleos 6-8 et Níkis 12, 10563. **Plan** 6 F1. (210 322 9431. **FAX** 210 322
9439. Hôtel assez central, aux prestations décentes. Chambres modernes,
toit en terrasse avec jardin. Bar très fréquenté. 🛏 🚫 🍽

SYNTAGMA : *Astor* w *www.astorhotel.gr* €€€ | 130 | ● | ■ | | ■
16, Karageórgi Servías 16, 10562. **Plan** 6 F1. (210 335 1000. **FAX** 210 325 5115.
Du restaurant ouvert toute l'année situé sur le toit en terrasse, la vue
sur Athènes est superbe. Tout comme dans les chambres du 6ᵉ étage
et au-dessus. 🛏 🚫 🍽

SYNTAGMA : *Athens Cypria* €€€ | 71 | | | | ■
Diomeías 5, 10557. **Plan** 6 E1. (210 323 8034. **FAX** 210 324 8792. Situé dans une
rue calme à quelques minutes de Plateía Syntágmatos, cet hôtel est d'un bon
rapport qualité/prix. Vue sur l'Acropole des chambres du dernier étage. 🛏 🍽

SYNTAGMA : *NJV Athens Plaza* w *www.grecotel.gr* €€€€€ | 177 | ● | | | ■
Vasiléos Georgíou, 10564. **Plan** 6 F1. (210 335 2400. **FAX** 210 323 5856.
Grand hôtel aux luxueuses chambres bleu et blanc avec isolation
phonique. Il abrite les restaurants Explorers' Lounge et Marco Polo,
toujours très fréquentés. 🛏 P 🚫 🍽

SYNTAGMA : *Electra* €€€€€ | 110 | ● | | | ■
Ermoú 5, 10557. **Plan** 6 F1. (210 322 3223. **FAX** 210 323 5856.
Hôtel central idéalement situé pour faire des emplettes autour
de Monastiráki. Chambres propres et agréables. 🛏 🍽

Légende des symboles, voir rabat de couverture

Les prix correspondent à une nuit en chambre double en haute saison, service, taxes et petit déjeuner compris :
€ moins de 50 euros
€€ 50 à 90 euros
€€€ 90 à 130 euros
€€€€ 130 à 200 euros
€€€€€ plus de 200 euros

RESTAURANT
La salle à manger de l'hôtel est parfois réservée exclusivement à ses hôtes.

JARDIN OU TERRASSE
Hôtel avec jardin, cour intérieure ou terrasse, offrant souvent la possibilité de manger dehors.

PISCINE
Sauf indication contraire, les piscines des hôtels sont souvent de petite taille et découvertes.

CLIMATISATION
Hôtel dont toutes les chambres sont climatisées.

	NOMBRE DE CHAMBRES	RESTAURANT	JARDIN OU TERRASSE	PISCINE	CLIMATISATION
SYNTAGMA : *Esperia Palace* W www.esperiahotel.gr €€€€ Stadíou 22, 10564. **Plan 2 E4.** 210 323 8001. FAX 210 323 8100. Hôtel assez chic avec un hall en marbre et des chambres au décor raffiné. Son restaurant et son bar sont très prisés des Athéniens.	184	●			■
SYNTAGMA : *Grande-Bretagne* W www.grandebretagne.gr €€€€€ Plateía Syntágmatos, 10563. **Plan 6 F1.** 210 323 0000. FAX 210 322 8034. Cet hôtel de luxe construit en 1852 est le symbole de Plateía Syntágmatos, la place la plus prestigieuse d'Athènes. Chambre et hall superbes, service de qualité.	321	●			■
SYNTAGMA : *King George II* W www.grecotel.gr €€€€€ Vasiléos Georgiou A 3, 10564. **Plan 6 F1.** 210 322 2210. FAX 210 325 0504. Magnifiquement restauré, cet hôtel du xixe décoré dans un style classique dispose d'un spa et d'un gymnase.	104	●			■
AUX ENVIRONS D'ATHÈNES					
ANAVYSOS : *Eden Beach Hotel Club* €€€€€ 3 km au nord d'Anávysos, 19013. **Carte routière D4.** 22910 60031. FAX 22910 60043. Situation de choix au bord de la mer et au milieu de très beaux jardins, cet hôtel permet de pratiquer de nombreux sports dont le tennis, la natation dans une piscine d'eau de mer et divers sports nautiques. ● *nov.-mars.*	286	●	■	●	■
GLYFADA : *Ilion* €€€ Kondlyli 4, 16675. **Carte routière D4.** 210 894 6011. À Glyfáda, à 2 km au nord de Vouliágmeni, l'Ilion est situé à une distance idéale des magasins chic de la ville. Chambres décorées simplement, mais certaines ont vue sur la mer. Pas de petits déjeuners.	34				
KIFISIA : *Grand Chalet* €€€€€ Kokkinara 38, 14562. **Carte routière D4.** 210 623 3120. FAX 210 808 5426. Au cœur d'une banlieue chic du nord de la ville, voici un endroit agréable pour séjourner en dehors de l'agitation du centre-ville. Un restaurant sert une cuisine internationale et il y a une piscine découverte dans un joli jardin.	44	●	■	●	■
KIFISIA : *Pentelikón* €€€€€ Deligiánni 66, 14562. **Carte routière D4.** 210 623 0650-6. FAX 210 801 0314. Situé au cœur d'un jardin paysager, ce luxueux hôtel néoclassique offre de superbes chambres spacieuses et un service discret.	44	●	■		■
MARATHONAS : *Golden Coast* €€€€€ Plage de Marathónas, 19005. **Carte routière D4.** 22940 57100. FAX 22940 57300. Cet hôtel de luxe est bâti près du site historique de Marathon. L'établissement abrite une discothèque, des restaurants, quatre piscines dont une pour enfants, des magasins et des installations sportives. ● *oct.-mars.*	541	●	■	●	■
MONT PARNITHA : *Casino Mont Parnes* €€€€€ 4 km au nord d'Acharnaí, 13571. **Carte routière D4.** 210 240 4221. FAX 210 246 0768. Dominant la plaine de l'Attique, cet hôtel est surtout célèbre pour son casino. Que vous soyez joueur ou non, l'air pur et les pinèdes environnant l'hôtel vous rafraîchiront après la chaleur d'Athènes.	108	●	■	●	■
PIRÉE (LE) : *Cava D'Oro* €€€€ Vasiléos Pávlou 19, 18533. **Carte routière D4.** et FAX 210 412 2210. Dominant le port de Mikrolímano, cet hôtel à la mode abrite une discothèque et un bar très prisés. Chambres fraîches et aérées.	74	●			■
PIRÉE (LE) : *Kastélla* €€€€ Vasiléos Pávlou 75, 18533. **Carte routière D4.** 210 411 4735 FAX 210 417 5716. Situé au cœur du quartier chic de Kastélla, cet hôtel moderne possède des chambres avec vue sur la marina toute proche.	32	●	■		■

PIRÉE (LE) : *Park* €€€€€ 80
Kolokotróni 103, 18535. **Carte routière** D4. 210 452 4611. FAX 210 452 4615.
La situation très centrale de cet hôtel en fait une base d'exploration idéale
du Pirée. Grandes chambres et terrasse pour le petit déjeuner.

SPATA : *Sofitel de l'aéroport d'Athènes* €€€€€ 345
Aéroport international d'Athènes, 19004. **Carte routière** D4. 210 354 4000.
FAX 210 354 4444. Hôtel 5 étoiles aux excellentes prestations dont un gymnase
bien équipé. Proche de l'aéroport et de Rafina.

VOULIAGMENI : *Aphrodite Astir Palace* €€€€€ 570
Apóllonos 40, 16671. **Carte routière** D4. 210 890 2000. FAX 210 896 2579.
Hôtel de luxe situé dans une station balnéaire moderne à 23 km au sud
d'Athènes, au bord de la mer. Cet endroit somptueux est idéal pour
visiter Athènes et jouir des plaisirs de la plage. ● *oct.-avr.*

LE PÉLOPONNÈSE

ANCIENNE CORINTHE : *Shadow* €€ 12
Le long de la route accédant au village, 20007. **Carte routière** C4. et FAX 27410
31481. Les chambres situées à l'arrière de l'hôtel donnent sur l'Acrocorinthe
et la verdoyante plaine de Kórinthos. Musique *live* au restaurant.

AREOPOLI : *Pyrgos Kapetanákou* €€ 7
Plateía Areopóleos, 23062. **Carte routière** C5. 27330 51233. FAX 27330 51401.
Cet hôtel est installé dans un immeuble à trois étages construit en 1865.
Chambres aux dimensions et aux tarifs variables, de la chambre simple au
loft à cinq lits. Beaux jardins et superbe salle pour le petit déjeuner.

AREOPOLI : *Xenónas Lontas* €€€€€ 4
Plateía Taxiarchón, 23062. **Carte routière** C5. 27330 51360. FAX 27330 51012.
Hôtel situé dans une tour récemment restaurée avec goût, disposant
de chambres avec salles de bains. Tarifs au-dessus de la catégorie.

CHLEMOUTSI : *Katerína Lepida (appartements)* €€ 10
Loutropóleos 9, 27050. **Carte routière** B4. 26230 95224. FAX 26230 95444.
Avantageusement situé près du centre du village, cet établissement
offre des chambres spacieuses, celles de derrière donnant, au nord,
sur la campagne et, à l'est, sur le château. ● *nov.-avr.*

DIAKOFTO : *Chris-Paul* W www.chrispaul-hotel.gr €€ 25
Près de la gare, 25003. **Carte routière** C4. 26910 41715. FAX 26910 42128.
Encore proche du centre-ville, cet hôtel moderne est très calme et entouré
d'arbres. Toutes les chambres disposent de balcons avec vue, et en hiver,
une cheminée intime accueille les hôtes.

DIMITSANA : *Dimitsána* €€€ 30
Sur la route Dimitsána-Stemnítsa, 22100. **Carte routière** C4. 27950 31518.
FAX 27950 31040. Récemment modernisé, cet établissement à l'architecture
assez quelconque est situé dans un endroit verdoyant et frais dominant
les gorges du Loúsios. La plupart des chambres ont des balcons.

FOINIKOUNTA : *Pórto Finíssia* €€ 27
Plage de Foinikoúnta, 24006. **Carte routière** C5. 27230 71458. FAX 27230 71457.
Installé dans un site paisible à 14 km au sud-est de Methóni, l'hôtel offre
des chambres propres et bien équipées, la plupart avec vue sur la plage.
Toutes disposent d'un balcon et du téléphone. ● *nov.-avr.*

GYTHEIO : *Aktaíon* W www.hotelaktaion.gr € 4
Vasiléos Pávlou 39, 23200. **Carte routière** C5. 27330 23500. FAX 27330 22294.
Installé dans un bâtiment néoclassique sur le quais, l'hôtel Aktaíon offre
des chambres propres dotées de balcons avec vue sur la mer.

KALAVRYTA : *María* W www.kalavryta.biz/maria.htm €€ 18
Syngroú 10, 25001. **Carte routière** C4. 26920 22296. FAX 26920 22686.
Ce petit hôtel calme situé dans une rue piétonne, à l'ouest de la ville,
propose plusieurs chambres décorées avec goût.

KALOGRIA : *Kalògria Beach* W www.peloponnestravel.gr €€ 220
Plage de Kalògria, 27052. **Carte routière** B4. 26930 31380. FAX 26930 31381.
Cet hôtel regroupe des chambres classiques et des bungalows. Toutes les
chambres possèdent une véranda avec vue sur la mer ou la forêt voisine.
Une navette régulière relie l'hôtel à Pátra. ● *nov.-mar.*

Légende des symboles, voir rabat de couverture

	NOMBRE DE CHAMBRES	RESTAURANT	JARDIN OU TERRASSE	PISCINE	CLIMATISATION

Les prix correspondent à une nuit en chambre double en haute saison, service, taxes et petit déjeuner compris :
€ moins de 50 euros
€€ 50 à 90 euros
€€€ 90 à 130 euros
€€€€ 130 à 200 euros
€€€€€ plus de 200 euros

RESTAURANT
La salle à manger de l'hôtel est parfois réservée exclusivement à ses hôtes.
JARDIN OU TERRASSE
Hôtel avec jardin, cour intérieure ou terrasse, offrant souvent la possibilité de manger dehors.
PISCINE
Sauf indication contraire, les piscines des hôtels sont souvent de petite taille et découvertes.
CLIMATISATION
Hôtel dont toutes les chambres sont climatisées.

Établissement	NOMBRE DE CHAMBRES	RESTAURANT	JARDIN OU TERRASSE	PISCINE	CLIMATISATION
KARDAMYLI : *Kardamýli Beach* €€€ Plage de Kardamýli, 24022. **Carte routière** C5. 27210 73180. FAX 27210 73184. Situé à Kardamýli, 34 km au sud de Kalamáta, cet hôtel moderne et agréable se trouve au pied du mont Taygète. Très belles vues.	30		■	●	
KÓRINTHOS : *Efyra* € Ethnikís Antístasis 52, 20100. **Carte routière** C4. 27410 22434. FAX 27410 24514. Situé à Kórinthos, 6 km au nord-est de l'ancienne Corinthe, l'hôtel Efyra est l'un des rares établissements de la ville.	45		■		
KORONI : *Auberge de la Plage* €€€€€ Plage de Zánga, 24004. **Carte routière** C5. 27250 22401. FAX 27250 22508. Cet hôtel surplombe le château de Koróni ainsi qu'une très belle plage. Toutes les chambres ont un balcon avec une belle vue. ● nov.-mars.	49	●	■		■
KOTRÓNAS : *Kotrónas Bay Bungalows* W www.kotronasbay.gr €€€ Kotrónas, La conia, 23062. **Carte routière** B4. 27330 21340. FAX 27330 21400. 16 bungalows, dispersés dans une végétation luxuriante, bien équipés et idéalement situés pour partir à la découverte du Máni. La plage de graviers est petite, mais le cadre est ravissant. ● nov.-mars.	16	●	■		
KYLLINI : *Robinson Club Kyllíni Beach* W www.robinson-hellas.gr €€€ Plage de Kyllíni, 27050. **Carte routière** B4. 26230 95205. FAX 26230 95206. Ce grand complexe hôtelier est très bien placé, à côté d'une plage. Installations sportives pour adultes et enfants et infrastructure de remise en forme, dont un salon de massage. ● nov.-mar.	304	●	■	●	■
METHONI : *Odysséas* €€€€ Plateía Syngroú, 24006. **Carte routière** B5. 27230 31600. FAX 27230 31646. Hôtel de style traditionnel au toit de tuiles en terre cuite et aux murs blancs, avec vue sur le château de Methóni. ● nov.-mars.	9		■		■
MONEMVASIA : *Malvásia* W www.malvazia@otenet.gr €€ Kástro, 23070. **Carte routière** C5. 27320 61323. FAX 27320 61722. Ensemble hôtelier comprenant trois sites dans la vieille ville, aux tarifs différents. Chaque chambre, au charme particulier, est meublée en bois, ornée de marbre et de riches tissus décorés.	28				
MYCÈNES : *Belle Hélène* € Chrístou loúda, 21200. **Carte routière** C4. 27510 76225. FAX 27510 76179. Construit en 1862, ce petit hôtel plein de charme accueillit l'archéologue allemand Schliemann lors de ses fouilles à Mycènes. Le livre d'or du restaurant du rez-de-chaussée est très impressionnant. ● janv.-fév.	8	●	■		
NAFPLIO (NAUPLIE) : *Byron* W www.byronhotel.gr €€€ Plátonos 2, 21100. **Carte routière** C4. 27520 22351. FAX 27520 26338. Hôtel superbement restauré situé en haut de la vieille ville. Quelques chambres au dernier étage ont vue sur la mer.	18		■		
NAFPLIO : *Epídavros* €€€€ Kokkínou 2, 21100. **Carte routière** C4. 27520 27541. FAX 27520 27541. Toutes les chambres de cet hôtel restauré avec goût sont différentes. Parquets en pin et plafonds à coffrages.	35		■		
NAFPLIO : *King Othon* W www.kingothon.gr €€€ Farmakopoúlou 3, 21100. **Carte routière** C4. 27520 27585. FAX 27520 27595 Installé dans un bâtiment néoclassique, le King Othon se distingue par ses hauts plafonds et ses fenêtres. ● nov.-mars.	12				
NEOS MYSTRAS : *Byzántion* W www.byzanhtl@otenet.gr €€ Place principale, 23100. **Carte routière** C5. 27310 83309. FAX 27310 20019. Édifié à Néos Mystrás, 1 km à l'est de la Mystrás byzantine, cet hôtel récemment rénové abrite des chambres à la décoration individualisée : plafonds voûtés et mobilier en bois. Prix selon la vue. ● nov.-fév.	22	●			

OLYMPIA : *Europa* W www.hoteleuropa.gr   €€€€ | 80
Droúva 1, 27065. **Carte routière** B4. 26240 22650. FAX 26240 23166.
Établissement accueillant, membre de la chaîne Best Western, cet hôtel est bâti
sur un site superbe, à flanc de colline, avec vue sur Olympie.

OLYMPIA : *" Olympion Asty " Hotel* W www.olympionasty.gr   €€€ | 38
Ancient Olympía, Elía, 27065. **Carte routière** B4. 26240 22543. FAX 26240 22213.
Situé dans l'ancienne Olympie, cet hôtel familial est sympathique et moderne.
Il possède une belle piscine, un tennis et un terrain de jeu.

OLYMPIA (OLYMPE) : *Pelops* W www.hotelpelops.gr   €€ | 25
Varelá 2, 27065. **Carte routière** B4. 26240 22543. FAX 26240 22213.
Installé à 500 m à l'est de l'ancienne Olympie, cet hôtel est géré par
une direction gréco-australienne. mi-nov.-mi-fév.

PATRA : *Hotel Adonis* @ hotelhadonis@pat.forthnet.gr   €€ | 56
Azimi @ Kapsali St, 26223. **Carte routière** C4. 2610 224213. FAX 2610 226971.
Propre, pratique et extrêmement bien situé, l'Hotel Adonis se trouve à côté de
la station de bus KTEL et de la gare ferroviaire. Il offre une jolie vue sur le port.

PORTOCHELI : *AKS Portocheli* W www.akshotels.com   €€€€€ | 205
Front de mer, 21061. **Carte routière** C4. 27540 53400. FAX 27540 51549.
Un hôtel de luxe sur la baie de Portocheli. Des terrains de tennis
ont été aménagés au milieu des ravissants jardins.

PYLOS : *Káralis Beach* @ hotel_karalis@yahoo.gr   €€ | 14
Kalamátas 26, 24001. **Carte routière** C5. 27230 23021. FAX 27230 22970.
Tout au bout du port, cet hôtel est loin de l'agitation. Les chambres
ne sont pas très grandes, mais certaines ont une vue sur la mer.
nov.-mars.

SPARTI : *Maniátis* W www.maniatishotels.gr   €€€ | 80
Palaiológou 72, 23100. **Carte routière** C5. 27310 22665. FAX 27310 29994.
Au centre de Spárti, cet hôtel moderne au personnel efficace manque
un peu d'âme. Toutefois, il offre un bon rapport qualité/prix.

SPARTI (SPARTE) : *Spárta Inn* W www.spartainn.gr   €€ | 147
Thermopylón 109, 23100. **Carte routière** C5. 27310 25021. FAX 27310 24855.
L'un des hôtels les plus chic de la région, le Spárta Inn est installé dans
un site tranquille et dispose d'un jardin en terrasse.

STEMNITSA : *Trikolóneio* W www.countryclub.gr   €€€€€ | 18
Près de la place principale, 22024. **Carte routière** C4. 27950 81297. FAX 27950
81483. Situé à Stemnítsa, à 8 km au sud de Dimitsána, cet établissement
de style traditionnel occupe deux immeubles du xixe siècle.

ZACHLOROU : *Romántzo*   € | 10
Près de la gare ferroviaire, 25001. **Carte routière** C4. 26920 22758.
Cet hôtel construit de manière anarchique est situé à Zachloroú,
à 14 km à l'ouest de Diakoftó. Des vérandas dominent le Vouraïkós.

LE CENTRE ET L'OUEST DE LA GRÈCE

AGIOS IOANNIS : *Kentrikón* W www.les-hirondelles.gr   €€€ | 17
Centre ville, 37012. **Carte routière** C3. 24260 31232.
Situé sur le flanc d'une colline, à quelques pas de la plage de Plaka, ce
charmant hôtel a été rénové dans le style typique du Pélion. Chambres
familiales disponibles.

ARACHOVA : *Apollon Inn* W www.apollon-inn-arachova.gr   €€ | 15
Delfón 20, 32004. **Carte routière** C3. et FAX 22670 31057
Excellent hôtel installé à Aráchova, à 11 km à l'est de Delphes.
Atmosphère chaleureuse. Aucune salle de bains particulière.

DELFOI : *Varónos* W www.hotel-varonos.gr   €€€ | 10
Vasiléon Pávlou et Frederíkis 25, 33054. **Carte routière** C3. et FAX 22650 82345.
Hôtel installé dans un immeuble néoclassique de Delphes, à 600 m à l'est
du site antique, avec des chambres spacieuses et de grands balcons.

DELFOI (DELPHES) : *Ermís* W www.delphihotels.gr   €€ | 40
Frederíkis 27, 33054. **Carte routière** C3. 22650 82318. FAX 22650 82639.
L'Ermís est situé à Delfoí, à 600 m à l'est du site antique. Quelques chambres
donnent sur des oliveraies en bordure du golfe de Corinthe.

Légende des symboles, voir rabat de couverture

Les prix correspondent à une nuit en chambre double en haute saison, service, taxes et petit déjeuner compris :
€ moins de 50 euros
€€ 50 à 90 euros
€€€ 90 à 130 euros
€€€€ 130 à 200 euros
€€€€€ plus de 200 euros

RESTAURANT
La salle à manger de l'hôtel est parfois réservée exclusivement à ses hôtes.

JARDIN OU TERRASSE
Hôtel avec jardin, cour intérieure ou terrasse, offrant souvent la possibilité de manger dehors.

PISCINE
Sauf indication contraire, les piscines des hôtels sont souvent de petite taille et découvertes.

CLIMATISATION
Hôtel dont toutes les chambres sont climatisées.

		NOMBRE DE CHAMBRES	RESTAURANT	JARDIN OU TERRASSE	PISCINE	CLIMATISATION
DELFOI : *Olympic* W www.delphihotels.gr Freideríkis 53, 33054. **Carte routière C3.** 22650 82793. FAX 22650 82639. Établi à Delfoí à 600 m à l'est du site antique, cet hôtel de luxe possède quelques chambres qui donnent sur une vallée plantée d'oliviers.	€€	20				■
DELFOI : *Xenía* W www.delphihotels.gr Apóllonos 69, 33054. **Carte routière C3.** 22650 82151. FAX 22650 82764. Situé à 600 m du site antique, les chambres de cet hôtel appartenant à une chaîne sont spacieuses et équipées de balcons.	€€€€€	45	●	■	●	■
GALAXIDI : *Ganyméde* W www.gsp.gr/ganimede.gr 17 Ag. Apóstolon, 46100. **Carte routière C3.** 22650 41328. FAX 22650 42160. Hôtel chaleureux, tenu par des Italiens, avec chambres donnant sur un beau jardin. Confiture maison servie au petit déjeuner. ● nov.-15 déc.	€€	8		■		■
IGOUMENITSA : *Aktaéon* Voreíou Ipeírou 3, 46100. **Carte routière B2.** 26650 22330. FAX 26650 22330. Ce petit hôtel sans prétentions est parfaitement situé, en plein cœur d'Igouménitsa. Les chambres sont propres.	€€	20				
IOANNINA : *Olympic* W www.hotelolymp.gr Melanídi 2, 45332. **Carte routière B2.** 26510 25888. FAX 26510 22041. Hôtel ancien et sympathique situé à proximité du centre-ville, qui offre parmi les meilleurs herbergements de Ioánnina.	€€€€	54	●			■
IOANNINA : *Hotel du Lac* W www.hoteldulac.gr Akti Miaouli & Ikkou, 45211. **Carte routière B2.** 26510 59100. FAX 26510 59200. Situé en bordure du lac, à 15 minutes de marche des murs de la citadelle, c'est un des meilleurs hôtels d'Ioannina.	€	119	●	■		
KALAMPAKA : *Rex* W www.hotelrex.gr Kastrakíou 11A, 42200. **Carte routière B2.** 24320 22042. FAX 24320 22372. Un des hôtels les moins chers de la région des Météores, l'un des plus tranquilles aussi, qui offre plusieurs types de chambre.	€€€	34	●			
KALAMPAKA : *Antoniádi* Trikálon 148, 42200. **Carte routière B2.** 24320 24387. FAX 24320 24319. Nouveau petit hôtel, d'où l'on ne voit pas les Météores, mais son ambiance est chaleureuse et sa restauration excellente.	€€€	90	●	■	●	
KALAMPAKA : *Diváni* W www.divanis.gr À l'entrée du village, 42200. **Carte routière B2.** 24320 23330. FAX 24320 23638. Hôtel chic appartenant à la chaîne Diváni. Il offre une belle vue sur les pitons des Météores. Chambres avec balcon et bar en plein air.	€€€€	165	●	■	●	■
KARDITSA : *N Plastiras Hotel* W www.hotelnplastiras.gr Neraida Karditsas, Nikolau Plastira Lake. **Carte routière C3.** 24410 92460. FAX 24410 92461. Situé en pleine montagne avec des vues magnifiques, cet hôtel est apprécié des skieurs en hiver, mais c'est aussi un lieu de villégiature agréable en été.	€€	14				
MAKRINITSA : *Archontikó Karamarli* Pílio, 37011. **Carte routière D3.** 24280 99570. FAX 24280 99779. Ce manoir de 1730 a été restauré avec goût. La décoration de chaque chambre est unique et ravissante.	€€	9	●	■		
MEGALO PAPIGKO : *Níkos Saxónis* Près de la place principale, 44016. **Carte routière D3.** 26530 41615. FAX 26530 41891. À 40 km au sud de Kónitsa, cet hôtel chic a été rebâti avec des éléments de construction du XVIIIe siècle.	€€€€	8		■		
METSOVO : *Apóllon* W www.metsovohotels.com Place principale, 44200. **Carte routière B2.** 26560 41844. FAX 26560 42110. Situé au cœur de la ville, l'Apóllon ressemble à un chalet. Mobilier en bois et accueil familial.	€€	40		■		

METSOVO : *Egnatía* W www.hit360.com/egnatia €€€ 37
Tosítsa 19, 44200. **Carte routière B2.** (26560 41900. FAX 26560 41485.
Hôtel en pierre au mobilier de bois. La plupart des chambres ont une salle de bains et certaines, un balcon avec vue sur la chaîne du Pinde. 🛏 P ♿ 🛇

METSOVO : *Victória* W www.victoriahotel.gr €€€ 37
Près du parc Agios Geoórgios, 44200. **Carte routière B2.** (26560 41761. FAX 26560 41454. Situé près du centre du village, cet hôtel de style traditionnel propose des chambres avec vue sur la chaîne du Pinde. 🛏 ♿ 🛇

MIKRO PAPIGKO : *Días* W www.zagori.biz/dias €€ 12
Mikró Pápigko, 47016. **Carte routière D3.** (26530 41257. FAX 26530 41892.
Cet hôtel traditionnel, à Mikró Pápigko, à 38 km au sud de Kónitsa, a été modernisé. Il offre une superbe vue. 🛏

MOURESSI : *The Old Silk Store* @ jill@pelionet.gr €€ 4
Pílio, 37012. **Carte routière D3.** (24260 49086. FAX 24260 49565.
Ce manoir restauré avec amour est tenu par des Anglais. Il propose des chambres de style traditionnel. 🛏 P

MPOURAZANI : *Mpourazáni* W www.bourazani.gr €€€ 20
Au sud-est de Melissópetra, 44100. **Carte routière C3.** (26550 61283. FAX 26550 61321. Situé au cœur d'un parc naturel, à 3 km de Melissópetra et à 12 km à l'ouest de Kónitsa, cet hôtel, qui abrite aussi un centre d'étude de la faune locale, donne sur la montagne et offre des chambres avec balcons. 🛏 P 🛇

NAFPAKTOS : *Náfpaktos* W www.hotelnafpaktos.gr €€ 50
Korydalloú 4, 30300. **Carte routière C3.** (26340 29551. FAX 26340 29553
Bien situé près du port, cet hôtel au décor blanc possède des sols en marbre. Chambres avec balcon, certaines avec vue sur la mer. 🛏 ♿ 🛇

PARGA : *Hotel Angela* €€ 30
Plage de Piso Krionéri, 48060. **Carte routière B3.** (26840 31614. FAX 26840 31927.
Situé au bord de l'eau, cet hôtel sympathique est propre et efficace. Les chambres avec vue sur la mer sont particulièrement recommandées. 🛏

PREVEZA : *Mínos* €€ 23
Oktovríou 21, 48100. **Carte routière B3.** (26820 28424. FAX 26820 24644.
Voici l'un des meilleurs des rares hôtels de Préveza. Ambiance familiale et chambres soignées avec salle de bains. Pas de petits déjeuners. 🛏

TRIKALA : *Achílleion* W www.rphotels.gr €€€ 57
Asklipioú 2, 42100. **Carte routière C2.** (24310 28291. FAX 24310 74858.
Hôtel moderne situé à proximité de la place principale. Les chambres, avec salle de bains et balcon, donnent sur la vieille ville. 🛏 ♿ 🛇

VOLOS : *Fílippos* W www.filipos.gr €€€ 39
Sólonos 9, 39001. **Carte routière C3.** (24210 37607. FAX 24210 39550.
Nouvel hôtel, simple, à deux pas du front de mer, donnant sur la place principale. Chambres en étage avec vue sur la mer. 🛏 ♿

VOLOS : *Park* W www.amhotels.gr €€€ 119
Deligiórgi 2, 38221. **Carte routière C3.** (24210 36511. FAX 24210 28645.
L'un des meilleurs hôtels de Vólos. Chambres modernes au décor stylé, avec balcons donnant sur la mer ou le parc. 🛏 P ♿ 🛇

VYZITSA : *Karagiannopoulos Mansion* €€€ 6
Près de la route principale, 37010. **Carte routière D3.** (24230 86717. FAX 24230 86878. Situé à Vyzítsa, à 2 km au nord de Miliés, cet hôtel est installé dans un manoir traditionnel aux plafonds sculptés et un jardin sur le toit. 🛏

LE NORD DE LA GRÈCE

ALEXANDROUPOLI : *Alkyón* W www.alkyon@hol.gr € 32
Moudaníon 1, 68100. **Carte routière E1.** (25510 27465. FAX 25510 27465.
Sympathique hôtel moderne d'aspect traditionnel, de couleur blanche, au mobilier rustique. Les chambres ont vue sur la mer. 🛏 P 🛇

ALEXANDROUPOLI : *Egnatía* W www.grecotel.gr €€€€ 96
Leofóros Mákris, 68100. **Carte routière E1.** (25510 83000. FAX 25510 82800.
Installé dans un parc au bord de la mer, l'Egnatía, récemment réaménagé, est à deux pas du centre-ville. Service digne d'un 5 étoiles. 🛏 P ♿ 🛇

Légende des symboles, voir rabat de couverture

Les prix correspondent à une nuit en chambre double en haute saison, service, taxes et petit déjeuner compris :
€ moins de 50 euros
€€ 50 à 90 euros
€€€ 90 à 130 euros
€€€€ 130 à 200 euros
€€€€€ plus de 200 euros

RESTAURANT
La salle à manger de l'hôtel est parfois réservée exclusivement à ses hôtes.

JARDIN OU TERRASSE
Hôtel avec jardin, cour intérieure ou terrasse, offrant souvent la possibilité de manger dehors.

PISCINE
Sauf indication contraire, les piscines des hôtels sont souvent de petite taille et découvertes.

CLIMATISATION
Hôtel dont toutes les chambres sont climatisées.

	NOMBRE DE CHAMBRES	RESTAURANT	JARDIN OU TERRASSE	PISCINE	CLIMATISATION
FANARI : Fanári W www.fanari-hotel.gr €€€ — Près du camping, 67063. **Carte routière** E1. 25530 31300. FAX 25530 31388. Toutes les chambres de cet hôtel moderne et bien tenu ont vue sur la mer. Le Fanári possède aussi son propre bar et… une pâtisserie.	32	●	▣		
FANARI : Vósporos @ martham@mail.gr €€€ — 2 km au sud-est de Fanári, 67063. **Carte routière** E1. 25530 31216. FAX 25530 31212. Hôtel moderne aux chambres assez vastes, avec balcons donnant sur la mer. Les plages sont à quelques minutes à pied. P	20	●	▣		
FLORINA : Língos W www.hotel-lingos.gr €€€€ — Tagmatárchou Naoúm 3, 53100. **Carte routière** B1. 23850 28322. FAX 23850 29643. Hôtel moderne, proche des lieux d'agrément, qui possède un jardin en terrasse à l'italienne et des chambres avec vue sur les montagnes.	40	●	▣		
GERAKINI : Gerakina Beach Hotel W www.gerakina-beach.gr €€€€ — Plage de Gerakiní, 36100. **Carte routière** D2. 23710 52302. FAX 23710 52118. Complexe hôtelier moderne de Gerakiní, à 17 km au sud de Néa Moudaniá. ● nov.-avr. P	503	●	▣	●	
KASTORIA : Kastoría W www.lake.gr €€€€€ — Leof. Nikis 122, 52100. **Carte routière** B2. 24670 22565. FAX 24670 26391. Cet hôtel construit dans le style traditionnel local jouit de vues splendides sur la ville. Petit et calme, il peut convenir aux familles. P	37	●	▣		
KASTORIA : Tsámis @ htsamis@otnet.gr €€€ — Koromilá 3, Dispílio, 52100. **Carte routière** B2. 24670 85334. FAX 24670 85777. Situé sur la rive du lac la plus éloignée du centre-ville, cet hôtel moderne de style traditionnel abrite un gymnase et un bar.	78	●	▣		
KAVALA : Blue Bay Beach Hotel €€€€ — Nea Iraklista, Blue Bay, 64007. **Carte routière** D1. 25940 21800. FAX 25940 21555. Situé à 9 km en dehors de Kavála, l'hôtel est bâti sur la plage. Les chambres sont lumineuses et aérées. Il y a un jardin sur le toit. P	32	●	▣	●	
KAVALA : Galaxy €€€€ — Venizélou 27, 65302. **Carte routière** D1. 2510 224811. FAX 2510 226754. Au cœur du centre-ville, ce grand hôtel moderne se trouve à proximité des sites archéologiques les plus intéressants et de la plage. P	150	●	▣		▣
KAVALA : Lucy W www.lucyhotel.gr €€ — Plage de Kalamítsa, 65404. **Carte routière** D1. 2510 242830. FAX 2510 242501. Construit sur la plus belle plage à l'extérieur de Kavála, cet hôtel confortable plaira aux visiteurs soucieux d'éviter l'agitation de la ville.	210	●	▣	●	
KOMOTINI : Rodópi W www.rodopihotel.gr €€€€ — Ethnárchou Makaríou 3, 69100. **Carte routière** E1. 25310 35988. FAX 25310 35991. Le Rodópi est installé dans un bâtiment traditionnel en bois et dispose de chambres et de balcons donnant sur le mont Rodópi. P	20	●	▣		
KOMOTINI : Anatólia W www.anatoliahotel.gr €€€ — Anchiálou 53, 69100. **Carte routière** E1. 25310 36242. FAX 25310 23170. Ce sympathique hôtel familial est installé dans un endroit tranquille, non loin du parc principal. Chambres très simples, mais propres. P	56	●			
KRYOPIGI : Alexander Beach Hotel W www.papcorp.gr €€ — Plage de Kryopigí, 63077. **Carte routière** D2. 23740 20210. FAX 23740 23588. Situé à Kryopigí, à 25 km au nord-est de Néa Moudaniá, cet hôtel composé de plusieurs batiments est entouré sur trois côtés par la pinède de Kassándra. Les chambres sont modernes et spacieuses. ● nov.-avr. P	218	●	▣	▣	
LACS PRÉSPA : Agios Germanos Hostel W www.prespa.com.gr € — Route principale, Agios Germanós village. **Carte routière** B1. 23850 51397. FAX 23810 88105. Ce ravissant hôtel tout en pierre offre de belles vues sur le lac et le village. Chaque chambre dispose d'une cheminée. P	16		▣		▣

LITOCHORO : *Myrtó* €€ Agíou Nikoláou 5, 60200. **Carte routière C2.** *23520 81398.* FAX *23520 82298.* Situé à Litóchoro, à 21 km au sud de Kateríni, cet hôtel à l'ambiance conviviale propose de grandes chambres avec salle de bains. P	32		■		■
NEOS MARMARAS : *Sithonía Beach Hotel* W *www.portocarras.com* €€€€ 3 km à l'est du village, 63081. **Carte routière D2.** *23750 77000.* FAX *23750 71552.* À Néos Marmarás, 52 km au sud-est de Néa Moudaniá, cet hôtel moderne est niché dans une baie au pied des monts Melítonas. ● *nov.-avr.* P	442	●	■	●	■
NYMFAIA : *La Moára* W *www.lamoara.gr* €€€€€ À l'entrée du village, 53078. **Carte routière E1.** *2310 552320.* FAX *2310 524430.* Cet hôtel de style traditionnel est installé dans un bel environnement. Accès direct pour la station de ski de Vítsi. ● *juil.* P	8	●	■		
OURANOUPOLI : *Skítes* W *www.skites.gr* €€€€ Route du mont Athos, 63075. **Carte routière D2.** *23770 71140.* FAX *23770 71322.* Hôtel familial constitué de bungalows en pierre décorée de style rustique, installés dans un site tranquille au milieu d'une pinède. Le restaurant, sous la véranda, offre une vue superbe sur la mer. ● *nov.-avr.* P	29	●	■		
THESSALONIKI : *Anatolia* W *www.anatoliahotel.gr* €€€ Langadá 13, 54629. **Carte routière C2.** *2310 522422.* FAX *2310 512892.* Hôtel de style néoclassique près du port à pied, de la place centrale et du bazar. Chambres avec balcon. P	70	●			■
THESSALONIKI (THESSALONIQUE) : *Best Western Vergína* €€€ W *www.vergina-hotel.gr* Monastiríou 19, 54627. **Carte routière C2.** *2310 516021.* FAX *2310 529308.* L'un des meilleurs hôtels situés à proximité des gares routière et ferroviaire, bien tenu et disposant de chambres spacieuses.	133	●			
THESSALONIKI : *Electra Palace* W *www.electrahotel.gr* €€€€ Plateía Aristotélous 9, 54624. **Carte routière C2.** *2310 232221.* FAX *2310 235947.* Hôtel central de grand style, idéalement situé sur le front de mer, qui mêle avec bonheur modernité et tradition.	138	●			■
THESSALONIKI : *Macedonia Palace* W *www.grecotel.gr* €€€€€ Megálou Alexándrou 2, 54640. **Carte routière C2.** *2310 861400.* FAX *2310 897211.* Hôtel chic situé à proximité du centre-ville. Construit idéalement en bord de mer, il offre une décoration intérieure moderne, en marbre.	288	●	■	●	■
THESSALONIKI : *Olympía* W *www.olympia.com.gr* €€€€ Olýmpou 65, 54631. **Carte routière C2.** *2310 235421.* FAX *2310 276133.* Hôtel bien tenu et bien équipé, abrité dans les petites rues tranquilles proches du centre-ville. P	110	●			■
THESSALONIKI : *Panórama* W *www.hotelpanorama.gr* €€€ Analípseos 26, Panórama, 55236. **Carte routière C2.** *et* FAX *2310 344871.* Situé sur la colline de Panórama, vers l'est, cet hôtel confortable jouit d'une vue superbe sur la ville.	50	●	■		■
THESSALONIKI : *Park* W *www.parkhotel.com.gr* €€€ `Ionos Dragoúmi 81, 54630. **Carte routière C2.** *2310 524122.* FAX *2310 524193.* Installé dans un immeuble moderne proche du centre-ville, cet hôtel propose des chambres confortables avec salle de bains et balcon.	56				■
THESSALONIKI : *Queen Olga* @ *logdans@otnet.gr* €€ Vasilíssis Olgas 44, 54641. **Carte routière C2.** *2310 824621.* FAX *2310 868581.* Moderne et confortable, le Queen Olga est proche du centre-ville et propose quelques chambres avec vue sur la mer.	148	●			■
VERGINA : *Pension Vergina* € Vergina Imafias, 59031. **Carte routière C2.** *23310 92510.* FAX *23310 92511.* Situé à 200 m de la tombe de Philippe II de Macédoine, cet hôtel propose des chambres propres et bien tenues, certaines avec balcon. P	10				■
XANTHI : *Néstos* €€€ Sur la route Xánthi-Kavála, 67100. **Carte routière E1.** *25410 27531.* FAX *25410 27535.* Grand hôtel moderne de type immeuble de bureaux, aux nombreuses installations. En périphérie du centre-ville et à proximité de la gare. P	74	●			■

Légende des symboles, voir rabat de couverture

RESTAURANTS ET CAFÉS

En Grèce, manger dehors est un véritable art de vivre. Riche ou pauvre, jeune ou vieux, chaque Grec fréquente régulièrement son restaurant favori. Selon les critères locaux, un bon restaurant doit proposer une cuisine abondante et bien préparée, pas forcément raffinée ni novatrice. Les touristes eux-mêmes apprécient la cuisine grecque, saine et simple, à base d'huile d'olive, de yaourt, de légumes et de viande,

Un fromage du Métsovo

accompagnée de vin, à déguster, comme les Grecs, avec des amis.

Le repas de midi et la sieste qui l'accompagne durent environ trois heures et constituent une pratique encore très répandue dans tout le pays, mais surtout à la campagne, et cela malgré l'influence croissante des mœurs d'Europe de l'Ouest. Une influence qui s'exprime également par l'apparition des traditions culinaires étrangères, pour la plus grande joie des gourmets.

marché, avec des établissements qui portent le nom de *mageirió* ou *koutoúki*, très appréciés des étudiants et des ouvriers. La nourriture faite maison y est délicieuse, ce qui compense le choix plutôt restreint. En effet, il s'agit souvent d'un plat unique déjà prêt *(mageireftá)*. Le vin est servi au pichet et provient généralement des alentours. Souvent buvable, il est parfois même bon.

Certains restaurants se spécialisent dans des cuisines particulières. À Thessalonique et dans les environs d'Athènes par exemple, où s'installèrent des réfugiés d'Asie Mineure après 1923, on trouve des plats plus épicés qu'habituellement, certains préparés avec beaucoup de poivrons rouges ou encore le *giogurtlú* (brochettes trempées dans du yaourt et servies sur de la pitta) et la salade de cervelle d'agneau.

La carte traditionnelle *(p. 280-*

Le Néon, un restaurant du centre d'Athènes *(p. 287)*

LES TYPES DE RESTAURANTS

Parfois difficile à dénicher dans des lieux très visités, l'*estiatórion*, le restaurant grec traditionnel, est un endroit fort convivial, bruyant, chaleureux et parfois situé dans des sites charmants, sans conteste le meilleur lieu pour goûter aux recettes et aux vins du cru. On propose parfois aux étrangers connaissant mal la cuisine locale de venir choisir leur plat dans la cuisine. En Grèce, on se déplace au restaurant en famille et on prend le temps de déguster son repas, surtout pendant les week-ends.

Les prix des *estiatória* oscillent entre le prohibitif, notamment à Athènes ou dans les banlieues chic, et le très bon

Enseigne de taverne, à Párga

281) est relativement succincte. Elle comprend une douzaine de *mezédes* (hors-d'œuvre), environ huit plats principaux, quatre ou cinq plats à base de légumes ou salades, un dessert aux fruits et un choix de vins locaux ou nationaux.

Les restaurants des hôtels sont en général ouverts aux non-résidents. Les petits hôtels de province se distinguent souvent par la qualité de leur cuisine et de leur vin de pays.

Depuis quelques années, une nouvelle génération de chefs grecs est apparue dans certains restaurants à la mode *(kultúra)*. Ils sont à l'origine d'un style mêlant de façon originale la saveur et les couleurs qu'ils accompagnent de vins grecs de qualité.

L'Ostriá, un restaurant d'Agios Ioánnis *(p. 293)*, dans le Pílio

Serveur d'un restaurant de Pláka, à Athènes

LES TAVERNES

Parmi les lieux préférés des touristes, il convient de citer l'inévitable taverne, où l'on peut boire et manger, même en se contentant de *mezédes*, ou hors-d'œuvre (les Grecs boivent rarement sans manger). Les tavernes traditionnelles ouvrent le soir et ferment très tard ; rares sont celles qui ouvrent à midi. Les cartes sont simples et liées aux produits de la saison – en général, une demi-douzaine de *mezédes* et quatre plats principaux *tis óras* (sur commande), accompagnés de légumes, de salade, de fruits et de vin. À l'instar des petits restaurants traditionnels, les tavernes sont spécialisées dans la cuisine de la région d'origine du patron.

Les *psarotavérna*, tavernes de poissons, sont, en ville, surtout fréquentées par des Grecs aisés ou des touristes du fait de la cherté des produits de la mer. La situation est très différente dans les petits villages de pêcheurs, où les *psarotavérna* proposent seulement quelques tables à même la plage. Les poissons servis ont en général été pêchés le matin par le propriétaire.

Les *psistariá* sont des tavernes spécialisées dans les grillades au feu de bois *(sta kárvouna)* et les brochettes. À la campagne, les *psistariés* proposent de la viande d'agneau, du chevreau, du porc, des volailles, du gibier, des abats, des têtes, voire des testicules de veau cuits au feu de bois, ou des agneaux entiers à la broche. Dans les petits ports, poissons et fruits de mer sont grillés et servis avec du citron et de l'huile d'olive. Les tavernes familiales de campagne ne proposent que des plats simples, tels qu'omelettes et salades, et les servent toute la journée, mais ferment assez tôt. En sortant de la taverne, faites comme les Grecs, ne manquez pas de finir la soirée dans un *zacharoplasteío (p. 278)* pour déguster douceurs et pâtisseries.

LES BARS ET LES CAFÉS

Les cafés, ou *kafeneía*, représentent un lieu central dans la vie des Grecs : le plus petit hameau possède le sien. Ils jouent un rôle social important comme lieu d'échange des informations ; on y ramasse le courrier, on téléphone, on lit et l'on commente les journaux du jour. Les *kafeneía* servent du café grec, parfois frappé (café froid instantané servi dans des grands verres), des sodas, de la bière, de l'ouzo et du vin, la plupart du temps accompagnés de produits apéritifs. Tous ouvrent tôt et restent ouverts tard.

Bouteille d'ouzo

Véritable centre de la vie sociale de la plupart des villages, voire de certains quartiers, les *kafeneía* sont ouverts sept jours sur sept.

Les *galaktopoleío* ou «magasins de lait», possèdent généralement des tables et des chaises où l'on peut déguster d'excellents yaourts au miel. À Athènes, ceux qui entourent Plateía Omonoías demeurent ouverts presque toute la nuit.

Les *kapileío* sont des caves qui font également office de bars à vin. Les tenanciers de ces établissements sont souvent originaires de villages viticoles ou issus de familles de viticulteurs et accompagnent la dégustation d'un plat qu'ils cuisinent eux-mêmes.

Les *mezedopoleío* sont, comme leur nom l'indique, des « restaurants à *mezédes* », où l'on déguste ces hors-d'œuvre avec du vin, de l'ouzo ou du raki, deux spiritueux provenant de la vinification des grappes ayant servi à fabriquer le vin. Les *mezédes* présentés avec ces derniers sont en général moins salés.

On ne quittera pas la Grèce sans se rendre dans une *ouzerí*. Les meilleures d'entre elles, pittoresques et bon marché, sont situées à Thessalonique et dans les rues à arcades d'Athènes. On y mange de savoureux hors-d'œuvre à base de poissons ou de légumes, tout en dégustant différentes variétés d'ouzo présentées dans des petits verres : on les sert avec un verre d'eau pour faire « passer » l'ouzo.

La taverne O Vláchos (p. 290) au mont Párnitha, au nord d'Athènes

Serveuse du To Geráni, restaurant
de Pláka, à Athènes *(p. 288)*

LA RESTAURATION RAPIDE

L a profusion de vendeurs
de sandwichs, de marrons,
de bonbons et d'épis de maïs
ne laisse pas de surprendre
le touriste.

Malgré la multiplication
des *fast-foods* « à l'américaine »,
on peut manger simplement
et vite dans des lieux
typiquement grecs. Très
économiques, les *souvlatzídiko*
offrent des portions
substantielles de viande, de
poisson ou de légumes rôtis
à la broche et servis dans
du pain. Les *ovelistírio* se
distinguent par leur *gýros* –
broches verticales lesquelles
lesquelles cuisent des blocs de
viande servis ensuite dans une
pita. Ce type de plat est servi
sto chéri (« à emporter »).

La plupart des boulangeries
servent des gâteaux et de
savoureux pains ronds fourrés.
Dans les grandes villes, on peut
toujours dénicher un *kafeneío*
servant des salades ou divers
plats rapides. La rue est le
royaume des vendeurs de
koulourákia (rouleaux fourrés),
de petites pâtisseries, d'épis de
maïs cuits, de châtaignes
chaudes et de bonbons. On
trouve dans les snacks des
spécialités locales : petites
pizzas à Thessalonique ; fourrés
aux légumes ou au fromage
(p. 284) à Métsovo ou petites
saucisses épicées à Ioánnina.
Les amateurs de sucreries
apprécieront les *zacharoplasteío* (littéralement,
« boutiques du sculpteur

de sucre »), où les pâtissiers
élaborent de petites douceurs
et d'inoubliables gâteaux
au miel *(p. 282)*.

LE PETIT DÉJEUNER

P our les Grecs, c'est le repas
le moins important de la
journée. À la maison comme
dans la plupart des cafés, il
consiste en une simple tasse
de café grec accompagnée de
paximádia (sortes de
biscottes), de *koulourákia*
(pains au sésame en forme
d'anneaux ou de S) ou d'une
variété de quatre-quarts. Dans
la plupart des *kafeneía*, le petit
déjeuner à la grecque a été
remplacé par un café-croissant
très classique, voire, dans
certains cas, par des brioches
(*koulourákia*). En été, les
kafeneía servent des figues
fraîches, du miel et des petits
pains briochés.

RÉSERVER

P lus un restaurant
est cher, plus il est
recommandé de
réserver à l'avance,
en particulier le week-
end. En province
ou près des villes, il est
de coutume de visiter
dans la journée
la taverne ou le
restaurant et d'y commander
à l'avance son repas.

Un *gýros* dans une
rue d'Athènes

LE VIN

D epuis peu, les
restaurateurs grecs se
soucient davantage de l'état
de leur cave. Ainsi, si la carte
indique la possibilité de
commander de bons vins

comme le ktíma merkoúri,
le seméli ou le strofiliá, cela
indique aujourd'hui que
les bouteilles sont stockées
convenablement et qu'il est
possible de commander
une bonne bouteille. Parmi
les meilleurs crus grecs,
mentionnons le Cambás et le
boutári. Les restaurants
traditionnels et les tavernes
proposent du vin de table, pas
cher mais moins bon. Parmi
les vins de table, seul le rosé
sort un peu de l'ordinaire.

LA NOTE

L e moyen de paiement le
plus courant en Grèce reste
encore l'argent liquide. Si l'on
souhaite payer par carte de
crédit, il est prudent de vérifier
auparavant si l'établissement
l'accepte. Les *kafeneía* ne
prennent, en général, jamais
les cartes de crédit,
les cafés et les bars
rarement, même si
tous acceptent les
chèques de voyage.
À la campagne, seules
les espèces ont cours.
La liste des restaurants
(p. 286-295) signale
si les établissements
concernés acceptent
ou non les cartes
bancaires.

SERVICE ET POURBOIRES

S i les Grecs adorent prendre
tout leur temps pour
manger au restaurant, les
serveurs sont en général
récompensés de leur patience
par un pourboire généreux –
jusqu'à 20 % du prix du repas
si le service est bon, plus
fréquemment 10 à 15 %. En

La façade du Thanásis, restaurant de kebabs, à Athènes *(p. 287)*

Patio de l'*ouzerí* Aristotélous, à Thessalonique *(p. 295)*

général, dans les restaurants, les prix incluent le service, mais le garçon s'attend néanmoins à un pourboire. Les restaurants « à l'occidentale » ajoutent parfois d'eux-mêmes le prix du service à l'addition finale, voir les coups de téléphone ou la climatisation !

LES USAGES

Lorsqu'ils se rendent au restaurant, les Grecs s'habillent en général de manière assez formelle. S'il est admis que les touristes portent des vêtements décontractés, les jupes et bustiers trop provocants ainsi que les survêtements sont peu prisés, sauf à proximité des plages, bien que l'on ne refoule pratiquement jamais un client. Certains restaurants chers, en particulier ceux des hôtels chics, exigent une tenue correcte ; ils sont indiqués dans la liste donnée dans les pages suivantes.

Pensez, en été, à emporter un pull si vous envisagez de dîner tard en terrasse.

LES ENFANTS

Les enfants grecs sont habitués à fréquenter restaurants et tavernes dès leur plus jeune âge – cela fait partie de leur éducation. C'est pourquoi les enfants sont souvent les bienvenus partout en Grèce, sauf, bien entendu, dans les bars. Dans les grands restaurants, les enfants sont censés se conduire sagement, mais en été, en terrasse, les Grecs tolèrent totalement le fait

que les enfants jouent autour de la terrasse pendant que leurs parents mangent. Si les chaises à bébés sont des objets rares, sauf dans les restaurants stylés, manger avec des enfants en bas âge ne pose en général aucun problème.

Vendeur de pain à Athènes

FUMER

On fume encore beaucoup en Grèce et malgré la réglementation de l'UE obligeant tous les restaurants à disposer d'une zone non-fumeur, le changement s'opère lentement. Heureusement, on peut manger dehors la moitié de l'année.

LES HANDICAPÉES

Il est en général possible pour les personnes se déplaçant en chaise roulante de trouver à s'installer en

Poulpe en train de sécher à Geroliménas, dans la péninsule du Máni *(p. 199)*

terrasse dans les restaurants de campagne, où les places libres sont nombreuses. Toutefois, dans les villes, la situation est bien moins favorable. Les revêtements des trottoirs et des rues sont souvent mauvais et beaucoup de restaurants ne disposent que d'une entrée étroite, voire d'une marche d'accès. Les restaurants dotés de rampes d'accès pour les chaises roulantes sont indiqués sur la liste. Voir également p. 299 les coordonnées d'agences spécialisées dans l'organisation de voyages pour personnes handicapées.

PLATS VÉGÉTARIENS

La cuisine grecque donnera satisfaction aux végétariens. Celle-ci est en effet si variée qu'il est possible de faire un bon repas en ne commandant, tant en entrée qu'en plat principal, que des mets sans viande. Les prix sont par ailleurs très raisonnables.

Pour les végétaliens, la composition d'un menu est plus délicate, mais demeure possible, la cuisine grecque ne comportant que peu de laitages.

PIQUE-NIQUER

La meilleure période pour s'adonner aux joies du pique-nique en Grèce est le printemps, la nature étant magnifique et le soleil pas trop violent. Les plats traditionnels comme les pains à l'huile d'olive du Carême, les brioches de Pâques, les fourrés aux légumes, le fromage frais ou le retsina, sont parfaits pour les pique-niques. En été, il est agréable de manger sur la plage. C'est la saison des pêches et des figues, que l'on peut à loisir accompagner de yaourt, fromage, tomates, petits pains, olives ou autres produits locaux frais.

Le menu grec traditionnel

L'entrée grecque comprend plusieurs *mezédes*, ou hors-d'œuvre (on peut en déguster toute la journée dans les *ouzerí* ou « bars à ouzo »). Elle est suivie par les plats de viande ou de poisson, souvent servis avec une salade. La carte des vins est souvent limitée. On boit le café en mangeant un gâteau dans une pâtisserie. À la campagne, on compose son menu dans la cuisine du restaurant.

Les **mezédes** sont soit des hors-d'œuvre, soit des amuse-gueule accompagnant un verre d'ouzo.

La **taramosaláta** *est une purée à base d'œufs de poisson (mulet). Ancien plat traditionnel du Carême, elle est aujourd'hui très répandue.*

Les **souvlákia** *sont des petites brochettes de porc grillées, parfumées au citron, aux herbes et à l'huile d'olive. Elles sont ici servies avec du tzatzíki, du yaourt au concombre, à l'ail et à la menthe.*

Olives

Le **poisson** est meilleur sur la côte et dans les îles.

La **melitzanosaláta**, *à gauche, est un mélange d'aubergines grillées et d'herbes. La* **revithosaláta**, *à droite, est un mélange de pois hachés, de coriandre et d'ail.*

Les **melitzánes imám baïldí** sont des aubergines farcies au ragoût d'oignons, tomates et herbes. Les **ntolmádes** (en dessous) sont des feuilles de vigne farcies aux groseilles, au riz et à la pomme de pin.

Poulpe frit

ΜΕΖΕΣ
Mezés

Ελιές
Eliés

Ταραμοσαλάτα
Taramosaláta

Τζατζίκι
Tzatzíki

Σουβλάκια
Souvlákia

Ρεβυθοσαλάτα
Revythosaláta

Μελιτζανοσαλάτα
Melitzanosaláta

Ντολμάδες
Ntolmádes

Μελιτζάνες ιμάμ μπαϊλντί
Melitzánes imám baïldí

Χωριάτικη σαλάτα
Choriátiki saláta

ΨΑΡΙΑ
Psária

Πλακί
Plakí

Σχάρας
Scháras

Τηγανιτά καλαμάρια
Tiganitá kalamária

La **choriátiki saláta** *est une salade qui mélange, tomates, câpres, concombres, herbes et féta.*

Le **scháras** (« *venant du grill* »), *un steak d'espadon accompagné de salades et d'herbes amères.*

La **psária plaki,** *un poisson entier farci de carottes, poireaux et patates, dans une sauce tomate relevée de fenouil et d'huile d'olive.*

LE PAIN EN GRÈCE

Le pain est pour les Grecs aussi fondamental dans l'alimentation que pour les Français. Les boulangers de villages l'agrémentent, selon leur fantaisie, de fromage, de légumes ou de baies. Nombre de fêtes orthodoxes sont célébrées avec un pain spécial.

Pains aux olives

Pita sans levain

Paximádia (pain cuit deux fois)

Koulourákia (pleins ou creux)

Tsouréki (pain des fêtes)

ΚΡΕΑΣ •
Kréas

Μουσακάς
Mousakás

Κεφτέδες
Keftédes

Χοιρινό σουβλάκι •
Choirinó souvláki

Κλέφτικο
Kléftiko

ΛΑΧΑΝΙΚΑ ΚΑΙ ΣΑΛΑΤΙΚΑ •
Lachaniká kai salatiká

Μελιτζάνες και κολοκυθάκια τηγανιτά •
Melitzánes kai kolokythákia tiganitá

Αγκινάρες α λα πολίτα •
Agkináres a la políta

Σπαράγγια σαλάτα •
Sparángia saláta

ΓΛΥΚΑ •
Glyká

Φρέσκα φρούτα •
Fréska froúta

Σύκα στο φούρνο με μαυροδάφνη
Sýka sto foúrno me mavrodáfni

Γιαούρτι και μέλι
Giaoúrti kai méli

La viande est plus abondante sur le continent que dans les îles.

Kebabs de porc grillé

Légumes et salades locaux

Aubergines frites et courgettes

Artichauts et patates, fenouil, citron et huile

Asperges à l'huile d'olive et au citron

Desserts qui consistent en pâtisseries, fruits ou yaourts.

Fruits frais variant selon la saison

*La **mousakás** (moussaka) est un gratin d'aubergines et de pommes de terre frites et de viande hachée épicée à la sauce blanche relevée de fromage.*

*Les **keftédes** sont des boulettes de porc émincé aux herbes (menthe et coriandre) frites dans l'huile d'olive. Elles sont servies avec du riz au safran.*

*Les **sýka sto foúrno me mavrodáfni**, des figues fraîches nappées de sauce au mavrodaphne, servies en dessert ou seules. La sauce, mélange d'épices et de miel, est parfumée à l'eau d'orange.*

*Le **giaoúrti kai méli** (yaourt au miel), sans doute le meilleur dessert grec, servi dans les « laiteries », pour être consommé sur place ou à emporter.*

*Le **kléftiko**, viande de chevreau cuite à l'étouffée dans le papier de manière à conserver la saveur des ingrédients.*

Que manger à Athènes et dans le Péloponnèse

Pour les anciens Grecs, la cuisine était à la fois une science et un art. À Athènes, en Attique et dans le Péloponnèse, les ingrédients utilisés et les saveurs des plats sont identiques à ceux qui inspirèrent les chefs de l'Antiquité ou, plus tard, de l'Empire ottoman. La cuisine grecque se caractérise par sa simplicité et le souci constant d'utiliser des produits frais et naturels.

Quartiers de melon

Marché aux fruits et légumes d'Argos

ATHÈNES

La population de la capitale se compose d'immigrants venus de tout le monde grec et des rives de la Méditerranée orientale. Cette diversité imprègne la cuisine locale.

Les sparángia kai agináres, *asperges sauvages bouillies accompagnées de cœurs d'artichaut au jus de citron, un mezés typique du début du printemps.*

L'avgotáracho, *œufs de mulet salés et fumés. Plat recherché, rare et cher.*

Les souvlákia, *morceaux de porc ou de mouton, marinés dans du jus de citron et des herbes, puis grillés en brochettes. Servis ici avec du riz pilaf au safran.*

Le kotópoulo riganáto, *poulet cuit lentement à la broche ou au gril, enduit d'huile d'olive et relevé à l'origan, servi ici avec de l'okra.*

Les mprizóles, *fin steak de porc ou de bœuf arrosé d'huile d'olive et de jus de citron, servi ici avec sa salade.*

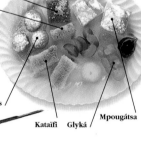

Ravaní

Filo à la pistache

Pâtisseries *fourrées aux noix et au miel, au sirop, frites, en beignets et glyká (fruits confits), servies dans les cafés.*

Loukoumádes

Kataïfi   Glyká   Mpougátsa

Les douceurs, *comme le nougat, le pastéli (gâteau au miel et au sésame), le loukoúmia (confiseries faites d'une pâte transparente) et le chalvás (ou halva), sont consommées à Athènes depuis Aristote. Elles sont vendues en boutiques ou par des marchands ambulants.*

Le café *traditionnel est préparé à base de grains finement broyés, bouillis dans l'eau au bout d'un mpríki (cafetière). On le boit dans de petites tasses, au café plutôt qu'à la taverne.*

LE PÉLOPONNÈSE

Les ingrédients y sont aussi variés que les paysages : poissons sur la côte, moutons, chèvres et gibier des montagnes, fromages divers, olives et miel des collines.

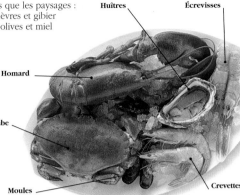

Huîtres

Écrevisses

Homard

Crabe

Moules

Crevettes

Fakés, *plat de légumes chaud ou froid à base de lentilles, d'olives noires, de jus de citron, d'herbes et d'huile d'olive. Servi comme mezés ou, avec du fromage et de pain, plat principal.*

Les fruits de mer, *parmi lesquels le homard et le crabe, font la fierté des pêcheurs de la Méditerranée. Délicieux lorsqu'ils sont frais, ils sont en général consommés grillés ou frits et assaisonnés aux fines herbes, au sel de mer, à l'huile d'olive et au jus de citron.*

OLIVES ET HUILE D'OLIVE DANS LA CUISINE GRECQUE

La Grèce produit une grande variété d'olives, dont elle est l'un des principaux exportateurs mondiaux. Conservées dans la saumure, l'huile ou le sel ou séchées au sel, selon des méthodes millénaires, les olives sont également pressées pour faire de l'huile. La meilleure d'entre elles est l'extra-vierge, obtenue par première pression des fruits arrivés à maturité.

Throúmpes   **Ionienne verte**   **Nafplíou**

Kalamátas   **Vertes craquelées**   **Amfissas**

Huile extra-vierge du Máni   **Boîte d'huile d'olive d'usage courant**

L'Arní me vótana, *ragoût d'agneau servi avec ses os, assaisonné aux herbes et garni de légumes d'été – haricots, carottes, tomates et pommes de terre.*

Le chhoriátiko choirinó, *côtelette de porc marinée dans l'huile d'olive, le jus de citron, le sel de mer et l'origan. Servi en général avec de la chórta (salade).*

Le sýka mavrodáfni, *dessert à base de figues séchées macérées dans du mavrodaphne et des épices, servi avec des tranches de fromage kefalotýri.*

Le kaïmáki, *crème très épaisse accompagnant en général les pâtisseries, plus rarement des gâteaux de riz. Servi ici avec des noix nappées de miel.*

Que manger dans le nord et le centre de la Grèce

L a Grèce continentale, historiquement divisée
en plusieurs aires culturelles, voit cohabiter
sur son sol des traditions culinaires variées.
Ainsi, à Thessalonique, les plats à la viande et
aux fruits révèlent l'influence juive, les petites
saucisses épicées et la manière de cuisiner de
Ioánnina rappellent l'occupation ottomane
tandis que le goût pour le fromage de brebis,
les fourrés et les abats fut introduit au Métsovo
et en Épire par les bergers valaques.

Produits locaux frais au bazar
de Thessalonique

LE CENTRE ET L'OUEST DE LA GRÈCE
Les spécialités régionales, fromages, friands,
gibier grillé ou en broche et abats sont
souvent parfumés aux herbes de montagne.

Friand à
la viande
épicée

Chórta,
friand
roulé aux
herbes

Friand
aux olives

Friand aux
poireaux

Les **píttes**, *ou friands, spécialité de l'Épire. Contenant
aussi bien des abats ou du gibier que du fromage ou
des légumes, ils sont servis avec du riz ou des pâtes.*

Le **saganáki,**
*un mezés ou
hors-d'œuvre au
fromage kaséri ou
kefalotýri, coupé
en tranches, frit
dans l'huile d'olive
et servi avec du citron.*

Skordaliá me psári
kapnistó, *originaire
de l'intérieur,
un mezés de
poisson fumé à la
sauce à l'ail et aux
noix, accompagné
d'olives vertes.*

Gígantes Plakí, *plat au four à
base de haricots, de légumes,
d'herbes et d'huile d'olive est l'un
des principaux plats de Grèce.*

Les **spetzofaï,** *petites
tranches de saucisses épicées
sautées aux herbes avec
des légumes en garniture.*

Le **bourthéto,** *spécialité de la
côte ouest. Petits poissons au
four recouverts d'une sauce
tomate épaisse et épicée.*

Le **glykó kástano,**
*crème de marron
au miel parfumée
à l'orange.*

Le **výssino,**
*hors-d'œuvre de
griottes au sirop
épais, accompagnées
de tranches de vieux
fromage kaséri.*

LES FROMAGES GRECS

La Grèce produits des fromages
de brebis, de chèvre et de vache.
Chaque type de fromage est
élaboré selon des méthodes
qui lui confèrent son appellation.

Feta à l'huile d'olive

Métsovo   *Kefalotýri*   *Graviéra*   *Kaséri*

LE NORD DE LA GRÈCE

La cuisine relevée du nord de la Grèce fut importée par les Grecs d'Asie Mineure en 1922. Condiments, noix et yaourt trahissent l'influence balkanique.

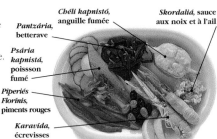

Chéli kapnistó, anguille fumée

Skordaliá, sauce aux noix et à l'ail

Pantzária, betterave

Psária kapnistá, poisson fumé

Piperiés Florínis, piments rouges

Karavída, écrevisses

Pasatémpo *veut dire « passer le temps » – tout un programme pour les amateurs de pistaches, de graines de tournesol et de citrouille.*

Assortiment de mezédes *régionaux composé d'ingrédients traditionnels, de textures, couleurs et saveurs variées.*

Pigeons *et autres oiseaux sont servis grillés avec de la* fáva *(purée de lentilles jaunes) et salade de cresson.*

La **soutzoukákia,** *spécialité de Thrace et de Macédoine, à base de boulettes de viande à la coriandre, au poivre et au cumin.*

Le **Tas kebab,** *plat campagnard à base de viande (chèvre, chevreau, mouton ou bœuf) mijotée à la casserole.*

QUE BOIRE EN GRÈCE

Le vin fait partie de la gastronomie grecque depuis l'Antiquité. On le boit en mangeant. Les principales zones de production sont l'Attique, la Macédoine et le Péloponnèse. Le mavrodaphne est un vin de cuisine utilisé pour les desserts, produit à Pátra. L'asprolíthi est un blanc sec. Tous deux sont des créations récentes. Parmi les spécialités grecques traditionnelles, le *tsípouro,* distillé à partir des grappes entières, le retsina, vin parfumé à la résine de pin *(p. 147),* et l'ouzo, alcool anisé au goût relevé.

Les **gemistá,** *légumes cuits lentement à l'étouffée, aux graines de pin et aux herbes aromatiques.*

Les **damáskina,** *prunes fourrées à la crème* kaïmáki *nappée de sirop à base de mavrodaphne et de miel.*

Les **Filo,** *sont des pâtisseries fourrées de pistaches broyées, avec cannelle et miel.*

Asprolíthi   **Mavrodaphne**   **Ouzo**   **Tsípouro**

Choisir un restaurant

Les restaurants mentionnés dans cette sélection ont été choisis dans une large gamme de prix pour la qualité de leur cuisine, leur rapport qualité-prix ou leur cadre harmonieux. Ils sont présentés par région en commençant par Athènes ; à chaque page un onglet de couleur indique la région concernée.

	CLIMATISATION	TABLES EN TERRASSE	ANIMATION	VINS DE PAYS
ATHÈNES				
ACROPOLIS : *Strofí* €€ Rovértou Gkálli 25, 11742. **Plan** 5 C3. ☎ 210 921 4130. Le Strofi possède une terrasse avec vue sur l'Acropole. Le menu est celui des tavernes grecques. ● *midi, dim.*	●	▓		▓
AMPELOKIPOI : *Vlasis* €€ Pastér 8, Plateía Mavíli. **Plan** 4 F3. ☎ 210 646 3060. Cuisine grecque traditionnelle servie sur deux étages dans une demeure néoclassique. ● *août.*		▓		▓
AMPELOKIPOI : *Balthazar* €€€€ Tsóha et Soútsou 27, 11521. **Plan** 4 F3. ☎ 210 644 1215. Cet élégant bar-restaurant sert une cuisine fusion dans un beau jardin privé, éclairé par des guirlandes et des lanternes chinoises. Clientèle chic. Réservations obligatoires. ● *dim.-lun. midi.*		▓		▓
AMPELOKIPOI : *48 The Restaurant* € Armatolón et Kleftón 48, 11521. **Plan** 4 D2. ☎ 210 641 1082. Restaurant élégant au décor minimaliste, doté d'un beau jardin d'eau. Cuisine fusion, clientèle chic, réservation recommandée. ● *dim. soir.*		▓		▓
AREOS : *St'Astra* €€€€ Athens Park Hotel, Leofóros Alexándras 10, 10683. **Plan** 2 F1. ☎ 210 883 2711. Situé au dernier étage de l'Athens Park Hotel, ce restaurant offre des vues spectaculaires sur la ville. Cuisine méditerranéenne. ● *dim.*		▓		▓
EXARCHEIA : *Coókou Food* € Themistokléous 66,10681. **Plan** 2 F3. ☎ 210 383 1955. Une interprétation moderne des classiques de la taverne grecque, qui fait grand usage des herbes fraîches et des épices. Une improvisation intéressante sur un thème traditionnel. ● *dim.*		▓		▓
EXARCHEIA : *Fasoli* € Emmanouíl Mpenáki 45, 10618. **Plan** 2 F3. ☎ 210 330 0010. Branché sans être prétentieux, ce restaurant propose des plats de taverne remis au goût du jour à des prix très raisonnables.		▓		▓
EXARCHEIA : *Mpármpa Giánnis* € Emmanouíl Mpenáki 94, 10681. **Plan** 2 F3. ☎ 210 382 4138. Taverne populaire proposant au menu, entre autres, du poulpe, des macaronis, de la morue aux tomates et des légumes de saison. ● *dim. soir, août.*		▓		▓
EXARCHEIA : *Rosalia* € Valtetsíou 44, 10681. **Plan** 2 F3. ☎ 210 330 1369. Cette taverne est particulièrement prisée en été, lorsque l'on peut manger dehors. La nourriture est simple mais bonne.		▓		▓
EXARCHEIA : *Yiántes* €€ Valtetsíou 44, 10681. **Plan** 2 F3. ☎ 210 330 1369. Située dans un beau jardin, cette taverne propose quelques plats de choix, dont le poulet farci aux raisins. Tous les ingrédients utilisés sont bio.	●	▓		▓
GAZI : *Mamácas* €€€ Persephónis 41, 10435. **Plan** 1 A5. ☎ 210 346 4984. Le contraste entre les plats colorés et le décor blanchi à la chaux rappelle Myconos.		▓		▓
GAZI : *Aristerá-Dexiá* €€€€ Andrónikou 3, 10435. **Plan** 1 A5. ☎ 210 342 2380. Cuisine fusion grecque servie dans un entrepôt reconverti avec goût. Excellente carte des vins. ● *dim. midi, juil.-août*				▓

Catégorie de prix pour un repas pour une personne avec une entrée, un plat, un dessert, une demi-bouteille de vin de table, taxe et service compris : **€** moins de 15 euros **€€** de 15 à 25 euros **€€€** de 25 à 35 euros **€€€€** de 35 à 45 euros **€€€€€** plus de 45 euros	**CLIMATISATION** Restaurants dotés de l'air conditionné. **TABLES EN TERRASSE** Tables en terrasse, souvent avec vue. **ANIMATION** Spectacles de danse ou de musique certains jours de la semaine. **VINS DE PAYS** Sélection spéciale de vins régionaux.		

	CLIMATISATION	TABLES EN TERRASSE	ANIMATION	VINS DE PAYS
GAZI : *Red* €€€€ Kastoriás 34-36, 10435. **Plan** 1 A3. 210 348 0000. Situé à l'intérieur du Athinais Art Centre, le Red propose des plats méditerranéens originaux dans une salle à manger très confortable. Sofas moelleux et tenture de velours. ● *midi, dim.*		▦		▦
GAZI : *To Varoúlko* €€€€€ Pireós 80, 10435. **Plan** 1 C4. 210 522 8400. Ce restaurant de poisson réputé a obtenu une étoile au Guide Michelin. Il a quitté le Pirée pour Gazi en 2004. Intérieur moderne, dénudé, et belle terrasse sur le toits avec vue sur l'Acropole. ● *midi, dim.*		▦		▦
ILLISIA : *Boschetto* €€€€€ Vasilíssis Sofías 46, 11528. **Plan** 3 C5. 210 721 0893. Ce restaurant élégant propose de la nouvelle cuisine italienne au milieu des arbres du parc Evangelismos. ● *dim.*		▦		▦
KOLONAKI : *The Food Company* € Angle d'Anagnostopoúlou et Dimokrítou, 10673. **Plan** 3 A4. 210 363 0373. Ce café tenu par deux Américaines est le lieu où goûter une nourriture complète et savoureuse à des prix très raisonnables. La carte propose des salades originales, de très bonnes pâtes et des gâteaux délicieux. ● *1ᵉʳ-15 août.*		▦		
KOLONAKI : *Lykóvrysi* €€€ Plateía Kolonakíou, 10673. **Plan** 3 B5. 210 361 6712. Lieu de rendez-vous, le Lykóvrysi propose quelques plats nationaux, dont la *fasouláda* (soupe aux haricots) et d'autres plus internationaux.	●	▦		
KOLONAKI : *To Kafeneío* €€€ Loukianoú 26, 10675. **Plan** 3 B5. 210 722 9056. Très bons *mezédes* dans ce *mezedopoleío* haut de gamme. On peut y déguster d'excellents vins grecs de la nouvelle génération. ● *dim., août.*	●	▦		
KOLONAKI : *Academy of Food and Wine* €€€€ Akadamias 24, 10671. **Plan** 2 F5. 210 364 1434. Ici, on sert des plats et des vins de bonne qualité présentés avec style et raffinement. ● *midi, dim.*	●			▦
KOLONAKI : *Sea Satin* €€€€ Fokilídou 1, 10675. **Plan** 3 B5. 210 361 9646. Cette taverne moderne introduit l'atmosphère festive de Mykonos à Kolonaki. Le poisson et les fruits de mer sont excellents et la tequila est gratuite. ● *midi lun.-mar. ; soir dim.*	●			▦
KOLONAKI : *Kíku* €€€€€ Dimokrítou 12, 10673. **Plan** 3 A5. 210 364 7033. Le meilleur restaurant japonais de la ville dans un cadre typique : décor minimaliste, sushi et sashimi exceptionnels. ● *midi, dim., mi-juil.–mi-août.*	●			▦
KOLONAKI : *Orízontes* €€€€€ Lykavittós Hill, 10675. **Plan** 3 B4. 210 722 7065. Perché sur sa colline, ce restaurant propose une cuisine méditerranéenne originale dans un cadre minimaliste. Difficile de trouver une plus belle vue sur Athènes.	●	▦		
KOUKAKI : *Edódi* €€ Veikou 80, 11742. **Plan** 5 C4. 210 921 3013. Les huit tables éclairées à la bougie de cette belle demeure néoclassique sont tellement convoitées qu'il est essentiel de réserver longtemps à l'avance. ● *midi, dim.*	●	▦		
MAKRYGIANNI : *Sympósio* € Erechtheiou 46, 11742. **Plan** 6 D3. 210 922 5321. La plupart des produits employés en cuisine proviennent de la ferme bio que le propriétaire du restaurant possède à Épire, dans le nord-ouest de la Grèce. Cadre sophistiqué. ● *midi, dim.*		▦		▦

Légende des symboles, voir rabat de couverture

	CLIMATISATION	TABLES EN TERRASSE	ANIMATION	VINS DE PAYS
Catégorie de prix pour un repas pour une personne avec une entrée, un plat, un dessert, une demi-bouteille de vin de table, taxe et service compris : € moins de 15 euros €€ de 15 à 25 euros €€€ de 25 à 35 euros €€€€ de 35 à 45 euros €€€€€ plus de 45 euros	**CLIMATISATION** Restaurants dotés de l'air conditionné. **TABLES EN TERRASSE** Tables en terrasse, souvent avec vue. **ANIMATION** Spectacles de danse ou de musique certains jours de la semaine. **VINS DE PAYS** Sélection spéciale de vins régionaux.			

MONASTIRAKI : *Thanásis* €
Mitropóleos 69, 10555. **Plan** 6 D1. ☎ 210 324 4705.
Lieu de prédilection des amateurs de viande grillée, à des tarifs très raisonnables. Goûter aux kebabs de viande épicée, avec oignons, tomates et persil, le tout présenté dans une pita. ● *1ᵉʳ janv., dim. de Pâques, 25 déc.*

●			

MONASTIRAKI : *Cafe Avissynía* €€
Plateía Avissynías, 10555. **Plan** 5 C1. ☎ 210 321 7043.
Chaque week-end, on se presse pour écouter l'accordéoniste et le chanteur. En semaine, dans une ambiance plus calme, on peut apprécier sereinement les spécialités macédoniennes. ● *soir, août.* 🗹

●	■	●	■

MONASTIRAKI : *To Koutí* €€€
Adrianoú 23 10555. **Plan** 5 C1. ☎ 210 321 3229.
Sa cuisine fusion et sa vue sur l'Acropole attirent au Koutí une clientèle jeune et artistique.

	■		■

OMONOIA : *Néon* €
Place Omónoia 1, 10431. **Plan** 2 E3. ☎ 210 523 6409.
Self service où l'on peut manger à n'importe quelle heure salades, pâtes fraîches, grillades et autres plats grecs typiques cuits au four.

●			

OMONOIA : *Athinaikón* €€
Themistokléous 2, 10678. **Plan** 2 E3. ☎ 210 383 8485.
Vieux restaurant proposant une grande variété de *mezédes* au poisson ou à la viande. Les plats sont servis avec des pichets de vin ou d'ouzo. ● *dim., août.*

●			■

OMONOIA : *Bacaro* €€
Sofokleous 1 et Aristeidou, 10559. **Plan** 2 E4. ☎ 210 321 1882.
Un bar-restaurant élégant installé dans une cour intérieure paisible plantée d'oliviers. Cuisine originale et expositions d'art contemporain. ● *soir, dim.* 🗹

●			

OMONOIA : *Ideal* €€€
Panepistimíou 46, 10678. **Plan** 2 E3. ☎ 210 330 3000.
Ouvert en 1922, ce restaurant très apprécié est une institution. On y a toujours servi une excellente cuisine grecque et internationale. Goûtez au veau de lait servi avec des aubergines, des courgettes farcies et des *agkináres a la políta* (artichauts au jus de citron). ● *dim.* 🗹

●			

PANGRATI : *Karavítis* €
Arktínou 33 et Pafsaníou 4, 11636. **Plan** 7 B2. ☎ 210 721 5155.
Cette authentique taverne traditionnelle propose des grillades de viande et du vin au tonneau. Tables dans le jardin tout l'été. ● *dim.* 🗹

	■		■

PANGRATI : *The Sushi Bar* €€€€
Plateía Varnáva, 11636. **Plan** 7 B4. ☎ 210 752 4354.
Taverne au cœur d'un superbe jardin, très apprécié en été, qui propose notamment des crevettes ou de l'agneau au four. ● *midi, 10-20 août.*

	■		

PANGRATI : *Spondí* €€€€€
Pýrronos 5, 11636. **Plan** 7 B4. ☎ 210 752 0658.
Dans une demeure néoclassique restaurée, cet établissement récompensé prépare une cuisine grecque aux influences océaniennes. ● *midi, août.* 🗹

●	■		

PLAKA : *O Damígos « Bakaliaraba tou Damigou »* €
Kydathinaíon 41, 10558. **Plan** 6 E2. ☎ 210 322 5084.
Installée dans un soubassement, cette taverne est spécialisée dans la morue salée à la sauce à l'ail, avec frites et salade. Excellent retsina. ● *juil. et août.*

			■

PLAKA : *To Geráni (« Scholarcheio »)* €
Tripódon 14, 10557. **Plan** 6 E2. ☎ 210 324 7605.
Restaurant animé installé dans un bâtiment néoclassique, avec tables disposées sur le balcon et murs couverts d'éphémères de Grèce. Goûter les saucisses flambées à l'ouzo et le *saganáki* (fromage frit).

●	■		

PLAKA : *O Plátanos*   €
Diogénous 4, 10557. **Plan** 6 D1. [210 322 0666.
Situé dans un coin paisible de Pláka, ce restaurant sert des ragoûts de viande
depuis 1932, sous le grand platane qui lui a donné son nom. ● *dim.*

PLAKA : *Byzantinó*   €€
Kydathinaíon 18, 10558. **Plan** 6 E2. [210 322 7368.
Taverne à l'ancienne proposant de très bons plats du jour, dont le *chtapódi*
krasáto (poulpe au vin) et diverses recettes de légumes. ●

PLAKA : *Eden*   €€
Lysíou 12, non loin de Mnisikléous, 10556. **Plan** 6 E1. [210 324 8858.
Le plus ancien restaurant végétarien d'Athènes est installé dans un bâtiment
néoclassique. Cuisine à base de produits entièrement bio. ● *mar.* ●

PLAKA : *Psarás*   €€€
Erechthéos 16 et Erotokrítou, 10557. **Plan** 6 D2. [210 321 8733.
Fruits de mer et autres classiques des tavernes traditionnelles. Les tables sont
disposées sur des gradins blanchis à la chaux, au pied de l'Acropole. ●

PLAKA : *Dáfni*   €€€€
Lysikrátous 4, 10557. **Plan** 6 E2. [210 322 7971.
Restaurant situé dans un bâtiment néoclassique aux fresques murales
éblouissantes. Contentez-vous d'un plat simple comme l'espadon ou les
keftédes (boulettes de porc ou de bœuf). ● *midi, dim. de nov.-avr.* ●

PSYRRI : *Taverna tout Psirri*   €
Aischýlou 12, Platia Psyrri, 10552. **Plan** 2 D5. [210 321 4923.
Bon marché et sympathique, cette taverne sans prétentions est cachée au
cœur du quartier à la mode de Psyrri. ● *dim. soir, 15-20 août.*

PSYRRI : *Soul*   €€
Evripídou 65, 10552. **Plan** 2 D4. [210 331 0907.
Ce bar-restaurant à la mode attire une clientèle jeune et festive. Cuisine fusion.
Cocktails et repas sont servis dans une joli jardin tout au long de l'été.
● *midi ; dim.* ●

PSYRRI : *Zeíderon*   €€
Táki 10-12, 10552. **Plan** 1 C5. [210 321 5368.
Cette taverne moderne sert des plats colorés dans un beau bâtiment ancien,
doté d'une annexe en verre lumineuse et aérée. ●

PSYRRI : *Hýtra*   €€€
Navárchou Apostóli 7, 10552. **Plan** 1 C5. [210 331 6767.
Des plats méditerranéens originaux sont servis dans un cadre minimaliste
au cœur de Psyrri. ● *midi ; dim.* ●

PSYRRI : *Kouzina*   €€€€
Sarri 44, 10554. **Plan** 1 C5. [210 321 5534.
Parmi les plats originaux de cette taverne intime : l'agneau grillé aux
nouilles et le poulet à l'orange avec du riz basmati. Jardin sur le toit.
● *à midi sauf le dim.* ●

SYNTAGMA : *GB Corner*   €€€€€
Hôtel Grande-Bretagne, Plateía Syntágmatos, 10563. **Plan** 6 F1. [210 333 0000.
Restaurant chic établi de longue date servant de la cuisine grecque et
internationale de qualité. Service impeccable. ●

THISEIO : *To Stéki tou Ilía*   €
Thesaloníkis 7, 11851. **Plan** 1 A5. [210 342 2407
C'est le meilleur endroit où manger des *piedáki* (côtelettes d'agneau grillées).
Les tables sont installées sous des arbres, dans une rue piétonnière, non loin
de la station de métro de Thiseío. ● *lun.-mar. midi..*

THISEIO : *Fílistron*   €€
Apostólou Pávlou 23, 11851. **Plan** 5 B1. [210 346 7554
Cette taverne installée sur une terrasse offre une belle vue sur l'Acropole.
Particulièrement romantique le soir. ●

THISEIO : *Pil Poul*   €€€€€
Angle d'Apostólou Pávlou et Poulopoúlou, 11851. **Plan** 5 B1. [210 342 3665.
Une cuisine méditerranéenne innovatrice et une belle vue sur l'Acropole
attirent les foules dans ce restaurant cher et animé.
● *midi, dim.* ●

Légende des symboles, voir rabat de couverture

		CLIMATISATION	TABLES EN TERRASSE	ANIMATION	VINS DE PAYS

Catégorie de prix pour un repas pour une personne avec une entrée, un plat, un dessert, une demi-bouteille de vin de table, taxe et service compris :
€ moins de 15 euros
€€ de 15 à 25 euros
€€€ de 25 à 35 euros
€€€€ de 35 à 45 euros
€€€€€ plus de 45 euros

CLIMATISATION
Restaurants dotés de l'air conditionné.

TABLES EN TERRASSE
Tables en terrasse, souvent avec vue.

ANIMATION
Spectacles de danse ou de musique certains jours de la semaine.

VINS DE PAYS
Sélection spéciale de vins régionaux.

AUX ENVIRONS D'ATHÈNES

	CLIMATISATION	TABLES EN TERRASSE	ANIMATION	VINS DE PAYS
ANAVYSOS : *O Vláchos* € Leofóros Anavýsou, 19013. **Carte routière** D4. 22910 54669. Grillades, hors-d'œuvre tels que *tzatzíki* (yaourt et concombres) et autres plats traditionnels sont servis dans cette taverne au mobilier en bois. Le patio, ombragé de vigne vierge, est particulièrement agréable en été.		■		■
KIFISIA : *Beau Brummel Grille* €€€€ Agíou Dimitríou 9 et Agíon Theodoron, 14561. **Carte routière** D4. 210 623 6780. Un des restaurants les plus branchés d'Athènes, Beau Brummel, qui peut s'enorgueillir de son cadre luxueux, offre une excellente nourriture à base d'ingrédients bio, le tout avec une touche bien française. ● *dim. soir.*	●	■		■
KIFISIA : *Vardís* €€€€€ Hotel Pentelikón, Deligiánni 66, 14562. **Carte routière** D4. 210 623 0650. Son menu français raffiné lui a valu une étoile au Guide Michelin. Les tables sont installées au bord de la piscine tout l'été. ● *midi, dim.*	●	■		
KOROPI : *To Alsos* €€ Leofóros Lavríou 21, 19400. **Carte routière** D4. 210 664 2714. Installé à Koropí, à 6 km au sud de Paianía, ce restaurant au jardin tranquille propose de délicieuses grillades d'agneau et de porc, copieusement accompagnées de salade et de légumes.		■		
MONT PARNITHA : *O Vláchos* € Leofóros Párnithos, Párnitha, 13671. **Carte routière** D4. 210 246 3762. Située à Párnitha, au pied du mont homonyme, cette taverne pittoresque propose des plats grecs traditionnels. Spécialités de grillades.				■
PIRÉE (LE) : *Achinós* €€ Aktí Themistokléous 51, 18534. **Carte routière** D4. 210 461 2457. Installé sur une falaise qui surplombe la mer, il propose de merveilleux *mezédes*. Concerts occasionnels.	●	■	●	■
PIRÉE (LE) : *Kóllias* €€€ Stratigoú Plastíra 3, Taboúria, 18756. **Carte routière** D4. 210 462 9620. Dans un cadre typiquement égéen sont servis d'excellents poissons et hors-d'œuvre tels que la *garidósoupa* (soupe aux tomates et crevettes). ● *dim., 1er-15 août.*	●	■	●	■
PIRÉE (LE) : *Vasílenas* €€€ Aitolikoú 72, 18545. **Carte routière** D4. 210 461 2457. Ce restaurant offre un intéressant panorama de la cuisine grecque tradition- nelle, pas moins de 16 plats se succédant à table. ● *midi, dim., 1er-20 août.*				
PIRÉE (LE) : *Plous Podílato* €€€€ Aktí Koumundoúrou 42, 18533. **Carte routière** D4. 210 413 7910. Recettes intéressantes à base de fruits de mer, servies dans une salle à manger au décor minimaliste, avec vue sur les bateaux de la baie de Mikrolímano.	●	■		■
PIRÉE (LE) : *Jimmy & the Fish* €€€€ Aktí Koumundoúrou 46, 18533. **Carte routière** D4. 210 412 4417. Fruits de mer servis dans un intérieur bleu et blanc. Le service est impeccable.	●	■		■
PIRÉE (LE) : *Dourámbeis* €€€€€ Aktí Protopsálti 27, 18533. **Carte routière** D4. 210 412 2092. Ouvert en 1932, ce restaurant de poisson est peut-être le meilleur du Pirée. Les poissons proviennent de Ios, Náxos et Páros et sont accompagnés d'excellentes salades. ● *midi, août.*	●	■		■

SOUNIO : *Syrtáki*   €
2 km au nord du Temple de Poseidon, 19500. **Carte routière** D4. 229 203 9125.
C'est la taverne la plus populaire des environs de Soúnio. Poissons grillés et
viandes cuites à la broche, servis sur des terrasses avec vue sur la mer.

VARI : *Ta Vláchika*   €€
Leofóros Váris 35, 16672. **Carte routière** D4. 210 895 6141.
L'un des meilleurs restaurants de viande de Vári, à 2 km au nord de Vouliagméni,
Ta Vláchika est spécialisé dans le chevreau, l'agneau et le cochon de lait à la broche.
Goûtez la chèvre grillée et le *kokorétsi* (saucisse piquante au cœur et au foie).

VARKIZA : *Island*   €€€€
27ᵉ km sur la route d'Athènes-Sounio, 16672. **Carte routière** D4. 210 965 3563.
Une clientèle glamour se presse dans ce club installé au bord de la mer, qui
possède un restaurant, un bar et une discothèque. Réservation recommandée.
● *nov.-avr.*

VOULIAGMENI : *Lámpros*   €€€€
Leofóros Poseidónos 20, 16671. **Carte routière** D4. 210 896 0144.
Installé au bord de l'eau depuis 1889, ce célèbre restaurant propose
des plats aux fruits de mer, des salades et des viandes. Une bonne
carte des vins accompagne le mulet grillé ou la brème.

LE PÉLOPONNÈSE

ANCIENNE CORINTHE : *Archontikó*   €€
Sur la route côtière, 20100. **Carte routière** C4. 27410 27968.
Entreprise familiale dont les *mezédes*, comme le *siefialíes* (saucisses de porc à la
braise), s'avèrent plus appétissants que les plats principaux. Les portions, assez
copieuses, sont accompagnées par un excellent rosé maison. ● *midi, Pâques.*

ANDRITSAINA : *O Giorgís*   €€
Place principale, 27061. **Carte routière** C4. 26260 22004.
Proche du temple de Bassae, cette taverne respectable, agréablement ombragée,
propose une cuisine au four typique.

GEROLIMENAS : *Akrogiáli*   €€
Plage, 23071. **Carte routière** C5. 27330 54204.
Le restaurant du rez-de-chaussée de cet hôtel des années 1970 constitue
une véritable oasis pour les visiteurs du Máni intérieur. Bien que spécialisé
dans les fruits de mer, il propose un large choix de viandes grillées.

GYTHEIO : *Drakoulakou*   €
Vasiléos Pávlou 13, 23200. **Carte routière** C5. 27330 24086.
Taverne qui tranche par son caractère avec ses voisines du front de mer. Les
étals de poissons sur glace pilée provoquent souvent des attroupements.

GYTHEIO : *Saga Fish Tavern*   €€
Tzanni Taznnetaki, 23200. **Carte routière** C5. 27330 23220.
Ce restaurant est très bien placé, sur la plage. Dans la véranda en bois qui
donne sur la mer, goûtez aux crevettes *saganaki* ou au poisson grillé.

KALAMATA : *I Kríni*   €€
Evangelistrías 40, 24101. **Carte routière** C5. 27210 24474.
Vieille taverne familiale proposant des plats du jour à base de poisson
et une cuisine familiale. L'accueil y est vraiment chaleureux. ● *midi, dim.*

KARDAMYLI : *Léla's*   €€
Sur la place principale, près de la vieille usine, 24040. **Carte routière** D5.
27210 73541.
Cette taverne, une des plus anciennes de Kardamýli, à 34 km au sud de
Kalamáta, est restée très authentique. Elle propose une cuisine grecque
traditionnelle au four, de la bière pression allemande et une vue sur la mer.

KORINTHOS : *Marinos Rooms Taverna*   €€
5 minutes à pied de l'Ancienne Corinthe, 20100. **Carte routière** C4. 27410 31209.
Les tables de cet oasis corinthien sont installées à l'ombre des pins. Les
délicieux *mezédes* forment un prélude idéal aux ragoûts succulents qui sont
la spécialité de la maison. ● *nov.-mars.*

KORONI : *Kagkelários*   €€
Front de mer, 24004. **Carte routière** C5. 27250 22648.
Des 4 restaurants adjacents situés sur les quais, celui-ci présente la carte la plus
originale. Moules, oursins, crevettes et friture à des prix raisonnables.

Légende des symboles, voir rabat de couverture

Catégorie de prix pour un repas pour une personne avec une entrée, un plat, un dessert, une demi-bouteille de vin de table, taxe et service compris :
€ moins de 15 euros
€€ de 15 à 25 euros
€€€ de 25 à 35 euros
€€€€ de 35 à 45 euros
€€€€€ plus de 45 euros

CLIMATISATION
Restaurants dotés de l'air conditionné.

TABLES EN TERRASSE
Tables en terrasse, souvent avec vue.

ANIMATION
Spectacles de danse ou de musique certains jours de la semaine.

VINS DE PAYS
Sélection spéciale de vins régionaux.

	CLIMATISATION	TABLES EN TERRASSE	ANIMATION	VINS DE PAYS
METHONI : *I Klimatariá* €€ Plateía Polytechníou, 24006. **Carte routière** B5. 27230 31544. Restaurant considéré comme l'un des plus fins de la ville, présentant un menu riche en plats végétariens. ● *nov.–mi-mai.*	●	■		■
MONEMVASIA : *I Matoúla* €€€ Rue principale, 23070. **Carte routière** C5. 27320 61660. L'unique taverne de Monemvasía pendant des décennies. Les plats se dégustent à l'ombre de l'énorme figuier du jardin.		■		
NAFPLIO : *O Vasílis* €€ Staïkopoúlou 22, 21100. **Carte routière** C4. 27520 25334. Le meilleur et le plus ancien de tous les restaurants bordant Staïkopoúlou servant une cuisine grecque authentique. ● *oct.-mars : mar., 15-30 nov.*	●	■		
NAFPLIO : *Ta Fanária* €€ Angle de Staïkopoúlou 13 et Soútsou, 21100. **Carte routière** C4. 27520 27141. Vénérable restaurant doté d'une terrasse ombragée de vigne vierge. Meilleur à midi, lorsque les *mousakás* sortent juste du four. Bons pichets de retsina de Mégara. ● *15-30 nov.*		■		■
NAFPLIO : *Zorbás* € Staïkopoúlou 30, 21100. **Carte routière** C4. 27520 25319. Taverne familiale proposant tous les plats grecs traditionnels. La soupe de poissons et le poulpe sont excellents.	●	■		
NAFPLIO : *Taverna Tou Stelára* €€ 71 rue Baboulinas, 21100. **Carte routière** C4. 27520 28818. Cette taverne populaire située sur une promenade, au bord de l'eau, sert de délicieux fruits de mer, des pâtes au poulpe et au homard, des calamars frits et des plats végétariens.	●	■		
NEOS MYSTRAS : *Taverna O Ellenas* €€ Place principale, 23100. **Carte routière** C5. 27310 82666. Cette taverne décontractée propose des recettes traditionnelles grecques et un grand choix de plats végétariens, comme des tomates et des poivrons farcis. La boulangerie en face sert de délicieuses spécialités de Laconie.	●	■		■
OLYMPIE : *Praxitelous* € Spiliopoúlou 7, 27065. **Carte routière** B4. 26240 23570. Dans ce restaurant d'Olympie, situé à 150 m à l'est de l'ancienne Olympie, on privilégie la cuisine locale traditionnelle. *Bourekia* et *tisoras* sont servis dans une atmosphère grecque typique. Possibilité de manger dans le jardin.		■		■
OLYMPIE : *Ta Kotópoula* € Linária, 27065. **Carte routière** B4. 26240 22130. Ce restaurant tout simple et familial sert une nourriture traditionnelle ; parmi les spécialités : viandes grillées et très bons plats grecs. ● *midi.*		■		
PATRA : *Kylikeíon* €€ Ir. Polytechniou et Terpsitheas, 26442. **Carte routière** C4. 2610 435905. Simple taverne en bord de mer à l'accueil chaleureux qui sert d'excellents fruits de mer. Asseyez-vous au bord de l'eau avec la vue sur le centre nautique.		■	●	■
PYLOS : *O Koukos* €€ Rue Kalamáias, 24001. **Carte routière** C4. 27230 22950. Les habitants de la ville et les touristes se pressent ici toute l'année pour se régaler de la cuisine de Kostas et de sa famille. Viandes grillées et plats préparés au four. Le service est très sympathique.	●	■		■
SPARTI : *Elysé* € Konstantínou Palaiológou 113, 23100. **Carte routière** C5. 27310 29896. Élégant restaurant au décor rose pastel proposant un choix important de plats grecs mijotés au four et de grillades.		■		■

LE CENTRE ET L'OUEST DE LA GRÈCE

AGIOS IOANNIS : *Ostria* €€
Route côtière, 37012. **Carte routière** D3. 24260 32132.
Situé à Agios Ioánnis, à 25 km au nord de Miliés, ce restaurant propose d'appétissants exemples de la cuisine traditionnelle du Pílio, tels que le ragoût de lapin *(kounéli kokkinistó)* et le friand aux herbes *(chortópita)*.
à midi lun.-ven., oct.-avr.

ARACHOVA : *Karathanásis* €€
Delfón 56, 32004. **Carte routière** C3. 22670 31360.
Taverne familiale au cœur d'Aráchova, à 11 km à l'est de l'ancienne Delphes, proposant des grillades, des ragoûts et du pain maison. dim. de Pâques.

ARACHOVA : *O Karmalis* €
Delfón 51, 32004. **Carte routière** C3. 22670 31511.
Ce restaurant d'Aráchova, à 11 km à l'est de l'ancienne Delphes, sert de la nourriture « de montagne » telle que bœuf, poulet, pâtes, chèvre et porc. Les salades sont généreuses et abondamment relevées aux fines herbes.

IGOUMENITSA : *To Chorió* €
Route Igoumenitsa-Sagiada, 46100. **Carte routière** B3. 26650 26931.
La cuisine proposée dans cette charmante taverne située à 4 km du centre comprend le lapin *stifado* (genre de ragoût à l'oignon) et l'agneau au four.

IOANNINA : *Agnánti* €€
2 rue Pamvótidos, 45221. **Carte routière** B2. 26510 22010.
Magnifiquement situé, sur une promenade au bord de la mer, ce restaurant sympathique est réputé pour son *souvla* d'agneau et propose également un grand nombre de ragoûts.

IOANNINA : *Kípos* €
Karaïskáki 20, 45444. **Carte routière** B2. 26510 78287.
Taverne agréable permettant de découvrir la cuisine grecque, en particulier le porc ou l'agneau aux épices et herbes. 12-28 août.

IOANNINA : *Própodes* €
Nisí, 45500. **Carte routière** B2. 26510 81803.
Restaurant installé sur une île, qui mérite le petit détour en bateau pour dîner au bord de l'eau. Anguilles et écrevisses du lac voisin sur le menu avec des truites provenant d'élevages situés dans les torrents de montagne.

KALAMPAKA : *Meteóra* €
Plateía Dimarcheíou, 42200. **Carte routière** B2. 24320 22316.
Restaurant où sont proposés les plats grecs traditionnels préparés par l'épouse du patron, tels que salades, *mousakás* et grillades. mi-nov.-mi-mars.

KALAMPAKA : *O Kípos* €
À l'entrée du village, 42200. **Carte routière** B2. 24320 23218
Situé dans une vieille maison traditionnelle dotée d'une cheminée, ce restaurant propose une cuisine honnête à des prix raisonnables. Grand choix de hors-d'œuvre, de salades et de desserts maison. lun. en hiver.

KASTRAKI : *Metéora* €
Route Kastráki-Metéores, 42200. **Carte routière** B2. 24320 22285.
Proches des Metéores, cette taverne toute simple installée dans une vieille maison sert de la cuisine traditionnelle. La nourriture est fraîche ; le restaurant dispose d'une cheminée l'hiver et d'un jardin en été. jours fériés.

KASTRAKI : *Parádeisos* €€
Sur la route principale vers les Metéores, 42200. **Carte routière** B2. 24320 22723. Grill moderne très proche des Metéores qui propose tous les plats grecs classiques. Ravissant jardin fleuri.

MAKRINITSA : *Pántheon* €
Place principale, 37011. **Carte routière** D3. 24210 99324.
La seule vue sur Vólos, à 14 km, serait une raison suffisante pour s'arrêter dans ce restaurant où les gens du coin apprécient la cuisine typique du Pílio : en particulier, les saucisses épicées et le ragoût de tomates et poivrons *(spetzofái)*.

MESOLONGI : *Mezedopoleío de Ioánnis Demitroúkas* €€
Rue Pazikóstika, 30200. **Carte routière** B3. 26310 23237.
Ce restaurant agréable situé sur une vieille rue du centre-ville a beaucoup de succès auprès des habitants de Mesolóngi. Parmi les spécialités maison on trouve les anguilles grillées – un plat typique de la région – et les viandes au barbecue. 25 juil.-25 août.

		CLIMATISATION	TABLES EN TERRASSE	ANIMATION	VINS DE PAYS

Catégorie de prix pour un repas pour une personne avec une entrée, un plat, un dessert, une demi-bouteille de vin de table, taxe et service compris :
€ moins de 15 euros
€€ de 15 à 25 euros
€€€ de 25 à 35 euros
€€€€ de 35 à 45 euros
€€€€€ plus de 45 euros

CLIMATISATION
Restaurants dotés de l'air conditionné.

TABLES EN TERRASSE
Tables en terrasse, souvent avec vue.

ANIMATION
Spectacles de danse ou de musique certains jours de la semaine.

VINS DE PAYS
Sélection spéciale de vins régionaux.

METSOVO : *Galaxías*   €€
Place principale, 44200. **Carte routière** B2. 26560 41123.
Logé dans un vieux bâtiment en pierre avec véranda donnant sur la place, ce restaurant propose des spécialités régionales dont le *kokorétsi* (kebab aux abats grillés) et le bœuf cuit dans une marmite en terre.

METSOVO : *To Metsovítiko Salóni*   €
Tosítsa, près de la poste, 44200. **Carte routière** B2. 26560 42142.
Beau restaurant décoré dans le style des montagnes de Métsovo, avec tapis et tentures. Au menu, spécialités régionales, dont les *spetzofái*, du gibier de saison, et un vin local, le *katói*.

MILIES : *Paliós Stathmós*   €
Vieille gare, 37010. **Carte routière** D3. 24230 86425.
Installée dans une ancienne gare ferroviaire, cette auberge-restaurant est tenue par un chef italien dont les spécialités sont le bœuf à la sauce au citron et bien d'autres plats de grande qualité. ● *lun. à midi, nov.*

PAPIGO : *Giorgios Ioannides*   €
Papigo , 44010. **Carte routière** B2. 26530 41124.
Les tartes maison sont une des délicieuses spécialités proposées dans cette charmante taverne. Cuisine locale authentique servie dans une maison zagorienne typique.

PARGA : *Floísvos*   €
Mavrogénous 10, 48060. **Carte routière** B3. 26840 31624.
Si le menu de ce restaurant réserve quelques surprises, la cuisine n'en est pas moins convenable et d'un bon rapport qualité-prix. Vue superbe sur la côte ionienne. ● *mi-oct.–mai.*

PARGA : *Villa Rossa*   €
Plage de Krióni, 48060. **Carte routière** B3. 26840 31952.
Située près de la plage, la Villa Rossa propose des plats grecs typiques. La viande d'autruche qui figure au menu provient d'un élevage voisin. ● *nov.-avr.*

LE NORD DE LA GRÈCE

ALEXANDROUPOLI : *Klimatariá*   €
Polytechníou 18, 68100. **Carte routière** E1. 25510 26288.
Restaurant réputé pour son menu abondant qui propose tous les plats traditionnels – *mousaká*, poivrons farcis, poisson frais – ainsi que des spécialités régionales comme le *katsikáki* (chèvre rôtie).

ALEXANDROUPOLI : *Neráïda*   €
Kýprou 5, 68100. **Carte routière** E1. 25510 22867.
Parmi les nombreux restaurants qui entourent Plateía Kýprou, celui-ci est très couru car réputé pour ses poissons.

KASTORIA : *Omónoia*   €€
Mitropóleos 97, 52100. **Carte routière** B2. 24670 23964.
Restaurant animé, situé sur une petite place de la ville haute, au menu variable. Sont proposés des plats grecs traditionnels ainsi que des recettes végétariennes comme le ragoût de haricots. La soupe de poisson est copieuse et relevée.

KAVALA : *Michalákis*   €
Kassándrou 1, 65403. **Carte routière** D1. 2510 221185.
Taverne agréable qui offre un choix de viandes et de plats typiquement grecs, comme les tomates farcies. Du poisson frais figure également au menu.

KAVALA : *Pános Zafira*   € €€
Karaolí Dimitríou 20, 65302. **Carte routière** D1. 2510 227978.
Réputé pour ses plats de fruits de mer, ce restaurant propose des plats délicieux comme le *gàvros* (anchois frais).

LITOCHORO : *Damaskiniá* Vasiléos Konstantínou 4, 60200. **Carte routière** C2. ☎ *23520 81247.* Situé à Litóchoro, à 21 km au sud de Katerína, cette taverne animée sert une bonne cuisine grecque familiale. Poissons grillés et ragoûts.	€		■		■
NEA FOKAIA : *Ta Kýmata* Sur la plage, 63077. **Carte routière** D2. ☎ *23740 81287.* Situé à 17 km de Néa Moudaniá, ce restaurant familial est installé au bord de l'eau. Pâtes au homard et sélection de fruits de mer. 🍽	€€		■		■
NEOS MARMARAS : *Kyani Akti* Paralia, 63081. **Carte routière** D2. ☎ *23750 71290.* Situé à Néos Marmarás, à 52 km au sud-est de Néa Moudaniá, ce restaurant familial installé au bord de la plage propose des poissons frais et une moussaka délicieuse. On peut prendre son repas à l'intérieur ou sous les platanes. Le service est agréable.	€€		■		
PEFKOCHORI : *Akti tou Vláchou* Plage de Pefkochóri, 63085. **Carte routière** D2. ☎ *23740 62428.* Ce restaurant populaire de Pefkochóri, à 42 km au sud de Néa Moudaniá, est situé en bord de la mer. Moules, poulpes, fruits de mer et viandes grillées. 🍽	€€		■		■
THESSALONIKI : *Ta Koumparákia* Egnatía 140, 54622. **Carte routière** C2. ☎ *2310 271905.* Ce grill grec au service sympathique qui propose une cuisine simple est une bonne adresse pour se restaurer. ● *lun.*	€	●	■		■
THESSALONIKI : *Ta Spáta* Aristotélous 28, 54623. **Carte routière** C2. ☎ *2310 277412.* Grill très animé spécialisé dans le poulet rôti à la broche. Sert également de copieuses salades paysannes.	€		■		■
THESSALONIKI : *To Makedonikó* Georgiou Papadopoúlou 32, 56625. **Carte routière** C2. ☎ *2310 627438.* Au cœur du centre historique de Thessalonique, près du château, cette taverne est réputée pour ses *keftedakia scharas* (boulettes grillées). ● *lun.*	€		■		■
THESSALONIKI : *Agorá* Kapodistríou 5, 54625. **Carte routière** C2. ☎ *2310 532428.* *Ouzerí* familiale un peu excentrée proposant une bonne cuisine grecque : salades copieuses, grillades de viandes et de poissons.	€€	●	■		■
THESSALONIKI : *Chamádrakas* Manoúli Gagíli 13, 55132. **Carte routière** C2. ☎ *2310 447943.* On peut choisir son homard dans cette taverne familiale du front de mer. Grand choix de plats grecs arrosés d'un vin produit sur place. ● *1ᵉʳ janv.* 🍽	€€		■		■
THESSALONIKI : *Ta Nisiá* Proxénou Koromilá 13, 54623. **Carte routière** C2. ☎ *2310 285991.* Taverne très prisée, spécialisée dans le poisson et le gibier. Les cuisiniers proposent des plats originaux, comme les crevettes au bacon, et un grand choix de desserts, dont la tarte aux noix. ● *dim. soir.* 🍽	€€	●			
THESSALONIKI : *Tsarouchás* Olimbou 78, 54646. **Carte routière** C2. ☎ *2310 271621.* La spécialité de ce restaurant est la cervelle d'agneau. Mais si vous n'êtes pas tenté, d'autres plats grecs vous attendent.	€€		■	●	■
THESSALONIKI : *Aristotélous* Aristotélous 8, 54623. **Carte routière** C2. ☎ *2310 233195.* Belle *ouzerí* animée proposant des plats inhabituels comme la feta aux épices et au poivre ou la seiche farcie à la feta. ● *dim. soir, 7-20 août.*	€€€	●	■		■
THESSALONIKI : *Tiffany's* Iktinou 3, 54622. **Carte routière** C2. ☎ *2310 274022.* Ce restaurant moderne sert aussi bien de la nourriture grecque que des plats internationaux, du *hanoum bourek* au hamburger traditionnel. 🍽	€€€	●	■		■
XORTIATIS : *Plátanos* Agías Paraskevís 1, 57010. **Carte routière** D2. ☎ *2310 349260.* Située dans le village de Xortiátis, à 18 km à l'est de Thessaloniki, cette taverne mérite le détour pour la qualité de ses spécialités comme le *teingerosarmás* (abats d'agneau au four) et l'*exochikó* (porc à la tomate).	€€	●	■		

Légende des symboles, voir rabat de couverture

RENSEIGNEMENTS PRATIQUES

MODE D'EMPLOI

Visiter la Grèce présente un intérêt culturel et hédoniste. La variété et la beauté des paysages, l'ensoleillement, la mer et la décontraction des Grecs contribuent à faire de ce pays une destination de choix. Toutefois, mieux vaut s'informer des us et coutumes grecs afin d'éviter des embûches inutiles et de savoir à quel moment partir, qu'emporter, comment se déplacer et où s'adresser en cas d'imprévu. Si la Grèce n'est plus aujourd'hui une destination aussi économique qu'autrefois, les transports, les locations de véhicules, les chambres d'hôtel et les repas se révèlent en général moins coûteux que dans les autres pays d'Europe. Les informations touristiques et pratiques sont disponibles auprès des bureaux de l'EOT (p. 300).

Evzone en habit d'apparat

QUAND PARTIR

La saison touristique s'étend de fin juin à début septembre : c'est la période la plus chaude (p. 49), celle où les prix sont le plus élevés et les hôtels bondés. De décembre à mars, le climat est froid et humide, les transports publics sont réduits, et beaucoup d'hôtels et de restaurants fermés.

On peut skier en Grèce entre janvier et avril dans quelque 20 stations de sports d'hiver (p. 310).

Le printemps (fin avril-mai) est l'une des meilleures périodes pour visiter le pays : le soleil brille sans être trop chaud, les touristes sont peu nombreux et la campagne se pare de couleurs superbes, lorsque les premières fleurs éclosent (p. 22-23).

QU'EMPORTER AVEC SOI

La Grèce est équipée de tout le confort moderne. Mais il convient de se munir de bonnes cartes (p. 319), d'un adaptateur électrique s'il y a lieu (p. 301), de lunettes de soleil, de chapeaux, de répulsif à moustiques, de médicaments si nécessaire et d'une crème solaire d'indice très élevé.

L'été, en plus des vêtements de bain, on se contentera d'habits légers, bien que le port d'une veste ou d'un sweat-shirt soit recommandé le soir et presque obligatoire en mai et en octobre. En hiver et au printemps, prévoir des vêtements de pluie et des lainages. Toujours respecter les usages vestimentaires dans certains sites religieux (p. 301).

ΕΛΕΓΧΟΣ ΔΙΑΒΑΤΗΡΙΩΝ
PASSPORT CONTROL

L'enseigne de la douane, à l'aéroport

LES VISAS NÉCESSAIRES

Les visiteurs en provenance des pays de l'Union européenne, des États-Unis, du Canada, d'Australie et de Nouvelle-Zélande n'ont besoin que d'un passeport valide (sans visa) et peuvent séjourner dans le pays pendant 90 jours. Pour rester plus longtemps, il faut s'adresser au **Bureau des étrangers** d'Athènes ou aux autorités policières locales. Les ressortissants d'autres pays doivent contacter le consulat grec de leur lieu de résidence.

LA DOUANE

Les ressortissants de l'Union européenne ne sont plus soumis à aucun contrôle lors du passage à la douane. Les limites d'importation des produits détaxés ont été récemment relevées : toutefois, certains produits de luxe destinés à ressortir du pays doivent être signalés aux services des douanes. Les bagages des ressortissants arrivant de pays extérieurs à l'Union européenne peuvent faire l'objet de vérifications.

L'exportation illégale d'objets archéologiques et d'antiquités est sévèrement punie de peines allant de la forte amende à plusieurs années de prison ferme.

Les visiteurs suivant un traitement médical particulier doivent se munir d'une copie de leur ordonnance à destination des autorités grecques (p. 302-303).

Le 30 juin 1999, la vente hors taxe, dans les ports et les aéroports, d'un certain nombre de produits (cigarettes, alcools, parfums, etc.) sur l'ensemble du territoire de l'Union européenne, fut abolie. Les résidents de l'UE peuvent maintenant importer de plus grandes quantité de ces produits, tant que c'est pour un usage personnel.

Estivants sur la plage

◁ **Le charmant petit port de Paralía Astros, au sud de Nauplie**

Famille arrivant à l'aéroport d'Athènes

VOYAGER AVEC DES ENFANTS

L es Grecs adorent les enfants et accueillent toujours leur présence avec une particulière bienveillance.

La plupart des hôtels offrent des services de garde pour les enfants, information qu'il faut toutefois vérifier à l'avance *(p. 261)*.

Des réductions de tarif de 50 % sont consenties dans les transports aux enfants âgés de moins de 10 ans ou de moins de 8 ans.

De manière générale, la mer est peu dangereuse, mais les maîtres nageurs sont peu nombreux. C'est pourquoi il convient donc d'être toujours conscient des risques de déshydratation et d'insolation qui menacent les plus petits.

LES FEMMES VOYAGEANT SEULES

S i la Grèce est de manière générale un pays assez sûr, le port de tenue déshabillée est, comme dans d'autres pays du bassin méditerranéen, déconseillé aux femmes dans les zones rurales et les sites religieux. L'auto-stop est à éviter pour les femmes voyageant seules.

LES JEUNES ET LES ÉTUDIANTS

L es étudiants étrangers n'effectuant pas leur scolarité en Grèce même ne bénéficient

d'aucune réduction dans les transports. De multiples solutions existent toutefois, surtout en basse saison : il faut se renseigner avant de partir auprès des agences de voyages spécialisées, comme par exemple **STA Travel** (Wasteels) ou **CIDJ Voyages**. Les cartes **FUAJ** (Fédération unie des auberges de jeunesse) sont rarement exigées en Grèce, mais il vaut mieux en posséder une. C'est la FUAJ qui vous fournira une carte GO25. La plupart des musées et des sites archéologiques nationaux sont gratuits pour les étudiants de l'UE possédant une **carte jeune internationale-ISIC** en cours de validité. Quant aux étudiants des

Carte internationale d'étudiant

pays étrangers à l'UE munis de la carte ISIC, ils se verront accorder une réduction de 50 %.

LES VOYAGEURS HANDICAPÉS

E n Grèce, les équipements destinés aux personnes handicapées sont rares – ce guide signale les sites accessibles en fauteuil roulant. Des organisations comme l'**Association des paralysés de France (APF)** ainsi que des agences de voyages comme **I. Care** ou **Access Tourisme Service** organisent des voyages à la carte pour les personnes à mobilité réduite et fournissent des renseignements utiles.

Panneau indiquant un passage accessible aux handicapés, à l'aéroport d'Athènes

ADRESSES

LES OFFICES NATIONAUX DE TOURISME HELLÉNIQUES (EOT)

Site Internet de l'office national de tourisme grec
ⓦ *www.gnto.gr*

France
3, av. de l'Opéra, 75001 Paris.
ⓒ 01 42 60 65 75.
ⓦ *www.grece.infotourisme.com*

Canada
1170 place du Frère-André,
3ᵉ étage, Montréal,
Québec H3B 3C6.
ⓒ (514) 871 1535.

Belgique
172, av. Louise, Louizaalan,
1050 Bruxelles. ⓒ (2) 647 5770
ou 647 5944

Suisse
Löwenstrasse 25, 8001 Zürich
ⓒ (1) 221 0105.

ADRESSES UTILES

Bureau des étrangers
Leofóros Alexándras 173, Athènes.
ⓒ 210 647 6000.

Voyages Wasteels
113, bd Saint-Michel, 75005 Paris.
ⓒ 01 43 26 25 25.
ⓦ *www.statravelgroup.com*

CIDJ Voyages
101, quai Branly, 75015 Paris.
ⓒ 01 44 49 12 17/18.
ⓦ *www.ij-vacances.com*

FUAJ
9, rue Brantôme,75003 Paris. ⓒ
01 48 04 70 40. ⓦ *www.fuaj.net*

ISIC
ⓦ *www.isic.tm.fr*

APF
17, bd Auguste-Blanqui,
75013 Paris. ⓒ 01 40 78 69 00.

I.CARE
220-224, bd Jean-Jaurès, 92773
Boulogne/Seine Cedex ⓒ 01 55
20 23 83. ⓦ *www.icare.net*

Access Tourisme Service
8, rue Saint-Loup, 45130
Charsonville. ⓒ 02 38 74 28 40.
ⓦ *www.access-tourisme.com*

Vacances pratiques

Emblème des bureaux de l'EOT

Pour profiter pleinement de ses vacances en Grèce, il convient d'adopter la philosophie locale qui s'exprime par l'expression suivante : *sigá, sigá* (« doucement, doucement »). Parmi ses composantes, la sieste d'après déjeuner, un rite national qui s'avère presque physiologiquement nécessaire pendant l'été. Ainsi, tous les commerces ferment à l'heure de la sieste, pour ne rouvrir qu'en fin d'après-midi, lorsque la température a baissé. La foule réapparaît alors à la terrasse des cafés et des restaurants, avant d'entamer la *vólta*, ou promenade du soir, une coutume grecque des plus plaisantes.

LES INFORMATIONS TOURISTIQUES

Les informations touristiques sont disponibles dans les bureaux de l'**EOT** (Ellinikós Organismós Tourismoú, Office national hellénique du tourisme) installés dans les villes et villages de Grèce, dans les mairies, auprès de la police touristique locale *(p. 302)* ou d'agences de voyages privées. L'EOT publie par ailleurs une gamme étendue de brochures, cartes, tableaux d'horaires et listes d'hôtels – mais leurs informations ne sont pas forcément à jour. Les adresses et les numéros de téléphone des bureaux de l'EOT, des mairies et de la police touristique sont mentionnés tout au long de ce guide.

L'HEURE LOCALE

La Grèce vit avec une heure d'avance sur la France, la Suisse et la Belgique, sept heures d'avance sur Montréal et New York et huit heures de retard sur Sydney. En tant que membre de l'UE, la Grèce suit la règle imposée à tous les pays membres qui les oblige à passer à l'heure d'été et à revenir à l'heure d'hiver à la même date, afin d'éviter toute confusion aux voyageurs se déplaçant d'un pays à l'autre. Cela devrait diminuer vos chances de rater un vol ou un ferry en raison du changement d'heure.

Bureau de l'EOT au centre d'Athènes

LES HEURES D'OUVERTURE

Il n'existe aucune législation stricte et uniforme quant aux heures d'ouverture et de fermeture des magasins et des restaurants. Celles-ci varient selon les jours ou la saison. Mieux vaut toujours se renseigner avant d'envisager une sortie.

Musées nationaux et sites archéologiques sont en général ouverts de 8 h 30 à 14 h 45 (les plus importants restant ouverts en été jusqu'à 20 h ou 21 h). Les lieux touristiques publics ferment le lundi et les jours fériés *(p. 48)*. Les autres musées, privés ou locaux, peuvent fermer plus souvent. Les monastères et les couvents sont ouverts quand il fait jour, sauf une

Un *períptero*, ou kiosque, vendant un grand choix de journaux et périodiques

partie de l'après-midi. Les heures d'ouverture des magasins sont traitées p. 308, des pharmacies p. 303, des banques p. 304, des postes p. 307 et des bureaux de l'OTE (télécoms locaux) p. 306. Bureaux et magasins sont fermés les jours fériés et lors des fêtes locales, sauf dans certaines stations balnéaires touristiques. Les dates de ces fêtes sont données dans ce guide dans les encadrés intitulés « mode d'emploi » des différentes villes.

LES DROITS D'ENTRÉE

Dans la plupart des musées d'État et des sites archéologiques, le droit d'entrée est compris entre 1,5 et 6 euros, tarifs modulés par diverses réductions. Celles-ci vont de 25 % pour les personnes âgées de plus de 60 ans originaires de l'UE (passeport faisant foi), à 50 % pour les étudiants étrangers à l'UE détenteurs de la carte GO 25 ou de la carte jeune internationale ISIC. Les rares musées ou sites archéologiques ouverts les jours fériés sont souvent gratuits.

LES SPECTACLES

On trouvera les informations sur les spectacles dans plusieurs magazines en anglais. *Athens News* répertorie dans sa rubrique What's On column tous les événements culturels et les activités pour les enfants se tenant dans la ville. L'office de tourisme de la rue Amalias met à disposition un mensuel gratuit, *Now in Athens,* qui détaille les activités culturelles et de loisirs à Athènes. Un hebdomadaire en grec, *Athinorama* donne les mêmes renseignements *(p 118-121)*. Fêtes et événements culturels sont rapportés pages 44 à 48 du guide, mais il vaut mieux s'informer sur les lieux mêmes. Parmi les activités de loisirs, citons le cinéma en plein air, qui présente des films en anglais sous-titrés en grec, les bars, les discothèques,

Les interdits vestimentaires dans un monastère des Météores

les tavernes et les *kafeneía* (cafés). Chaque village possède son *kafeneía*, véritable cœur de la vie sociale locale.

LA RELIGION

La presque totalité de la population grecque est de confession orthodoxe de rite grec. Aussi les symboles et les habitudes hérités de la religion orthodoxe imprègnent-ils profondément le quotidien des Grecs. Les fêtes des principaux saints sont célébrées dans tout le pays (*p. 48*), celles de saints moins importants le sont au seul niveau local.

La principale minorité religieuse est celle des musulmans de Thrace, qui ne représentent que 2 % de la population. Les lieux de culte des autres confessions sont situés à Athènes et ses environs.

LES USAGES

Comme ailleurs, la courtoisie et le respect d'autrui sont appréciés en Grèce. Aussi convient-il d'apprendre quelques mots de grec, même si votre vocabulaire est très limité (*p. 348 à 352*).

Si l'esprit de tolérance règne en matière vestimentaire, mieux vaut porter des vêtements sobres lors de la visite de monastères et des églises (pantalons pour les hommes et jupes pour les femmes). Le bronzage seins nus est en général toléré,

mais le nudisme ne peut se pratiquer que sur des plages naturistes. Au restaurant, le service est compris, même si les pourboires sont appréciés (de 10 à 15 %). Laisser aussi un pourboire au personnel des toilettes publiques, aux portiers d'hôtel et aux femmes de chambre.

PHOTOGRAPHIER

Les pellicules sont faciles à trouver en Grèce, mais leur coût est élevé dans les lieux touristiques. S'il est interdit de photographier l'intérieur des monastères et des églises, ce n'est pas le cas des musées, où seul l'emploi de flashes et de trépieds est réglementé.

Un pope grec

L'usage d'un caméscope est soumis au paiement d'une taxe spéciale. Il est recommandé de demander l'autorisation de filmer au préalable.

APPAREILS ÉLECTRIQUES

Prise électrique à deux broches utilisée en Grèce

La Grèce, comme la plupart des autres pays européens, utilise du courant alternatif 220 volts/50 Hz. Comme en

France, les prises sont munies de deux minces broches. Les utilisateurs canadiens ou anglo-saxons doivent apporter leur propre adaptateur car ils sont difficiles à trouver sur place.

LA FRANCOPHONIE

La Grèce entretient depuis longtemps une tradition francophile, cela en partie grâce au rôle que joua la France dans l'établissement d'un protectorat assurant l'indépendance du pays face à l'Empire ottoman à l'issue de la guerre d'indépendance grecque. La **librairie Kauffmann** est la librairie française la plus importante. Elle a quatre antennes dans Athènes. Le magasin le plus central se trouve sur Stadiou 28 (*tél. : 210 364 3433*) ; mais on peut aussi aller sur Sina 60, Acadimias 76 ou Zoodohou Pigis 1. Pour obtenir des informations concernant les manifestations culturelles françaises à Athènes, contactez le **service culturel de l'ambassade de France**, Sina 31 (*tél. 210 362 43 01*).

Santé et sécurité

**Emblème
des pompiers**

Les Grecs ont une grande réputation d'honnêteté et leur pays est l'un des plus sûrs d'Europe. Néanmoins, comme pour tout autre voyage, il est recommandé de souscrire une assurance avant de partir. Le seul danger relatif qui guette le voyageur réside dans la façon de conduire des Grecs, responsable du taux d'accidents de la route le plus élevé d'Europe. C'est pourquoi, automobiliste ou piéton, il faut toujours se montrer vigilant.

LA SÉCURITÉ DES PERSONNES

Par rapport aux autres pays européens, en Grèce, le taux de criminalité est faible. Les seules précautions à prendre sont dictées par le bon sens, à savoir fermer sa voiture et sa chambre d'hôtel, surveiller son sac à main et mettre ses papiers à l'abri. En cas de vol, contacter la police.

LA POLICE

La police grecque est organisée en trois branches : la police régulière, la police portuaire et la police touristique. Cette dernière, la plus utile pour les étrangers, cumule les attributions policières classiques et les fonctions d'office du tourisme. En cas de vol ou de perte, de contestation avec des commerçants, restaurateurs, tour-opérateurs ou chauffeurs de taxi, c'est à elle que l'on s'adressera en priorité. Chacun de ses postes comporte au moins un agent parlant anglais. La police touristique propose également des brochures, des cartes et des listes d'hôtels et de logements chez l'habitant.

L'ASSISTANCE JURIDIQUE POUR LES TOURISTES

Le programme **EKPIZO**, dû à l'initiative d'associations de consommateurs et de l'Union européenne, offre une aide juridique aux touristes que des différends opposent aux commerçants et aux hôteliers grecs. Si l'on a l'intention

**Un policier indique leur chemin
à des touristes**

d'intenter une action en justice, il convient de contacter l'agence athénienne de l'**EKPIZO,** pour obtenir un interprète (anglais, français ou allemand).

ASSURANCE ET ASSISTANCE MÉDICALES

Les ressortissants de l'Union européenne peuvent, s'ils possèdent l'imprimé de sécurité sociale E111 (disponible sur demande), bénéficier des prestations médicales publiques. Les soins dans les services d'urgence sont gratuits pour tous. Sachez toutefois que les infrastructures hospitalières publiques sont limitées et les cliniques privées chères. Contracter avant le départ une assurance couvrant les dommages corporels, le vol et les imprévus divers reste une saine précaution. Lisez attentivement le contrat d'assurance avant de signer, en particulier les petits paragraphes annexes au verso, afin de vous assurer que les

accidents liés à la pratique d'activités « dangereuses », comme le motocyclisme ou le trekking, sont couverts. Payer son billet d'avion avec une carte American Express ou Visa permet, d'une part, d'en obtenir le remboursement en cas de faillite de l'agence de voyages et, d'autre part, d'être automatiquement couvert pour un certain nombre de risques.

LES PRÉCAUTIONS SANITAIRES

Lorsqu'on prévoit de visiter la Grèce en été, saison particulièrement chaude, il convient de prendre certaines mesures préventives de base. La surexposition au soleil peut en effet s'avérer dangereuse, en particulier pour ceux qui ont la peau claire : il faut emporter des lunettes de soleil de bonne qualité et une crème solaire efficace d'indice élevé. En cas de brûlure, appliquer une lotion apaisante. Les insolations nécessitent le recours à un médecin. C'est également le cas pour les déshydratations, aggravées par la consommation d'alcool.

Pour prévenir la déshydratation et pallier la perte de minéraux, il faut boire beaucoup d'eau, même lorsqu'on n'a pas soif, et ne pas hésiter à se procurer des tablettes de sel et de glucose dans une pharmacie.

Au cas où vous devez suivre un traitement pendant votre

**Uniforme de la
police portuaire**

**Uniforme de
police urbain**

Une ambulance avec le numéro d'appel peint sur la carrosserie

Véhicule de pompiers

Voiture de police

voyage, emportez vos médicaments ainsi que l'ordonnance correspondante, que l'on peut vous demander de présenter à la douane lors de votre arrivée. Les médicaments à la codéine, qui entre fréquemment dans la composition des antalgiques, sont interdits en Grèce.

Si, en général, l'eau du robinet est potable, dans les petits villages, il vaut mieux se renseigner sur la validité de cette affirmation auprès des habitants. Quoi qu'il en soit, on trouve de l'eau minérale dans toutes les épiceries du pays.

Malgré l'attraction exercée par une mer omniprésente, il faut éviter de se baigner dans les deux heures qui suivent un repas pour éviter les risques d'hydrocution.

Lors des bains de mer, il convient de se méfier des vives et des méduses, mais aussi des oursins, dont les épines sont délicates à retirer : il faut en effet employer de l'huile d'olive une aiguille stérilisée. On soulagera les piqûres de méduse avec du vinaigre, du carbonate de soude ou d'autres produits vendus en pharmacie. La douleur provoquée par une piqûre de vive est violente ; heureusement, cela se produit rarement. La première chose à faire est d'immerger la blessure dans de l'eau très chaude pour diluer le venin.

Si aucun vaccin n'est exigé à l'entrée en Grèce, il est néanmoins préférable d'être immunisé contre la typhoïde et le tétanos.

LES PHARMACIES

L es pharmaciens grecs sont qualifiés. Ils sont habilités à délivrer des médicaments et à soigner les affections mineures, y compris en dehors des heures d'ouverture. Leur enseigne, *farmakeia*, porte une croix verte ou rouge sur fond blanc. En général, les officines ouvrent de 8 h 30 à 14 h, mais ferment souvent l'après-midi et le dimanche matin. Dans les grandes villes, un système de garde existe : les officines sont ouvertes de 8 h 30 à 14 h et de 17 h 30 à 22 h. Les horaires de garde sont affichés en grec et en anglais.

Enseigne de pharmacie

LES SERVICES D'URGENCE

E n cas d'urgence, une liste de numéros d'appel à contacter est disponible ci-dessous. À Athènes, un service d'ambulances fonctionne 24 h/24. Hors d'Athènes, dans les îles et dans les villages de l'arrière-pays, l'existence d'un tel service est plus aléatoire. Si nécessaire, les patients peuvent être transportés à l'hôpital ESY (Service de santé grec) le plus proche ou, selon les cas, en ambulance ou en hélicoptère vers Athènes.

Une liste complète des hôpitaux de l'ESY, des cliniques et établissements hospitaliers privés est toujours disponible auprès de la police touristique locale.

NUMÉROS UTILES

NUMÉROS NATIONAUX D'URGENCE

Police
(100.

Ambulance
(166.

Pompiers
(199.

Assistance routière
(104.

Gardes-côtes
(108.

NUMÉROS D'URGENCE À ATHÈNES

Police touristique
(171.

SOS Médecins
(1016 (14 h-19 h).

Pharmacies
Informations sur les pharmacies ouvertes 24 h/24 :
(1434.

Centre antipoison
(210 779 3777.

EKPIZO

Agence d'Athènes
Valtetsíou 43-45
10681 Athènes.
(210 330 4444.

Banques et monnaie

L a Grèce a abandonné le drachme pour passer à la monnaie européenne, l'euro. Convertir une monnaie étrangère en euros est facile : on peut le faire dans les banques ou les bureaux de poste. Dans les petites villes, il y a toujours une agence de voyages ou un loueur de voitures pour changer vos chèques de voyages ou du liquide, moyennant une commission substantielle, bien sûr. Les grandes villes et les stations balnéaires offrent toutes de nombreuses banques et distributeurs automatiques de billets.

Touristes changeant de l'argent dans un bureau de change

LES HEURES D'OUVERTURE

L es banques ouvrent de 8 h à 14 h du lundi au jeudi, et de 8 h à 13 h 30 le vendredi. Dans les grandes villes et les stations balnéaires importantes, il y a toujours un bureau de change de banque ouvert le soir et le samedi matin pendant la saison touristique.

Les distributeurs automatiques de billets sont rares hors des grandes villes mais ils fonctionnent 24 h/24. Les banques ferment les jours fériés (p. 48), voire lors des fêtes locales.

CHANGE ET SERVICES BANCAIRES

D ans les grandes villes et les stations balnéaires importantes, il est possible d'effectuer des opérations de change dans les banques, les postes (bureaux dans les régions les plus reculées du pays et faible commission prélevée), les agences de voyages, les hôtels, les offices de tourisme et les agences de location de voiture. Penser à emporter son passeport pour changer des chèques de voyage et bien comparer les différents taux de change et le montant des commissions, qui sont très variables. Dans quelques villes, on trouve des appareils de change automatiques fonctionnant 24 h/24 qui font aussi office de distributeurs de billets.

CARTES BANCAIRES ET CHÈQUES DE VOYAGE

L es cartes VISA, Mastercard (Access), American Express et Diners Club sont les plus facilement acceptées en Grèce. Elles sont pratiques pour régler les billets d'avion et de ferry vers l'étranger, louer des véhicules, payer certains hôtels et effectuer des achats. Les tavernes, boutiques et hôtels bon marché n'acceptent généralement pas les cartes.

Dans certaines banques, on peut obtenir de l'argent liquide grec avec sa carte de crédit étrangère, pour un montant minimal de 44 euros, sur présentation du passeport. On peut également retirer des euros directement aux distributeurs de billets. Dans les deux cas, une commission de 1,5 % est prélevée (parfois plus pour les cartes VISA).

Lorsqu'on souhaite se munir de sommes importantes, les chèques de voyage demeurent le moyen le plus sûr d'emporter de l'argent. En cas de perte ou de vol, ils sont remboursés, même si les formalités sont parfois longues. Les chèques de voyage proposés par American Express et Travelex sont les plus connus en Grèce. En général, une première commission est prélevée à l'achat (de 1 à 1,5 %) et une autre à l'encaissement. Le montant de la commission prélevée lors de cette dernière opération étant très variable, il vaut mieux comparer les différents taux. On peut convertir ses chèques de voyage dans les grands bureaux de poste (p. 307) – ce qui est important à savoir si on voyage dans des endroits isolés ou des îles éloignées. Les Eurochèques sont réservés aux possesseurs d'un compte bancaire en Europe et se présentent sous la forme d'un chéquier. Ils sont utilisables dans les banques et les postes, dans de nombreux hôtels, magasins et agences de voyages. Une petite commission et une autre de 2 % par chèque sont prélevés directement sur le compte bancaire.

Appareil de change automatique

L'EURO

L'euro, la monnaie unique européenne, est aujourd'hui en circulation dans 12 pays sur les 15 États membres de l'Union européenne. L'Allemagne, l'Autriche, la Belgique, l'Espagne, la Finlande, la France, la Grèce, l'Irlande, l'Italie, le Luxembourg, les Pays-Bas et le Portugal ont changé leur monnaie. La Grande-Bretagne, le Danemark et la Suède ont préféré la conserver, avec la possibilité de revenir sur leur décision.

Les pièces et les billets ont été mis en circulation le 1er janvier 2002. Si les prix ont augmenté, particulièrement dans la restauration, les taxis et les transports publics demeurent parmi les moins chers d'Europe.

Billets de banque

Les billets existent en sept coupures. Le billet de 5 € (gris) est le plus petit, suivi de 10 € (rouge), 20 € (bleu), 50 € (orange), 100 € (vert), 200 € (brun-jaune) et 500 € (violet). Tous les billets arborent les 12 étoiles de l'Union européenne.

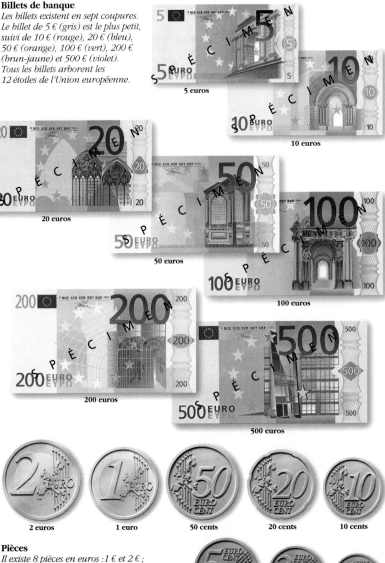

5 euros

10 euros

20 euros

50 euros

100 euros

200 euros

500 euros

2 euros   1 euro   50 cents   20 cents   10 cents

Pièces

Il existe 8 pièces en euros : 1 € et 2 € ; 50 cents, 20 cents, 10 cents, 5 cents, 2 cents et 1 cent. Les pièces de 1 et 2 euros sont de couleur argent et or. Celles de 50, 20 et 10 cents sont dorées. Celles de 5, 2 et 1 cents sont de couleur bronze.

5 cents

2 cents

1 cent

Médias et communications

Logo de la poste

L a compagnie grecque des téléphones, l'OTE (Organismós Tilepikoinonión Elládos) a vu ses services s'améliorer depuis quelques années. Désormais, la plupart des pays sont directement reliés. Les liaisons locales sont souvent moins bonnes, malgré des tarifs parmi les plus élevés d'Europe. La poste grecque est plutôt efficace et fiable, notamment au départ des grandes villes et des stations touristiques ; il est facile d'envoyer et de recevoir des fax. Grande consommatrice de quotidiens et de magazines, la Grèce offre d'intéressantes publications en langue anglaise.

TÉLÉPHONES ET FAX

O n trouve encore quelques téléphones publics dans les halls d'hôtel et dans la rue, mais le succès des téléphones portables entraîne leur disparition progressive. Les communications téléphoniques internationales sont effectuées depuis une cabine à l'aide d'une carte de téléphone ; elles sont vendues dans tous les kiosques (3 euros pour 20 min pour l'Europe). Toutefois, on peut également utiliser des téléphones à compteur dans les agences de l'OTE, qui acceptent aussi les communications en PCV.

Ces agences sont ouvertes de 7 h à 22 h ou minuit dans les grandes villes, mais jusqu'à 15 h dans les petits villages. Les communications locales sont peu onéreuses, au contraire des appels interurbains, chers, et des appels internationaux, quant à eux, littéralement exorbitants. Un opérateur vous renseignera sur les heures creuses et les prix des communications, variables selon les pays appelés. On peut également téléphoner depuis les bateaux grâce au système INMARSAT *(renseignements au 158)*.

On trouve des fax dans les bureaux de l'OTE et dans quelques postes urbaines. Le meilleur moyen d'envoyer un fax est encore de sympathiser avec le personnel de votre agence de location de voiture ou de voyages, il réceptionneront les fax pour vous et vous les mettront de côté.

RADIO ET TV

A vec trois stations d'État nationales et une pléthore de stations locales privées, les ondes grecques sont passablement chargées et la réception aléatoire. Beaucoup d'entre elles diffusent de la musique populaire, mais d'autres, comme ER-3, station d'État, émettant sur 95,6 en FM, diffusent du classique. Il existe des flashes d'informations en anglais, en français et en allemand. Vous pouvez capter RFI (Radio France Internationale) à Athènes sur 665 AM (diffusion ERT-5) et à Thessalonique sur 93.1 FM (diffusion Radio Paratiritis). Pour les anglophones, BBC World Service émet à Athènes sur 107.1 FM.

Téléphone public

La télévision grecque comprend 2 chaînes d'État, de nombreuses chaînes privées hertziennes, par câble ou par satellite. La plupart de ces chaînes offrent des programmes mélangeant séries américaines doublées, jeux télévisés, sport et films. Les films étrangers sont généralement diffusés en VO.

ET1, l'une des deux chaînes d'État, produit chaque matin à 6 h un journal télévisé en anglais, tandis qu'il est possible de capter la chaîne francophone TV5.

COMMENT UTILISER UN TÉLÉPHONE À CARTE ?

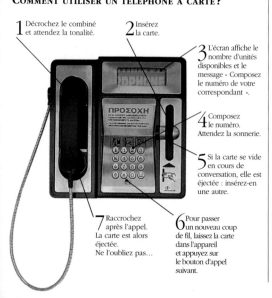

1 Décrochez le combiné et attendez la tonalité.

2 Insérez la carte.

3 L'écran affiche le nombre d'unités disponibles et le message « Composez le numéro de votre correspondant ».

4 Composez le numéro. Attendez la sonnerie.

5 Si la carte se vide en cours de conversation, elle est éjectée : insérez-en une autre.

7 Raccrochez après l'appel. La carte est alors éjectée. Ne l'oubliez pas…

6 Pour passer un nouveau coup de fil, laissez la carte dans l'appareil et appuyez sur le bouton d'appel suivant.

Carte téléphonique illustrée

Boîte aux lettres standard

Tous les journaux en langue anglaise donnent les programmes de télévision de la semaine à venir.

JOURNAUX ET MAGAZINES

Les nombreux kiosques à journaux, ou *períptera*, et les librairies des grandes villes et des stations balnéaires vendent les grands journaux étrangers, du jour ou de la veille, ainsi que les périodiques les plus importants, à un prix toutefois assez dissuasif. En revanche, l'hebdomadaire grec en langue anglaise *Athens News* est moins cher et bien diffusé ; il publié tous les jours sauf le lundi. *Odyssey*, un bi-mensuel sur papier glacé se trouve dans toutes les stations balnéaires et aussi à Athènes.

Il rassemble les informations sur les distractions locales, les festivals et les événements culturels mais il traite aussi les nouvelles nationales et internationales.

Les principaux journaux nationaux sont l'*Eleftherotypía*, l'*Eléftheros Týpos* et *Kathemeriní*.

LA POSTE

Les bureaux de poste (*tachydromeía*) ouvrent en général, de 7 h 30 à 14 h du lundi au vendredi – certains jusqu'à 20 h, d'autres pendant quelques heures le week-end en haute saison. Ils sont fermés les jours fériés (*p. 48*). Ceux qui arborent l'enseigne « Exchange » effectuent des opérations de change.

Les boîtes aux lettres sont, le plus souvent, de couleur jaune vif : elles reçoivent le courrier national (*esoterikó*) et international (*exoterikó*).

Les boîtes aux lettres rouges sont réservées au courrier urgent. Le tarif « urgent » est plus élevé, mais le service réellement efficace. Les timbres (*grammatósima*) peuvent être achetés au guichet des bureaux de poste ou dans les kiosques (*períptera*) pour 10 % de plus. Les lettres à destination de l'Europe mettent en général de 3 à 6 jours pour arriver, celles à destination du Canada, de 5 jours à plus d'une semaine. Les cartes postales sont acheminées avec beaucoup moins d'empressement.

Le système de la poste restante – qui permet de recevoir son courrier dans le bureau de son choix – est très répandu en Grèce. L'expéditeur doit porter sur l'enveloppe, bien en évidence, la mention « Poste restante » et souligner le nom du destinataire. Les lettres reçues sont conservées 30 jours et délivrées sur présentation d'une pièce d'identité.

En cas d'expédition d'un colis vers un pays n'appartenant pas à l'UE, il ne faut pas le fermer car il risque d'être inspecté par les services de sécurité. Les plus grands bureaux de poste d'Athènes sont situés Plateía Omonoías, Plateía Syntágmatos et sur Aiólou.

ADRESSES

Appels locaux

☎ 151 *(opérateur local)*.

☎ 131 *(assistance téléphonique pour les appels locaux en Grèce)*.

Appels internationaux

☎ 139 *(opérateur international et renseignements)*.

Appels internationaux depuis la Grèce

Faire le 00, l'indicatif du pays (voir la liste ci-dessous), l'indicatif régional ou provincial (moins le 0) et le numéro du correspondant.
France *33.*
Suisse *41.*
Belgique *32.*
Canada *1.*

Appels internationaux vers la Grèce

Composer l'indicatif de sortie (liste donnée ci-dessous), le 30 (indicatif de la Grèce), l'indicatif régional et le numéro du correspondant.
France *00 (30).*
Belgique *00 (30).*
Suisse *00 (30).*
Canada *011 (30).*

Présentation des journaux dans un kiosque d'Athènes

Magasins et marchés en Grèce

Faire des achats en Grèce procure d'intenses satisfactions, en particulier lorsqu'on s'adresse directement au producteur. Dans les petits villages, on peut encore voir à l'œuvre brodeurs, dentellières et potiers. Toutefois, de nombreux produits sont importés et chers. Sur le shopping à Athènes, voir pages 114-117.

Vitrine d'un magasin de souvenirs à Párga, dans le centre de la Grèce

TVA ET PRODUITS DÉTAXÉS

Presque toujours incluse dans le prix des produits, la FPA *(Fóros Prostitheménis Axías)* – équivalent grec de la TVA – s'élève à 18 %. S'ils séjournent moins de trois mois, les ressortissants de pays n'appartenant pas à l'UE peuvent se faire rembourser cette taxe lorsque leurs achats dépassent 117 euros. Ils doivent remplir un formulaire « chèque de détaxe » dans le magasin et en fournir une copie à la douane lorsqu'ils quittent le pays. Parfois, il leur faut présenter une preuve d'achat ou le produit lui-même.

LES HEURES D'OUVERTURE

Malgré de très nombreuses exceptions, les magasins ouvrent en général les lundi, mercredi et dimanche de 9 h à 14 h 30, et les mardi, jeudi et vendredi de 9 h à 13 h 30, puis de 17 h à 21 h. Les supermarchés ouvrent le lundi et le vendredi de 9 h à 21 h et le samedi de 9 h à 18 h. Les petits supermarchés de province, qui sont souvent des entreprises familiales, restent ouverts plus longtemps, du lundi au samedi de 8 h ou 9 h à 20 h ou 21 h.

On peut effectuer des achats le dimanche dans certaines stations balnéaires et dans les quartiers commerçants d'Athènes. Les kiosques *(períptera)* sont ouverts de 7 h à 23 h et vendent de tout : tickets de bus, aspirine, crèmes glacées, etc.

Chez Brettos, un marchand de spiritueux d'Athènes

LES MARCHÉS

La plupart des villes grecques ont un marché hebdomadaire *(laïkí agorá)*, aux étals couverts de fruits, d'herbes aromatiques, de poissons, de viandes et de volailles – voisinant avec des chaussures, sous-vêtements, articles ménagers ou électroniques.

Enseigne de produits détaxés

Chaque jour, dans les grandes villes, un marché se tient dans un quartier différent : il ouvre tôt et se termine vers 14 h, heure de la sieste. Les prix y sont moins élevés que dans les supermarchés, et le marchandage est toléré, au moins pour les denrées non périssables. On trouve dans ce guide des informations sur les différents marchés.

À ne pas manquer, le marché aux puces d'Athènes, qui se tient, le dimanche matin, Plateía Monastirakíou et dans les rues environnantes *(p. 87).*

BOISSONS ET NOURRITURE

Parmi les denrées méditerranéennes, mentionnons le miel, les olives, l'huile d'olive, les pistaches, les plantes aromatiques, les épices, les fromages, dont la feta, les pains et les biscuits variés, sans oublier les pâtisseries vendues dans les *zacharoplasteío,* ni les boissons alcoolisées – l'ouzo, le retsina, le brandy et le *tsípouro.*

VINS ET SPIRITUEUX

Chaque région a ses vins. Parmi les vins de qualité supérieure, essayez, dans les vins rouges, les *monte néro, naoussa boutari, athos, cava boutari, caviros* ou *pella,* pour la plupart originaires de Macédoine ; parmi les vins blancs, les *cava camba, arcadia, santa éléna* et *verdéa* ; et, parmi les rosés, les *cimarosa* et *bella rosa.* Le vin résiné *(retsina),* dont la saveur est si spéciale, a aussi des amateurs. La bière, notamment celle qui est fabriquée en Grèce sous licence, est de bonne qualité. L'ouzo, anisette consommé avec ou sans eau, est la boisson nationale : rapportez du *Sans Rival,* du *12* ou du *Tsandalis.* Mentionnons aussi le vin cuit de Samos ainsi que les cognacs grecs, tels le *Cambas,* les *Metaxa* d'une à cinq étoiles ou le *Votris* de cinq ans d'âge.

Qu'acheter en Grèce?

Les objets d'artisanat traditionnel, quoique assez onéreux, sont les produits les plus authentiques que l'on puisse rapporter de Grèce. Le choix est large, des reproductions en or de bijoux antiques aux poteries rustiques, en passant par les cuillères en bois et les sandales en cuir. On trouve de magnifiques céramiques dans les marchés et les magasins de la banlieue nord d'Athènes, à Maroúsi. Dans un autre registre, les tapisseries tissées à la main dans les villages constituent

Tapis en vente à Aráchova

des souvenirs de choix. Souvent, elles sont accrochées à côté d'épais tapis, les *flokáti*, en laine de mouton ou de chèvre. Les tapis sont souvent originaires du Pínde. On en vend également à Aráchova, près de Delphes *(p. 221)*. Dans les petits villages, les entreprises artisanales sont souvent familiales. Il est possible de marchander. Le chapitre *Magasins et marchés à Athènes* (pages 114-117) indique où se trouvent les magasins d'artisanat de la capitale grecque.

Les pièces d'orfèvrerie sont vendues dans les grandes villes. Il s'agit d'œuvres de créateurs contemporains, tel Lalaounis, mais aussi de reproductions de bijoux antiques.

Les icônes sont en vente dans les magasins et les monastères. Leur format est très variable, du minuscule au tableau de grande taille. Les plus beaux et les plus chers sont réalisés selon des techniques ancestrales avec des matériaux traditionnels.

Les couverts décorés, telles ces cuillères en bois, sont vendus dans les boutiques d'artisanat. Ils sont le plus souvent richement ornés et sculptés à la main dans des branches en bois d'olivier, l'arbre national.

Les komboloï, ou chapelets, sont très employés par les Grecs, qui l'égrènent pour se détendre. On en trouve chez les joailliers et dans les magasins de souvenirs.

Les ustensiles de cuisine sont vendus aussi bien sur les marchés que dans les magasins de souvenirs. Ici, une cafetière en cuivre (mpríki).

Les articles de cuir sont vendus dans toute la Grèce. Sacs à main, sacs à dos ou sandales constituent autant de souvenirs de qualité.

Les céramiques décorées existent sous de multiples formes et finitions. Le plus souvent d'aspect austère et dépouillé, elles sont généralement vendues en bordure de routes, près des grandes villes.

Vacances différentes et activités de plein air

Il est parfaitement possible de visiter la Grèce tout en pratiquant ses activités favorites. Du pèlerinage religieux sur les traces de saint Paul à la visite des sites archéologiques antiques, en passant par l'apprentissage de l'écriture ou de la peinture du paysage grec, ou encore si vous préférez la voile, la randonnée ou l'observation des oiseaux en milieu naturel, tout est possible. Il y a également de nombreuses opportunités d'assister à des évènements sportifs. Les repas et l'hébergement sont souvent inclus dans le prix des vacances.

spécialisée dans le trekking, qui propose par ailleurs des excursions dans les massifs plus méconnus d'Agrafa et de Stereá, au sud du Pinde. En France, contactez par exemple **Allibert** ou **Terres d'aventure**.

Un randonneur

Une visite guidée du site antique d'Olympie *(p. 170-172)*

LES SÉJOURS ARCHÉOLOGIQUES

Les amoureux de la Grèce antique apprécieront les séjours à thèmes centrés sur la visite des principaux sites archéologiques en compagnie de guides qualifiés. Certaines formules incluent également la découverte de sites historiques plus récents, parmi lesquels les forteresses vénitiennes ou franques ou les églises et monastères byzantins. Parmi les agences proposant de telles prestations, mentionnons **Clio**. Depuis quelques années, les associations culturelles philhelléniques se sont multipliées en France. C'est le cas de l'association **Athéna** qui s'est spécialisée dans l'organisation de séjours permettant de découvrir en profondeur certains aspects spécifiques de la civilisation grecque ainsi que la vie quotidienne de la Grèce contemporaine.

ÉCRITURE ET PEINTURE

Les paysages somptueux et la luminosité des îles sont une merveilleuse source d'inspiration. L'atelier **Alupi** organise des stages sur l'île d'Hydra, située à 2 h de bateau au sud d'Athènes.

DÉCOUVRIR LA NATURE

La campagne grecque, qui est de toute beauté, abrite une faune et une flore intéressantes, parfois à l'état sauvage. Certaines agences organisent des voyages de découverte de la nature grecque. La **Société grecque d'ornithologie** fournit d'utiles renseignements aux visiteurs tentés par ce type de voyage.

LES RANDONNÉES PÉDESTRES

Pour les amateurs de marche à pied, la Grèce constitue un véritable paradis, surtout au printemps lorsque les champs se couvrent de fleurs et que le soleil est encore supportable. Les randonnées les plus inoubliables sont probablement celles que l'on effectue dans le massif du Taÿgettos, dans le Péloponnèse *(p. 195)* ou dans la chaîne du Pinde en Grèce centrale *(p. 206)*. **Trekking Hellas** est une agence grecque

FAIRE DU SKI

La Grèce possède quelques stations de sports d'hiver. Certaines sont très faciles d'accès depuis Athènes, la plus proche étant celle du mont Parnasse, près de Delphes *(p. 221)*. Selon l'état d'enneigement, la saison dure de janvier à avril.

Les tarifs des stations de sport d'hiver grecques sont plus économiques, mais les prestations plus limitées que dans les grands pays alpins. Pour plus d'informations, contacter la **Fédération des clubs alpins** ou se renseigner auprès de l'EOT.

LES SPORTS NAUTIQUES

Avec un littoral s'étendant sur plusieurs milliers de kilomètres, un climat favorable et une mer souvent limpide, la Grèce offre de multiples plaisirs aux amateurs de sports nautiques. De la location de planches à voile au ski nautique et à la location de jet-ski, les amateurs n'ont que l'embarras du choix dans tout le pays. Il est possible de s'adonner, lors d'un séjour organisé,

Vacanciers s'initiant aux joies de la planche à voile

Plaisanciers sur un voilier de location

aux joies du kayak, du rafting et du canoë sur les rivières. Contactez l'agence grecque Trekking Hellas.

LA PLONGÉE SOUS-MARINE

Parmi ses nombreux attraits, la Grèce en offre un particulièrement séduisant : la découverte de ses fonds méditerranéens. On peut les explorer tout seul, avec un simple masque, un tuba et des palmes ; toutefois, la plongée avec bouteille est réglementée. L'État grec entend ainsi préserver son patrimoine archéologique sous-marin, qu'il est interdit de photographier sans autorisation. Renseignez-vous sur la location de matériel de plongée sous-marine auprès de l'Office du tourisme grec *(p. 300)*. Basé à Athènes, l'**Aegean Dive Centre** organise des plongées le long de la côte attique, ainsi que des séances d'initiation pour les débutants.

LA LOCATION DE VOILIERS

À l'instar d'Ulysse et des navigateurs antiques, découvrez la Grèce de manière originale – et souvent inoubliable – en louant un voilier. La meilleure période pour naviguer à la voile s'étend d'avril à octobre. Les formules proposées vont de quelques jours à plusieurs semaines.

Il existe plusieurs types de croisière en voilier : sans skipper, ce qui nécessite un minimum de connaissances nautiques (un permis de navigation est exigé pour au moins deux personnes embarquées) ; accompagné d'un skipper ou avec un équipage complet comprenant marins, cuisiniers et divers membres d'équipage. Une formule répandue propose la location d'un bateau appartenant à une flottille de 6 à 12 voiliers reliés par radio à un navire amiral. Contacter notamment les agences **Air Sud**, **Évasion Location** ou **Moorings**.

LES CROISIÈRES

Laissez-vous pénétrer de la beauté de la Grèce à bord d'un bateau de croisière. De nombreuses formules existent, de la mini-croisière au séjour de grand luxe. Départ de France (Nice ou Marseille), d'Italie (Gênes ou Venise) ou directement de Grèce (Le Pirée). Pour les croisières sur des paquebots de luxe, on s'adressera à **Royal Olympic Cruises, Costa Croisières, Fantasy Travel** ou directement à l'agence de voyages spécialisées, **Croisierenet.**

ADRESSES

Aegean Dive Centre
Zamanou 53 & Pandhoras, Glyfada
📞 210 894 5409
🖥 www.adc.gr

Air Sud
25, bd de Sébastopol, 75001 Paris.
📞 01 40 41 66 66.
🖥 www.airsud.com

Allibert
Route de Grenoble, 38530 Chapareillan.
📞 04 76 45 22 26

Atelier Alupi
20, rue du Commandant-Mouchotte, 75014 Paris.
📞 01 43 21 31 72.
🖥 www.atelieralupi.com

Association Guillaume Budé
95, boulevard Raspail, 75006 Paris. 📞 01 42 22 69 15. 🖥 www.lesbelleslettres.com

Athéna
B. P. 100, 74650 Chavanod-Annecy.
📞 04 50 10 93 10. 🖥 www.athenavoyages.com

Clio
34, rue du Hameau, 75015 Paris.
📞 01 53 68 82 82

Costa Croisières
2, rue Joseph-Monnier, Bât. C, 92859 Rueil-Malmaison.
📞 01 55 47 55 55.

Croisierenet
📞 0 805 40 55 40
🖥 www.croisierenet.com

Évasion Location
13, quai Aristide-Briand, 83430 Saint-Mandrier.
📞 04 94 63 69 70. 🖥 www.evasionlocation.fr

Fantasy Travel
🖥 www.fantasytravelofgreece.com

Fédération des clubs alpins
5, rue Milioni, 10673 Athènes.
📞 210 364 4687.

Fédération hellénique de yachting
Possidónos 55, Le Pirée.
📞 210 413 7351.

Ilios Tour
36bis, avenue de l'Opéra 75002 Paris. 📞 01 53 30 03 00. 🖥 www.parisathenes.com

Moorings
64, rue Jean-Jacques-Rousseau, 75001 Paris.
📞 01 53 00 30 30.
🖥 www.moorings.com

Royal Olympic Cruises
5, boulevard des Capucines, 75002 Paris.
📞 01 42 66 97 25.

Société grecque d'ornithologie
Vasileos Irakleion 24, 10682 Athènes.
📞 210 822 7937.

Terres d'aventure
6, rue Saint-Victor, 75005 Paris. 📞 0153 73 77 77.
🖥 www.terdav.com

Trekking Hellas
Filellinou 7, 10557 Athènes.
📞 210 331 0323.
🖥 www.trekking.gr

SE DÉPLACER EN GRÈCE

P ays au climat chaud et très ensoleillé, la Grèce est une destination fort prisée des touristes,
particulièrement ceux originaires du
nord de l'Europe. En pleine saison
(de mai à octobre),
des milliers d'avions
transportent vers la
Grèce des millions de
voyageurs. D'autres visi-
teurs, plus patients, gagnent
la péninsule en voiture, en train et en
autocar. Il est assez facile de se déplacer ensuite à l'intérieur du pays. La
Grèce est dotée d'un bon réseau d'autocars qui dessert même les plus petits

*Un avion de la compagnie
Olympic Airways*

villages à intervalles réguliers. En comparaison, le réseau ferroviaire est peu
développé et se borne à quelques liaisons entre les grandes villes et un petit
nombre de lignes annexes très lentes.
La découverte de la
Grèce en voiture est,
de tous les moyens
de transport, celui qui
offre la plus grande indépendance. Les routes sont par-
fois en mauvais état, voire dangereuses,
en particulier à la montagne *(p. 320)*.
Un réseau aérien assure les liaisons
intérieures depuis les aéroports
d'Athènes et de Thessaloníki.

ARRIVER EN AVION

L es principales compagnies
aériennes desservant
Athènes et Thessalonique au
départ de Paris en vols
directs sont **Olympic
Airways** (la compagnie
aérienne nationale
grecque), **Air France** et
Hellas Jet. Athènes a
maintenant un nouvel
aéroport, Elefthérios
Venizélos, qui accueille à
la fois le trafic national et
international. L'ancien
aéroport, Hellinikon, n'est
plus en service. L'Europe
est directement reliée à
environ 20 aéroports
internationaux en Grèce.
En Grèce continentale,
seuls ceux d'Athènes et de
Thessalonique ont des vols
réguliers. Les autres aéroports
sur le continent (Préveza,
Kalamáta et Kavála) ne sont
desservis que par des charters.
Les vols provenant de pays

*Courses à
l'aéroport*

non européens arrivent à
Athènes ; seules quelques
compagnies offrent des vols
intercontinentaux directs vers
la capitale grecque, la plupart
du temps, il faudra faire une
escale dans une ville
européenne pour
changer d'avion et
parfois de compagnie
aérienne.
Du Québec, les
compagnies nationales
n'effectuent plus de
vols sans escale vers la
Grèce. **Air Canada,
Continental Airlines** et
Air France vous
permettront de vous
rendre en Grèce, mais
toujours avec une,
parfois deux escales.
De Belgique, **Olympic
Airways, Hellas Jet** et **Virgin
Express** proposent des vols
directs vers Athènes.
De Suisse, **Swiss** et
Olympic Airways volent
directement vers Athènes.

*Contrôle des bagages au terminal
ouest d'Athènes*

CHARTERS ET VOLS
À PETITS PRIX

L es liaisons aériennes
à destination de la
Grèce par vol charter sont
nombreuses, notamment
de mai à octobre. Les
agences de voyage vendent
les billets soit inclus dans
un package, soit seuls.
Moins onéreux, les billets
de vol charter sont néanmoins
soumis à certaines restrictions.
Ils ne peuvent être échangés
une fois achetés et obligent à
une durée de séjour comprise
entre trois jours et un mois.
Si vous envisagez de faire un
détour par la Turquie depuis
la Grèce, sachez que les
passagers de vols charters ne
sont autorisés à se rendre en
Turquie que pour une
journée. Si vous ne respectez
pas cette règle, vous perdrez
votre billet de retour.

Passagers des vols internationaux au terminal est d'Athènes

Agence de voyages à Athènes

LA DURÉE DES VOLS

Au départ de Paris, la durée du vol vers Athènes est de 3 h 20 ; de Bruxelles, le temps de vol est de 3 h 10 et de Genève, 2 h 55. Au départ de Montréal, en raison de l'absence de vol direct vers la Grèce, le voyage dure entre 10 et 15 heures selon l'itinéraire choisi.

LE PRIX DES VOLS

Les prix des vols vers la Grèce sont le plus élevés entre juin et septembre. Ils dépendent de nombreux paramètres tels que le type de billet choisi, la classe retenue, la compagnie aérienne ou les promotions du moment. Toutefois, les vols les plus économiques à destination de la Grèce en haute saison sont incontestablement les vols charter. En basse saison, les charters sont moins fréquents, mais le tarif du billet aller-retour ne vaut guère plus de 200 euros. On peut acheter un billet de vol charter auprès de nombreuses agences de voyages, mais aussi, depuis quelques années, auprès de sociétés spécialisées dans la vente de vols à prix cassés. Celles-ci publient des annonces dans la presse; en outre, elles ont toutes un site Internet. Il convient toutefois d'être vigilant lorsqu'on recourt aux services de telles sociétés et de s'informer des

Accès aux portes d'embarquement

conditions d'utilisation prévues à l'achat d'un billet, même si son prix économique semble défier toute concurrence. Assurez-vous, en particulier, que le billet sera remboursé en cas d'annulation du vol, de sa date limite de validation et qu'il inclut les taxes d'aéroport et la TVA. Les billets APEX sont également moins chers. Ils sont soumis à un séjour minimum et un séjour maximum, ainsi qu'à d'autres restrictions. Sachez que les vols intérieurs grecs sont également soumis à des taxes d'aéroport (p. 314).

LE NOUVEL AÉROPORT D'ATHÈNES

L'ouvrage le plus grand et le plus prestigieux réalisé pour le nouveau millénaire fut l'aéroport Elefthérios Venizélos. Situé à Spáta, à 27 km au nord-est du centre d'Athènes, il ouvrit au trafic en 2001. Il rassemble les vols de passagers et les vols d'avions cargos. Deux pistes peuvent être utilisées simultanément 24 h/24 et un grand terminal principal reçoit les départs et les arrivées. Les arrivées se font au rez-de-chaussée (niveau 1) et les départs au 1er étage (niveau 2). On accède au plus petit terminal par un tapis roulant sous-terrain. L'aéroport a été conçu pour permettre d'effectuer une correspondance de 45 min entre deux vols. Très moderne, il comprend dans le terminal principal, un centre

commercial, des restaurants, des cafés et un hôtel 4 étoiles. Au niveau des arrivées, vous trouverez des agences de location de voitures, des banques, des bureaux de change et des agences de voyages.

SE RENDRE EN VILLE

Une autoroute à six voies qui reliera l'aéroport au périphérique de la ville est en cours de construction. La ligne de métro n°3 relie désormais l'aéroport à Syntagma.

Lumière, espace et accessibilité font l'originalité de l'aéroport d'Athènes

En attendant, le bus E95 fait l'aller-retour entre Plateía Syntágmatos, au centre-ville, et l'aéroport. Les départs ont lieu tous les 1/4 h et le trajet prend environ 1 h. Le E96, rallie Le Pirée à l'aéroport toutes les 20 min et il met 1 h 40. Le prix pour effectuer un de ces trajets est de 3 euros ; le billet est valable une journée et permet aussi d'effectuer des déplacements en ville (p. 325). En taxi, la course pour aller en centre-ville coûte entre 12 et 15 euros.

Un des plus petits avions de la flotte d'Olympic, pour les courtes distances

Le nouvel aéroport décoré aux couleurs de la Grèce, le bleu et le blanc

LES CORRESPONDANCES AÉRIENNES

L'aéroport d'Athènes, Elefthérios Venizélos, reçoit presque tous les vols internationaux et la plupart des vols intérieurs. Vols internationaux et vols intérieurs arrivent au grand terminal. Thessalonique accueille aussi des vols réguliers, mais seulement en provenance d'Europe. Les autres aéroports internationaux reçoivent surtout les charters de Grande-Bretagne, d'Allemagne, de Hollande ou de Scandinavie.

LES VOLS INTÉRIEURS

Le réseau des vols intérieurs est très développé. **Olympic Airways** et sa filiale, **Olympic Aviation,** dominent le marché, que se partagent d'autres compagnies privées comme **Aegean/ Cronus Airlines, Interjet** et **Macedonian Airlines** qui relient Athènes aux principales îles du pays. Les vols intérieurs sont chers, environ le double de l'équivalent bus-ferry. Les billets pour les vols d'Olympic sont disponibles dans toutes les agences de voyages. En haute saison, il est indispensable de réserver. Olympic propose des vols vers les grandes villes du continent, – Thessalonique, Ioánnina et Alexandroúpoli –, ainsi que vers plus de deux douzaines d'îles. En été, on peut passer directement d'une île à une autre. Ce service est cependant assuré toute l'année par quelques compagnies *(p. 313)*. Une petite taxe d'embarquement est toujours exigée pour les vols de moins de 800 km. Une autre taxe, deux fois plus élevée, est perçue pour les vols supérieurs à 800 km.

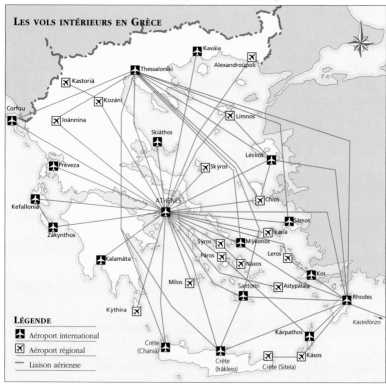

LES VOLS INTÉRIEURS EN GRÈCE

Kaváia
Alexandroúpoli
Thessaloníki
Kastoriá
Kozáni
Corfou
Ioánnina
Límnos
Skiáthos
Lésvos
Préveza
Skýros
Kefalloniá
Chíos
ATHÈNES
Zákynthos
Sámos
Ikaría
Sýros
Mýkonos
Leros
Kalamáta
Páros
Náxos
Kos
Milos
Santorín
Astypálaia
Rhodes
Kýthira
Kastellórizo
Kárpathos
Crète (Chaniá)
Crète (Irákleio)
Kásos
Crète (Siteía)

LÉGENDE

✈ Aéroport international
☒ Aéroport régional
— Liaison aérienne

ÎLE	DISTANCE	TEMPS DE VOL	ÎLE	DISTANCE	TEMPS DE VOL
Corfou	381 km	40 minutes	Crète (Chaniá)	318 km	45 minutes
Rhodes	426 km	45 minutes	Santoríni	228 km	40 minutes
Skýros	128 km	40 minutes	Kos	324 km	45 minutes
Skiáthos	135 km	30 minutes	Mýkonos	153 km	30 minutes
Límnos	252 km	45 minutes	Páros	157 km	35 minutes

ADRESSES

AÉROPORT INTERNATIONAL D'ATHÈNES

Eleuthérios Venizélos
À Spáta, à 33 km au sud-est d'Athènes.
☎ 210 353 0000.
FAX 210 369 8883.
W www.aia.gr

OLYMPIC AIRWAYS

Agence d'Athènes
Syngroú 96-100,
11741 Athènes.
☎ 210 926 9111
(standard).
☎ 210 966 6666
(réservations).
☎ 210 926 7306
(arrivées et départs).
☎ 801 11 44444
(depuis la Grèce seul.).
W www.aia.gr

Agence de Thessalonique
Kountouriótou 3,
Thessalonique
☎ 2310 368 666.

BUREAUX D'OLYMPIC AIRWAYS À L'ÉTRANGER

Paris
3, rue Auber,
75009 Paris.
☎ 01 44 94 58 58
(réservations) et 01 44 94
58 56 (billeterie).

Bruxelles
138A, avenue Louise.
1050 Bruxelles.
☎ (02) 644 5789.

Canada
80 Bloor Street, suite 503,
Toronto, Ontario,
M5S 2V1, Canada.
☎ (1) 416 920 2452.

AUTRES COMPAGNIES

Air Canada
Othonos 10d,
10557 Athènes.
☎ 210 322 3206.
W www.aircanada.ca

Air France
Vouliagmenis 18, Glyfada,
16675 Athènes.
☎ 210 960 1100.
W www.airfrance.com

Alitalia
Vouliagmenis 577,
Argyroupolis, 16451
Athènes. ☎ 210 995
9123 (standard) ou 210
995 92 00 (réservations).
W www.alitalia.it

British Airways
Othonos 10,
10557 Athènes.
☎ 210 890 6666.
W www.british-airways.com

Continental Airlines
Filellinon 25,
10557 Athènes.
☎ 210 323 78 53.
W www.continental.com

Hellas Jet
En Belgique :
Kales Airline Services,
Avenue des Arts 27,
Kunstlaan, 1040 Bruxelles.
☎ (32) 2 280 0003 ou
(32) 2 231 0210.
En France :
37, rue Jean Giraudoux,
75016 Paris.

☎ 01 45 00 76 60.
FAX 01 45 01 61 94.
En Suisse :
Bahnhofstrasse 10,
P.O. Box 172,
8302 Kloten.
☎ (41) 43 305 26 45.
En Grèce :
210 624 4244
et 801 11 53000
(depuis la Grèce seul.).
W www.hellas-jet.com

KLM
à l'aéroport d'Athènes
☎ 210 988 0177.
W www.klm.com

Lufthansa
Vass. Sophias 11,
10671 Athènes.
☎ 210 369 2200.
FAX 210 363 6372.
W www.lufthansa.com

Swiss
☎ 0848 85 2000 (depuis
la Suisse, classe
économique, seul.).
☎ 210 353 7400
(rés. en Grèce)
☎ 210 353 0382 ou 83
ou 84 (aéroport d'Athènes).
W www.swiss.com

Virgin Express
Aéroport de Bruxelles,
bâtiment 116,
1820 Melsbroek.
☎ (32) 2 7532 0511.
☎ 0800 528 528
(de France seul.).
☎ 070 35 36 37
(de Belgique seul.)
☎ 022 732 5757
(de Suisse seul.).
☎ 210 949 0777 ou 210
353 0000 (en Grèce) .
☎ 801 11 500 400
(réservations depuis la
Grèce). FAX (32) 2 752
0506. W www.virgin-
express.com

COMPAGNIES INTÉRIEURES GRECQUES PRIVÉES

Aegean/Cronus Airlines
Vouliagmenis 572, 16451
Athènes. ☎ 210 998
8350 ou 801 11 20000
(depuis la Grèce seul.). W
www.aegean-airlines.gr

Interjet
El. Venizelou 32,
16675 Athènes.
☎ 210 961 2050.
W www.interjet.gr

Macedonian Airlines
En Grèce :
☎ 210 926 7359.
W www.macedonian-
airlines.gr

Olympic Aviation
☎ 210 936 3565
(réservations).

AGENCES DE VOYAGES À ATHÈNES

Dolphin Hellas Travel
Syngrou 16, 11742
Athènes. ☎ 210 922
7772 ou 73 ou 74 ou 75.
W www.dolphinhellas.
com

Greece Flights
W www.greeceflights.com
@ info@greeceflights.com

Boutros Tours
Stadiou 7, Syntagma,
Athènes. ☎ 210 324 81
71. W www.boutrostours.
com

Mentor Travel
Platonos 26, Haidari,
12462 Athènes. ☎ 210
532 4234. W www.
mentor-travel.com

La Grèce en train

L e réseau ferroviaire grec se limite à la partie continentale du pays. Il est bien moins développé que ses homologues européens, et d'une qualité inférieure. À l'exception des grandes lignes, les trains grecs sont fort lents. En revanche, les billets « non express » sont économiques (plus que l'autocar) et certaines lignes, très pittoresques, traversent des paysages à la beauté sauvage. Les tickets de train express sont plus chers. Athènes et Thessalonique ainsi que Thessalonique et Alexandroúpoli sont reliées par un service de trains de nuit.

Logo de l'OSE, la SNCF grecque

Thessalonique partent trois lignes. La ligne Polýkastro dessert Budapest via Belgrade ; celle d'Alexandroúpoli mène à Sofia ou à Istanbul ; la ligne de Flórina mène à Skopje. Un train express relie Athènes à Thessalonique, Alexandroúpoli, Vólos et Kozáni ; un autre, Le Pirée à Pátra, Kyparissía et Thessalonique. De Thessalonique un express dessert Kozáni, Alexandroúpoli et Vólos.

LES BILLETS

L es billets de train sont vendus dans les agences de l'OSE ou aux guichets des gares ainsi que dans certaines agences de voyage agréées. Mieux vaut acheter son billet plusieurs jours à l'avance – et réserver un siège gratuitement –, en particulier en été quand les trains sont bondés. Un surcoût de 50 % est exigé lorsqu'on achète son billet dans le train.

Wagons de 1re et 2e classe d'un train non express

ARRIVER EN TRAIN

D 'une manière générale, les tarifs des voyages en train sont assez élevés. De Paris à Athènes, le voyage dure trois jours. Mais on peut toujours profiter des escales et s'y arrêter en cours de route. Un premier itinéraire passe par la Suisse et l'Italie, jusqu'aux ports adriatiques de Bari et de Brindisi, où l'on prend le ferry pour Pátra, puis, de là, un train pour Athènes.

L'autre itinéraire passe par l'ex-Yougoslavie, évitant la traversée en ferry. Le train s'arrête à Budapest (Hongrie), à Belgrade (Serbie) et à Skopje (Macédoine). Il aboutit en Grèce à Thessalonique.

CIRCULER EN TRAIN

L e réseau ferroviaire grec est régi par la compagnie nationale **OSE** (Organismós Sidirodrómon Elládos) et rayonne autour d'Athènes et de Thessalonique. La ligne du nord, qui part de la gare Laríssis, relie Athènes à Thessalonique, avec des dessertes vers la Chalcidique (Evvoia), Vólos, Kardítsa, Tríkala, Kalampáka, Edessa et

Kozáni. Pour aller dans le Péloponnèse, on prendra un train dans les gares athéniennes de Anargyroi et de Laríssis (la gare de Peleponnísou étant fermée pour travaux), et l'on rejoindra Corinthe par le réseau Proastiakos. De là, on pourra voyager dans tout le Péloponnèse avec les trains du réseau Hellenic Railways. Certaines voies traversent des paysages superbes, les deux plus connues étant le train à crémaillère reliant Diakoftó et Kalávryta dans le Péloponnèse (p. 168) et le train de montagne entre Leivadiá et Lamía en Grèce centrale. De

Il existe trois types de billets de train : première classe, deuxième classe et interurbain. Malgré la lenteur du service, les deux premiers sont deux fois moins chers que leurs équivalents en autocar ; les billets interurbains sont plus onéreux mais la qualité et la rapidité du service justifient le prix. Une remise de 20 % est accordée sur tous les voyages aller-retour, une autre de 30 % pour les personnes voyageant par groupe d'au moins six personnes. Les chemins de fer grecs proposent également

La gare Laríssis dessert le nord de la Grèce depuis Athènes

Guichet à la gare Peloponnísou

la Grèce (Thessalonique, Vólos et Lárisa), les Balkans, la Turquie et l'Europe occidentale. Elle délivre des billets de train pour l'étranger et dispose d'une consigne à bagages. Comme la gare Peloponnísou est aujourd'hui fermée, les trains pour le Péloponnèse, pour Pátra et les ferrys pour l'Italie partent désormais des gares Anargyroi et Laríssis. La gare Lárissis est desservie par le métro et le trolleybus 1 depuis Plateía Syntágmatos. Autre possibilité : le taxi ; Athènes en compte beaucoup et leur prix est modique.

plusieurs billets forfaitaires, qui permettent de circuler à volonté pendant 10, 20 ou 30 jours. Les cartes InterRail et Eurail sont acceptées en Grèce et permettent également d'obtenir des réductions sur certains ferrys reliant l'Italie et la Grèce.

LES GARES D'ATHÈNES

A thènes possède deux gares ferroviaires très proches l'une de l'autre, à environ 15 min de marche de Plateía Omonoías en direction du nord-ouest. La gare Lárissis, à Deligiánni, dessert le nord de

Décoration caractéristique des trains interurbains

LE TRAIN AU DÉPART DE PARIS

On peut acheter un billet de train pour la Grèce dans n'importe quelle gare : il faut se rendre soit au **Bureau International de réservations (BIR)**, soit dans un **guichet Grandes Lignes**. Vous pouvez aussi aller dans un **point de vente SNCF** proche de chez vous.

LE RÉSEAU FERROVIAIRE GREC

Sofia
Kastaniés
Istanbul
Sofia
Belgrade
Skopje
Sidirókastro
Sérres
Xánthi
Polýkastro
Kilkís
Dráma
Komotiní
Féres
Flórina
Amýntaio
Edessa
Thessaloníki
Alexandroúpoli
Véroia
Kozáni
Kateríni
Litóchoro
Kalampáka
Lárisa
Tríkala
Vólos
Kardítsa
Stilída
Lamía
Leivadiá
Chalkída
Pátra
Aígio
Diakoftó
Thebes
Xylókastro
Kyllíni
Kalávryta
Corinth
ATHENS
Spata
Piraeus
Pýrgos
Olympía
Argos
Náfplio
Trípoli
Kyparissía
Megalópoli
Messíni
Kalamáta

LÉGENDE

— Principales voies ferrées

0   200 km

La Grèce en voiture

Vers le port

Parcourir la Grèce en voiture offre la liberté d'explorer le pays à votre rythme. S'il existe des autoroutes reliant Athènes, Thessalonique, Vólos et Pátra, elles sont payantes et chères. Les cartes publiées dans ce guide mentionnent quatre catégories de voies routières, des autoroutes, en bleu aux pistes non asphaltées en jaune *(voir dernier rabat de couverture)*. La Grèce réalise des efforts considérables pour améliorer l'état de ses routes.

Vous avez la priorité

Route prioritaire

Avertisseur interdit

Animaux sauvages

Virage dangereux

Arrivée sur un rond-point

ARRIVER EN GRÈCE EN VOITURE

En raison des troubles récents qui ont déchiré l'ex-Yougoslavie, l'accès à la Grèce par le nord, est contre-indiqué. Lorsqu'on prévoit de circuler en Grèce en voiture, il convient de bien préparer son circuit à l'avance et d'informer son assurance de son voyage.

N'oubliez pas votre permis de conduire et les papiers du véhicule ainsi qu'une attestation d'assurance (l'assurance au tiers est obligatoire). L'itinéraire le plus sûr consiste à passer par l'Italie et à prendre le ferry à Ancône (à 1 215 km de Paris) ou à Brindisi (à 1 805 km de Paris) pour gagner le port de Patrá, lui-même situé à 250 km d'Athènes.

LE CODE DE LA ROUTE

Le code de la route grec est quasiment identique à ses homologues français, belge ou suisse. La seule exception réside dans certains panneaux annonçant l'entrée de petits villages, rédigés uniquement en grec dans les régions reculées.

Pour les voitures, la vitesse maximale autorisée est de 120 km/h sur autoroute, de 90 km/h sur les routes de campagne et de 50 km/h en ville. Pour les motocyclettes, la vitesse maximale autorisée est de 70 km/h (pour les cylindrées inférieures à 100 cc) et 90 km/h (pour les cylindrées supérieures).

Bien que très libéralement interprétée par les Grecs, la loi stipule clairement que le port de la ceinture de sécurité est obligatoire en voiture et que les enfants âgés de moins de 10 ans n'ont pas le droit de s'asseoir à l'avant du véhicule. Les contraventions se payent au commissariat local ou à l'agence de location de votre véhicule.

Véhicule de dépannage

LOUER UNE VOITURE

Les agences de location de véhicule sont très nombreuses dans les grandes villes. Elles proposent un vaste choix de véhicules, de la petite voiture au 4 x 4. Les grandes chaînes internationales comme **Budget**, **Avis**, **Hertz** et **Advantage** sont souvent plus chères que les compagnies locales, mais elles sont plus fiables.

Voitures à louer

En théorie, les agences de location de voitures doivent être associées à des sociétés de dépannage, telles qu'**Express**, **Hellas** ou **InterAmerican Towing Company,** pour pouvoir porter assistance à un véhicule défaillant. Lisez bien la partie assurance du contrat de location : la loi fait obligation de couvrir les dommages au tiers, mais l'assurance personnelle couvrant d'éventuels frais d'hospitalisation est facultative. Pour louer une voiture, il faut être âgé d'au moins 25 ans et posséder son permis de conduire depuis plus d'un an.

MOTOS, SCOOTERS ET BICYCLETTES

On peut louer très facilement motos et scooters dans les zones touristiques. Si les scooters sont un mode de transport

Motocyclettes à louer

très agréable en été sur terrain peu accidenté, il est préférable de louer une moto.

Quel que soit le type de véhicule que vous souhaitez louer, prenez le temps de vérifier son état et lisez

Bicyclettes de location dans une station balnéaire

attentivement le contrat de location ; renseignez-vous également auprès de votre assurance, avant le départ, sur les modalités de couverture des frais d'hospitalisation et de rapatriement. Comme ailleurs, les excès de vitesse et la conduite en état d'ébriété sont sanctionnés et, pour les motards, le port du casque est obligatoire.

Les agences de location de bicyclettes sont moins répandues. La chaleur et la nature accidentée du terrain rendent en effet le cyclotourisme plus difficile ; à l'inverse, les bus et les ferries n'exigent aucun supplément lorsqu'on emporte sa bicyclette avec soi, ce qui n'est pas le cas dans les trains, où un supplément est requis pour leur transport.

Une pompe à essence

LES STATIONS-SERVICE

L es stations-service sont nombreuses en ville, mais assez rares à la campagne. Mieux vaut donc ne partir qu'après avoir effectué un plein. Le prix de l'essence est sensiblement le même qu'ailleurs en Europe. Les stations-service proposent, en général, quatre types d'essence : le super 95, l'essence sans plomb, le super sans plomb et le gazole, qui en Grèce est appelé *petrélaio*. Les stations-service grecques

décident elles-mêmes de leurs horaires. En général, elles ouvrent 7 j/7 de 7 h ou 8 h à 19 h ou 21 h. Dans les villes, quelques stations-service fonctionnent 24 h/24.

LES TAXIS

L es taxis grecs ne sont pas chers pour les petites courses. Ils sont tous équipés de compteurs, mais il est possible de convenir avec le chauffeur d'un prix à la journée ou pour une longue course. Un taxi acceptera toujours de vous déposer à un endroit et de repasser vous prendre.

À Athènes, les taxis ne manquent pas. Dans les petites villes, il faut se rendre à une station de taxi locale, souvent proche de la gare routière. Chaque village possède un taxi, et le meilleur endroit pour le trouver est le *kafeneío* (café). Les taxis en Grèce embarquent souvent plusieurs personnes, chacune payant sa part.

L'AUTO-STOP

B ien que la Grèce soit un pays sûr, l'auto-stop est déconseillé aux femmes seules. Les candidats ont plus de succès à la campagne qu'à la périphérie des villes.

LES CARTES

L es cartes fournies par les agences de voyages ou de location de voitures ne sont pas fiables. Mieux vaut acheter une carte Michelin (échelle 1:700 000) avant de partir.

La plupart des panneaux de signalisation sont écrits en grec et en anglais

La Grèce en autocar

L e réseau d'autocars est géré par KTEL (Koinó Tameío Eispráxeon Leoforeíon), un syndicat regroupant plusieurs compagnies privées. Ce réseau est dense et dessert les moindres localités, même s'il arrive que les cars ne passent qu'une fois par jour ou, plus rarement, qu'une ou deux fois par semaine. Les liaisons entre les grandes villes sont beaucoup plus nombreuses. Si on en a l'opportunité, l'autocar est le meilleur moyen de découvrir la Grèce. Des compagnies internationales desservent la Grèce depuis l'Europe, à des prix toutefois supérieurs à ceux des charters en haute saison.

ARRIVER EN GRÈCE EN AUTOCAR

L a compagnie **Eurolines** dessert la Grèce au départ de la France et de la Belgique. Les Suisses devront se rendre à Lyon ou à Besançon pour rejoindre la Grèce en autocar. Depuis la France, des cars partent de Paris , Lyon, Strasbourg, Mulhouse, Montargis et Montbeliard. Ils permettent de se rendre à Igoumenítsa ou Thessalonique. Depuis la Belgique (Wallonie), ils partent de Bruxelles et de Liège et desservent également Igoumenítsa et Thessalonique, ainsi que Larissa. Depuis ces villes, vous rejoindrez Athènes en utilisant le service d'autocar grec KTEL *(ci-dessous)*. Eurolines est une société solidement établie, qui dispose d'un réseau à l'échelle de l'Europe entière. Tous les cars sont équipés de sièges inclinables, de toilettes et d'un lavabo et s'arrêtent plusieurs fois lors du trajet. Il est possible d'acheter son billet dans les agences de voyages ainsi que par téléphone, e-mail ou Internet. En partant de Paris à 7 h du matin, vous arriverez le surlendemain à 4 h du matin.

**Eurolines en France :
Gare routière
internationale de Paris
Galliéni**
28, avenue du Général-de-Gaulle, 93541 Bagnolet. *Ouvert de 6 h à 23 h 30 du lun. au dim.*
📞 08 92 89 90 91. 📠 01 49 72 51 61. 🖥 www.eurolines.fr
Pour les adresses des autres bureaux consultez le site Internet.

Un autocar affrété par KTEL

Eurolines en Belgique :
📞 (02) 274 13 50 *(réservations et informations).* 📠 (02) 201 11 40.
@ info@eurolines.be.

CIRCULER EN AUTOCAR

L e réseau interurbain d'autocars grecs **KTEL** est bien développé et dessert les moindres localités, avec des liaisons fréquentes entre les grandes villes. Athènes possède plusieurs terminaux. Les ventes de billets sont informatisées pour la plupart des grandes destinations et le voyage s'effectue dans des véhicules confortables et climatisés. Achetez votre billet à l'avance, car les chauffeurs grecs ayant l'habitude de partir quelques minutes avant l'heure, les places pour les grandes villes sont vites vendues. Dans les villages,

Logo de KTEL

le *kafeneío* fait office de point d'informations et de gare routière, et le gérant du café, de guichetier.

LES EXCURSIONS

D ans les régions touristiques, les agences de voyages organisent, sous la conduite de guides, des excursions en autocar qui permettent de visiter des sites archéologiques, des villes et des ports ou d'assister à des manifestations culturelles ou folkloriques locales. Certaines excursions débutent tôt le matin, aussi vaut-il mieux réserver sa place à l'avance.

SERVICES D'AUTOCARS AU DÉPART D'ATHÈNES

D e nombreux autocars relient Athènes aux principales villes du pays, à l'exception de celles de Thrace, desservies par Thessalonique. À Athènes, le terminal A est situé à 4 km au nord-ouest du centre-ville *(100 Kifisoú, tél : 210 512 4910)*. Il dessert l'Épire, la Macédoine, le Péloponnèse et les îles Ioniennes de Corfou, Kefalloniá, Leucade et Zákynthos (la traversée en ferry est comprise dans le prix du billet). Il faut 7 h 30 pour se rendre à Thessalonique et 7 h pour Párga. Le terminal B *(260 Liosíon, tél : 210 831 7153)* se trouve au nord de la station de métro Agios. Il dessert la Grèce centrale, dont Delphes (3 h) et Vólos, (6 h). Les bus à destination de l'Attique (Soúnio, Lávrio, Rafína et Marathónas) partent du terminal routier Mavrommataíon *(Mavrommataíon 29, tél : 210 821 32 03)*, au nord du Musée national.

Autocar de la compagnie Eurolines

La Grèce en bateau

Catamaran grec

La Grèce est depuis toujours une nation de marins et la maîtrise de la mer continue de jouer un grand rôle pour relier les milliers d'îles qui parsèment ses eaux territoriales. Les transports maritimes constituent l'une des plus grosses sources de revenus du pays, lors la grande migration touristique estivale vers les îles de l'Égée et la Méditerranée. Ces îles sont reliées au continent par des ferries, des hydroglisseurs et des catamarans.

ARRIVER EN GRÈCE EN BATEAU

Des départs réguliers de ferries ont lieu depuis les ports italiens d'Ancône et de Brindisi vers les ports grecs de Patrá, dans le Péloponnèse, ou d'Igoumenítsa en Épire ; des services saisonniers relient Venise et Trieste à la Grèce. La durée des traversées et leur prix varient selon le port d'embarquement ou le type de billet (étudiant, jeune). De nombreuses compagnies relient la Grèce à l'Italie, aussi mieux vaut comparer les prix pratiqués.
En été, les automobilistes doivent réserver leur traversée à l'avance.

Passagers d'un ferry en train d'appareiller

LES FERRIES

Les ferries grecs offrent des prestations de bonne qualité, mais ne respectent pas les horaires et les durées de traversée. Ainsi, lorsqu'on part d'un petit port, la seule préoccupation est de trouver un bateau qui part dans la journée et rejoint votre point de destination. Si l'on peut se procurer les horaires et les dates de traversée, il faut savoir que ceux-ci changent chaque semaine *(www.gtp.gr)*.

MINOAN LINES

LOGO de la Dane Sea Lines

Le départ du Pirée, le port d'Athènes, est compliqué, en raison du nombre de points de vente de billets appartenant à des compagnies concurrentes qui se succèdent sur les quais. C'est là qu'on achète les billets et que l'on réserve sa place (indispensable en haute saison), mais on peut également le faire par les agences de voyages. La Grèce est dotée d'un réseau d'hydroglisseurs et de catamarans, qui sont deux fois plus rapides mais aussi deux fois plus chers. Ceux-ci desservent plusieurs ports du Péloponnèse et les îles. La plupart partent de Rafína ; ceux qui se dirigent vers le Péloponnèse partent de Zéa, au Pirée. La réservation est recommandée. L'Office hellénique du tourisme renseigne efficacement le voyageur sur les traversées maritimes. En basse saison, les prix sont moins élevés, mais certaines destinations sont supprimées.

LE PORT DU PIRÉE

Ce plan indique les différentes destinations desservies depuis Le Pirée.

Autorités portuaires :
210 422 6000.
Horaires :
1440.

LES EMBARCADÈRES

Îles argo-saroniques
Îles du nord-est de l'Égée
Îles du Dodécannèse
Archipel des Cyclades
Crète
Lignes internationales
Hydroglisseurs et catamarans
Légende, voir rabat de couverture

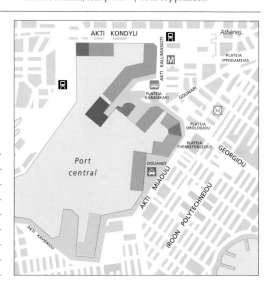

Circuler à Athènes

Arrêt de trolleybus

L es sites touristiques du centre-ville d'Athènes sont proches les uns des autres ; on les visite donc à pied. Autant que possible, préférez la marche pour vous déplacer dans la capitale grecque : ainsi, vous n'aurez pas à subir les conséquences de l'effrayant trafic automobile de la ville qui ralentit tout moyen de transport, public ou privé. L'extension du réseau métropolitain, bien qu'inachevée, offre déjà une alternative à la route pour certains trajets. Néanmoins, la majorité des Athéniens et des visiteurs empruntent les bus et les trolleybus. Quant aux taxis, les moins chers de l'UE, on les choisira pour les longs déplacements.

Les autobus orange et blanc des lignes régionales de l'Attique

L'un des nombreux autobus

L'AUTOBUS À ATHÈNES

L e réseau d'autobus de la capitale est particulièrement dense. Les déplacements sont peu onéreux, mais souvent lents et peu confortables, en raison de l'affluence de passagers aux heures de pointe (de 7 h à 8 h 30, de 14 h à 15 h 30 et de 19 h 30 à 21 h). Les tickets sont vendus à l'unité ou par carnets de dix, mais dans tous les cas à l'avance, en particulier dans les *períptera* (kiosques de rue) et des points de vente spéciaux. Ces derniers sont indiqués par des enseignes brun, rouge et blanc portant la mention *eisitíria edó*. Le ticket a cours dans n'importe quel autobus ou trolleybus de la ville ; il faut le composter lors de la montée. La validation du titre de transport fait l'objet de contrôles, et toute effraction est punie d'une amende. Utilisez un ticket par voyage, quelle que soit la distance, dans la partie centrale de la ville. On ne peut pas prendre une correspondance avec un ticket déjà composté.

Guichet de vente de ticket

LES STATIONS DU CENTRE-VILLE

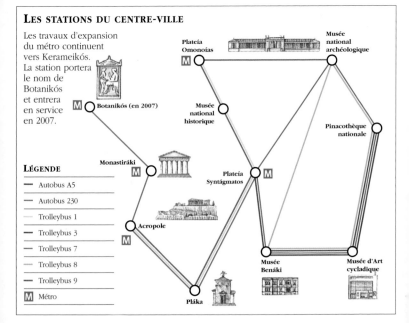

Les travaux d'expansion du métro continuent vers Kerameikós. La station portera le nom de Botanikós et entrera en service en 2007.

M Botanikós (en 2007)

Plateía Omonoías **M**

Musée national historique

Musée national archéologique

Pinacothèque nationale

Monastiráki M

Plateía Syntágmatos **M**

Acropole M

Musée Benáki

Musée d'Art cycladique

Pláka

LÉGENDE

— Autobus A5
— Autobus 230
— Trolleybus 1
— Trolleybus 3
— Trolleybus 7
— Trolleybus 8
— Trolleybus 9
M Métro

ΜΟΝΑΣΤΗΡΙΟΝ
Monastirion

Panneau signalant la station de métro Monastiráki

LE RÉSEAU D'AUTOBUS

Trois réseaux desservent l'agglomération d'Athènes et l'Attique. On les identifie à leurs couleurs : bleu, jaune et blanc, orange et blanc, et vert.

Le réseau bleu, jaune et blanc gère 300 lignes dans l'agglomération ; il relie les quartiers entre eux et ces derniers au centre-ville. Pour réduire la pollution, certains bus sont remplacés par des bus écologiques (vert et blanc) qui marchent au gaz naturel.

Le réseau orange et blanc dessert l'Attique *(p. 142-143)*. Dans ces bus, on achète le billet au conducteur. Plus le trajet est long, plus le prix est élevé. Leurs terminaux se situent à Mavrommatáion *(p. 320)*. On peut prendre l'autobus à n'importe quel arrêt, mais il n'est pas possible d'en descendre avant de quitter Athènes. Ces deux réseaux sont moins étendus que le réseau bleu, jaune et blanc et quelques-unes de leurs lignes s'arrêtent en début de soirée.

Le réseau express vert circule entre le centre d'Athènes et Le Pirée. Les bus n° 040 et 049 partent toutes les 6 minutes d'Athinas, près de Plateía Omonoías, et se rendent vers plusieurs stations du Pirée, dont Plateía Karaïskáki, dans le port principal.

LES TROLLEYBUS ATHÉNIENS

Le réseau d'autobus se double d'un réseau de trolleybus de couleur violette et jaune. Ce dernier compte plus de 20 lignes dans le centre-ville et permet de se rendre dans tous les sites intéressants de la capitale. Toutes les lignes passent par le quartier de Pláka ; la ligne 1 dessert la gare Lárissis depuis Plateía Omonoías et Plateía Syntágmatos, dans le centre-ville ; la ligne 3 mène au musée archéologique national à partir de Plateía Syntágmatos.

Un trolleybus athénien

LE MÉTRO D'ATHÈNES

Doté de 3 lignes, le métro d'Athènes est rapide et pratique. La ligne 1 relie Kifissiá, au nord, au Pirée, au sud, et dessert entre autres les stations de Thiseío, Monastiráki, Omónoia et Victoria. L'essentiel du parcours est aérien ; il n'est sous-terrain qu'entre Attikí et Monastiráki en centre-ville. Surtout utilisé par les Athéniens, cette ligne convient aux visiteurs qui souhaitent rejoindre Le Pirée. Les lignes 2 et 3 font partie de l'immense extension du réseau qui a été achevée pour les JO de 2004. Les nouvelles lignes ont été creusées à 20 m sous terre pour éviter les vestiges archéologiques d'importance. Les stations de Sýntagma et de l'Acropole exposent d'ailleurs certains vestiges. La ligne 2 circule entre Agios Antónios, au nord-ouest d'Athènes, et Agios Dimitrios, au sud-est. La ligne 3 va de Monastiraki à Ethniki Amyna, au nord-est, et certains métros continuent jusqu'à l'aéroport Eleftherios Venizélos. Un ticket est valable sur les trois lignes pour une durée de 90 minutes et dans une seule direction. Vous ne pouvez donc pas sortir du métro puis y revenir pour continuer votre déplacement dans la limite des 90 minutes avec un seul ticket. Il exite des billets moins chers valables pour un seul déplacement sur la ligne 1. Les tickets s'achètent dans les stations et doivent être validés dans les machines à l'entrée des quais avant de monter le train. Un train passe toutes les 5 minutes de 5 h à minuit et demi sur la ligne 1 et de 5 h 30 à 0 h 30 sur les lignes 2 et 3.

Vestiges archéologiques exposés à la station de métro Sýntagma

EN VOITURE

Conduire à Athènes peut se révéler une expérience éprouvante pour les nerfs, en particulier lorsqu'on s'y aventure pour la première fois. Le centre-ville compte une infinité de rues piétonnières ou à sens unique, qui contrarient la circulation ; et les places de stationnement sont comptées. En dépit des apparences, le stationnement sauvage ou devant les panneaux d'interdiction est illégal. La ville possède des parkings souterrains. Pour lutter contre la pollution atmosphérique alarmante de la capitale grecque, une disposition particulière a été prise. Les voitures dont la plaque d'immatriculation se termine par un chiffre impair *(daktýlio)* circulent les jours impairs, celles pourvues de plaques à dernier chiffre pair circulent les jours pairs. Certaines personnes possèdent deux voitures – une avec une plaque paire et l'autre avec une plaque impaire – pour pouvoir circuler tous les jours. Cette loi ne s'applique pas aux voitures étrangères, mais il vaut mieux toutefois éviter le centre-ville.

Interdiction de stationner les jours impairs du mois

Interdiction de stationner les jours pairs du mois

Un taxi jaune athénien

LES TAXIS ATHÉNIENS

Des essaims de taxis jaunes parcourent Athènes à toute heure du jour et de la nuit. Il est parfois difficile d'en obtenir un, en particulier entre 2 h et 3 h du matin lorsque les équipes de chauffeurs permutent : ils ne chargent alors un client que si sa destination leur convient. Pour héler un taxi, tenez-vous au bord du trottoir et annoncez votre destination à tout taxi qui fait mine de ralentir. Si l'enseigne « TAXI » est allumée, c'est qu'il est disponible, mais souvent, il l'est aussi lorsqu'elle est éteinte.

Il arrive que les chauffeurs chargent en chemin un passager supplémentaire, aussi ne faut-il pas dédaigner les taxis occupés. Si vous n'êtes pas le premier passager, prenez immédiatement note du montant indiqué sur le compteur : le prix de la course n'étant pas partagé, vous payerez votre portion du trajet ou le tarif minimum de 1,70 euro, celui qui sera le plus cher.

Par rapport aux autres taxis européens, les taxis athéniens sont très bon marché. Selon l'intensité du trafic, une course dans le centre-ville ne saurait excéder 3 euros, ni 4,5 à 7,5 euros du centre-ville au Pirée. Les tarifs sont plus élevés entre minuit et 5 h du matin ou pour certaines courses qui s'éloignent sensiblement du centre-ville. Pour se rendre à l'aéroport, à Spata, comptez entre 25 et 30 euros. Un supplément est à prévoir si vous emmenez des bagages d'un poids supérieur à 10 kg, ou lors des courses entre les terminaux maritimes et ferroviaires et le centre-ville. Le tarif des courses augmente également à Noël et à Pâques. Appeler un taxi par téléphone entraîne un surcoût modique (1 à 2,5 euros).

Les compagnies de radio-taxis sont nombreuses à Athènes. Vous pouvez appeler Athina 1 (210 921 7942), Ernis (210 411 5200) ou Hellas (210 645 7000).

ATHÈNES À PIED

Le centre d'Athènes est peu étendu. Tous les sites remarquables et les principaux musées sont situés à une distance maximale de 20 à 25 min à pied de Plateía Syntágmatos, le cœur traditionnel d'Athènes. Aux heures de pointe, tenez-en compte, car les bus sont bondés et les taxis ne s'arrêtent pas. Athènes est l'une des villes d'Europe où l'on peut circuler à pied en toute sécurité. La nuit, toutefois, il vaut mieux faire preuve de vigilance.

Panneau indiquant une rue piétonnière

Des touristes visitant la colline de l'Aréopage

LES TRANSPORTS À ATHÈNES

L e cœur du réseau de transports d'Athènes est situé autour de Plateía Syntágmatos et de Plateía Omonoías. C'est en effet de cette zone centrale que partent les trolleybus et les bus vers l'aéroport, le port du Pirée, les deux gares ferroviaires d'Athènes et les gares routières intérieure et internationale. De plus, trois nouvelles lignes de tramway relient le centre-ville et la côte de l'Attique.

Le bus E95 fait la navette entre l'aéroport et Syntágmatos et le E96 entre l'aéroport et Le Pirée. Les bus 040 et 049 relient Le Pirée à Plateía Syntágmatos et à Plateía Omonoías.

Le métro dessert le Pirée et il faut compter une demi-heure pour effectuer le trajet du centre-ville au Pirée.

La ligne de trolleybus 1 dessert la gare et la station de métro Lárissis, ainsi que la gare de Peloponnísou, non loin à pied. Le bus 024 va à la gare routière de Liosíon (terminal B) ; et le bus 051, la gare routière de Kifisoú (terminal A). La ligne de tramway 1 va de Syntágmatos à Néo Fárilo sur la côte ; la T2 part de Néo Fárilo et rejoint la banlieue de Glyfáda ; la T3 relie Glyfáda à Syntágmatos.

Bien qu'ils soient plus onéreux que les transports publics, les taxis constituent sans doute le moyen le plus pratique pour se rendre à ces destinations dans de bonnes conditions. Ils sont nombreux et relativement bon marché comparé à la plupart des villes européennes.

Les temps de transport varient en fonction des embouteillages, environ 40 min pour l'aéroport ; 40 min pour le Pirée et 90 min du Pirée à l'aéroport.

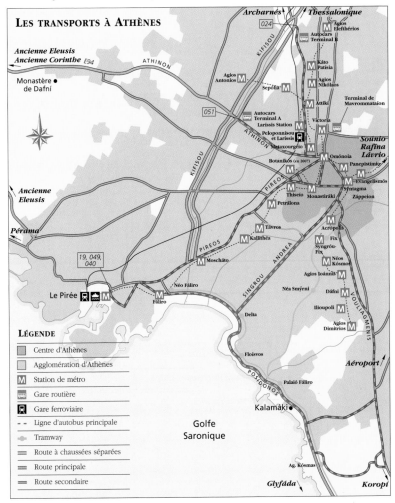

LES TRANSPORTS À ATHÈNES

Index

Remerciements

L'éditeur remercie les organismes, les institutions et les particuliers suivants dont la contribution a permis la préparation de cet ouvrage.

AUTEURS

MARC DUBIN, américain, partage son temps entre Londres et l'île de Sámos. Parcourant la Grèce depuis 1978, il a participé à la rédaction de plusieurs guides sur ce pays.

MIKE GERRARD est auteur de récits de voyages et éditeur. Il a également collaboré à la rédaction de plusieurs guides sur la Grèce, un pays qu'il visite chaque année depuis 1964.

ANDY HARRIS est journaliste, spécialiste des chroniques touristiques et culinaires. Auteur de *A Taste of the Aegean*.

TANYA TSIKAS est canadienne. Éditeur de guides et auteur de récits de voyage, elle est mariée à un Grec. Après avoir longtemps séjourné en Crète, elle vit aujourd'hui à Oxford, en Grande-Bretagne.

ILLUSTRATIONS D'APPOINT

Richard Bonson, Louise Boulton, Gary Cross, Kevin Goold, Roger Hutchins, Claire Littlejohn.

COLLABORATION ARTISTIQUE ET ÉDITORIALE

Hilary Bird, Elspeth Collier, Catherine Day, Jim Evoy, Emily Green, Emily Hatchwell, Leanne Hogbin, Kim Inglis, Lorien Kite, Felicity Laughton, Andreas Michael, Ella Milroy, Lisa Minsky, Robert Mitchell, Jennifer Mussett, Tamsin Pender, Jake Reimann, Simon Ryder, Collette Sadler, Rita Selvaggio, Claire Stewart, Claire Tennant-Scull, Amanda Tomeh, Helen Townsend.

L'éditeur remercie également l'Office grec des vins à Odysea pour sa collaboration.

RECHERCHES

Anna Antoniou, Anastasia Caramanis, Magda Dimouti, Shirley Durant, Panos Gotsi, Zoi Groummouti, Peter Millett, Eva Petrou, Tasos Schizas, Garifalia Tsiola.

PHOTOGRAPHIES

Stephen Bere, John Heseltine, Steven Ling, Clive Streeter, Jerry Young.

AGENCES PHOTOGRAPHIQUES

Ideal Photo S.A., The Image Bank, Tony Stone Worldwide.

AUTORISATIONS DE PHOTOGRAPHIER

L'éditeur remercie les entreprises, les institutions et les organismes suivants d'avoir accordé leur autorisation de photographier certaines de leurs œuvres : musée Ali Pacha, Ioannina ; musée de la Ville d'Athènes ; musée d'Art populaire grec à Athènes ; le musée de Céramiques V. Kyriazopoulos ; le musée d'Art moderne de Kavala ; la Pinacothèque nationale d'Athènes ; le musée de la Guerre d'Athènes ; la fondation Nicholas P. Goulandris du musée d'Art antique et cycladique d'Athènes ; le musée d'Art dramatique d'Athènes ; le musée de l'Université d'Athènes ; le musée Polygnotos Vagis de Thassos. Tous les autres bâtiments, cathédrales, églises, musées, hôtels, restaurants, boutiques, galeries d'art et sites historiques, sont trop nombreux pour être cités.

CRÉDITS PHOTOGRAPHIQUES

h = en haut ; hg = en haut à gauche ; hgc = en haut à gauche au centre ; hc = en haut au centre ; hcd = en haut au centre à droite ; hd = en haut à droite ; cgd = au centre gauche au-dessus ; cd = au centre au-dessus ; cdd = au centre droit au-dessus ; cg = au centre à gauche ; c = au centre ; cd = au centre à droite ; cgs = au centre gauche en dessous ; cs = au centre en dessous ; cds = au centre droit en dessous ; bg = en bas à gauche ; b = en bas ; bc = en bas au centre ; bcg = en bas au centre à gauche ; bd = en bas à droite ; bdd = en bas à droite au dessus ; bds = en bas à droite en dessous ; d = détail.

Les œuvres d'art ont été reproduites avec la permission des institutions suivantes : musée Vorrès pour les *Nymphes Aquatiques* (1995) d'Apostolos Petridis.

L'éditeur remercie les photographes, entreprises et organismes suivants de leur avoir permis de reproduire leurs photographies :
AÉROPORT INTERNATIONAL D'ATHÈNES : 312cd (b), 313 cd, 314. AISA ARCHIVO ICONGRAFICO, Barcelone : Museo Archeologique Bari 57hd ; Museo Archeologique Florence 54hg ; AKG, Londres : 173h, 259 ; Antiquario Palatino 53bg ; *Bilder aus dem Altherthume*, Heinrich Leutemann 228c ; British Museum 95bd ; Edward Dodwell 87cd ; Erich Lessing Akademie der Bildenden Künste, Vienne 54c ; Musée du Louvre 53hg ; Musée national

archéologique, Athènes 26-27(d), 27h ; Staatliche Kunstsammlungen, Albertinum, Dresde 31bcg ; Liebighaus, Francfort/Main 33c ; Museum Narodowe, Varsovie 145b ; Staatliche Antikensammlungen und Glyptotek, Münich 4, 52b ; musée de Mykonos 55h ; ALLSPORT : Mike Hewitt 120h ; ANTIKENMUSEUM BASEL UND SAMMLUNG LUDWIG : 60-61, 185bd(d) ; APERION : John Hios 184c ; Kamarias Tsigamos 118c ; APOLLO EDITIONS : 185h ; ARGYROPOULOS PHOTO PRESS : 45h, 45cd, 47h, 47bc, 47b, 48bc ; ART ET ARCHITECTURE ANTIQUE : 29cg, 30h, 34h, 34cd, 35cg, 37h, 56bc, 56b(d), 246bc, 254c.

MUSÉE BENAKI : 25b, 36cd, 39h, 39c, 41cd, 65bd, 78-79 toutes ; PAUL BERNARD : 33h ; BIBLIOTHÈQUE NATIONALE, Paris : Caoursin folio 175 38-39(d) ; BODLEIAN LIBRARY, Oxford : MS Canon Misc 378, 170v, 34bc ; BRIDGEMAN ART LIBRARY, Londres : Birmingham City Museums and Art Galleries *Phidias terminant la frise du Parthénon,* Sir Lawrence Alma-Tadema 58h ; Bradford Art Galleries and Museums *la Toison d'Or* (v. 1904), Herbert James Draper 220bd ; British Museum, Londres *Tasse avec chasseurs retournant chez eux* 29cd, *Amphore à col noir, représentant des boxeurs et des lutteurs* (v. 550-525 av. J.-C.) Nidosthènes 173cdd ; Fitzwilliam Museum, université de Cambridge *Portrait de Démosthène,* Enoch Wood of Burslem (v. 1790, terre cuite incrustée de plomb) 57hg ; Giraudon, Musée du Louvre, Paris *Alexandre le Grand,* tête (IIIᵉ siècle av. J.-C.) *Grec* (marbre) 32hd ; maison des Masques, Délos *Mosaïque de Dionysos chevauchant un léopard* (v. 180) 35h ; Guildhall Art Library *Clytemnestre,* John Collier 179c ; Musée du Louvre, Paris *Buste double d'Aristophane et Sophocle* (XVᵉ siècle) 56h ; Musée national archéologique, Athènes *Statue en bronze de Poséidon* (v. 460-450 av. J.-C.) photo Bernard Cox 52cd ; collection privée *Icône de la Vierge à l'enfant avec deux saints,* école de Crète (XVᵉ siècle) 38cg ; © BRITISH MUSEUM : 26cgs, 27cs, 28h, 30bc, 31cgs, 53hd(d), 53bd, 55c(d), 60hg, 61hg, 61hd, 97b, 173cgd(d), 185bg. CAMERA PRESS, Londres : ANAG 43hg, 43bg(d) ; Wim Swaan 62-63, 243h ; CENTRE D'ÉTUDES D'ASIE MINEURE : Musée des Instruments de musique populaire grecque, collection Fivos Anoyianakis 104h ; BRUCE COLEMAN LTD : Udo Hirsch 236b ; Dr Eckart Pott 257c ; L Dupré : Bibliothèque des Arts décoratifs 24 ; Hans Reinhard 22h, 23cgd,

206b ; COLLECTIONS PRIVÉES : 5h, 216h, 217h, 217b. COMMISSION EUROPÉENNE : 305. C M DIXON PHOTO RESOURCES : 27cd ; Staatliche Antikensammlung und Glyptotek, Münich 32hd ; MARC DUBIN : 17h, 21bcd, 169h, 206h, 208cd, 253h, 253bd.

ÉCOLE NATIONALE SUPÉRIEURE DES BEAUX-ARTS, Paris : *Delphes Restauration du Sanctuaire Envoi Tournaire* (1894) 30-31 ; EKDOTIKI ATHINON : 19bd, 26bcd ; ELIA : 186c ; ET ARCHIVE : British Museum 185c ; musée national d'archéologie, Naples 32cd ; MARY EVANS PICTURE LIBRARY : 241b. FERENS ART GALLERY : Hull City Museums and Art Galleries and Archives *Électre et la Tombe d'Agamemnon* (1869), Lord Frederick Leighton 55b.

GIRAUDON, Paris : Laruros, château de Versailles *La Bataille de Navarin,* Louis Ambroise Garneray 200h ; Musée du Louvre, Paris 60c, *Scène de massacres de Scio,* Delacroix 40cd(d) ; Musée National Gustave Moreau *Hésiode et les Muses* Gustave Moreau 56cd ; Musée d'Art Catalan, Barcelone 95bdd ; National Portrait Gallery, Londres *Portrait de George Gordon Byron,* Thomas Phillips (1813) 149hd(d) ; FONDATION NICHOLAS P. GOULANDRIS (MUSÉE D'ART ANTIQUE ET CYCLADIQUE) : 65hd, 74-75 toutes. GRANDE-BRETAGNE HOTEL : 261 bd.

ROBERT HARDING PICTURE LIBRARY : David Beatty 44bd ; N A Callow 263h ; Tony Gervis 44cgd, 44bg ; Adam Woolfitt 46c ; HELIO PHOTO : 254b ; Hellenic Post Service : 43cla, 307tl ; MICHAEL HOLFORD : British Museum 32cs, 52h ; HULTON GETTY COLLECTION : 41cs(d) ; Central Press Photo 42cgs(d) ; HUTCHISON LIBRARY : Hilly Janes 98h. IDEAL PHOTO SA : N. Adams 116cl ; T Dassios 45bd, 175h, 232, 252h, 252bg, 252bd, 253cg, 262b ; C. Vergas 48b,178b ; IMAGES COLOUR LIBRARY : 99b ; IMPACT PHOTOS : Caroline Penn 45bg. KOSTOS KONTOS : 26cd, 42cdd, 42cgd, 45cds, 119b, 120b, 140, 152hd, 153hg, 153cd, 153b, 170h, 175c, 178c, 184h, 189hd, 303h, 315h. ILIAS LALAOUNIS : 309cgd. LAMPROPOULOS : 114c.

MAGNUM PHOTOS LTD : Constantine Manos 44h ; MANSELL COLLECTION : 52-53 ; MINISTÈRE DE LA CULTURE DE LA RÉPUBLIQUE HÉLLÉNIQUE (FONDS DES SERVICES ARCHÉOLOGIQUES) : éphorie des Antiquités A 5b, 43cs, 58b, 94bg, 98c, 99cd, 100h, 100c ; musée de l'Acropole 96h, 97h, 97c ; musée archéologique de l'ancienne Corinthe 166c ; éphorie des Antiquités B 82, 141b, 144 toutes, 146c, 146bg, 146bd, 147hg, 147c, 148c, 148b ; musée Byzantin, Athènes 67h, 76 toutes ; éphorie des Antiquités D 139c, 139bg, 162-163 toutes, 164-165, 167bg, 177b, 178h, 179h, 179b, 180c, 181c ; musée archéologique de Delphes 50-51, 228h, 230hg, 231h, 231b ; éphorie des Antiquités E 174cs ; musée archéologique d'Elefis 156b, 157 hg ; 11ᵉ éphorie des Antiquités byzantines 157bd ; 5ᵉ éphorie des Antiquités byzantines 19hg, 19cg, 37c, 190-191, 192h, 192b ; 1ʳᵉ éphorie des Antiquités byzantines 139cdd, 152c, 153cs, 222-223 toutes ; éphorie des Antiquités I 138cd, 205h, 226-227, 228h, 229c, 230hd, 230b ; éphorie des Antiquités IB 211h, 212c ; éphorie des Antiquités IO 256c ; éphorie des Antiquités IST 241c ; musée archéologique du Céramique 89h, 89hd, 89bd, 91h, 91cdd ; musée archéologique de Marathon 145c ; musée national d'archéologie, Athènes 3c, 26h, 28hd, 65hg, 68h, 68c, 68b, 69h, 69c, 69b, 70-71 tout, 99h, 155h, 157cd ; 9ᵉ éphorie des Antiquités byzantines 248c, 248b ; musée archéologique du Pirée 155h ; 2ᵉ éphorie des Antiquités byzantines 19hd ; 6ᵉ éphorie des Antiquités byzantines 13h, 19cd ; 7ᵉ éphorie des Antiquités byzantines 19bg, 218hg, 219cd ; musée archéologique de Thèbes 221h ; musée archéologique de Thessalonique 31h, 139h, 233h, 242b(d), 244h, 246h, 246cd, 246b, 247 toutes ; éphorie des Antiquités Γ 88c, 88b, 89cg, 89bg, 90h, 90b, 91 h, 91cgd, 91cs, 91b, 156h, 156c, 157cg, 157bg, 157bc ; éphorie des Antiquités Z 138cs, 170c, 170b, 171h, 171b, 172 toutes, 201c, 201b, 310c ; MUSÉE D'ART POPULAIRE, Athènes : 110h, 110b ; MUSÉE NATIONAL D'HISTOIRE, Athènes : 38h, 40h, 40-41(d), 41h, 42b, 173cgs, 188c(d), 194c.

NATIONAL GALLERY OF VICTORIA, Melbourne : Felton Bequest (1956) *Greek by the Inscriptions Painter Challidian* 54b ; NATURAL IMAGE : Bob Gibbons 23cds, 23bg ; Peter Wilson 237cd ; NATURE PHOTOGRAPHERS : S C Bisserot 236c ; Brinsley Burbridge 23cgs, 23bd ; N A Callow 22b ; Andrew Cleave 23bc, 237b ; Peter Craig Cooper 237cg ; Paul Sterry 23h, 23cdd, 225cd ; ANTONIS NICOLOPOULOS : 311h. OFFICE NATIONAL DU TOURISME HELLÉNIQUE : George Boutos 46b ; OLYMPIC AIRWAYS : 312h ; ORONOZ ARCHIVO FOTOGRAFICO : 211b ; Biblioteca

Nacional Madrid *Invasions Bulgares Historia Matriksiscronica FIIIV* 36cs(d) ; Charlottenberg, Berlin 54hd ; El Escorial, Madrid *Bataille de Lépante Cambiaso Luca* 38cd(d) ; Museo Julia 53c(d) ; Musée du Louvre 60b ; Museo Vaticano 61bg, 221hd.

ROMYLOS PARISIS : 14h, 104b, 136-137, 218b ; Musée de la Ville d'Athènes 40cs ; PICTURES : 12, 14b, 44cds, 310b ; PINACOTHÈQUE MUNICIPALE D'ATHÈNES : *Despinis TK* Mitarakis Yannis 88h ; POPPERFOTO : 42cds, 43cdd, 43bd, 98b, 180h, 262h ; MICHALIS PORNALIS : 218c, 219cs, 219 ; POSTES HELLÉNIQUES (SERVICE DES) : 43cgd. REX FEATURES : 15c ; Argyropoulos/Sipa 48h ; Sipa/C.Brown 43hd.

SCALA, Florence : Gallerie degli Uffizi 28b ; Museo Archeologico, Firenze 29h ; Museo Mandralisca Cefalu 30cd ; Museo Nationale Tarquinia 61bd ; Museo de Villa Giulia 28-29, 60hd ; MUSÉE SPATHARIO DU THÉÂTRE D'OMBRE : 151c ; SPECTRUM COLOUR : 244b ; MARIA STEFOSSI : 118b ; THEODOROS-PATROKLOS STELLAKIS : 154b ; CARMEL STEWART : 279c ; TONY STONE IMAGES : Aperion 152hg (d).

TRIP PHOTOGRAPHIC LIBRARY : Marc Dubin 250-251 ; YANNIS TSAROUHIS FOUNDATION : collection privée *Boutique de barbier à Maroussi* (1947) 42hd.

WADSWORTH ATHENEUM, Hartford Connecticut : T Pierpont Morgan Collection 189b ; WERNER FORMAN ARCHIVE : 36h ; ALAN WILLIAMS : 49h ; PETER WILSON : 59bg, 92-93, 94h, 100b, 106-107, 214-215, 216c ; WOODFIN CAMP & ASSOCIATES : John Marmaras 254h ; ADAM WOOLFITT 45cgs.

Page de garde : photographies particulières sauf hr IDEAL PHOTO SA : T Dassios et dbg KOSTOS KONTOS (d).

COUVERTURE
1ʳᵉ de couverture : DK PICTURE LIBRARY, TAP SERVICE ARCHAEOLOGICAL RECEIPTS FUND HELLENIC REPUBLIC MINISTRY OF CULTURE Rob Reichenfeld bd ; Peter Wilson bg ; GETTY IMAGES, Walter Bibikow photographie principale.
4ᵉ de couverture : DK PICTURE LIBRARY, Joe Cornish b ; Rob Reichenfeld h.
Dos : GETTY IMAGES, Walter Bibikow.

Toutes les autres photographies © Dorling Kindersley. Pour plus de renseignements consultez le site www.dkimages.com

Guide de conversation

Il n'existe pas de système de transcription officiel définitif de la langue grecque en alphabet latin : celui retenu pour cet ouvrage a l'aval de l'État grec. Il s'agit du système de transcription communément utilisé aujourd'hui sur les panneaux de signalisation et les plaques de rues. Pour la transcription des noms antiques, ce guide

emploie un système qui s'accorde avec celui utilisé pour les termes contemporains. Quelques noms propres possédant un équivalent français (Magne, Lycabète) ont été parfois employés tels quels, mais toujours accompagnés du mot grec entre parenthèses. L'index tient compte des différentes orthographes possibles d'un mot.

LA PRONONCIATION

Toutes les voyelles sont brèves, sauf celles qui sont accentuées. Dans ce guide de conversation, les capitales ne sont pas accentuées, ni les mots monosyllabiques à l'exception de la conjonction ή (qui signifie «ou») et des termes utilisés pour marquer une interrogation. Dans les phrases grecques en caractères latins, la voyelle accentuée est en gras. Bien distinguer les mots homophones, mais d'accentuation différente, comme *pèrno* (je prends), *pèrno'* (je passe), *fora* (fois) et *fora* (élan), etc.

L'ALPHABET GREC

Α α	A a	*a* ouvert
Β β	V v	*v*
Γ γ	G g	*g* spirant devant les sons *a, o, u* et les consonnes (*y* devant les sons *i,e*)
Δ δ	D d	*th* anglais doux
Ε ε	E e	*è* (ouvert)
Ζ ζ	Z z	*z*
Η η	I i	*i*
Θ θ	Th th	*th* anglais dur
Ι ι	I i	*i*
Κ κ	K k	*k*
Λ λ	L l	*l*
Μ μ	M m	*m*
Ν ν	N n	*n*
Ξ ξ	X x	*ks* (*gz* après *n*)
Ο ο	O o	*o*
Π π	P p	*p*
Ρ ρ	R r	*r* (roulé)
Σ σ	S s	*s* (*z* devant consonnes sonores)
ς	s	(en fin de mot)
Τ τ	T t	*t*
Υ υ	Y y	*i*
Φ φ	F f	*f*
Χ χ	Ch ch	*ch* allemand dur devant consonnes et sons *a, o, u* *ch* allemand doux devant *i,e, ps* (*bz* après *n, m*)
Ψ ψ	Ps ps	*ps* (*bz* après *n, m*)
Ω ω	O o	*o* (ouvert)

LES COMBINAISONS DE LETTRES

Les groupes vocaliques suivants se prononcent :

Αι αι	Ai ai	*è* (ouvert)
Ει ει	Ei ei	*i*
Οι οι	Oi oi	*i*
Ου ου	Ou ou	*ou*

Les groupes consonantiques suivants se prononcent :

Μπ μπ	Mp mp	*b* à l'initiale, *mb* à l'intérieur, rarement *mp* (quelques emprunts)
Ντ ντ	Nt nt	*d* à l'initiale, *nd* à l'intérieur, rarement *nt* (quelques emprunts)
Γκ γκ	Gk gk	*g* (dur) à l'initiale, *ng* à l'intérieur, rarement *nk* (quelques emprunts)
Γξ γξ	nx	*x*
Τζ τζ	Tz tz	*dz*
Τσ τσ	Ts ts	*ts*
Γγ γγ	Gg gg	*g* dur

EN CAS D'URGENCE

Au secours !	Βοήθεια! Voïtheia	**voïthia**
Stop !	Σταματήστε! Stamatíste	**stamatasti**
Appelez un docteur !	Φωνάξτε ένα γιατρό Fonáxte éna giatró	**fona**ksti **é**na **yatro**
Appelez une ambulance/ la police/ les pompiers !	Καλέστε το ασθενοφόρο/ την αστυνομία/ την πυροσβεστική Kaléste to asthenofóro/ tin astynomía/ tin pyrosvestikí	**kalèstè** to asthèno**foro**/ tin asti-no**mia**/ tin pirozvi-**stiki**
Où est le téléphone/l'hôpital/ la pharmacie le (la) plus proche ?	Πού είναι το πλησιέστερο τήλεφωνο/νοσοκο-μείο/φαρμακείο; Poú eínai to plisiés-tero tiléfono/ nosoko-meio/farmakeío?	**pou** i**nè** to plisi**è**stero tilè**phono**/ nosokom**io**/farmak**io**

L'ESSENTIEL

Oui	Ναι Nai	**nè**
Non	Οχι Ochi	**o**chi
S'il vous plaît	Παρακαλώ Parakaló	paraka**lo**
Merci	Ευχαριστώ Efcharistó	efcharist**o**
De rien	Παρακαλώ Parakaló	paraka**lo**
OK ! D'accord !	Εντάξει Entáxei	en**dak**zi
Excusez-moi	Με συγχωρείτε Me synchoreíte	me sincho**ritè**
Bonjour	Γειά σας Geiá sas	**yia** sas
Au revoir	Αντίο Antio	and**io**
Bonjour (matin)	Καλημέρα Kaliméra	kalim**é**ra
Bonne nuit	Καληνύχτα Kalinýchta	kali**ni**kta
Matin	Πρωί Proí	pro**ï**
Après-midi	Απόγευμα Apógevma	ap**o**yevma
Soir	Βράδυ Vrádi	**vra**thi
Ce matin	Σήμερα το πρωί Simera to proí	**si**mera to pro**ï**
Hier	Χθές Chthés	**chthes**
Aujourd'hui	Σήμερα Simera	**si**mera
Demain	Αύριο Avrio	**a**vrio
Ici	Εδώ Edó	e**do**
Là-bas	Εκεί Ekeí	ek**ei**
Quoi ?	Τί; Tí?	**ti**?
Pourquoi ?	Γιατί; Giatí?	yat**i**?
Où ?	Πού; Poú?	**pou**?
Comment ?	Πώς; Pós?	**pos**?
Attends !	Περίμενε! Perimene!	pè**ri**mènè

QUELQUES PHRASES UTILES

Comment allez-vous ?	Τί κάνεις; Tí káneis?	ti kanis
Très bien, merci	Πολύ καλά, ευχαριστώ Poly kalá, efcharistó	poli kala, efkaristo
Comment allez-vous (cérémonieux) ?	Πώς είστε; Pós eíste?	pos istè?
Ravi de vous rencontrer	Χαίρω πολύ Chaíro polý	chiro poli
Comment vous appelez-vous ?	Πώς λέγεστε; Pós légeste?	pos lèjesté?
Où est/sont… ?	Πού είναι; Poú eínai?	pou inè?
Quelle est la distance jusqu'à… ?	Πόσο απέχει… ; Póso apéchei…?	posso apichi?
Comment puis-je me rendre à… ?	Πώς μπορώ να πάω… ; Pós mporó na páo…?	pos boro na pao?
Parlez-vous français ?	Μιλάτε Γαλλικά; Miláte Galliká?	milaté gallika?
Je comprends	Καταλαβαίνω Katalavaíno	katalaveno
Je ne comprends pas	Δεν καταλαβαίνω Den katalavaíno	dhen katalavéno
Pouvez-vous parler lentement ?	Μιλάτε λίγο πιο αργά παρακαλώ; Miláte lígo pio argá parakaló?	milaté ligo pio arga parakalo?
Je suis désolé	Με συγχωρείτε Me synchoreíte	mè sinchorité
Quelqu'un a-t-il la clé ?	Έχει κανένας κλειδί; Echei kanénas kleidí?	éki kanénas klidi?

QUELQUES MOTS UTILES

Grand	Μεγάλο Megálo	mégalo
Petit	Μικρό Mikró	mikro
Chaud	Ζεστό Zestó	zèsto
Froid	Κρύο Krýo	krio
Bon	Καλό Kaló	kalo
Mauvais	Κακό Kakó	kako
Assez	Αρκετά Arketá	arkéta
Bien	Καλά Kalá	kala
Ouvert	Ανοιχτά Anoichtá	anichta
Fermé	Κλειστά Kleistá	klista
Gauche	Αριστερά Aristerá	aristéra
Droite	Δεξιά Dexiá	dèksia
Tout droit	Ευθεία Eftheía	efthia
Entre	Ανάμεσα / Μεταξύ Anámesa / Metaxý	anamésa/métaksi
À l'angle de…	Στη γωνία του… Sti gonía tou…	sti gonia tou
Près	Κοντά Kontá	konda
Loin	Μακριά Makriá	makria
Haut	Επάνω Epáno	epano
Bas	Κάτω Káto	kato
Tôt	Νωρίς Norís	noris
Tard	Αργά Argá	arga
Entrée	Η είσοδος I eísodos	i isothos
Sortie	Η έξοδος I éxodos	i iksodos
Toilettes	Οι τουαλέτες /WC Oi toualétes /WC	i toualètès
Occupé	Κατειλημμένη Kateiliméni	katiliméni

TÉLÉPHONER

Où est la cabine téléphonique la plus proche s'il vous plaît ?	Πού βρίσκεται ο πλησιέστερος τηλεφωνικός θάλαμος; Poú vrísketai o plisiésteros tilefonikós thálamos?	pou vriskètè o plisièstéros tiléfonikos thalamos?
Je voudrais téléphoner à l'étranger	Θα ήθελα να κάνω ένα υπεραστικό τηλεφώνημα Tha íthela na káno éna yperastikó tiléfonima	tha idhèla na kano èna ipératiko tiléfonima
Je voudrais téléphoner en PCV	Θα ήθελα να χρεώσω το τηλεφώνημα στον παραλήπτη Tha íthela na chreóso to tilefonima ston paralípti	tha idhèla na chrèosso to tiléfonima stone paralèpti
J'essayerai plus tard	Θα ξανατηλεφωνήσω αργότερα Tha xanatilefoníso argótera	dha ksanatiléfoniso argotèra
Puis-je laisser un message ?	Μπορείτε να του αφήσετε ένα μήνυμα; Mporeíte na tou afísete éna mínyma?	borité na tou afisètè éna minima?
Pourriez-vous parler plus fort, s'il vous plaît ?	Μιλάτε δυνατότερα, παρακαλώ; Miláte dynatótera, parakaló?	milaté dinatotéra, parakalo
Appel local	Τοπικό τηλεφώνημα Topikó tilefónima	topiko tiléfonima
Ne quittez pas	Περιμένετε Periménete	périmènètè
Bureau de téléphone de l'OTE	Ο ΟΤΕ / Το τηλεφωνείο O OTE /To tilefoneío	o OTE /To tilèfonio
Cabine téléphonique	Ο τηλεφωνικός θάλαμος O tilefonikós thálamos	o tilèfonikos dhalamos
Carte de téléphone	Η τηλεκάρτα I tilekárta	i tilékarta

LES ACHATS

Combien ça coûte ?	Πόσο κάνει; Póso kánei?	poso kani?
Je voudrais…	Θα ήθελα… Tha íthela…	dha idhéla…
Avez-vous… ?	Έχετε…; Echete…?	ékétè
Je regarde simplement	Απλώς κοιτάω Aplós koitáo	aplos kitao
Acceptez-vous les cartes de crédit /les chèques de voyage ?	Δέχεστε πιστωτικές κάρτες/travellers' cheques; Décheste pistotikés kártes/travellers' cheques?	thèkestè pistotikès kartès/ travellers' cheques?
À quelle heure ouvrez-vous/fermez-vous ?	Πότε ανοίγετε/κλείνετε; Póte anoígete/ kleínete?	potè aniyétè/ klinètè?
Pouvez-vous faire expédier ceci à l'étranger ?	Μπορείτε να το στείλετε στο εξωτερικό; Mporeíte na to steílete sto exoterikó?	borité na to stilètè sto exotéri ko?
Celui/celle-ci	Αυτό εδώ Aftó edó	afto edo
Celui/celle-là	Εκείνο Ekeíno	èkino

(colonne de droite, en-têtes divers)

Libre/vacant	Ελεύθερη Eléftheri	èlèfthèri
Gratuit	Δωρεάν Doreán	dhoréanne
Dedans/dehors	Μέσα /Έξω Mésa/ Exo	mésa/exo

Cher	Ακριβό Akrivó	akrivo
Bon marché	Φθηνό Fthinó	fdhino
Taille	Το μέγεθος To mégethos	to mégethos
Blanc	Λευκό Lefkó	lefko
Noir	Μαύρο Mávro	mavro
Rouge	Κόκκινο Kókkino	kokino
Jaune	Κίτρινο Kitrino	kitrino
Vert	Πράσινο Prásino	prasino
Bleu	Μπλε Mple	blè

LES DIFFÉRENTES BOUTIQUES

Boutique d'antiquités	Μαγαζί με αντίκες Magazi me antikes	magazi mé andikès
Boulangerie	Ο φούρνος O foúrnos	o fornos
Banque	Η τράπεζα I trápeza	i trapéza
Bazar	Το παζάρι To pazári	to pazari
Librairie	Το βιβλιοπωλείο To vivliopoleío	to vivliopolio
Boucher	Το κρεοπωλείο To kreopoleío	to kréopolio
Pâtisserie	Το ζαχαροπλαστείο To zacharoplasteío	to zacharoplastio
Fromagerie	Μαγαζί με αλλαντικά Magazi me allantiká	magazi me alandika
	Πολυκάταστημα Polykatástima	Polikatastima
Marché aux poissons	Το ιχθυοπωλείο/ ψαράδικο To ichthyopoleío/ psarádiko	to ichdhiopolio /psarádiko
Marchand de légumes	Το μανάβικο To manáviko	to manaviko
Coiffeur	Το κομμωτήριο To kommotírio	to komotirio
Kiosque	Το περίπτερο To períptero	to périptéro
Maroquinerie	Μαγαζί με δερμάτινα είδη Magazi me dermátina eidi	magazi mé dhermatina ithi
Marché	Η λαϊκή αγορά I laïkí agorá	i laïki agora
Buraliste	Ο εφημεριδοπώλης O efimeridopólis	O éfimèrithopolis
Pharmacie	Το φαρμακείο To farmakeío	to farmakio
Bureau de poste	Το ταχυδρομείο To tachydromeio	to tachithromio
Boutique de chaussures	Κατάστημα υποδημάτων Katástima ypodimáton	katastima ipodimaton
Boutique de souvenirs	Μαγαζί με "souvenir" Magazi me "souvenir"	magazi mè "souvenir"
Supermarché	Σουπερμάρκετ/ Υπεραγορά "Supermarket"/ Yperagorá	"Supermarket" / ipéragora
Bureau de tabac	Είδη καπνιστού Eidi kapnistou	idhi kapnis
Agence de voyages	Το ταξιδιωτικό γραφείο To taxeidiotikó grafeío	to taksidhyotiko grafio

LE TOURISME

Informations touristiques	Ο EOT O EOT	o EOT
Police touristique	Η τουριστική αστυνομία I touristikí astynomía	i touristiki astinomia
Site archéologique	αρχαιολογικός archaiologikós	archéoloyikos

Galerie d'art	Η γκαλερί I gkalerí	i galèri
Plage	Η παραλία I paralía	i paralia
Byzantin	βυζαντινός vyzantinós	vizandinos
Château	Το κάστρο To kástro	to kastro
Cathédrale	Η μητρόπολη I mitrópoli	i mitropoli
Grotte	Το σπήλαιο To spilaio	to spiléo
Église	Η εκκλησία I ekklisía	i eklisia
Art populaire	λαϊκή τέχνη laïkí téchni	laïki tekni
Fontaine	Το συντριβάνι To syntriváni	to sindrivani
Colline	Ο λόφος O lófos	o lofos
Historique	ιστορικός istorikós	istorikos
Île	Το νησί To nisí	to nisi
Lac	Η λίμνη I límni	i limni
Bibliothèque	Η βιβλιοθήκη I vivliothíki	i vivliothiki
Maison ancienne	Η έπαυλις I épavlis	i épavlis
Monastère	Μονή moní	moni
Montagne	Το βουνό To vounó	to vouno
Municipal	δημοτικός dimotikós	dhimotikos
Musée	Το μουσείο To mouseio	to mousio
National	εθνικός ethnikós	ethnikos
Parc	Το πάρκο To párko	to parko
Jardin	Ο κήπος O kipos	o kipos
Gorge	Το φαράγγι To farángi	to farangyi
Tombe de…	Ο τάφος του… O táfos tou…	o tafos tou…
Rivière	Το ποτάμι To potámi	to potami
Route	Ο δρόμος O drómos	o thromos
Saint	άγιος/άγιου/αγία/ αγίες ágios/ágioi/agía/agíes	ayios/ayihi/ayia/ ayiès
Source	Η πηγή I pigi	i piyi
Place	Η πλατεία I plateía	i platia
Stade	Το στάδιο To stádio	to stadhio
Statue	Το άγαλμα To ágalma	to agalma
Théâtre	Το θέατρο To théatro	to théatro
Hôtel de ville	Το δημαρχείο To dimarcheío	To dhimarchio
Fermé les jours fériés	κλειστό τις αργίες kleistó tis argies	klisto tis argiès

LES TRANSPORTS

Quand passe le…?	Πότε φεύγει το …; Póte févgei to…?	potè févyi to…?
Où est l'arrêt de bus?	Πού είναι η στάση του λεωφορείου; Poú eínai i stási tou leoforeíou?	pou inè i stasi tou léoforiou?
Y a-t-il un bus en direction de…?	Υπάρχει λεωφορείο για….; Ypárchei leoforeío gia…?	iparchi léoforio yia…?
Billetterie	Εκδοτήρια εισιτηρίων Ekdotiria eisitirion	Ekdhotiria isitirion
Billet aller-retour	εισιτήριο με επιστροφή Eisitirio me epistrofi	isitirio mè épistrofi
Voyage simple	Απλό εισιτήριο Apló eisitírio	aplo isitirio

Arrêt de bus	Ο σταθμός λεωφορείων O stathmós leoforeíon	o stathmos léoforion
Ticket de bus	Εισητήριο λεωφορειου Eisitírio leoforeíou	isitirio léoforiou
Trolleybus	Το τρόλλευ To tróley	to troléï
Port	Το λιμάνι To limáni	to limani
Train/métro	Το τρένο To tréno	to tréno
Gare ferroviaire	σιδηροδρομικός σταθμός sidirodromikós stathmós	sidhirodhromikos stathmos
Vélomoteur	Το μοτοποδήλατο / το μηχανάκι To motopodilato / To michanáki	to motopodhilato/ to michanaki
Bicyclette	Το ποδήλατο To podílato	to podhilato
Taxi	Το ταξί To taxí	to taksi
Aéroport	Το αεροδρόμιο To aerodrómio	to aérodhromio
Ferry	Το φερυμπότ To "ferry-boat"	to féribot
Hydroglisseur	Το δελφίνι / Το υδροπτέρυγο To delfini / To ydroptérygo	to delfini / To ithroptérigo
Catamaran	Το καταμαράν To Katamaran	to catamaran
À louer	Ενοικιάζονται Enoikiázontai	énikyazondè

À L'HÔTEL

Avez-vous une chambre libre ?	Εχετε δωμάτια; Echete domátia?	ékhété thomatia?
...une chambre double avec un grand lit	Δίκλινο με διπλό κρεβάτι Díklino me dipló kreváti	thiklino mè dhiplo krévati
... des chambres communicantes	Δίκλινο με μονά κρεβάτια Díklino me moná krevátia	dhiklino mè mona krévatia
Chambre simple	Μονόκλινο Monóklino	monoklino
Pièce avec baignoire	Δωμάτιο με μπάνιο Domátio me mpánio	dhomatio mè banio
Douche	Το ντους To douz	To douz
Portier	Ο πορτιέρης O portiéris	o portiéris
Clé	Το κλειδί To kleidí	to klidi
J'ai réservé	Εχω κάνει κράτηση Echo kánei krátisi	ékho kani kratisi
Chambre avec vue sur la mer/balcon	Δωμάτιο με θέα στη θάλασσα/μπαλκόνι Domátio me théa sti thálassa/mpalkóni	dhomatio mè théa sti thalassa/balkoni
Le prix comprend-il le petit déjeuner ?	Το πρωινό συμπεριλαμβάνεται στην τιμή; To proïnó symperi-lamvánetai stin timí?	to proïno simbérilamvanétè stin timi?

AU RESTAURANT

Avez-vous une table ?	Εχετε τραπέζι; Echete trapézi?	échété trapézi?
Je voudrais réserver une table	Θέλω να κρατήσω ένα τραπέζι Thélo na kratíso ena trapézi	thélo na kratéso éna trapézi
L'addition, s'il vous plaît	Τον λογαριασμό, παρακαλώ Ton logariazmó parakaló	ton logaryasmo parakalo
Je suis végétarien	Είμαι χορτοφάγος Eímai chortofágos	imè chortofagos
Quels sont les produits du jour ?	Τί φρέσκο έχετε σήμερα; Tí frésko échete símera?	ti frèsko échété simèra?

Serveur/serveuse	Κύριε / Γκαρσόν / Κυρία (female) Kýrie/Garson"/Kyría	Kiriè/Garsson/Kiria
Menu	Ο κατάλογος O katálogos	o katalogos
Supplément couverts	Το κουβέρ To "couvert"	to kouver
Carte des vins	Ο κατάλογος με τα οινοπνευματώδη O katálogos me ta oinopnevmatódi	o katalogos mè ta inopnevmatodhi
Verre	Το ποτήρι To potíri	to potiri
Bouteille	Το μπουκάλι To mpoukáli	to boukali
Couteau	Το μαχαίρι To machaíri	to machéri
Fourchette	Το πηρούνι To piroúni	to pirouni
Cuillère	Το κουτάλι To koutáli	to koutali
Petit déjeuner	Το πρωινό To proïnó	to proïno
Déjeuner	Το μεσημεριανό To mesimerianó	to méssimeryano
Dîner	Το δείπνο To deípno	to dhipno
Plat principal	Το κυρίως γεύμα To kyríos gévma	to kirios yèvma
Entrée	Τα ορεκτικά Ta orektiká	ta orektika
Dessert	Το γλυκό To glykó	to yliko
Plat du jour	Το πιάτο της ημέρας To piáto tis iméras	to pyato tis imèras
Bar	Το μπαρ To "bar"	To bar
Taverne	Η ταβέρνα I tavérna	i tavèrna
Café	Το καφενείο To kafeneío	to kafénio
Taverne à poissons	Η ψαροταβέρνα I psarotavérna	i psarotavèrna
Grill	Η ψησταριά I psistariá	i psistaria
Cave à vins	Το οινοπωλείο To oinopoleío	to inopolio
Laiterie	Το γαλακτοπωλείο To galaktopoleío	to galaktopolio
Restaurant	Το εστιατόριο To estiatório	to estiatorio
Ouzeri	Το ουζερί To ouzerí	to ouzéri
Boutiques de meze	Το μεζεδοπωλείο To mezedopoleío	To mézèdopolio
Kebabs à emporter	Το σουβλατζίδικο To souvlatzídiko	To souvlatzidiko
Cuisson saignante	Ελάχιστα ψημένο Eláchista psiméno	elakhista psimèno
Cuisson moyenne	Μέτρια ψημένο Métria psiméno	metria psimèno
Bien cuit	Καλοψημένο Kalopsiméno	kalopsimèno

NOURRITURE ET BOISSONS

Café	Ο καφές O Kafés	o kafès
... au lait	με γάλα me gála	mé gala
Café noir	σκέτος skétos	skètos
... sans sucre	χωρίς ζάχαρη choris záchari	khoris zachari
Un peu sucré	μέτριος métrios	mètrios
Très sucré	γλυκύς glykýs	glikis
Thé	τσάι tsái	tsaï
Chocolat chaud	ζεστή σοκολάτα zestí sokoláta	zèsti sokolata
Vin	κρασί krasí	krasi
Rouge	κόκκινο kókkino	kokino
Blanc	λευκό lefkó	lefko
Rosé	ροζέ rozé	rozé

Raki	Το ρακί	to raki
	To rakí	
Ouzo	Το ούζο	to ouzo
	To oúzo	
Retsina	Η ρετστίνα	i retsina
	I retsína	
Eau	Το νερό	to néro
	To neró	
Poulpe	Το χταπόδι	to khtapodi
	To chtapódi	
Poisson	Το ψάρι	to psari
	To psári	
Fromage	Το τυρί	to tiri
	To tyrí	
Halloumi	Το χαλούμι	to khaloumi
	To chaloúmi	
Feta	Η φέτα	i fèta
	I féta	
Pain	Το ψωμί	to psomi
	To psomí	
Soupe aux fèves	Η φασολάδα	i fasolada
	I fasoláda	
Hoummous	Το χούμους	to khoumous
	To houmous	
Halva	Ο χαλβάς	o khalvas
	O chalvás	
Kebabs de viande	Ο γύρος	o yiros
	O gýros	
Loukoums	Το λουκούμι	to loukoumi
	To loukoúmi	
Baklava	Ο μπακλαβάς	o baklavas
	O mpaklavás	
Klephtiko	Το κλέφτικο	to klèftiko
	To kléftiko	

LES NOMBRES

1	ένα	èna
	éna	
2	δύο	dhio
	d´yo	
3	τρία	tria
	tría	
4	τέσσερα	tèssèra
	téssera	
5	πέντε	pèndé
	pénte	
6	έξι	èksi
	éxi	
7	επτά	èfta
	eptá	
8	οχτώ	okto
	ochtó	
9	εννέα	ènéa
	ennéa	
10	δέκα	dhèka
	déka	
11	έντεκα	èndéka
	énteka	
12	δώδεκα	dhodhèka
	dódeka	
13	δεκατρία	dhèkatria
	dekatría	
14	δεκατέσσερα	dhèkatèssera
	dekatéssera	
15	δεκαπέντε	dhèkapèndé
	dekapénte	
16	δεκαέξι	dhèkaèksi
	dekaéxi	
17	δεκαεπτά	dhèkaèpta
	dekaeptá	
18	δεκαοχτώ	dhèkaokhto
	dekaochtó	
19	δεκαεννέα	dhèkaénéa
	dekaennéa	
20	είκοσι	ikosi
	eíkosi	
21	εικοσιένα	ikosiéna
	eikosiéna	
30	τριάντα	triannda
	triánta	
40	σαράντα	sarannda
	saránta	
50	πενήντα	pèninnda
	penínta	
60	εξήντα	eksinnda
	exínta	
70	εβδομήντα	èvdhominda
	evdomínta	

80	ογδόντα	ogdhonda
	ogdónta	
90	ενενήντα	énénineda
	eneninta	
100	εκατό	èkato
	ekató	
200	διακόσια	dhiakosya
	diakósia	
1 000	χίλια	chilia
	chilia	
2 000	δύο χιλιάδες	dhio chiliadhès
	dýo chiliádes	
1 000 000	ένα εκατομμύριο	éna ékatomirio
	éna ekatommýrio	

HEURES, JOURS ET MOIS

Une minute	ένα λεπτό	éna lepto
	éna leptó	
Une heure	μία ώρα	mia oura
	mía óra	
Une demi-heure	μισή ώρα	missi ora
	misí óra	
Un quart d'heure	ένα τέταρτο	éna tètarto
	éna tétarto	
Une heure et demie	μία και μισή	mia kè missi
	mía kai misí	
Une heure et quart	μία και τέταρτο	mia kè tétarto
	mía kai tétarto	
Une heure dix	μία και δέκα	mia kè dhèka
	mía kai déka	
Deux heures moins le quart	δύο παρά τέταρτο	dhio para tètarto
	dýo pará tétarto	
Deux heures moins dix	δύο παρά δέκα	dhio para dhèka
	dýo pará déka	
Un jour	μία μέρα	mia méra
	mía méra	
Une semaine	μία εβδομάδα	mia evthomadha
	mía evdomáda	
Un mois	ένας μήνας	énas minas
	énas mínas	
Un an	ένας χρόνος	énas khronos
	énas chrónos	
Lundi	Δευτέρα	dheftéra
	Deftéra	
Mardi	Τρίτη	triti
	Tríti	
Mercredi	Τετάρτη	tétarti
	Tetárti	
Jeudi	Πέμπτη	pempti
	Pémpti	
Vendredi	Παρασκευή	paraskévi
	Paraskeví	
Samedi	Σάββατο	sabato
	Sávvato	
Dimanche	Κυριακή	kiriaki
	Kyriakí	
Janvier	Ιανουάριος	ianouarios
	Ianouários	
Février	Φεβρουάριος	fevrouarios
	Fevrouários	
Mars	Μάρτιος	martios
	Mártios	
Avril	Απρίλιος	aprilios
	Aprílios	
Mai	Μάιος	maios
	Máios	
Juin	Ιούνιος	iounios
	Ioúnios	
Juillet	Ιούλιος	ioulios
	Ioúlios	
Août	Αύγουστος	avgoustos
	Avgoustos	
Septembre	Σεπτέμβριος	septemvrios
	Septémvrios	
Octobre	Οκτώβριος	oktovrios
	Októvrios	
Novembre	Νοέμβριος	noèmvrios
	Noémvrios	
Décembre	Δεκέμβριος	dhékèmvrios
	Dekémvrios	

GUIDES  VOIR

PAYS
AFRIQUE DU SUD • ALLEMAGNE • AUSTRALIE • CANADA • COSTA RICA
CUBA • ÉGYPTE • ESPAGNE • FRANCE • GRANDE-BRETAGNE
INDE • IRLANDE • ITALIE • JAPON • MAROC • MEXIQUE • NORVÈGE
NOUVELLE-ZÉLANDE • PORTUGAL, MADÈRE ET AÇORES
SINGAPOUR • SUISSE • THAÏLANDE • TURQUIE

RÉGIONS
AQUITAINE • BALÉARES • BALI ET LOMBOK
BARCELONE ET LA CATALOGNE
BRETAGNE • CALIFORNIE
CHÂTEAUX DE LA LOIRE ET VALLÉE DE LA LOIRE
ÉCOSSE • FLORENCE ET LA TOSCANE • FLORIDE
GRÈCE CONTINENTALE • GUADELOUPE • HAWAII
ÎLES GRECQUES • JÉRUSALEM ET LA TERRE SAINTE
MARTINIQUE • NAPLES, POMPÉI ET LA CÔTE AMALFITAINE
NOUVELLE-ANGLETERRE • PROVENCE ET CÔTE D'AZUR
SARDAIGNE • SÉVILLE ET L'ANDALOUSIE • SICILE
VENISE ET LA VÉNÉTIE

VILLES
AMSTERDAM • BERLIN • BRUXELLES, BRUGES, GAND ET ANVERS
BUDAPEST • DELHI, AGRA ET JAIPUR • ISTANBUL
LONDRES • MADRID • MOSCOU • NEW YORK
NOUVELLE-ORLÉANS • PARIS • PRAGUE • ROME
SAINT-PÉTERSBOURG • STOCKHOLM • VIENNE • WASHINGTON

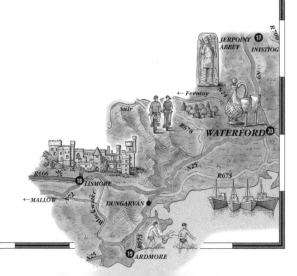

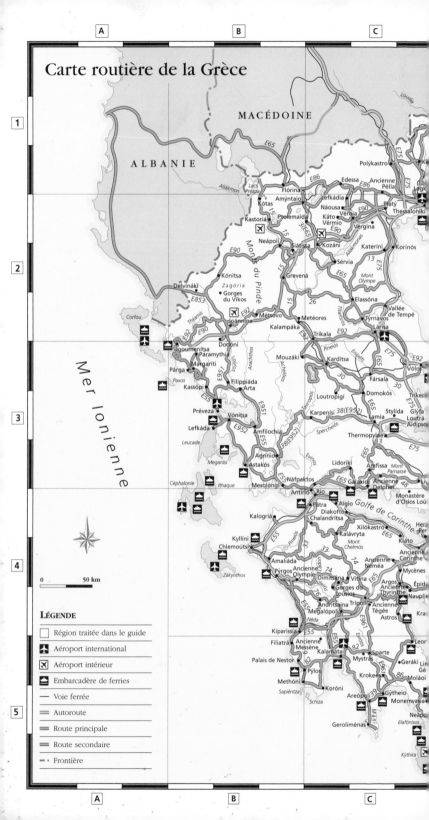